Albrecht ⚭ Maria Dorothea v. Kurland	Karl ⚭ Katharina v. Balbiano	Elisabeth ⚭ Friedrich Kasimir v. Kurland ⚭ Christian Ernst v. Brandenburg-Bayreuth ⚭ Ernst Ludwig v. Sachsen-Meiningen	Christian

...urg-
...Wilhelm
...eitz

...ike Adolf Friedrich ...lolstein-Gottorp, ...nig v. Schweden	August-Wilhelm ⚭ Luise v. Braun- schweig-Wolfenbüttel- Bevern	Amalie	Heinrich ⚭ Wilhelmine v. Hessen-Kassel	Ferdinand ⚭ Luise v. Bran- denburg-Schwedt

...44–1797) ...hweig- ...)	Heinrich	Wilhelmine ⚭ Wilhelm V. v. Nassau-Oranien
...51–1805)		

Heinrich	Wilhelm ⚭ Maria Anna v. Hessen-Hom- burg

Luise ⚭ Wilhelm Friedrich Karl d. Niederlande	Albrecht ⚭ Marianne d. Nieder- lande ⚭ Rosalie v. Rauch, Gräfin Hohenau

Waldemar	Sophie ⚭ Konstantin v Griechenland	Margarethe ⚭ Friedrich Karl v. Hessen

Oskar (1888–1958) ⚭ Ina Marie v. Basse- witz (1888)	Joachim (1890–1920) ⚭ Marie Auguste v. Anhalt (1898)	Viktoria Luise (1892–1980) ⚭ Ernst August v. Hannover (1887–1953)

Alexandrine (1915)	Cecilie (1917) ⚭ Clyde Kenneth Harris (1918–1958)

Viktoria Luise
Tochter des Kaisers

Mein Leben

Viktoria Luise
Tochter des Kaisers
Mein Leben

Langen Müller

Bildnachweis

dpa-Bild, Historisches Bildarchiv Handke, Herbert Hoepfner, Huttig-Foto,
Photo-Studio Kurt Julius, Fritz Paul-Geismar, Presse-Foto Seeger,
Süddeutscher Verlag, Ullstein-Bilderdienst, Privatbesitz.

1.— 7. Tausend November 1965
8.— 13. Tausend Dezember 1965
14.— 20. Tausend Dezember 1965
21.— 30. Tausend Januar 1966
31.— 40. Tausend April 1966
41.— 50. Tausend Juni 1966
51.— 70. Tausend Oktober 1966
71.— 85. Tausend Januar 1967
86.—100. Tausend Juni 1968
101.—110. Tausend September 1970
111.—115. Tausend Dezember 1971
116.—120. Tausend April 1973
121.—124. Tausend September 1975
125.—128. Tausend 1977
128.—133. Tausend März 1984

15. Auflage
Neuausgabe des bisher unter dem Titel
»Ein Leben als Tochter des Kaisers«
erschienenen Werkes

Lizenzausgabe für den
Albert Langen · Georg Müller Verlag GmbH, München · Wien
© by Schlüter, Heiden
Alle Rechte vorbehalten
Umschlaggestaltung: Christel Aumann, München
Gesamtherstellung: May & Co., Darmstadt
Printed in Germany 1984
ISBN 3-7844-2025-7

Der Erinnerung an meinen Mann

INHALT

ZUM GELEIT

Ich begrüße es von Herzen, daß der Langen-Müller-Verlag dieses Buch meiner Tante, der Herzogin Viktoria Luise zu Braunschweig und Lüneburg, neu verlegt.

Diese Lebenserinnerungen wurden zu einem sogenannten Bestseller. Meine Tante »Sissy«, wie wir sie alle in der Familie nannten —, schildert die wilhelminische Zeit natürlich aus ihrer Sicht, aber mit einer erstaunlichen Unvoreingenommenheit. Besonders frappierend ist ihre Darstellung der Revolution. Ihr Urteil über das totale politische Versagen der Obersten Heeresleitung und das Verspielen jeglicher Chance, die Dynastie und damit die monarchische Staatsform für das deutsche Volk zu retten, hat mich besonders beeindruckt. Es zeugt von großer geistiger Unabhängigkeit.

Aus ihrer Liebe und Bewunderung für ihren kaiserlichen Vater macht sie nicht den geringsten Hehl. Ich persönlich teile diese Gefühle in jeder Weise.

Möge dieses inhaltreiche Buch viele Leser anregen und manche Vor- und Fehlurteile über die Kaiserzeit beseitigen helfen.

Berlin-Grunewald
Haus »Monbijou«,
im Februar 1984

Prinz von Preußen

Meine Lebenserinnerungen zu veröffentlichen, war mir nie in den Sinn gekommen. Später einmal, dachte ich, würden sich andere Gedanken darüber machen, ob von mir nachgelassene Aufzeichnungen und Dokumente der Öffentlichkeit übergeben werden sollten oder nicht.

Von Persönlichkeiten, deren kompetentes Urteil ich nicht überhören konnte, wurde mir in den letzten Jahren wiederholt geraten, eine möglichst umfassende Niederschrift über mein Leben anzufertigen und sie noch zu Lebzeiten herausgeben zu lassen. Eines ihrer Argumente hieß: Seit den Tagen des deutschen Kaiserreiches sind bereits mehrere Generationen gegangen und gekommen; die Darstellungen, die über jene Zeit heute vorgelegt werden, stammen zumeist aus zweiter oder dritter Hand, auch gibt es kaum noch jemanden, der aus eigener Wahrnehmung ein Bild des letzten deutschen Kaisers geben kann; um so mehr sei es meine Pflicht, mein Erleben festzuhalten und der interessierten Öffentlichkeit zu übermitteln.

Ich habe diese Aufforderung angenommen. Doch es bedarf dazu einer Bemerkung. Ich habe niedergeschrieben, was ich erlebt und gesehen; habe dabei gesagt, was ich denke, denn von Schablonen und Klischees habe ich nie etwas gehalten. Literarischer oder gar wissenschaftlicher Ehrgeiz liegen mir fern. Ich will einen Lebensbericht geben, sonst nichts. Mein Wunsch geht dahin, daß dieses Buch dazu dienen möge, den Älteren unter uns die Erinnerung zu erhalten und der jungen Generation ein getreues Bild aus schicksalsschweren Zeiten unseres Volkes zu vermitteln.

Oft habe ich den Dokumenten, die mir erhalten geblieben sind, das Wort gegeben. Sie sprechen unmittelbar aus ihrer Zeit und vor allem zuverlässiger, als es oft bei nachträglich beschreibender Wiedergabe der Fall ist. Ich fand sachverständige Mitarbeiter, die mich bei der Sichtung des umfangreichen Materials unterstützt haben. Ihnen gilt mein besonderer Dank.

Nun, da ich mich zur Veröffentlichung entschlossen habe, möchte ich damit zugleich den vielen treuen Freunden in allen Teilen unseres gespaltenen Vaterlandes, in Europa und in Übersee, die über all die Jahre so rührend Anteil an meinem persönlichen Ergehen genommen haben, meinen Dank abstatten. —

Als ich diese Sätze zu Papier brachte, um sie meinem Buch als Vor-
wort voranzustellen, schrieben wir das Jahr 1965. Ich gestehe es offen:
ich war damals nicht frei von Herzklopfen. Mir fehlte bis dahin jede
schriftstellerische Erfahrung, und die Frage, wie wird mein Lebensbericht
aufgenommen werden, ließ mich nicht unberührt. Der freundliche Wider-
hall, den er in dem schnell wachsenden Kreis der Leser fand, und die sich
anschließenden fremdsprachigen Ausgaben in England, den Vereinigten
Staaten, Spanien und Holland überzeugten mich dann jedoch davon, daß
ich einen richtigen Schritt getan hatte.

Im Sommer 1977 mußte wieder einmal eine Neuauflage veranstaltet
werden, die vierzehnte. Seit dem Erscheinen des Buches war nun bereits
mehr als ein Jahrzehnt vergangen, und die Zeit war deutlich fortgeschritten. Ich meinte, daß ich dem auch im Text Beachtung schenken sollte.
So habe ich denn damals das Geschehen der letzten Jahre berücksichtigt
und auch entsprechend Ergänzungen angebracht. Ich hoffe, es hat dem
Leser zum Vorteil gereicht.

Braunschweig, im Sommer 1977

1. Kapitel

AUS MEINER KINDHEIT

Die Gardefeldartillerie in Potsdam schoß Salut. 21 Schüsse. Sie zeigten die Geburt einer Prinzessin an. Für einen Jungen, einen Prinzen, hätte man 101 Salutschüsse abgefeuert. Von Gleichberechtigung hielt man damals noch nichts.

Es war der 13. September 1892. Die Kaiserin, die über jedes ihrer Kinder ein eigenes Buch führte, in dem sie den Lebensweg aufzeichnete, legte einen neuen Band an. Der erste Eintrag lautete: »Der Herr schenkte uns nach 6 Söhnen als siebentes Kind ein kleines, sehr kräftiges Töchterchen. Es wurde in der Nacht vom Montag auf Dienstag, um 3½ Uhr im vielgeliebten Marmorpalais geboren.« Die Kaiserin fuhr fort: »Die Freude über diesen kleinen Sonnenstrahl war nicht nur bei uns Eltern und den nächsten Verwandten so groß. Nein, die ganze Nation schien sich über dieses kleine Mädchen zu freuen. Möchte sie dereinst für viele eine Freude und ein Segen werden und — wie sie schon durch ihr Erscheinen beglückt — auch stets im Leben beglücken. Ihr Vater, der sich sonst stets nur Söhne gewünscht hatte, war auch ganz glücklich und bewunderte sie schon jetzt. Sie war«, so hieß es in dem Vermerk weiter, »trotzdem sie ein so besonders gesundes Kind war, sehr zierlich formiert. Sie wog 6 Pfund, 50 Gramm, nahm sofort zu.«

Das also war ich.

Am Geburtstag meiner Mutter, dem 22. Oktober, wurde ich getauft. Meine Eltern wählten für mich den Namen »Viktoria Luise«. Viktoria nach meiner Großmutter, der Kaiserin Friedrich, und meiner Urgroßmutter, der Königin von England; Luise nach der Königin Luise von Preußen. Viktoria Luise — zwei Worte. Der standesamtliche Name geriet allerdings ein wenig länger:

Viktoria Luise Adelheid Mathilde Charlotte, Prinzessin von Preußen, Markgräfin zu Brandenburg, Burggräfin zu Nürnberg, Gräfin zu Hohenzollern, Herzogin von Schlesien wie auch der Grafschaft Glatz, Herzogin von Niederrhein und Posen, Herzogin zu Sachsen, Westfalen und Engern, zu Pommern, Lüneburg, Holstein und Schleswig, zu Magdeburg, Bremen, Geldern, Cleve, Jülich und Berg, sowie auch der Wenden und Cassuben, zu Crossen, Lauenburg, Mecklenburg, Landgräfin zu Hessen und Thüringen, Markgräfin der Ober- und Nieder-Lausitz, Prinzessin von Oranien, Fürstin zu Rügen, zu Ostfriesland, zu Paderborn und Pyrmont, zu Halberstadt, Münster, Minden, Osnabrück, Hildesheim, zu Verden, Cammin, Fulda, Nassau und Mörs, gefürstete Gräfin zu Henneberg, Gräfin der Mark, zu Ravensberg, zu Hohenstein,

Tecklenburg und Lingen, zu Mansfeld, Sigmaringen und Veringen, Herrin zu Frankfurt.

Ich bin in einem Familienkreis aufgewachsen, wie man ihn sich harmonischer kaum denken kann. Mein Vater und meine Mutter waren gleichermaßen bemüht, Eltern und Kinder, wann immer es ging, beieinander zu haben. Über meinen Vater wird berichtet, er habe gesagt, daß er das Familienleben über alles liebe und nie glücklicher sei, als wenn er sich wie ein braver Berliner Bürger im Kreise der Familie aufhalten könne. Ich weiß, so hat er gedacht. Und immer wieder hörten wir in der Familie seine Klage, daß er viel zu wenig Zeit für uns zur Verfügung habe.

Zu meinen frühesten Kindheitserinnerungen zählt das Bild meiner Mutter, wie sie ihre Niederschriften fertigte. Ich höre noch das gleichmäßige Kratzen der Gänsekielfeder, wenn ich mich in ihrem Wohnzimmer im Neuen Palais aufhielt und sie gerade mit ihren Eintragungen beschäftigt war. Ich hatte mich dann ruhig zu verhalten, was mir nicht gerade leichtfiel, und mußte mich mit Bilderausschneiden oder ähnlichem beschäftigen. Ich entsinne mich auch noch, daß ich, als ich noch zu klein war, um am gemeinsamen Essen teilzunehmen, vor oder nach den Mahlzeiten zu erscheinen hatte, um Guten Tag zu sagen. Ich wurde schön angezogen, und die Haare, die durchaus nicht lockig waren, wurden von unserer englischen Nurse in mühevoller Arbeit zu Locken gedreht. Diese Locken waren mein Kummer. Bei meinem nicht ganz ruhigen Temperament hielten sie kaum bis zur Schwelle des Salons meiner Eltern. Wehe, wenn dann noch einer der Brüder kurz vorher daran zog, und die ganze Pracht nur noch wie Korkzieher aussah. Das gemütlichste war das erste Frühstück, da durfte ich immer gleich dabeisein. Im Sommer war im Freien gedeckt. Meistens hatten die Eltern schon geritten und stiegen dicht vor uns ab. Schon vom Pferd aus rief mein Vater mir zu: »Na, Madamchen« oder »Na, mein Fräuleinchen, was machen wir«. Er umarmte mich, und ich durfte die Zügel seines Pferdes halten, während er ihm Mohrrüben gab. Auf dieses Amt war ich sehr stolz. Meine Liebe zu den Pferden, zu den Tieren überhaupt, entstand schon sehr früh, ich übernahm das von meinen Eltern. Mein Vater hielt damals russische Windhunde. Es waren Geschenke, glaube ich, von Verwandten. Die Hunde waren aber sehr launisch und schnappten oft nach uns Kindern. Sie wurden abgeschafft und nur noch Dackel gehalten, meistens war es ein Pärchen. Wenn mein Vater nach dem Frühstück unter dem großen Sonnenschirm arbeitete, lagen die Dackel hinter seinem Rücken im Stuhl und machten es sich bequem. Mein Vater saß ganz vorn am Rande des Stuhles, um sie möglichst nicht zu stören.

Der Garten, in dem wir frühstückten, war ein kleines Paradies mit hohen Hecken von Rhododendren und Azaleen in allen Farben. Meine Eltern hatten viel Sinn für die Natur und legten auch Gärten an oder verbesserten die alten Anlagen mit neuen Ideen. Der Rosengarten im Berliner Tiergarten war eine Schöpfung meines Vaters, meiner Mutter zugeeignet und nach ihr benannt. Mein Vater ließ ihr Standbild von Begas dort errichten, umgeben von einem Meer von Rosen. Meine Mutter ließ im Neuen Palais die ersten, damals Borders genannten Staudengärten pflanzen. Die Anregung hierfür hatte sie sich aus englischen und schwedischen Büchern geholt. Eine schöne Abwechslung zu den sonst streng dem Charakter des Neuen Palais angepaßten Stilgärten vor der Front des Schlosses. Meine Mutter besaß auch noch einen Garten, in dem sie persönlich alles anordnen konnte, wie sie es sich wünschte. War mein Vater verreist oder hatte er wichtige Besprechungen, nahmen wir dort — so das Wetter gut war — unsere Mahlzeiten ein.

Unsere Spielplätze lagen in der Nähe, auch ein Turnplatz für die Brüder, mit Turngeräten, Leitern und Stangen, Stricken zum Klettern, Gräben und Hecken zum Springen. Ich durfte in meinen ersten Jahren nie allein dort hingehen. Ich wollte stets sofort die Leiter hochsteigen oder an den Stangen und Stricken klettern, denn Angst kannte ich nicht — ich wuchs ja mit 6 Brüdern auf! Das gab dann manchen temperamentvollen Ausbruch, wenn ich fortgeholt und zu den Kindergärten gebracht wurde, wo jedes von uns Kindern ein kleines, mit Buchsbaum eingefaßtes Gärtchen hatte. Ein großer Sandkasten war natürlich auch vorhanden. Mir wurde dann immer wieder vorgehalten, ich sei ein Mädchen und kein Junge wie meine Brüder. Ich entgegnete dann, ich wolle kein Mädchen sein. »Ihr größter Kummer ist«, notierte meine Mutter, »daß sie kein Junge ist. Strahlend war sie, als sie in Joachims schottischem Anzug photographiert wurde. Neulich, als man ihr Vorwürfe über Wildheit oder dergleichen machte, sagte sie ganz empört: ›Why did not the stupid stork bring me down as a boy instead of a girl, he could have brought Oscar or Fritz as a girl.‹« Zu deutsch: »Warum hat der dumme Storch mich nicht als Junge anstatt als Mädchen gebracht; er hätte doch Oskar oder Fritz als Mädchen bringen können.«

Die Erziehung der Kinder wurde von meinen Eltern mit großer Sorgfalt bedacht. Ihre Pflichten machten es ihnen unmöglich, sich persönlich so oft mit uns zu befassen, wie sie es sich gewünscht hätten. Sie stellten daher einen Erziehungs- und Ausbildungsplan auf, dessen Ausführung sie bewährten Persönlichkeiten übertrugen, bei deren Auswahl strengste Maßstäbe an pädagogische Fähigkeiten und moralische Integrität angelegt wurden. Welch vorzüglichen Lehrern und Gouvernanten meine Eltern mich anvertraut hatten, begriff ich natürlich erst in späteren Jahren. Als Kind sieht man solche Dinge bekannterweise sehr subjektiv. So erging es mir mit Miß Topham, einer englischen Gouvernante. Als ich sie das erste Mal sah, fand ich sie abscheulich. Man hatte mir viel von ihr, der »Neuen«, erzählt, und nun war ich enttäuscht. Ich hatte sie mir jung und frisch vorgestellt; was ich sah, schien mir blaß und ältlich. Ich war verzweifelt und weinte. Mein Vater aber redete mir gut zu: »Auf das Äußere darf man nicht zuviel Wert legen. Man kann jetzt auch noch kein Urteil über Miß Topham haben. Man muß sie erst näher kennenlernen und sehen, wie es sich anläßt.«

Unsere Kinderstube wurde von der heißgeliebten Nana geführt. Daß sie Miß Matcham hieß, erfuhr ich erst nach Jahren, und dieser Name sagte mir nichts. Sie war eben unsere Nana und lebte nur für uns Kinder, »ihre« Kinder. Ich kann mich überhaupt nicht erinnern, daß Nana je auf Urlaub ging. Sie war immer da. Den Geburtstag ihrer Königin, der Queen Victoria, beging sie stets auf ihre eigene Weise. Sie hat bei Tisch ein Glas Wasser vor ihr Weinglas gestellt und ist dann, wenn sie zum Wein langte, darüber hingefahren. Das hieß: sie war auf dem Festland und die Queen drüben, überm Wasser, auf der anderen Seite des Kanals.

Wenn die Brüder älter wurden, kamen sie »hinauf«, in die höhere Etage, zur männlichen Erziehung, die in den Händen von Erziehern lag. Dort war alles betont spartanisch: keine Teppiche, einfache Möbel, all und jedes war abwaschbar. Ich weiß, wie unglücklich ich war, als mein Bruder Oskar, an dem ich besonders hing, »hinauf« kam. Ich stand an der Treppe, sah ihn in höhere Regionen entschwinden und kämpfte mit Tränen. Aber ich weinte nicht. Das taten doch nur Mädchen. Nana tröstete und sagte, er komme ja zum Spielen in seiner Freizeit herunter. Und richtig, bald erschien Oskar ganz leise und holte sich, wie jeden Abend, von Nanas Graubrot die Rinde, die er so gern aß. Das war ein schönes Wiedersehen, doch zu schnell mußte er wieder davon. Es war jedesmal ein Schmerz für mein Kinderherz, wenn wir uns wieder trennen mußten. Eigentlich stand mir in späteren Jahren mein Bruder Joachim näher. Er war ein sehr zartes Kind und daher immer ein Sorgenkind meiner Mutter. Da ich stämmig und sehr gesund war, begriff ich das nicht, und es zog mich damals zu meinem Bruder Oskar viel mehr hin. Er dirigierte auch oft die Kinderstube und griff zuweilen energisch zu, wenn die gute Nana nicht mit uns fertig wurde und mein Bruder Joachim und ich uns stritten oder handgreiflich wurden, wobei der arme Joachim meistens den kürzeren zog. Ich ärgerte mich auch, weil er oft hinfiel, nicht so schnell laufen konnte wie ich und dann weinte. Als er wieder einmal fiel und auf englisch rief »ich sterbe, ich sterbe«, sagte ich ihm indigniert: »Also wenn du wirklich sterben willst, dann bitte erkundige dich, wie das Pferd von Friedrich dem Großen im Himmel heißt!«

Als mein Bruder Joachim wirklich einmal ernstlich erkrankte, kam unser Hausarzt Dr. Zunker. Alle machten besorgte Gesichter. Ein Schirm wurde um mein Bett gestellt, damit ich meinen Bruder nicht stören konnte. Dr. Zunker saß hinter dem Schirm, um meinen Bruder nicht auf seine Anwesenheit aufmerksam zu machen. Ich aber hatte nichts Eiligeres zu tun, als auf den Rand meines Bettes zu klettern und Dr. Zunker zuzurufen: »Jakob, wo bist du?« Natürlich Entsetzen bei allen. Aber der gute Zunker beschwichtigte die anderen und sagte, ich hätte es ja nicht böse gemeint. Man schaffte mich hinaus, und es wurde mir plausibel gemacht, daß Joachim sehr krank sei. Ich war nun tieftraurig und brachte ihm am nächsten Tag eine von meinen Spielsachen, die ich selbst besonders gern hatte und von der ich mich sonst nicht so leicht getrennt hätte.

Mein Bruder Oskar hatte bei uns Jüngeren immer eine große Autorität. Ich parierte ihm besser als allen Erzieherinnen und Lehrern. Er war auch unser Beschützer; stets fühlte er sich seiner Verantwortung bewußt, den Kleineren zu helfen. Immer konnte man sich bei ihm Rat holen. Ein aufrechter, gerader Charakter, bescheiden und pflichttreu, sein ganzes Leben hindurch.

Sonnabends und sonntags durfte ich hinauf zu den Brüdern, und das waren für mich die schönsten Stunden. Oben im Turnsaal kommandierte uns Oskar. Ich durfte mit einem kleinen Holzgewehr marschieren. Oskar brachte mir auch das Trommeln bei. Da war ich in meinem Element, ganz besonders, wenn ich, wie meine Brüder, den Schottenanzug trug und ihnen äußerlich ganz gleich war. Schmerzlich war es, wenn ich ihn nicht mehr tragen durfte. Als Mädchen angezogen habe ich mich einfach geschämt, ich wollte so nicht erscheinen. Besonders schlimm ging es zu, als ich das erste Mal in Mädchenkleidung fotografiert werden mußte.

17

Ich war so empört, daß ich dem Fotografen den Rücken zudrehte. Meine Schärpe war verrutscht, die Haare durcheinander, und es entstand ein Foto, das mir häufig vorgehalten wurde: So sieht eine unartige Sissy aus: »Sissy« wurde ich in der Familie genannt. Nur mein Bruder Oskar nannte mich »Maus« und mein ältester Bruder, Wilhelm, »meine kleine Schwester«. Doch wenn es hieß, es sollte ein Gruppenbild mit meinen Eltern gemacht werden, war ich wie umgewandelt. Ich ließ mir widerspruchslos ein Kleid anziehen, denn ich durfte auf Papas Schoß sitzen. Ich war ganz artig; stolz und glücklich, gemeinsam mit meinem Vater auf ein Bild zu kommen. Die Brüder behaupteten, ich wäre dann eingebildet gewesen und hätte für niemand sonst Augen gehabt.

Ganz leicht hatte man es wohl überhaupt nicht mit mir. Wenn ich heute in den Aufzeichnungen meiner Mutter blättere, finde ich hierfür doch einige deutliche Fingerzeige. Mehr als ein Seufzer wurde dem Papier anvertraut, etwa: »Ein zwar sehr begabtes und entwickeltes Kind. Wird nicht ganz leicht zu erziehen sein«, oder: »Sie macht mir doch manche kleine Sorge.« Auch Miß Barnard, die 1900 als Gouvernante für mich engagiert wurde, soll die sie einweisende Hofdame ungefähr als erstes eröffnet haben: »The Princess is a nice child in many ways, but she is difficult.« — »Die Prinzessin ist in vieler Hinsicht ein liebes Kind, aber sie ist so schwierig.« — So jedenfalls berichtete es Miß Barnard.

Meine beiden ältesten Brüder waren die ersten, die uns verließen, um in Plön die Schule zu besuchen. Dort wohnten sie mit ihrem Erzieher auf einem hübschen Landsitz mit schloßartigem Anstrich aus der Barockzeit, und von der Kadettenanstalt kamen Kameraden zum Unterricht. Die Brüder erhielten dort auch Einblick in die Landwirtschaft. Auf der »Prinzeninsel« war ein kleiner Bauernbetrieb eigens für meine Brüder bestimmt. Dort lernten sie die Landarbeit: düngen, säen, umpflügen, graben und pflanzen, auch Viehhaltung mit Kuh- und Pferdestall, Gänsen und Hühnern. Diese besondere Art der Freizeitgestaltung war eine Idee des langjährigen Gouverneurs der Prinzen, des Generals v. Gontard. Für mich war es herrlich, wenn ich mit meiner Mutter dorthin fahren durfte und auf der Insel dicke Milch mit Schwarzbrot dazu essen konnte. Mit Staunen betrachtete ich dann, was meine Brüder gebaut, gepflanzt und geerntet hatten. Mein Vater legte Wert darauf, daß sie auch die manuelle Arbeit bewerten lernen sollten. Jeder sollte, wie es die Tradition in unserem Hause war, ein Handwerk kennenlernen. Mein Bruder Wilhelm ging in Plön bei einem Drechslermeister in die Lehre. »Wenn ich auch niemals behaupten möchte«, sagte er, »daß ich mich etwa mit meinen Plöner Drechslerkünsten, die ich auch später immer wieder gern geübt habe, durchs Leben bringen könnte, so darf ich doch sagen, daß Meister wie Lehrjunge ihre Sache damals ganz redlich ernst genommen haben. Mein braver Lehrherr ließ mich feste arbeiten und holte mich tüchtig heran, ich aber war mit richtiger Freude dabei und habe mich in dem schlichten, sauberen Haushalte und in der Umwelt des kleinen Handwerksbetriebes überaus wohl gefühlt.« — Bei der Landarbeit war mein zweitältester Bruder, Eitel Fritz, der Tüchtigste. Das zeigte sich noch nach vielen Jahren, wenn er in dem Garten seiner Villa »Ingenheim« immer wieder neue Blumenanlagen selber anpflanzte, die er mit Stolz zeigte. Er wurde »der Dicke« genannt, da er von klein auf eine entsprechende Anlage hatte. Er war der Gutmütigste von allen. Wenn einer etwas, wie man sagt, ausgefressen hatte, legte Eitel Fritz bei Lehrern oder Erziehern sicher ein gutes Wort ein.

Wilhelm, der Kronprinz, war der Typ eines Sportlers. Schon früh führte er seine Klasse an, sei es beim Hockey, Tennis oder Reiten. Er war jung und oft tollkühn, sah blendend aus und gewann durch sein ungeziertes, natürliches Wesen schnell Sympathien. Der Staatsrechtler Professor Zorn, der zu den hervorragendsten Lehrern meines Bruders gehörte, als dieser an der Universität Bonn studierte, gab folgende Charakterisierung: »Der hochgewachsene blonde Jüngling mit den scharfblickenden Augen und der liebenswürdigen Grazie seines Wesens war der allgemeine Liebling, der im Sonnenschein der akademischen Freiheit seine Studien vorschriftsmäßig erledigte und dabei zugleich die jugendlichen Freuden in behaglicher Muße genoß.«

Wilhelm schlug auch mal gern über die Stränge. Aber welch schneidiger junge Mann tut das nicht? Es gab dabei gelegentlich Differenzen mit meinem Vater, der unter seinem Erzieher Hinzpeter, einem gestrengen Calvinisten, harte Jugendjahre verlebt hatte. Der Kaiser erwartete von seinem ältesten Sohn, daß er — wie einst er selbst — auch schon als junger Mensch stets und ständig die Pflicht und Verantwortung der hohen Stellung vor Augen haben müßte. Der Kronprinz dachte, wie wir sagen würden, moderner. Spannungen zwischen Monarch und Thronfolger sind eben nicht zuletzt auch ein Generationenproblem. Mein Vater hat im Laufe der Jahre gesehen, daß er sich stets auf die Loyalität des Kronprinzen verlassen konnte, und zwar gerade in den schwersten Krisen.

Alle meine Brüder sind in Plön gewesen. Mein Bruder Adalbert ging von dort zur Marineschule. Ich bewunderte seine schöne Marineuniform. Schwer wurde mir der Abschied, als er mit einem Schulschiff seine erste große Weltreise antrat. Meine Mutter und ich begleiteten ihn zum Bahnhof. Er schenkte mir ein kleines Medaillon mit seinem Bild; ich trug es immer. Seine Briefe und Karten von Übersee waren jedesmal eine Sensation. Als er zurückkam, brachte er herrliche Geschenke mit, darunter siamesische Katzen. Leider wurden sie böse und mußten in einen Zwinger eingesperrt werden.

Mein Bruder August Wilhelm war der Künstler in der Familie. Schon von klein auf sammelte er gern Antiquitäten, Porzellane oder Stiche und hatte große Freude am Malen. Er konnte treffliche Geschichten erzählen und sich Märchen ausdenken, und wir Kinder liebten es, wenn wir mit Erwachsenen spazierengehen mußten, dann etwas zurückzubleiben und uns von »Auwi«, wie er genannt wurde, erzählen zu lassen. Mußten wir dann zurück und in den Wagen steigen, waren wir ganz traurig, wenn die Geschichte noch nicht fertig war. Ein Augenzwinkern von Auwi sagte uns dann, daß er das nächste Mal weitererzählen würde. Das zog sich manchmal durch die ganzen Ferien hin. Es geschah auch, daß er sogar noch von Plön eine Fortsetzung schrieb. Er war ein Mensch, der sich immer kleine Freuden ausdachte, um irgendwie seine Umgebung zu erfreuen, immer fand er etwas ganz Persönliches, auch bei seinen Geschenken. Stets hatte er ein »sentiment«, wie meine Mutter sagte. August Wilhelm interessierte sich besonders für Musik. Aber neben der Kunst liebte er die Natur. Auch er war ein begeisterter Gärtner. Eine meiner schönsten Jungmädchenerinnerungen ist das Erleben von Venedig gemeinsam mit August Wilhelm. Er konnte alles vorzüglich erklären und bei der Besichtigung der Paläste, Kirchen und Galerien die Geschichte der Lagunenstadt veranschaulichen.

Auwi war kein Soldat in dem Sinne, wie es meine anderen Brüder waren. Der Tradition des Hauses folgend hat auch er gedient, doch er wollte sich dem Zivildienst zuwenden. Er fand hierfür Verständnis bei meinem Vater und konnte in Bonn und Straßburg Rechts- und Staatswissenschaft studieren, legte seine Examina ab, promovierte zum Dr. rer. pol. und trat als Regierungs-Assessor in den Verwaltungsdienst ein.

Außer Auwi und dem Kronprinzen haben auch Eitel Fritz und Oskar in Bonn studiert. Philipp Zorn lobte ihre tüchtigen schriftlichen Arbeiten. Viele Jahre später schrieb er rückerinnernd von den »liebenswerten, pflichtbewußten und lernbegierigen Prinzen«, die in allen Kreisen der Universitätsstadt am Rhein als solche verehrt und anerkannt wurden.

Auch für mich begann irgendwann der Ernst des Lebens: Die Schulzeit kam heran. Meine erste Lehrerin war Fräulein Hellfritz. Sie verstand es glänzend, sich in ein Kindergemüt hineinzuversetzen und es zu fesseln. Unser Lehrer Fechner, der meinem Bruder Joachim und mir Stunden gab, war der typische gute alte Volksschullehrer, der in seiner Gemütlichkeit eine rührende Geduld mit uns aufbrachte, aber auch streng sein konnte, was bei meiner Lebendigkeit und bei meinem Nicht-stillsitzen schon notwendig war. Glücklich war ich, wenn es klingelte und ich hinunterstürzen konnte, um auf dem sogenannten Podest, der um das Neue Palais herumlief, einherzuspringen, wozu er sich wunderbar eignete, oder im sogenannten Sandhof fangen zu spielen und mit meinem Bruder Joachim zu toben. Nur zu schnell mußte man wieder brav stillsitzen.

Waren die Schulaufgaben gut zu Ende gebracht, so durfte ich mein Pony besteigen und mit meinem Bruder und einem Stallmeister durch den Wildpark reiten. Damals gab es für Damenreiter noch keinen Herrensitz, und damit ich nicht schief wurde, hatte ich zwei verschiedene Sättel für rechts und links. Ich war so zu Hause auf meinem Pony und später auch auf den kleinen Pferden, daß es mir ganz einerlei war, auf welcher Seite ich saß. Ich erwarb dadurch große Sicherheit. Zu schön war das Ausreiten mit unserer Mutter. Sie war eine ausgezeichnete Reiterin. Von ihr habe ich wohl die Passion geerbt. Aber sie hat auch manche Ängste ausgestanden, wenn ich mit meinem Pferdchen auf und davon galoppierte und Hindernisse nahm, die, da sie als zu gefährlich galten, nicht für mich gedacht waren. Wenn ich auf dem Pferd saß, kannte ich nichts anderes und nichts Schöneres, und nur schwer war ich wieder nach Hause zu bekommen. Ich ging dann mit in den Stall, um beim Absatteln dabeizusein. Am liebsten hätte ich den ganzen Tag dort zugebracht, mit geputzt und gestriegelt. Aber das war untersagt, da auch dies für die Kinder als gefährlich angesehen wurde. Ab und zu tat ich es aber doch, wenn Miß Topham, die ebensolche Passion für Pferde hatte, ein Auge zudrückte.

Viele Jahre war die Kinderstube mit meiner alten geliebten Nana mein Reich. Aber dann kam ein schrecklicher Zeitpunkt auf mich zu. Man fand, daß ich der Kinderstube entwachsen wäre, und ich bekam eine Obergouvernante, die mir das mädchenhafte Benehmen und alles, was dazu gehörte, beibringen sollte. Sie war eine fabelhafte Frau, sehr klug und gebildet. Aber sie war eben auch nicht mehr jung. Ich glaube, es wäre besser gewesen, wenn sie erst in späteren Jahren zu mir gekommen wäre. Sie war ausgesprochen zart und oft kränklich. Auch war sie sehr streng und nahm alles gleich furchtbar ernst. Zu einem so jungen Mädchen, das zudem mit sechs Brüdern groß geworden war, paßte sie nicht so recht. Das schlimmste war, daß sie mit meiner lieben Nana gar nicht auskam, was ich sehr bald merkte. Dann kam der Tag, wo man mir sagte, daß meine Nana wieder nach England fahren müßte. Irgendein Grund wurde angegeben. Ich war verzweifelt. Nie werde ich den Abschied vergessen und meine Tränenströme. Als ich am Fenster stand und sah, wie der Wagen mit Nana zum Bahnhof fuhr, dachte ich, mein Herz ginge entzwei. Ich muß leider sagen, daß ich in diesem Augenblick keine guten Gedanken über meine Erzieherin Fräulein von Thadden hatte. Erst sehr viel später, als sie Pröbstin des Altenburger Stifts wurde und ich inzwischen erwachsen war, erkannte ich, welch kluger, feiner Mensch sie war. Aber innerlich hatte ich nie vergeben, daß sie mir meine Nana weggenommen hatte.

Jedes Jahr wurde im Sommer eine Reise gemacht. An die allererste Reise erinnere ich mich nur, daß es nach Saßnitz ging und eine recht steile Treppe zum Meer hinunterführte. Wir wohnten dort mit unserer Mutter. Später erhielt meine Mutter eine Segeljacht, die »Iduna«. Das war eine Wonne. Ganz zu Anfang hatte ich etwas Angst, wenn sich das Boot beim Segeln auf die Seite legte. Da ich überall hinlaufen wollte und oft ins Rutschen kam, wurde mir ein Gurt umgelegt. Das war die erste Begegnung mit unserem Kommandanten, Herrn v. Karpf, der später die Kaiserliche Jacht »Hohenzollern« übernahm. Als ich schon eine erwachsene junge Dame war, erzählte er mir immer wieder lachend: »Ich habe Sie an der Leine gehabt, und wenn Sie niemand bändigen konnte, so waren Sie dann sehr brav.«

Die Fahrten auf der »Iduna« wurden immer mehr zu den Höhepunkten des Jahres. Wenn der letzte Schultag kam, wurden die Bücher weggepackt, und Joachim und ich reisten den Eltern nach Travemünde nach, wo die letzte Segelregatta der Kieler Woche endete. Die »Hohenzollern« lag schon fix und fertig am Kai, und wir durften die erste Nacht auf ihr schlafen, ehe mein Vater nach Norwegen abfuhr. Neben der »Hohenzollern« lag die »Iduna«. Wir alle waren in freudigster Ferienstimmung. Nach der Verabschiedung von unserem Vater sahen wir die schöne »Hohenzollern« in See stechen und enterten auf die »Iduna« hinauf. Es war eine unbeschreibliche Freude, wenn ich meine kleine reizende Kammer wiedersah, mit dem sogenannten Bulleye als Fenster.

Das Wasser spülte leise und glucksend gegen die Bordwand. Man hörte das gleichmäßige Heben des Ankers und die Kommandos zum Segelsetzen. Langsam zog die »Iduna« wie ein Schwan hinaus, und die Reise begann. Schon das Fernsein von allen Erziehungspersonen und den alten Damen des Hofes war ein Genuß; nur zusammen mit unserer Mutter und der jüngsten Hofdame, Gräfin Rantzau, die ebenso begeistert vom Segeln war wie wir, ein stiller Mensch, aber mit viel Humor und auch glücklich, mal fort vom strengen Hofleben zu sein.

Die Fahrt ging manchmal bis nach Dänemark hinauf und sonst an der schleswig-holsteinischen Küste entlang. Wir liefen die schönen kleinen Buchten an. Dort wurde zur Nacht Anker geworfen. Von den Häfen kamen kleine Boote und umfuhren unsere Jacht. Meist spielten unsere Matrosen abends Schifferklavier. Wir saßen dann beim Mondschein und hörten zu. Es war traumhaft schön; man vergißt es nie. Wenn dann der Gong zum Abendessen erscholl und feiner Küchenduft aus der Küche, »pantry« genannt, heraufzog, eilten wir hinunter. Köstliche Fischspeisen waren zubereitet. Glücklich und stolz war ich, wenn ich auf den Segelfahrten steuern durfte. Ein herrliches Gefühl, am Ruder zu stehen und das Schiff mit allen Segeln besetzt unter eigener Hand führen zu dürfen. »Kärpfchen«, wie wir Kapitän v. Karpf nannten, hatte mir genau Unterricht gegeben, wie das Ruder zu bedienen war, wann man gegen den Wind kreuzen mußte, um dann im richtigen Augenblick herumzuwerfen, damit die Segel immer am Wind blieben und nicht hin- und herflappten. In unserer Segelgesellschaft befand sich nur ein Herr aus der Umgebung meiner Mutter, ein Baron von dem Knesebeck. Er organisierte Plan und Fahrt der Reise. Der Baron war ein eingefleischter Junggeselle, manchmal sehr eigen in seinem Wesen. Er redete im übrigen wenig und wenn, dann klug und geistvoll. Herr v. Knesebeck leitete die persönlichen Dinge meiner Mutter und besonders ihre soziale Arbeit. Da er viel Humor hatte und zudem ein begeisterter Segelsportler war, paßte er gut zu uns. So waren wir eine harmonische kleine Gesellschaft, fernab von allen Beschwernissen.

Die Spaziergänge an der holsteinischen Küste waren eine Freude. Meine Mutter liebte die Wälder und Seen. Aus den strohgedeckten Häusern kamen die Dorfbewohner und unterhielten sich mit ihr, »ihrer« Kaiserin, die ihre Heimat besuchte. Auf unseren Fahrten besuchten wir den Bruder meiner Mutter, Onkel Günther genannt, auf Schloß Gravenstein. Wir trafen auch ihre Schwester, Tante Calma, wie wir sie nannten, die Gemahlin des Herzogs Friedrich Ferdinand zu Schleswig-

Holstein-Glücksburg. Sie lebten auf der anderen Seite der Flensburger Förde im alten ehrwürdigen Schloß Glücksburg oder auf ihrer Besitzung Grünholz. Beide Plätze waren für uns Kinder natürlich eine herrliche Abwechslung. Die beiden Schwestern waren sehr verschiedene Persönlichkeiten, aber sie hingen von klein auf mit inniger Liebe aneinander, später noch verstärkt durch die Verheiratung der Tochter Alexandra mit meinem Bruder Auwi. Diese Ehe, die mit Freuden von beiden Müttern begrüßt wurde, hielt leider nicht das, was man erhofft hatte.

In Gravenstein lebte auch die jüngste, unverheiratete Schwester meiner Mutter, Feodora, genannt Tante Feo. Sie war weit jünger als ihre Schwestern, unserer Generation näher. In vielen Dingen war sie selbständiger als sonst junge Mädchen ihres Herkommens und ihrer Erziehung. Sie war sehr talentiert, malte viel und schon mit modernem Einschlag, dachte überhaupt ihrer Zeit weit voraus, und mußte häufig Kritik über sich ergehen lassen. Sie schriftstellte über Land und Leute ihrer Heimat und Schlesiens, wo sie zeitweise gelebt hat. Sie war eine Anhängerin Gustav Frenssens und schrieb auch in einem ihm ähnlichen Stil. Ihr tiefes Verständnis der einfachen Menschen des Volkes und das Miterleben ihrer Sorgen und Kümmernisse, wie es in ihren Büchern so wunderbar zum Ausdruck kam, war oft ergreifend und machte auf mich, als ich heranwuchs, einen tiefen und bleibenden Eindruck. Wir waren alle sehr glücklich, als sie sich ein eigenes Heim suchte und mein Vater ihr auf Gut Bornstedt, zuvor ein Mustergut seiner Mutter, das dicht beim Neuen Palais lag, eine Wohnung einrichtete. Dort entstand nun für mich ein ländliches Paradies. Bei meinen Besuchen genoß ich das Landleben, mit Kühen und Schweinen, und tobte auf den Heuböden herum. Der Garten führte an einen Teich hinunter; alte schöne Kastanien umrahmten dies kleine Idyll. Bei Tante Feo lebte eine ältere Dame aus dem Badener Land, Fräulein v. Roeder. Sie sprach so schön badisch, was uns viel Spaß machte. Die Köchin war eine Schlesierin, bei uns wegen ihrer herrlichen Schichttorte aus Schokolade und des schlesischen Streuselkuchens besonders beliebt.

Vor allem dem Malatelier meiner Tante brachte ich Interesse und Neugier entgegen. Tante Feo war auch sehr musikalisch und sang mit einer schönen Altstimme Lieder, die sie selbst gedichtet hatte. Ihre Liebe zur Natur war groß. Bald merkte sie, wie wir hierin übereinstimmten, und ich habe unendlich viel von ihr mitbekommen. Sie war wirklich ein seltener Mensch, der so ganz darin aufging, anderen zu helfen und zu raten. Sie hat selbst wohl viel Schweres durchgemacht und sah ihre Aufgabe darin, gerade der Jugend den Weg zu weisen, zu zeigen, wie mit dem Leben fertig zu werden. Wenn irgendein Kummer drückte, wenn ich es manchmal nicht aushielt mit den drei Gouvernanten und mit den alten Hofdamen meiner Mutter, die bei meiner Erziehung auch noch ein Wort mitzureden hatten, wenn meine Eltern auf Reisen waren, dann lief ich schnell zu Tante Feo und schüttete mein Herz aus. Stets ging ich getröstet und erleichtert wieder zurück.

Leider war sie von sehr zarter Gesundheit. Der Tod hat früh nach ihr gegriffen. Sie wurde von einem schweren Typhus befallen, von dem sie sich nie wieder ganz erholte. Schwere Lähmungen hielten sie lange fast hilflos auf dem Krankenbett. Trotz allem war ihr Geist rege. Wenn wir an ihrem Krankenlager fast verzweifeln wollten, hatte sie immer ein humorvolles Wort bereit und wollte uns nicht merken lassen, wie schwach und elend sie sich fühlte. Tante Feo starb, sechsunddreißigjährig, in Obersasbach, einem reizenden kleinen Dorf am Fuße des Schwarzwaldes, wo sie Erholung suchte. Ich werde nie den Augenblick vergessen, als man mir die Todesnachricht brachte. Es war mein erster großer und tiefer Schmerz. —

Unsere Segelfahrten endeten entweder in der Flensburger Förde, oder aber wir kreuzten nach Kiel. Es war stets ein trister Augenblick, wenn die schöne Zeit vorbei war, ich meine kleine Kammer verlassen mußte und wußte, die Abgeschiedenheit war vorüber. Meistens ging es nun nach Wilhelmshöhe, wo wir die Brüder Auwi und Oskar trafen, sofern sie nicht mit uns gesegelt hatten. Es gab ein freudiges Wiedersehen. Meine Mutter liebte Wilhelmshöhe. Die Luft dort tat ihr immer gut. Auch wir Kinder mochten es sehr. Der Park und die vielen Bäche und Wasserfälle, die vom Herkules herunterkommen, waren unsere ganze Wonne. Bei der Ankunft galt der erste Gang dem kleinen Bach, auf dem wir Schiffchen schwimmen ließen und mit Spannung beobachteten, ob sie heil durch einen Felstunnel gelangten. Als etwas nachteilig empfanden wir an unseren Aufenthalten in Wilhelmshöhe, daß wir hier unaufhörlich beobachtet wurden. Immer fand sich ein schaulustiges Publikum ein, das die Kaiserfamilie sehen wollte. Das war überhaupt unser Los: immer im Rampenlicht des öffentlichen Interesses zu stehen. Es hat mich als Kind oft geärgert oder gar gequält, dieses Nie-allein-sein-Können, das Wissen, stets Zuschauer zu haben. Machte ich irgendwohin einen Ausflug, wollte ich irgend etwas besichtigen, jemanden besuchen, es war stets das gleiche Bild, so wie es sich in diesem Zeitungsbericht

aus jenen Tagen widerspiegelt: ». . . Der Prinzessin wurde ein überaus
herzlicher Empfang zuteil, wie üblich wurden lange Reden gehalten,
kleine Mädchen sagten Gedichte auf, und von allen Seiten wurden große
Blumensträuße überreicht . . .« Man verstehe mich bitte nicht falsch. Ich
wurde so erzogen, daß ich bereits in meiner frühesten Jugend solche Beweise der Anhänglichkeit und Treue richtig zu würdigen verstand. Aber:
Ich wäre auch so gern unbeschwert Kind gewesen wie alle anderen. Es
war daher alles andere als etwa jugendlicher Snobismus, wenn ich etwa
meinem Vater über den Verlauf eines Ausflugs, auf den ich mich von Herzen gefreut hatte, schrieb: »Vorgestern habe ich eine Fahrt nach Rheins-
berg gemacht. Wir brauchten 2½ Stunden bis dahin. Die Kinder aus der
ganzen Umgebung waren dort versammelt und auch der Bürgermeister.
Dieses war alles etwas peinlich, denn er hielt mir auch eine lange Rede.
Nachdem dies überstanden war, konnte ich das Schloß besichtigen . . .«

In Wilhelmshöhe trafen wir unseren Vater, der, von der Nordlandreise braungebrannt und erholt, mit uns vereint diese letzte Zeit vor den
Manövern verbrachte. Hier in Wilhelmshöhe sahen wir Kinder unseren
Vater viel häufiger als sonst. Wir genossen das sehr. Die Picknicks, die
er mit uns unternahm, bildeten Höhepunkte des Aufenthaltes. Er war
dann ausgelassen und vergnügt. Wir Kinder wurden angestellt, ein
großes Feuer zu machen. Die Kartoffeln in der Asche schmeckten uns
viel besser als das schönste Essen zu Haus. Mein Vater rührte selber den
Salat an, und meine Mutter bereitete uns Eierkuchen in der Pfanne.
Auch ich mußte lernen, die Pfannekuchen hochzuwerfen, damit nicht,
wie es oft passierte, wenn man ungeschickt war, die ganze Schönheit im
Feuer endete. Alles gruppierte sich am Boden, die Herren der Umgebung meines Vaters, die manchmal etwas wohlbeleibt waren, hatten
dabei Mühe, sich zu setzen. Ich denke, sie haben sonst nie ein Picknick
veranstaltet.

Mein Vater konnte lachen wie ein großer Junge und schlug sich
dann und wann dabei vor Vergnügen auf die Knie. Er hatte viel Sinn
für Humor und konnte herrliche Geschichten erzählen. Dies zeigte sich
gerade bei solchen Gelegenheiten. Das vom Herzen kommende schal-
lende Lachen habe ich wohl von ihm geerbt. Mein Mann, der auch viel
für Humor übrig hatte, aber in sich hinein lachen konnte, gab mir bei
feierlichen Anlässen manchmal einen kleinen Seitenstoß, wenn ich zu
sehr herausplatzte. Ich bemühte mich dann auch sehr, aber die Erbschaft
war nicht zu leugnen, und das war auch meine einzige Entschuldigung.
Es ist etwas Wunderbares, wenn einem der Humor mit ins Leben gege-

ben wurde und man trotz all der schweren Schicksalsschläge doch noch
mal richtig lachen kann.

Auch in Wilhelmshöhe erledigte mein Vater die Regierungsgeschäfte.
Herren des Zivilkabinetts, des Militärkabinetts und ein Vertreter des
Auswärtigen Amtes befanden sich stets in seinem Gefolge. Bei Vor-
gängen von außergewöhnlicher Bedeutung überbrachten Herren des
Reitenden Feldjägerkorps meinem Vater die Mappen des Reichskanz-
lers. Es geschah nicht selten, daß die Familie eine schöne Partie oder ein
Zusammensein abbrechen mußte, weil mein Vater zu dringenden Be-
sprechungen abgerufen wurde.

Unter den zahlreichen Persönlichkeiten, die bei uns in Wilhelmshöhe
zu Besuch weilten, interessierten mich vor allem zwei Gäste, denen mein
Vater sehr zugetan war. Das war zunächst John W. Burgess, ein nam-
hafter Staatswissenschaftler der Columbia-Universität. Er lehrte damals
als Austauschprofessor in Berlin, Bonn und Leipzig Verfassungsge-
schichte der USA. Er besuchte uns gemeinsam mit seiner Frau. Mit Professor Burgess verbrachte mein Vater lange Abende und ausgedehnte
Spaziergänge in angeregter Unterhaltung. Der andere Gast war Albert
Ballin, der Generaldirektor der Hamburg-Amerika-Linie. Er hatte
freien Zutritt zum Kaiser und nutzte gerade die Zeit, in der sich mein
Vater in Wilhelmshöhe aufhielt, weil sich hier Möglichkeiten zu intensiven Aussprachen ergaben. Mein Vater holte sich von diesem klugen
Mann gern Rat für politische und wirtschaftliche Fragen. Es gab Strö-
mungen in der Umgebung des Kaisers wie auch anderswo, die diesen
Beratungen nicht freundlich gegenüberstanden und denen die jüdische
Herkunft Ballins nicht paßte. Mein Vater ließ sich dadurch nicht beirren
und besprach mit ihm gerade kritische und heikle Probleme. Er kannte
ihn als einen Mann mit tiefer Vaterlandsliebe, dessen Lebensarbeit immer der Mehrung des deutschen Ansehens im Ausland gegolten hatte.
Auf Ballins Schiffen wurden unsere Farben in die Welt hinausgetragen,
im friedlichen Wettbewerb mit den anderen Nationen.

2. Kapitel

DIE GROSSE FAMILIE

Da der Jahresablauf für den Kaiser genau und meist im großen gleichbleibend eingeteilt war, fiel in die Zeit des Aufenthaltes in Wilhelmshöhe auch der 18. August, der Geburtstag Kaiser Franz Josephs I. von Österreich. Zu Ehren des österreichischen Kaisers gab mein Vater üblicherweise ein Festmahl. Für uns Kinder war es immer eine Sensation, an diesem Tag unseren Vater schon frühmorgens zur Begrüßung seiner Gäste in österreichischer Generaluniform zu sehen. Besonders gut erinnere ich mich noch an den k.u.k. Botschafter, Graf v. Szögyény-Marich. Er war Ungar wie auch verschiedene Herren seiner Botschaft. Sie erschienen in ihren malerischen Madjaren-Uniformen. Die österreichisch-ungarischen Herren waren sehr charmant und unterhaltend, nicht so förmlich, wie man sich bei uns gab. Meine schönsten Feste habe ich auf der österreichisch-ungarischen Botschaft gefeiert. Nirgends wurde der Wiener Walzer so herrlich gespielt und getanzt wie dort. Ich habe stets ein Tendre für Österreich gehabt, für seine Menschen, seine Landschaft und für seine große Geschichte und Kultur.

Mein Vater empfand für den alten Kaiser tiefe Zuneigung. Er sah in ihm den ritterlichsten und pflichttreuesten Monarchen und verehrte ihn als einen väterlichen Freund. Mit dem Erzherzog-Thronfolger Franz Ferdinand verband ihn eine ausgesprochene Freundschaft. Er schätzte ihn als einen klugen Mann, dessen im eigenen Land oft ignorierte Bedeutung er erkannt hatte. Franz Ferdinand wußte um die Brisanz, die sich in dem Vielvölkerstaat der Donaumonarchie entwickelte. Er plante weitsichtige Reformen, mit denen er den Nationalitäten entgegenkommen wollte. In langen freimütigen und ungezwungenen Aussprachen hat mein Vater diese Fragen mit dem österreichischen Thronfolger erörtert. Ich kann sagen, daß er große Hoffnungen in Franz Ferdinand gesetzt hat.

Der Erzherzog-Thronfolger war mit seiner Gattin, der Herzogin von Hohenberg, auch bei uns in Potsdam zu Gast. Die Einladung rief damals einen wahren Wirbel hervor, denn die Herzogin, eine geborene Gräfin Chotek, war nicht ebenbürtig. Am Wiener Hof hatte es deswegen immer Schwierigkeiten gegeben. Auch bei uns machte man sich nun Kopfzerbrechen: Wie wird es mit dem Zeremoniell und Placement gehen? Ein Thronfolger zu Besuch — und seine Gattin nicht ebenbürtig. Das war ein Problem! Mein Vater hatte eine eigene Lösung zur Hand. Um zu vermeiden, daß die Gräfin Chotek an der Hoftafel entsprechend der Rangfolge in der Tischordnung zurückgesetzt wurde, ließ er an kleinen Tischen essen. Es wurde ein reizendes Fest. Man konnte es dem

Erzherzog ansehen, mit welcher Dankbarkeit er die Art und Weise, mit der seine Gattin am deutschen Kaiserhof empfangen und geehrt wurde, empfand. Beim Abschied sagte der habsburgische Thronfolger zu meinem Vater: »Ich werde dir diese Tage nie vergessen!« Mein Vater war glücklich, daß der Besuch so gut verlaufen war.

In Wien war ich zum ersten Mal im Mai 1908. Kaiser Franz Joseph beging sein sechzigjähriges Regierungsjubiläum. Die deutschen Bundesfürsten waren übereingekommen, dem Kaiser gemeinsam ihre Glückwünsche zu überbringen. So erschienen zur Gratulation im Marie-Antoinette-Zimmer in Schönbrunn der Deutsche Kaiser und König von Preußen, Prinzregent Luitpold von Bayern, König Friedrich August von Sachsen, König Wilhelm von Württemberg, die Großherzöge von Sachsen, Mecklenburg und Oldenburg, die Bürgermeister der Freien Hansestädte. Ein imponierendes Bild, diese Versammlung der deutschen Regenten. »Euere Majestät«, huldigte mein Vater dem Herrscher der Donaumonarchie, »sehen hier drei Generationen deutscher Fürsten um sich versammelt und keinen darunter, dem Euere Majestät nicht schon ein Vorbild gewesen wäre, bevor er selbst berufen war, die Pflicht seines hohen Amtes zu üben.«

Die Rückfahrt von Wien hatte ich getrennt von meinen Eltern anzutreten. Sie fuhren zu anderen Verpflichtungen, und ich mußte nach Haus, zur Schule. Ich nahm von meinen Eltern auf dem Bahnsteig Abschied. Mein Zug fuhr von einer anderen Bahnstation. Als ich mich mit einem artigen Knicks von Kaiser Franz Joseph verabschieden wollte, der meine Eltern zur Bahn begleitet hatte, fragte er, wohin ich denn wolle. Ich antwortete, ich möchte mich verabschieden, da ich von einer anderen Station zurück nach Potsdam fahren wolle. Da reichte der alte Herr mir den Arm und führte mich am Diplomatischen Korps vorbei, das auch zum Abschied erschienen war, zu dem auf mich wartenden Wagen. Ich wußte gar nicht, wie mir geschah. Vor allem war ich aber wohl recht stolz, daß ich, obgleich noch nicht erwachsen, am Arm des gütigen alten Kaisers gehen durfte, der mich in seiner ritterlichen Art nicht einfach am Bahnhof stehenlassen wollte.

Ich bin Kaiser Franz Joseph in den folgenden Jahren noch öfter begegnet, in Wien und auch in Ischl, wo er sich zur Jagd aufhielt. Wir fuhren von Gmunden, dem Wohnsitz der welfischen Familie in Österreich, nach dort und waren dann zu Tisch in seine Villa eingeladen. Alles war schlicht und einfach, atmete die Bescheidenheit, die das Wesen des Monarchen ausmachte. Er war zu mir immer gütig. Vielleicht war es der

Der Kaiser

Die Kaiserin

1894 in Coburg: Vorn sitzend der Kaiser, Queen Victoria, Kaiserin Friedrich. Vorn stehend von links Erbprinz Alfred v. Coburg, Großfürst-Thronfolger Nikolaus v. Rußland (Nikolaus II.), dessen Gemahlin Alexandra, Prinzessin Ludwig v. Battenberg, Prinzessin Irene v. Preußen, Großfürstin Wladimir v. Rußland, Herzogin Maria v. Coburg. 3. Reihe: der Prinz v. Wales (Eduard VII.), Prinzessin Heinrich v. Battenberg, Prinzessin Philipp v. Coburg, Prinzessin Alexandra v. Coburg, Erbprinzessin Charlotte v. Meiningen, Herzogin v. Connaught. In der 4. Reihe erster von rechts: der Herzog v. Connaught.
Oben ganz rechts: Herzog Alfred v. Coburg.

Die kaiserliche Familie 1896. Vorn links sitzend: August Wilhelm, Joachim, Oskar.
Dann von links: Kronprinz Wilhelm, Viktoria Luise, der Kaiser, die Kaiserin,
Adalbert, Eitel Fritz.

Name »Sissy«, mit dem ich in der Familie gerufen wurde, und der in ihm Erinnerungen an seine geliebte Frau, die Kaiserin Elisabeth, wachrief. Sie war bekanntlich 1898 einem Attentat zum Opfer gefallen. Mein Vater hat, wie er mir oft erzählte, für die bezaubernde Kaiserin Sissy geschwärmt. Das mag ihn später bewogen haben, das »Achilleion«, ein Haus ihrer Tochter Marie Valerie auf Corfu, zu erwerben, als diese es verkaufen mußte. Gerade jene Insel und das »Achilleion« waren so besonders mit der stillen Wehmut der schwergeprüften Kaiserin verbunden. Nach dem Tode ihres Sohnes, des Kronprinzen Rudolf, hatte sie hier Einsamkeit und Stille gesucht. Mein Vater empfand Genugtuung, daß dieser Platz nicht in falsche Hände gelangte. Er errichtete der Kaiserin Elisabeth ein Denkmal, das aussah, als schritte sie zum Meer hinunter. Der Sockel wurde mit einer Anlage herrlicher Blumen umpflanzt; ich glaube, schöner konnte die Erinnerung an diese vom Schicksal so hart getroffene Frau nicht gewahrt werden.

Mein Vater hat das »Achilleion« aus seiner Privatschatulle gekauft, also nicht aus seinem Repräsentationsfonds. Trotzdem wurde es von Griechenland entschädigungslos enteignet, in den zwanziger Jahren zur Zeit der Republik. Aber auch später, als die griechische Monarchie wiederhergestellt worden war, wurde der Besitz nicht zurückerstattet und auch keine Entschädigung gezahlt. Man führte das »Achilleion« einer neuen Zweckbestimmung zu: eine Spielhölle wurde etabliert. So ändern sich die Zeiten.

Auf der Fahrt nach Corfu habe ich den König von Italien, Victor Emanuel III., kennengelernt. Er traf sich mit meinem Vater in Venedig. Der Kaiser war mit der Mutter des Königs, Margherita, befreundet. Das Verhältnis zum König war auch gut, aber nicht so freundschaftlich. Er war außerordentlich klein von Figur; vielleicht daher etwas soupçonneux. Möglich, daß von unserer Seite gewisse Ungeschicklichkeiten begangen sind, indem man ausgerechnet sehr große Herren an den italienischen Hof entsandte. Ich habe gehört, daß dies dem König irgendwie unangenehm gewesen sein soll. Der Kaiser selbst war jedenfalls bemüht, auf die Sentiments seiner Alliierten, und dazu gehörte auch Victor Emanuel III., sorgfältig Bedacht zu nehmen. Es bestand dazu auch alle Veranlassung angesichts der mehr oder weniger latenten Spannungen zwischen den Dreibund-Partnern Italien und Österreich-Ungarn. Die Abneigung Kaiser Franz Josephs gegen einen Staatsbesuch in Rom war bekannt. Um so mehr glaubte mein Vater, in Italien für eine Besserung des politischen Klimas wirken zu müssen. Er richtete es nach Möglichkeit ein, daß er bei Gelegenheit einer Reise beide verbündeten Monarchen traf. So war es auch 1908, als ich meinen Vater begleiten durfte. Auch im folgenden Jahr, um noch ein Beispiel anzuführen, traf sich mein Vater mit dem italienischen König in Brindisi, um von dort nach Wien zu fahren. Die beiden Kaiser telegrafierten dem italienischen König: »Notre entrevue nous offre une nouvelle occasion de saluer notre auguste allié et ami et de lui adresser l'expression chaleureuse de notre amitié inaltérable« — »Unsere Begegnung bietet Uns den neuerlichen Anlaß, Unseren erhabenen Verbündeten und Freund zu begrüßen und ihm den warmen Ausdruck Unserer unveränderten Freundschaft zu übermitteln.«

Die italienische Mentalität war nicht unbedingt deutschfreundlich. Nicht etwa, daß die hier und da verbreitete Frankophilie dafür bestimmend gewesen wäre. Bismarck hatte Italien klargemacht, daß der Weg nach Berlin über Wien führe, und das lastete spürbar auf den Empfindungen der Italiener aller Schichten. Mein Vater bemühte sich, mehr Aufgeschlossenheit zu erzielen. Sehr erfolgreich war er nicht. Gleichwohl weckte er gelegentlich warme Sympathie, wie mit seinem spontanen Besuch am Grab des 1900 ermordeten Königs Humbert. »Come è gentile, il vostro Imperatore« — »Wie liebenswürdig ist Ihr Kaiser!«, konnte man da als Deutscher in Italien hören.

Die Königin von Italien, Helene, war eine Montenegrinerin. Ich kannte auch ihren Vater, den König Nikolaus. Er war bei uns in Potsdam und trug seine schöne Fustanella. Das italienische Königspaar führte ein sehr gutes Familienleben. Es war geradezu gemütlich. Das konnte ich feststellen, als ich in späteren Jahren, nach dem ersten Weltkrieg, mit meinem Mann in Rom war. Es herrschte ein ansprechend netter Ton. Die Königin war ganz besonders reizend. Am Rande bemerkt: Bei dieser Gelegenheit stieß ich zum ersten Mal auf ein Autoradio. Der Krach, den es veranstaltete, dröhnt mir noch heute in den Ohren.

Zur Zeit des deutschen Kaiserreiches bestand zwischen dem in Italien regierenden Haus Savoyen und uns keine nähere Verwandschaft, schon gar nicht in dem Sinne, wie sie für die europäischen Herrscherhäuser so charakteristisch war. Das war eine einzige große Fürstenfamilie, und für eine kleine preußische Prinzessin wie mich waren Könige und Königinnen, Zaren und Großherzöge Onkel, Tanten und Vettern. Eben eine große Familie. Die Vorstellung, daß diese Verwandten auch Monarchen waren, die in den verschiedensten Staaten regierten, trat erst allmählich in mein Bewußtsein.

Die engste familiäre Beziehung zwischen uns und einem ausländischen Herrscherhaus bestand während meiner Kindheit zu dem in England regierenden Haus Hannover-Sachsen-Coburg. Die Mutter meines Vaters war eine englische Prinzessin, die Tochter der Queen Victoria. Als mein Vater geboren wurde, hatte man in London eine zusätzliche Strophe zur englischen Nationalhymne gesungen:

»Hail the auspicious morn,
To Prussia's throne is born
A Royal heir!
May he defend its laws,
Joined with Old England's cause,
This wins all men's applause!«

Die frühesten Erinnerungen, auf die sich mein Vater aus seiner Kindheit besinnen konnte, lagen in England. Sie galten dem Prince Consort, Prinz Albert von Sachsen-Coburg und Gotha, dem Gemahl der Königin von England, also dem Großvater. »Er gab sich viel mit mir ab«, erinnerte sich mein Vater, »und pflegte mich gern in eine Serviette zu legen und darin zu schaukeln.« Mein Vater war in seiner Jugend sehr häufig bei unserer englischen Verwandtschaft. Daß er und mein Großvater dort in schottischer Hochlandstracht einhergingen, war den Zeitgenossen vertraut und selbstverständlich. Über die Beziehungen zur Queen berichtete mein Vater: »Die Königin ist von Anfang an voll besonderer Güte für mich gewesen, eine rechte Großmutter, und dieses innige Verhältnis hat bis zu ihrem Tode keine Trübung erfahren.« Auch nach seinem Regierungsantritt, so betonte er, hat sich in dem guten persönlichen Verhältnis zwischen beiden nichts geändert. Die Queen redete den Kaiser nach wie vor »my boy« oder »my dear boy« an. Ihm war das, wie er sagte, immer eine besondere Freude. Man sagt nicht zuviel, wenn man feststellt, daß sie ihren Enkel sehr herangezogen hat; er wurde von ihr über wichtige politische Fragen unterrichtet und auch um Rat gefragt. In den letzten Lebensjahren der Queen gab es aus diesem oder jenem Anlaß Verstimmungen zwischen Berlin und London. Der Kaiser bemühte sich, wie ein Biograph mit Recht vermerkt, sich durch »gezeigte Ehrfurcht und Respekt« das Vertrauen der Queen zu erhalten.

Die Queen hat niemals aus ihrer deutschen Abstammung ein Hehl gemacht. Durch ihre Heirat mit einem Prinzen aus dem Hause Sachsen-Coburg knüpfte sie auch für sich persönlich ein enges Band zu einem weiteren deutschen Fürstengeschlecht. Sie trug den Titel Herzogin zu

Sachsen und führte das sächsische Wappen als Herzschild in der englischen Königsstandarte.

Die Queen wurde von uns allen sehr verehrt. Sie war meine Patin, doch habe ich sie persönlich nicht erlebt. Meine Brüder Wilhelm, August Wilhelm und Oskar sind bei ihr zu Besuch gewesen. Sie haben mir natürlich ausführlich erzählt. Alle waren von ihr sehr beeindruckt. Die Queen war eine kleine Frau und damals schon fast achtzig Jahre alt. Das aber, schwärmten meine Brüder, habe man gänzlich vergessen, wenn man sie, begleitet von ihren beiden großen Indern, erlebte. Eine wahrhaft königliche Erscheinung. Dieser Eindruck überlagerte sogar den Kinderärger, den meine Brüder mit nach Hause brachten. Sie hatten **drüben** mit den englischen Prinzen und Prinzessinnen gespielt wie eben mit Vettern und Cousinen. Allein die Battenbergs wären sehr unartig gewesen, doch sie hätten sich alles erlauben dürfen, so wie bei unserer Großmutter die griechischen Enkel.

Im Januar 1901 traf bei uns die Nachricht ein, daß die greise Queen auf dem Sterbebett liege. In Berlin feierte man gerade das 200jährige Jubiläum der preußischen Königskrone. An den Festlichkeiten nahm auch der Herzog von Connaught teil, der dritte Sohn der Queen. Er war mit einer Tochter des Prinzen Friedrich Karl von Preußen, des berühmten Heerführers, verheiratet. Wie sein Schwiegervater war der Herzog ein passionierter Soldat, den der alte Kaiser mit der Ernennung zum Chef des Zieten-Husaren-Regiments ausgezeichnet hatte. Mein Vater und der Herzog eilten beim Eintreffen der beunruhigenden Nachricht über das Befinden der Queen sofort nach London. Als sie dort das Bahnhofsgebäude verließen, trat aus der großen Menschenmasse, die dicht gedrängt in tiefem Schweigen die Ankunft des deutschen Kaisers erwartete, ein einfacher Mann auf meinen Vater zu und sagte: »Thank You, Kaiser.« — Die Queen war noch bei Bewußtsein, als mein Vater eintraf. Aber bald trat der Todeskampf ein. Die Königin von England starb in den Armen des deutschen Kaisers.

Als Eduard VII. den englischen Thron bestieg, glaubte mein Vater, es müßte mit den Beziehungen zwischen den beiden Häusern so weitergehen wie bisher. Das war ein falscher Schluß. Eduard war bei seiner Krönung bereits über 60 Jahre alt. Er hatte fast ein Menschenalter lang darauf gewartet, König zu werden. Nun, da ihm die Krone zufiel, hatte er nicht mehr viele Regierungsjahre vor sich. Wo die Queen abwägend zuwartete, forcierte er. Das machte sich gerade in der englischen Europa-Politik bemerkbar, genauer gesagt: in der Einstellung zu Deutschland.

Mein Vater war der Meinung, die deutsch-englische Politik müsse letztlich die Verwandschaft der Herrscherhäuser als Grundlage haben. Er behielt das gute Verhältnis zur Queen vor Augen. Eduard war solchen Sentiments nicht zugänglich. Er war nüchtern berechnend. Und außerdem sah er als Onkel den Neffen in Berlin anders, als die Queen den Enkel gesehen hatte. Die Art, in der mein Vater mit Eduard umging, wirkte möglicherweise »gushing«, wie die Engländer sagen, zu überschwenglich, zu viele Worte. Wenn es so war, dann konnte es nicht der adäquate Stil sein, um mit Eduard zu reden oder zu verhandeln. Dem sich betont familiär gebenden Neffen stand jedenfalls ein sehr zurückhaltender Verwandter einer älteren Generation gegenüber. Von einem herzlichen Einvernehmen konnte keine Rede mehr sein. Mir ist der König in Erscheinung und Habitus als Kavalier, als Grandseigneur in Erinnerung. Aber mir prägte sich ein, daß bei seinen Besuchen immer ein bißchen Gespanntes über allem lag.

Im August 1907 war König Eduard bei uns zu Gast in Wilhelmshöhe. Ein Trinkspruch, den mein Vater bei dieser Gelegenheit ausbrachte, spiegelt das Grundmotiv seiner Einstellung zu England. Er sagte u. a.: »Ich erblicke in diesem Besuch den Ausdruck der verwandtschaftlichen und freundschaftlichen Gefühle, die Euere Majestät hegen für die Kaiserin, für mich und mein Haus, Gefühle, die begründet sind in den alten Beziehungen zwischen unseren Häusern von langer Zeit her und die in unserer Zeit ihren Ausdruck gefunden haben, als wir gemeinsames Leid trugen an den Särgen meiner lieben Eltern und an der Bahre der großen Königin, meiner Großmutter.« — König Eduard fuhr von Kassel nach Ischl zum österreichischen Kaiser und versuchte, ihn zu überreden, das Bündnis mit Deutschland aufzugeben. König Eduard, der als der »Einkreiser« des Deutschen Reiches in die Geschichte eingegangen ist, hat sich also bemüht, Österreich-Ungarn von uns zu trennen. Er hätte damit die völlige Isolierung Deutschlands erreicht gehabt. Mein Vater erfuhr, daß der entscheidende Vorstoß Eduards bei einer Autofahrt mit Kaiser Franz Joseph gemacht wurde. Der alte Kaiser hat das Ansinnen Eduards glatt abgelehnt.

Seinen ersten offiziellen Besuch als König von England, in Begleitung der Königin Alexandra, machte Eduard erst 1909, acht Jahre nach seiner Thronbesteigung, und ein Jahr vor seinem Tode. Er sah erschreckend alt aus. Eduard litt an einer akuten Bronchitis. Es hieß, die Ärzte hätten ihm dringend abgeraten, die Reise zu unternehmen. Der König fuhr trotzdem. Er wollte vermeiden, daß eine Absage — angesichts der gespannten Beziehungen — als Affront verstanden werden konnte. Am Berliner Hof gab es wegen des besorgniserregenden Gesundheitszustandes große Aufregung. Im Kasino des 1. Gardedragoner-Regiments erlitt Eduard einen furchtbaren Hustenanfall, wobei er durch den hohen Stehkragen seiner Uniform noch mehr beeinträchtigt wurde. Der Regimentskommandeur wußte geistesgegenwärtig zu reagieren. »Euere Majestät«, wandte er sich an den König, »es ist bei uns Sitte, daß wir nach Tisch die Uniform aufmachen.« Und zu seinen Offizieren: »Meine Herren, bitte!« Die ganze Runde knöpfte die Kragen auf. Dem König war wenigstens zu diesem Teil geholfen.

Eine ähnlich enge Verwandtschaft wie mit dem englischen Königshaus verband uns mit der russischen Zarenfamilie. Es ist erst kurze Zeit her — ich hatte gerade mit diesen Aufzeichnungen begonnen —, da stieß ich ganz unvermittelt auf eine Erinnerung an diese Verwandten, denen in der russischen Revolution ein so grauenhaftes Schicksal bereitet wurde. Ich nahm als Gast an einem Treffen der Deutschen Pfadfinder auf der Rosenburg bei Bad Kreuznach teil. Irgendwann ging ich durch den wunderschönen Wald dieser Landschaft und traf auf einen Förster, der mir ein Forsthaus zeigte, in dem sich mein Vater mit Zar Nikolaus II. von Rußland aufgehalten hatte. Hier hatten sie die Heiratspläne des Zaren besprochen, bei denen mein Vater als Vermittler zum Hause Hessen aufgetreten ist. Nikolaus heiratete dann die Prinzessin Alix von Hessen und bei Rhein. Sie war eine Tochter des Großherzogs Ludwig IV. und seiner Gemahlin Alice, der zweiten Tochter der Queen Victoria. Eine Schwester von Alix, die Prinzessin Irene, war die Gemahlin des Prinzen Heinrich, des Bruders meines Vaters. Die Ehe des Zaren wurde — wenn man von den Sorgen wegen der Krankheit des Zarewitsch absieht — sehr glücklich. Der Zar war ein liebevoller Gatte und Vater; es war ein wunderschönes Familienleben. Mein eigener Eindruck vom Zaren war: eine menschlich liebenswerte Erscheinung.

Wie in seinen Anschauungen gegenüber dem englischen Königshaus fühlte sich mein Vater auch dem Zaren, der wenige Jahre nach ihm den Thron bestiegen hatte, verwandtschaftlich und freundschaftlich eng verbunden. Auch hatte mein Vater Kaiser Wilhelm I., seinem Großvater, an seinem Sterbebett gelobt, Freundschaft mit Rußland zu halten. Er hat dieses Versprechen sehr ernst genommen. Der Zar und mein Vater haben einen intensiven Gedankenaustausch unterhalten, sich auch verhältnismäßig häufig getroffen. Mein Vater hatte frühzeitig die bedrohliche gesellschaftliche und politische Entwicklung in Rußland erkannt. Er riet zu liberalen Reformen, um dem innenpolitischen Druck ein Ventil zu schaffen. »Ich hatte damit nicht die Absicht«, sagte mein Vater, »mich in innere russische Angelegenheiten zu mischen, sondern ich wollte im Interesse Deutschlands die Gefahren der inneren Gärung beseitigen, die oft schon aus Gründen der Ablenkung zu äußeren Konflikten geführt hatten. Wenigstens diese eine kriegsgefährliche innere russische Situation wollte ich beseitigen helfen.« Resigniert stellte mein Vater fest: »Mit Rußland habe ich mir außerordentliche Mühe gegeben. Der Zar hat nicht gehört.« Heute wissen wir längst, daß Nikolaus eine schwierige Position gehabt hat, daß er sich oft nicht durchsetzen konnte, im gewissen Sinne das Gegenteil von Eduard VII. —

Wenn ich mich weiter in der Fürstenfamilie umsehe, in der ich als Tochter des deutschen Kaisers aufwuchs, dann denke ich zunächst an die Hohenzollern, die in Rumänien herrschten. König Karl I., der von 1866 bis 1914 regierte, stand vor seiner Thronbesteigung beim preußischen 2. Gardedragoner-Regiment. Er zeichnete sich im dänischen Kriege hervorragend aus. Mein Vater verlieh ihm den Rang eines preußischen Generalfeldmarschalls. Karl war mit der unter dem Dichternamen Carmen Sylva weit bekannt gewordenen Prinzessin Elisabeth zu Wied verheiratet. Kronprinz Ferdinand, ein Neffe des Königs, hatte ebenfalls als preußischer Offizier gedient. Mit 16 Jahren war er als Leutnant beim 1. Garderegiment zu Fuß eingetreten. Und auch sein Sohn, der spätere König Carol II., diente bei uns in Potsdam; es war der ausdrückliche Wunsch König Karls, daß er seine militärische Ausbildung in Preußen erhielt. Carol tat Dienst wie jeder andere Offizier auch; er galt als ein guter Soldat und war als kameradschaftlich bekannt. Seine Mutter, Maria von Sachsen-Coburg, war eine Enkelin der Queen Victoria, eine unbeschreiblich schöne Frau. Ich war von ihrer Schönheit fasziniert.

Unter den Prinzen, die bei der preußischen Garde dienten, befand sich auch mein Vetter Georg von Griechenland, der nachmalige König Georg II. Sein Bruder Alexander besuchte die Kadettenanstalt in Lichterfelde. Ihre Mutter, die damalige Kronprinzessin Sophie, war eine Schwester meines Vaters, also meine Tante. Sie wurde Königin von Griechenland, als ihr Gemahl, Konstantin, 1913 den Thron bestieg. In jener Zeit konnte niemand auch nur ahnen, daß die Verwandtschaft zwischen uns und dem griechischen Königshaus dereinst noch enger geknüpft würde.

Unsere Verwandtschaft mit dem Hause Sachsen-Coburg begründete familiäre Beziehungen auch zu den Königshäusern von Bulgarien, Belgien und Portugal. Zar Ferdinand von Bulgarien hat auf mich einen außerordentlichen Eindruck gemacht. Er war eminent klug und politisch, technisch und wissenschaftlich gleichermaßen begabt. Ich habe bewundert, wie er seinen Sohn Boris, den Kronprinzen, buchstäblich von Kind an mit den Regierungsgeschäften vertraut machte. Er zog ihn zu allen Arbeiten hinzu. Ich habe gestaunt, als ich dies sah, denn Boris war doch noch sehr jung. Der Zar ließ ihn sogar für sich schreiben, er diktierte ihm manchmal bis in die Nacht hinein. Als Prinz Boris einmal beim Diner neben mir saß, war er todmüde. Er schlief beinahe ein. Ich habe nicht gestört, denn ich sagte mir, der arme Kerl hat wieder die ganze Nacht gearbeitet, soll er getrost ein bißchen einnicken. Wir empfanden diese Gemeinsamkeit zwischen König und Kronprinz um so mehr, als es bei uns zwischen meinem Vater und meinem älteren Bruder nicht so stand, und es Elemente gab, denen daran lag, Vater und Sohn, wenn sie miteinander harmonierten, zu trennen. Bei den Bulgaren war das ein ideales Verhältnis zwischen Vater und Sohn.

Zar Ferdinand war passionierter Lokomotivführer. Er legte die Lokomotivführerprüfung ab. Wenn er in Deutschland Lokomotiven für Bulgarien einkaufte, waren die Ingenieure baß erstaunt über seine Fachkenntnisse. Ferdinand fuhr seinen Salonzug meist selbst. Es wurde berichtet, welch erstaunte Gesichter festlich gekleidete Abordnungen, die zum Empfang des Monarchen erschienen waren, machten, wenn dieser nicht dem Salonwagen entstieg, sondern rußgeschwärzt von der Lokomotive kletterte. Die Lokomotivführer-Passion Ferdinands ging auf seinen Sohn Boris über. Wenn der Zar durchs Land fuhr, hat auch er häufig die Maschine gefahren. Eine große Verantwortung für einen jungen Menschen.

Als ich Ferdinand bei uns in Potsdam erlebte, galt eine seiner ersten Unternehmungen dem Botanischen Garten in Berlin. Er war ein bedeutender Botaniker und Zoologe. Vor seinem Regierungsantritt hatte er eine ausgedehnte Studienreise nach Südamerika unternommen. Auch als König ging er seinen wissenschaftlichen Neigungen nach. Wenn er etwa hörte, daß irgendwo im Gebirge eine besondere Pflanze blühte, dann gab es kein Halten. Er setzte sich ins Auto und fuhr, selbst die Nacht hindurch, nur um diese Pflanze zu sehen.

Die Klugheit und Begabung Ferdinands zeichnete auch den wohl bedeutendsten Coburger auf dem belgischen Thron, Leopold II., aus.

Sein Spezialinteresse galt der Geographie, vor allem Afrika. Er ist der Begründer des Kongo-Staates gewesen. Als ich meine Eltern nach Belgien begleiten durfte, hatte schon sein Neffe, Albert, die Regierung angetreten. Bei der Galatafel, die zu Ehren des kaiserlichen Besuches gegeben wurde, war ich links neben König Albert placiert. Zu meiner Linken saß ein hoher kirchlicher Würdenträger. Die Gräfin Keller, eine Hofdame meiner Mutter, machte sich Gedanken, wie wohl die Konversation verlaufen würde. Sie saß mir gegenüber und beobachtete mich. Ihre Sorge wäre jedoch sehr schnell gewichen, sagte sie, als sie gesehen hätte, daß mein Mund kaum stillgestanden hätte, wie sie sich ausdrückte, und wie lebhaft die Unterhaltung zwischen dem Erzbischof und mir geführt wurde. König Alberts Gemahlin war Elisabeth von Bayern. Sie hatten drei entzückende Kinder: Leopold, der spätere Leopold III. und Vater König Baudouins, Karl und Marie-José, die spätere Königin von Italien.

Man erwartete allgemein, daß sich beim Besuch des deutschen Kaiserpaares wegen der nicht gerade deutschfreundlichen Gesinnung der Wallonen eine kritische Lage ergeben würde, besonders in Brüssel. Die Mutter König Alberts war Prinzessin Marie von Hohenzollern. Als wir aufbrachen, um sie zu besuchen, drängte sich eine gewaltige Menschenmasse auf uns zu. Der König sah vom Schloß aus verzweifelt auf uns herunter. Er glaubte, jetzt würde es ein Attentat geben. Man hat uns zwar fast die Fenster des Autos eingedrückt, aber nicht in böser Absicht. Es war Begeisterung. Auch mir brachte man Ovationen: »Vive la fille!« — »Es lebe die Tochter!«

Meine Erinnerung an die portugiesische Herrscherfamilie wird von dem Königsmord im Jahre 1908 überschattet. Auf der Praça do Commercio in Lissabon hatte eine Bande von Verschwörern die in einem Wagen vom Gottesdienst kommende Königsfamilie auf offener Straße überfallen. König Karl X. und Kronprinz Philipp wurden erschossen. Als die ersten Schüsse fielen, warf sich Königin Amalie, eine französische Prinzessin, über den Thronfolger, um ihn mit ihrem eigenen Körper zu bedecken. Doch es war schon zu spät, Philipp war bereits tödlich getroffen. Mein Vater erhielt die Meldung von dem Attentat, als wir gerade zur Kirche, zum Dom, gingen. Eine grauenhafte Nachricht. Er sagte zu uns: »Wir sind alle auf der Abschußliste.«

Der jüngere Sohn des portugiesischen Königspaares, Manuel, damals wohl 17 Jahre alt, der dem Anschlag mit einer leichten Verwundung entgangen war, bestieg nun den Thron. Zwei Jahre danach wurde er gestürzt. In Portugal rief man die Republik aus. Manuel heiratete kurz vor dem ersten Weltkrieg eine Prinzessin von Hohenzollern-Sigmaringen. Sie war auch, wenn ich mich recht erinnere, bei Überlegungen wegen einer Heirat Alfons XIII. von Spanien genannt worden. Den spanischen König lernte ich 1905 kennen, als er uns in Potsdam besuchte. Er war jung, frisch und furchtbar nett. Wir haben von ihm geschwärmt. Er kam auch zur Roten Jagd und gab mir, obwohl ich doch noch sehr jung war, den Bruch, den ich mir noch lange aufgehoben habe. Die Mutter des Königs, die Erzherzogin Maria Christine von Österreich, war übrigens meine Patentante.

Zu unserer näheren Verwandtschaft rechneten wir auch die schwedische Königsfamilie. Gustav V. war ungefähr gleichaltrig mit meinem Vater. Er trat 1907 die Thronfolge an. Seine Regierungszeit währte 43 Jahre. Als er 1950 starb, war er — wie man sagte — der »dienstälteste« Monarch Europas. Die Mutter Gustavs V. war eine Prinzessin von Nassau. Geheiratet hat er Viktoria von Baden, deren Mutter, die Großherzogin Luise, die einzige Tochter Kaiser Wilhelms I. war. Wir haben die schwedische Familie sehr geschätzt.

Als ich 14 Jahre alt war, feierte das schwedische Königspaar, Gustav war damals noch Kronprinz, in Karlsruhe die Silberhochzeit, und zwar gleichzeitig mit der Goldenen Hochzeit des Großherzogs und der Großherzogin von Baden. Auch meine Eltern nahmen an der Feier dieses Doppeljubiläums teil. Unmittelbar nach seiner Krönung kam der König in Begleitung der Königin zu einem Staatsbesuch nach Berlin, den meine Eltern sogleich in Stockholm erwiderten. 1909 eröffneten die beiden Monarchen gemeinsam die Eisenbahn-Dampffährverbindung zwischen Saßnitz und Trelleborg, ein Ereignis, das damals als sensationell empfunden wurde.

Das schwedische Königspaar war auch Mittelpunkt eines der glanzvollsten militärischen Schauspiele jener Epoche. Es war 1911 in Stettin bei der großen Parade des pommerschen II. Armeekorps unter seinem Kommandeur General v. Linsingen. Mein Vater ehrte Gustav V. an diesem Tage mit der Ernennung zum Chef des Grenadierregiments zu Pferde Frhr. v. Derfflinger, das auf den Schulterstücken von nun an die Initialen des Königs von Schweden trug. Regiment für Regiment defilierte am Kaiser vorbei. Ein farbenfrohes Bild, das diese ruhmreichen und traditionsbeladenen Truppen boten. Die Militärkapellen schmetterten die mitreißenden preußischen Paradenmärsche. An der Spitze seines

Regiments führte der Schwedenkönig die hellblauen Grenadiere zu Pferde am Kaiser vorbei. Das Füsilier-Regiment Nr. 34 marschierte in exaktem Paradeschritt hinter seiner Chefin, der Königin von Schweden. Meine Mutter ritt an der Spitze ihres Kürassier-Regiments Königin, das ja auch zum pommerschen Armeekorps gehörte, und meine Schwägerin Prinzessin Eitel Friedrich führte die blauen Dragoner ihres Gnesener Regiments vorbei. Wahrhaft ein »Kaisertag«, sagte man damals.

Als die glänzenden Paraden den Schrecken des Weltkrieges Platz machen mußten, nahm sich die schwedische Königin unserer Verwundeten an. Sie suchte Lazarette und Lazarettzüge auf und half, soweit sie nur vermochte. — Nach dem Kriege starb die Mutter der Königin. Das Land Baden war von der französischen Armee besetzt. Als die Königin in Karlsruhe zur Beisetzung eintraf, stellten die Franzosen aus Protokollgründen eine Ehrenkompanie. Sie wählten hierfür nicht ohne Absicht — denn da kam zwar die Königin eines neutralen Staates, aber schließlich doch eine deutsche Prinzessin — eine Einheit von Schwarzen. Die Schwedenkönigin reagierte sehr direkt: »Ich habe mich gefreut, die Elite Frankreichs zu sehen.«

Die Dauer der Regierungszeit Gustavs V. wurde noch übertroffen durch die der Königin Wilhelmina der Niederlande. Sie war Königin von 1890 bis 1948, als sie dem Thron zugunsten ihrer Tochter Juliana entsagte. Im Jahre meiner Geburt besuchte die Königin in Begleitung ihrer Mutter, der Königin-Regentin Emma, einer geborenen Prinzessin zu Waldeck und Pyrmont, das Kaiserpaar. Es muß, wie mir später meine Brüder erzählten, sehr lustig zugegangen sein. Es war eine komische Situation. Die Königin war gerade 11 Jahre alt. Während ihre Mutter und meine Eltern an einer offiziellen Veranstaltung teilnahmen, spielte sie mit meinen älteren Brüdern. Alle waren glücklich, den Kreis der Spielgefährten einmal verändert zu sehen. Die Prinzen waren allerdings zunächst etwas bedrückt, denn sie waren angewiesen, ihre Spielgefährtin mit »Majestät« anzureden. Beim Blindekuhspiel im Muschelsaal des Neuen Palais ist dann das Erinnern an die Anordnung untergegangen. Die junge Königin besuchte uns einige Jahre danach wieder. Ihre Erinnerung war eindeutig: »Das letzte Mal haben wir recht miteinander getobt!« — Welch ein Wandel der Situation von dieser Kindheitsidylle bis zu dem schwarzen Tag, da mein Vater bei Königin Wilhelmina um Asylrecht in ihrem Lande nachfragen mußte.

Als ich Königin Wilhelmina zum ersten Mal begegnet bin, war sie 19 Jahre alt. Es war in Potsdam, und sie besuchte uns in Begleitung ihrer

Mutter. Ich erinnere mich noch, daß sie bei einer Ausfahrt in einen tiefen Morast gerieten; es hatte heftig geregnet, die Wege waren nicht befestigt, da war man steckengeblieben und mußte herausgetragen werden. Kurze Zeit vor Kriegsausbruch sah ich Königin Wilhelmina in Bad Homburg. Sie besuchte ihren Gemahl, Herzog Heinrich von Mecklenburg, der in der Nähe zur Kur weilte. Der Herzog hatte übrigens, bevor er heiratete, als Oberleutnant beim Gardejäger-Bataillon in Potsdam gestanden. Die Königin hatte ihre Tochter, die kleine Juliane mitgebracht, ein artiges vierjähriges Mädchen, das noch offene Haare trug.

Ein besonders markantes Beispiel für die familiären Beziehungen zwischen den europäischen Fürstenhäusern gab das dänische Königshaus. Mit Fug und Recht nannte man Christian IX. von Dänemark »den Schwiegervater Europas«. Seine Mutter war eine hessische Prinzessin. Seine älteste Tochter, Alexandra, heiratete Eduard VII. von England — seine zweite Tochter Zar Alexander III. von Rußland — seine dritte Tochter, Thyra, den Herzog von Cumberland, sie ist meine Schwiegermutter geworden. Der zweite Sohn Christians IX. wurde als Georg I. König von Griechenland. Der dritte Sohn, Waldemar, nahm sich eine Prinzessin von Orléans zur Frau. Sein ältester Sohn, der 1906 als Friedrich VIII. den dänischen Thron bestieg, heiratete eine schwedische Prinzessin. Dessen ältester Sohn wiederum, seit 1912 König Christian X., heiratete die Herzogin Alexandrine zu Mecklenburg, eine Schwester der deutschen Kronprinzessin, meiner Schwägerin Cecilie. Der zweite Sohn Friedrichs VIII. bestieg 1905 als König Haakon VII. den norwegischen Thron. Der dritte Sohn, Harald, heiratete Helena von Schleswig-Holstein-Sonderburg-Glücksburg, eine Nichte meiner Mutter und Schwester der Prinzessin August Wilhelm von Preußen, ebenfalls eine Schwägerin von mir.

All die vielfältigen und vielfachen Verwandtschaften weiter durchzugehen, die allein aus dem Hause Dänemark erwachsen sind, ist ein Puzzle-Spiel eigener Art. Ja, Genealoge müßte man sein!

3. KAPITEL

VON PFLICHTEN, FREUDEN UND SORGEN

Aus einer anderen Welt, so empfanden wir es damals in Potsdam, kam ein Gast, der sich bei meinem Vater großer Sympathien erfreute: Theodore Roosevelt. Zur Zeit seiner Präsidentschaft hatte es einen mannigfachen Gedankenaustausch zwischen ihm und meinem Vater gegeben, nicht nur auf politischem Gebiet, sondern auch in kulturellen Fragen. Ein Ergebnis war die Stiftung der Roosevelt-Professur, die es ermöglichte, einen hervorragenden amerikanischen Wissenschaftler über Probleme der Vereinigten Staaten Vorlesungen an deutschen Universitäten halten zu lassen. Bei Errichtung dieser Professur wies Roosevelt auf die historische Freundschaft zwischen Preußen und den USA hin und hob hervor, daß so viele Studenten der amerikanischen Nordstaaten ihre Bildung auf deutschen Universitäten gefunden hätten, die nun das höhere Erziehungswesen der Vereinigten Staaten leiteten. 1910, ein Jahr nach Ablauf seiner Präsidentschaft, nahm Roosevelt in Begleitung meiner Eltern an einer akademischen Feier der Berliner Universität teil, bei der ihm die Ehrendoktorwürde verliehen wurde. Er hielt eine hervorragende Rede über das Thema »Weltkulturbewegung«. Der Dekan der Philosophischen Fakultät, Professor Roethe, wandte sich in der Festansprache mit einer Formulierung, die mir in Erinnerung geblieben ist, an den amerikanischen Staatsmann: »Herr Roosevelt, Sie sind ein Demokrat, ein Demokrat von reinstem Wasser, aber Sie haben auch das rechte Verständnis dafür, daß wir Deutsche auf unser Kaiserhaus und besonders auf unseren Kaiser mit Stolz und Verehrung und mit Liebe blicken.«

Theodore Roosevelt besuchte uns auch im Neuen Palais, wo für ihn ein Essen gegeben wurde. Wir sahen in ihm eine interessante Persönlichkeit. Roosevelt nahm auch an einem Manöver in Döberitz teil. Er und sein ihn begleitender Sohn waren vortreffliche Reiter. Unser amerikanischer Gast verfolgte die militärischen Vorgänge mit auffallend reger Anteilnahme.

Ich habe wohl nur selten Gespräche meines Vaters beobachtet, bei denen er sich intensiver mit seinem Partner unterhielt als mit Theodore Roosevelt. Ich erlebte diesen als einen Mann von selbstverständlicher Ursprünglichkeit, sehr gerade und sehr offen. Mein Vater sagte von ihm, er sei »die Inkarnation aller guten Eigenschaften seines Volkes«. Er schätzte ihn als praktischen, nüchternen Mann. »Was ich an Roosevelt am meisten bewundere«, erklärte mein Vater, »ist die Tatsache, daß er von allen mir bekannten Männern den stärksten moralischen Mut gezeigt hat.« Kurz gesagt: er mochte ihn. Und soweit ich es sehen konnte, beruhte das auf Gegenseitigkeit. So meinte denn auch Roosevelt zu meinem Vater: »Bei uns sagt man von Ihnen, wenn Sie unter uns leben würden, dann würden Sie Ihren Wahlbezirk hinter sich haben und auf der Nationalen Konvention Ihrer Partei an der Spitze Ihrer Delegation stehen — und das ist mehr, als ich von einem Ihrer gekrönten Kollegen sagen kann.«

Auch einem anderen republikanischen Staat, nämlich der Schweiz, galt das Interesse des Kaisers. Er hatte bereits lange den Wunsch gehegt, das eidgenössische Gemeinwesen näher kennenzulernen, als ihm eine Einladung des Bundespräsidenten Ludwig Forrer dies ermöglichte. Mein Vater war von dem, was er in der Schweiz sah, sehr beeindruckt. Helle Begeisterung klang aus den Schilderungen, die er in unserer Familie gab. Überrascht war er von der hohen Leistungsfähigkeit der schweizerischen Armee, ihres Milizsystems und nicht zuletzt von der fabelhaften strategischen Begabung ihrer Generalität. Ein persönlicher Gewinn, den mein Vater mit nach Haus brachte, war die Freundschaft mit Ulrich Wille, in jenen Tagen Corps-Kommandant, später Oberbefehlshaber der Schweizer Armee.

Die Schweizer wußten, daß sie im deutschen Kaiser einen Staatsmann sehen durften, der für ihr Land, wie Bundespräsident Forrer sagte, »eine überaus freundliche Gesinnung bei jeder sich bietenden Gelegenheit an den Tag legte«. Wo immer sich der Kaiser zeigte, brachten ihm die sonst so ruhigen und bedächtigen Eidgenossen stürmische Ovationen. Unmittelbar nach meinem Vater suchte der linksradikale Politiker Karl Liebknecht die Schweiz auf. In Basel hielt er einen Vortrag über »Imperialismus und Demokratie«. Zynisch machte er dabei seinen Zuhörern Vorhaltungen über den Empfang des Kaisers: »Welche Überraschung für die Welt! Statt daß die selbstbewußten Demokraten des souveränen Schweizer Landes den Imperator von Gottes Gnaden mit gemessener Reserve empfingen, drängten sie sich zu seiner Huldigung heran, krochen vor ihm und begrüßten ihn wie einen Halbgott, wie einen Messias aus Berlin. Ja, die Schweizer in Zürich und Bern haben in puncto Kaiserhuldigung Berlin in den Schatten gestellt.«

Meinem Vater hat im übrigen nicht zuletzt die Würde gefallen, mit der sein Gastgeber ihm gegenüber auf die Neutralität und Unabhängigkeit der Schweiz und den unbeugsamen Willen ihrer Bevölkerung, diese zu verteidigen, hinwies. Der Kaiser verabschiedete sich mit den Worten: »Ich bin stets ein guter Freund der Schweiz gewesen, und so soll es, was an mir liegt, auch bleiben.«

Man hat meinen Vater den »Reise-Kaiser« genannt. Ich glaube, der Ausdruck wurde vom »Kladderadatsch« aufgebracht. Dieses Witzblatt, wie auch der »Simplicissimus«, hatten sich darauf spezialisiert, den Kaiser zu karikieren. Der Kaiser hielt es mit dem alten Fritz: »Niedriger hängen!« Dessen Maxime »Gazetten sollen nicht geniert werden«, war auch die seine. In seiner Thronrede bei der Eröffnung des Reichstages im Februar 1907 verkündete er: »Es ist mein Wunsch, auch im Gesetze den Bestrafungen wegen Majestätsbeleidigung engere Grenzen gezogen zu sehen.« Schon zuvor hatte er in einem Erlaß bekanntgegeben, daß er bei Beleidigungen seiner Person und von Mitgliedern unseres Hauses, solange die von ihm gewünschte Einschränkung der Strafbarkeit noch nicht Gesetz sei, größeren Gebrauch von seinem Begnadigungsrecht machen wolle.

Meinem Vater ist diese Haltung nicht gedankt worden. Und bis auf den heutigen Tag kann man es lesen, begegnet es einem auf Schritt und Tritt, im Äther und mit Druckerschwärze, das Wort vom »Reise-Kaiser«. Nur selten macht sich jemand die Mühe, den Dingen auf den Grund zu gehen oder eine nähere Verbindung zu den Tatsachen herzustellen. Reisen ist ein Vergnügen oder eine Strapaze — es kommt auf den Zweck und die Umstände des Unternehmens an. Ein Urlauber, der mit »Scharnow«, »Touropa« oder einer anderen Reisegesellschaft Ferien im Süden verlebt, ein Hochzeitspaar, das sich eine Südamerikafahrt erlauben kann, sie reisen unter anderen Bedingungen als ein Ministerpräsident, der zu Konferenzen nach Rom fliegt, oder ein Staatspräsident, der eine Ostasien-Visite durchführt. Wir haben es mit völlig entgegengesetzten Unternehmungen zu tun. Hier das ungezwungene, erholsame Urlaubsmilieu, dort die Einzwängung in das vom Protokoll minutiös festgelegte Programm und seine Verpflichtungen, zudem immer unter den Augen einer neugierigen fremden Bevölkerung, wobei jede Geste, jede Mimik und jedes Wort unter Kontrolle gehalten werden müssen, eingedenk der Pflicht, ein guter Repräsentant des eigenen Staates zu sein. Wir hören, daß eine solche Staatsvisite sogar als Maßstab dafür dient, ob ein Staatsoberhaupt einer neuen Amtsperiode körperlich gewachsen ist, wie es bei der Südamerikareise des Generals de Gaulle verlautete. Wir wissen überhaupt alle, daß die Politik ohne Reisen der Verantwortlichen ein Unding wäre. Der Zeitgenosse ist so daran gewöhnt, täglich von Konferenzen, Veranstaltungen und Reisen der Präsidenten, Kanzler und Minister zu lesen, daß er an dem Tag, da sich etwa nichts dergleichen ereignete, recht erstaunt aufhorchen würde. Doch mein Vater, so scheint man sich entschieden zu haben, bleibt der »Reise-Kaiser«. Von ihm verlangen beckmessernde Kommentatoren noch heute, daß er sich besser tagein tagaus an einem Schreibtisch durch meterhohe Aktenstöße hindurchgewühlt hätte. Und das bedarf doch einiger Bemerkungen.

Das Deutsche Reich begegnete dem neuen Zeitalter als ein recht junges Gebilde. Es war ganze siebzehn Jahre alt, als mein Vater zur Regierung kam. Wer führt sich das heute noch vor Augen? Der Kaiser sah seine Aufgabe nicht darin, irgendwo Akten zu wälzen und vom Schreibtisch aus zu regieren. Er wollte Land und Leute sehen, an den Pulsen des neuen Lebens wirken und die junge Nation, die schon so bald nach ihrer Geburt in eine gesellschaftliche Krisensituation gelangte, zusammenführen, integrieren, wie man es heute nennen würde. Die gewaltig anwachsende Ruhrindustrie — die Schiffswerften, ein wichtiges Instrument unseres Außenhandels und Bindeglied zu den Kolonien — die Entwicklung des Automobils, des Flugzeugs und der Luftschiffe — landwirtschaftliche Ausstellungen und Veranstaltungen — Gründung von Forschungsinstituten und wissenschaftlichen Fortbildungsstätten — das alles erfreute sich der Förderung durch den Kaiser, ihnen galten viele seiner Reisen.

Ein Großteil der Reisen wurde von der Außenpolitik diktiert. Heute reisen die Minister. In der Zeit der Monarchien erledigten die Herrscher das weitgehend selbst. Eine Ahnung davon kommt auf, wenn man die große europäische Fürstenfamilie in Gedanken Revue passieren läßt. Heute sind die verfassungsmäßigen Voraussetzungen verändert, die Monarchen haben kaum noch Gewicht bei der Entscheidung politischer Fragen; ihre verwandtschaftlichen Bindungen haben so gut wie keine politische Bedeutung mehr. Doch geblieben ist die Suche nach dem »persönlichen Kontakt« zwischen den Staatsmännern, selbst bis zur technischen Anlage eines »direkten Drahtes«. Der direkte Gedankenaustausch von Staatsmann zu Staatsmann bleibt ein entscheidendes Instrument der Politik. In der Epoche, in der mein Vater sich dessen bediente, kam ihm noch eine zusätzliche Bedeutung zu. Im Zeichen des Kolonialismus und Nationalismus war die Politik der Mächte in Bewegung geraten. Aktenstudium allein, wie Kritiker es nachträglich anrieten, konnte da nicht helfen.

Ausgesprochen anstrengend waren die Besichtigungsreisen. Sie waren körperliche Strapazen und gewiß keine Vergnügungstournee. Da waren die Manöver und Paraden. Es gab sie bei allen Nationen, und sie waren keine spezifisch deutsche Einrichtung oder Erfindung. Wahrscheinlich ist aber, daß mein Vater sich ihrer intensiver annahm, als es andere Staatsoberhäupter getan haben. Das entsprach nicht nur der preußischen Tradition; vielmehr fühlte sich mein Vater ganz persönlich dafür verantwortlich, daß die Armee, die Deutschlands Schutz in dessen exponierter geopolitischer Mittellage zu gewährleisten hatte, auf dem höchsten Stand der Leistungsfähigkeit war. Ein Gesichtspunkt, den eigentlich auch Nichtmilitärs erfassen können müßten. Ein Fachmann aber, wie Feldmarschall Frhr. v. d. Goltz, konstatierte: »Kaiser Wilhelms II. tatkräftige persönliche Teilnahme an allen Übungen seiner Truppen belebte diese außerordentlich. Die alten Begriffe von Anstrengung schwanden. Die Ausbildung des einzelnen Mannes steigerte sich. Einen besonderen Sporn erhielt sie dabei durch den kameradschaftlichen Wetteifer in Leistungen, den der Monarch überall anregte.«

Bei diesen militärischen Übungen saß mein Vater oft den ganzen Tag über im Sattel. »Ich will den Leuten zeigen, daß ich mitmache«, erklärte er mir einmal, »sie würden sonst am Ende denken, der sitzt da zu Haus, und wir können uns abplagen.« Neben solchen Überlegungen hatte mein Vater aber auch das Verlangen, durch seine Anwesenheit die Soldaten und ihre Ausbilder zu ehren. Stundenlang verharrte er auch bei den Paraden im Sattel, während die Kompanien, Schwadronen und Batterien vorbeizogen, Regiment nach Regiment, Brigade nach Brigade, Division nach Division. Jeder neuen Einheit, jeder Fahne salutierte er. Das war kein »Sich-sonnen in der Macht«. Wer ihn gekannt hat, weiß, daß er das Gefühl hatte, jeden Offizier und jeden Mann mit seiner Anwesenheit ehren zu müssen.

Mit den Manövern waren zumeist auch andere Inspektionen und Veranstaltungen verbunden. Behörden wurden besichtigt, Beamte empfangen und Vorträge angehört. Meine Mutter nahm sich in der Provinz und in den Städten der sozialen Einrichtungen an, wie Krankenhäuser, Volksküchen, Rotes Kreuz, und auch der Frauenverbände. Sie nahm ihre Pflichten sehr ernst und gönnte sich keine Ruhe, um einen möglichst umfassenden Überblick zu erhalten. Ihre Ärzte, und auch wir Kinder, waren oft verzweifelt, daß sie dabei keine Rücksicht auf ihre geschwächte Gesundheit nahm. Ich habe, als ich dem Kindesalter entwachsen war, dies alles miterlebt. Wir sind manchmal vor Überanstrengung fast zusammengebrochen, aber meine Eltern kannten für sich keine Schonung. Sie standen bei den Empfängen, etwa der Behörden, Stunde um Stunde, sprachen mit allen, und jeder fühlte sich ganz persönlich geehrt. Da der Schauplatz der großen Manöver und damit auch der übrigen Veranstaltungen wechselte, kamen meine Eltern auch auf diese Weise mit allen Landschaften und Volksgruppen in nahe Berührung: Ostpreußen, Pommern, Süddeutschland, Niedersachsen und so fort.

An dem Kaisermanöver in Schlesien nahm als Gast meines Vaters der damals 32jährige Winston Churchill teil, zu dieser Zeit Unterstaatssekretär. In englischer Offiziersuniform begleitete er meinen Vater ins Manövergelände, saß wie alle den ganzen Tag über im Sattel, besichtigte die historischen Schlachtfelder der Feldzüge Friedrichs des Großen und nahm auch an den mit dem Manöver verbundenen Veranstaltungen teil. Der englische Gast war ein interessierter und aufmerksamer Beobachter. Wiederholt hatte er Gelegenheit zur Unterhaltung mit meinem Vater. Churchill urteilte: »Der Kaiser sprach mit der ihm eigenen Leichtigkeit und mit der Majestät, die niemand ihm absprechen konnte.«

Der Erholung, dem Urlaub, dienten die Aufenthalte auf Corfu, in Rominten und die Nordlandreise, Reiseziele also, die für den Urlauber unserer Tage nach Art und Entfernung sicher nichts Absonderliches sind. Und Erholung war für meinen Vater und meine Mutter öfter nötig, als sich die Möglichkeit hierzu ergab. Vor mir liegt ein Brief, den ich 1912 an meine Großtante Luise von Baden schrieb. Darin heißt es:

»Papa, August Wilhelm und ich fahren morgen nach Wien — Corfu. Für die arme Mama ist es natürlich schrecklich schwer, nun hier zu bleiben. Sie geht erst ins Marmorpalais, und dort wird Oskar auch bei ihr wohnen, und Joachim kommt auch auf einige Tage hin. Dann ist sie nicht so ganz allein. Sie soll sich ja, wie der Arzt sagt, ›langweilen‹ und ganz ausruhen. Von da geht sie nach Nauheim. Und dann nach Homburg, wo ich sie, so Gott will, gestärkt und frisch wiedersehen werde. Beide Eltern sehen schrecklich elend und angegriffen aus. Ich hoffe so, daß Papa sich auch recht erholen wird. Es war ein harter Winter für ihn, und er hat seine Sonne verdient. Hoffentlich werden die politischen Angelegenheiten keine weiteren Schatten auf unsere schöne Corfu-Zeit werfen.«

Corfu bot dem Kaiser Gelegenheit, sich zu entspannen. »Auf Corfu«, so schildert es zutreffend ein Biograph, »trägt er ausnahmsweise keine Uniform; hier ist er Zivilist und will es sein. Auch die Kaiserin fühlt sich im Achilleion wohl; hier ist alles einfach und ungezwungen, wie sie es fast nicht mehr gewohnt ist und wie es doch ihrer Grundstimmung entspricht.« Auf der Insel beschäftigte sich mein Vater — um es modern auszudrücken — mit seinem Hobby, der Archäologie. Es traf sich sehr glücklich, daß Professor Wilhelm Dörpfeld, der Begründer der modernen Ausgrabungstechnik, dort Ausgrabungen vornahm. Ein anderer Biograph meines Vaters, den man nicht gerade zu seinen Bewunderern zählen darf, vermerkt: »Für Archäologie hatte Wilhelm II. mehr als ein oberflächliches Interesse. Er arbeitete in seinem Exil in Holland zielbewußt und systematisch an archäologischen Fragen und veröffentlichte auch zwei Bücher aus diesem Fachgebiet.«

In Rominten, diesem schönen Stückchen ostpreußischer Erde, waren wir, wenn wir uns dort aufhalten konnten, einmal nur Familie. Hier waren wir wirklich allein und dazu noch ganz auf dem Lande. Der himmlische Wald, die vielen kleinen Seen und das paradiesisch anmutende Jagdrevier taten das ihrige, um uns glücklich zu machen. Mein Vater war passionierter Jäger, ein ausgezeichneter Schütze, auch im Tontaubenschießen. Aber er war kein Schießer. Daß Erzherzog Franz Ferdinand ein solcher war, hat meinem Vater, der ihm doch sonst sehr zugetan war, stets mißfallen. Die großen Jagden lagen ihm im Grunde gar nicht. Sie wurden veranstaltet, wie man es damit auch heute noch hält, der Gäste wegen. Für mich war Rominten gleichbedeutend mit »Freiheit«. Hier durfte ich allein umhergehen, Spaziergänge und Wanderungen machen, ohne Begleitung. Allein sein mit der Natur, das war ein großes Erleben.

Am Rande sei gesagt: Die Bahnfahrten des Kaisers waren keine Freifahrten. Wie jeder andere auch, der sich einen Sonderzug oder ein Abteil bestellte, zahlte er nach den amtlichen Tarifen an die Bahnverwaltung. Unentgeltliche Privatreisen mit einer Freifahrkarte aufgrund eines Amtes kannten wir damals noch nicht.

Die Nordlandreise wurde mit der Jacht »Hohenzollern« unternommen. Hier fühlte sich der Kaiser, wie er sagte, »wie auf einer Insel« und »unbelästigt«. Hier konnte er aber auch »dem Parteigetriebe des Tages entrückt, die heimischen Verhältnisse in Ruhe einer Prüfung unterziehen.« »Wer jemals einsam auf hoher See nur Gottes Sternenhimmel über sich, Einkehr in sich selbst gehalten hat, der wird den Wert einer solchen Fahrt nicht verkennen«, erklärte mein Vater und fügte hinzu: »Manchem von meinen Landsleuten möchte ich wünschen, solche Stunden zu erleben, in denen der Mensch sich Rechenschaft ablegen kann über das, was er erstrebt und was er geleistet hat. Da kann man geheilt werden von Selbstüberschätzungen, und das tut uns allen not!« In unserer Zeit mögen diese Worte pathetisch erscheinen. Meinem Vater war es ernst damit.

Das Jahr 1908 brachte meinem Vater und unserer Familie einen schweren, folgenreichen Schicksalsschlag. In den Aufzeichnungen, die meine Mutter über meinen Lebensweg machte, heißt es: »Im November dieses Jahres ereigneten sich sehr viele schwere, ernste politische Unannehmlichkeiten für ihren Vater, außerdem starb auch während eines Jagdaufenthaltes in Donaueschingen einer seiner besten Freunde, der Graf Hülsen, ganz plötzlich. Ich reiste nach Baden-Baden entgegen und fand meinen Mann sehr deprimiert, wir kamen zurück nach Potsdam. Große Arbeitslast, viele Seelenkämpfe stürmten in dieser Zeit auf ihren Vater ein, der plötzlich erkrankte. Ich pflegte natürlich allein, aber dann und wann durfte das Mädel zu ihm herein. Das arme Kind, das so am Vater hing, hat in dieser Zeit zuerst den Ernst des Lebens kennengelernt. Die Brüder waren zuerst alle fern, Wilhelm, der älteste, kam dann, wurde aber eigentlich nur von mir gesehen. — Wir verlebten einen stillen Herbst, dann Weihnachten mit allen Kindern, blieben auch noch im Januar in Potsdam, da die Ärzte mehr Ruhe für die Nerven ihres Vaters gewünscht hatten.«

Was war geschehen?

Unter der Regierung Eduards VII. hatte sich die Stimmung in England mehr und mehr gegen Deutschland gewandt. Als wegen der neuen deutschen Flottenvorlage eine weitere Verschärfung eintrat, entschloß sich mein Vater, nach drüben zu fahren, um zu klären und zu versöhnen. Er hielt sich im November/Dezember 1907 mehrere Wochen in Begleitung meiner Mutter in England auf. Neben seinem Gedankenaustausch mit dem König sprach er mit Politikern, Professoren und Journalisten, nahm an einem Empfang des Lord-Mayors von London teil, wurde in Oxford mit der Würde eines Doctor of Civil Law geehrt und gab eine Einladung für den Londoner Grafschaftsrat. Das Grundmotiv seiner Freundschaftsbeteuerungen zog sich als Faden durch all seine Gespräche, seine innerste Überzeugung, die er gegenüber englischen Journalisten in die Worte faßte: »Wir gehören zu derselben Rasse und haben dieselbe Religion, das sind Bande, die sich stark genug erweisen sollten, zwischen uns Harmonie und Freundschaft bestehen zu lassen.« In Guildhall sprach der Kaiser die nach allem, was seitdem geschehen ist, makabren Worte: »Mein Bestreben ist vor allem darauf gerichtet, den Frieden zu halten. Die Geschichte wird mir, hoffe ich, die Gerechtigkeit widerfahren lassen, anzuerkennen, daß ich dieses Ziel seit jeher unerschütterlich verfolgt habe. Die Hauptstütze und die Grundlage des Weltfriedens ist aber die Aufrechterhaltung von guten Beziehungen zwischen unseren beiden Ländern. Ich werde auch fernerhin dieselben stärken, soweit dies in meiner Macht liegt. Die Wünsche der deutschen Nation dekken sich hierin mit den meinigen.« In einer Ansprache betonte mein Vater gegenüber König Eduard: »Es ist mein ernstester Wunsch, daß die enge Verwandtschaft, welche zwischen unseren Familien besteht, sich widerspiegeln möge in den Beziehungen unserer beiden Länder und so den Frieden der Welt bekräftigen möge.«

Während seiner »Good-will«-Reise führte mein Vater auch auf Highcliffe Castle auf der Insel Wight Gespräche mit Sir Stuart-Wortley, einem englischen General. Mein Vater lud ihn zu den großen Manövern des folgenden Jahres nach Deutschland ein. Stuart-Wortley folgte der Einladung und machte nun seinerseits seinem Gastgeber Vorschläge, die einer Verbesserung des deutsch-englischen Verhältnisses dienen sollten. Er regte an, einen Extrakt der auf Highcliffe Castle geführten Unterhaltungen in Form eines Interviews in England zu veröffentlichen. Der Plan sagte dem Kaiser zu. Stuart-Wortley fertigte unter Hinzuziehung des namhaften englischen Journalisten Harold Spender das Manuskript — der »Daily Telegraph« wurde für den Abdruck gewonnen — mein Vater erhielt den Wortlaut zur Genehmigung.

Der Kaiser behandelte die Sache mit aller Sorgfalt. Er sandte den Entwurf dem Reichskanzler und fügte Anmerkungen hinzu, die auf einzelne Stellen hinwiesen, deren Änderung oder Streichung sich nach seiner Meinung empfehlen würde. Frhr. v. Jenisch, vom Auswärtigen Amt, mußte auf seine Anweisung in einem Begleitschreiben hervorheben, daß der Artikel in jeder Hinsicht gründlich zu prüfen wäre. Fürst Bülow, der Reichskanzler, befand sich auf Norderney, als er den Vorgang erhielt. Er sah den Artikel an und ließ ihn zur weiteren Prüfung an das Auswärtige Amt senden. Dort wurde er von Unterstaatssekretär Stemrich und Geheimrat Klehmet bearbeitet. »Mit wenigen Abänderungen«, so berichtet ein Historiker, der diese Affaire eingehend untersucht hat, »wird der Artikel über Stemrich wieder nach Norderney an Bülow zurückgeschickt. Der Reichskanzler läßt in seiner Feriensstimmung den Akt einige Tage liegen, um ihn dann dem Kaiser mit der Bemerkung zuzusenden, daß der Inhalt vom Amt geprüft sei und keine Bedenken gegen die Veröffentlichung in England vorliegen.« Nun gab mein Vater seine Einwilligung zur Veröffentlichung. Sie erfolgte am 28. Oktober 1908. Dann brach ein politischer Orkan über den Kaiser herein.

Der Reichstag schäumte über, die Wogen der Pressekritik schlugen lärmend und drohend an den Thron.

In dem »Daily Telegraph«-Artikel war den Lesern vor Augen geführt, daß mein Vater ein stets verläßlicher Freund Englands sei. Und da nun einmal facts eher zu überzeugen vermögen als Worte, schon gar bei Engländern, enthüllte das Interview einige Ereignisse, die den Beweis liefern sollten. Sie bezogen sich überwiegend auf den für England harten und krisenreichen Burenkrieg. Etwa: Die Ablehnung des Kaisers, die in anderen Ländern frenetisch gefeierten Abgesandten der Buren zu empfangen; die Zurückweisung französischer und russischer Fühler, zusammen mit dem Deutschen Reich gegen England zu intervenieren; strategische Ratschläge meines Vaters »in den schwarzen Wochen der britischen Waffen« an Queen Victoria.

Die Ausführungen im »Daily Telegraph« kamen nicht an. Im Gegenteil, die englische Presse nahm fast geschlossen heftig gegen den Kaiser Stellung. In Berlin schien man nur auf dieses Stichwort gewartet zu haben. Hemmungslose Kritik ergoß sich über den Kaiser. »Willkürliches Regiment«, »Persönliche Politik«, »Selbstherrlicher Autokrat«, »Abdankung«, »Entmündigung« — das war die Tonart. Am 10. November trat der Reichstag zusammen. Er debattierte zwei Tage lang. Alle Parteien kritisierten das Verhalten des Kaisers, lediglich in der Lautstärke mit Gefälle von links nach rechts gestuft. Selbst Konservative glaubten, um als Partei nicht in den Sog des Pressesturmes zu geraten, in irgendeiner milden Form sich der Kritik, natürlich bei allem schuldigen Respekt vor der Majestät, anschließen zu müssen. Noch nie hatte es solch ungezügelte Kritik am deutschen Staatsoberhaupt gegeben. Reichskanzler Bülow aber verriet seinen Kaiser. Mein Vater hat in der ihm eigenen vornehmen Gesinnung die Handlungsweise Bülows in der Öffentlichkeit nie so deutlich charakterisiert. Er schonte auch insoweit den Mann, der jahrelang sein Kanzler war. Ich möchte die Dinge aber beim Namen nennen, nachdem die sogenannte »Daily Telegraph«-Affaire bis auf den heutigen Tag unter Ignorierung der Wahrheit gegen meinen Vater ausgeschlachtet wird.

Bülow veröffentlichte im »Reichsanzeiger« eine Erklärung, mit der er versuchte, sich aus der Sache herauszumogeln. Er gab bekannt, daß er den umstrittenen Artikel nicht gekannt habe; hätte er ihn gekannt, dann wäre er nicht veröffentlicht worden. Diese Behauptung hielt Bülow auch vor dem Reichstag aufrecht. Er ging so weit, daß er selbst nun vor dem Parlament vom Kaiser mehr Zurückhaltung forderte, denn: sonst »könnte weder ich noch einer meiner Nachfolger die Verantwortung tragen.« Das sagte der Mann, der den Artikel zweimal gelesen und in dessen Hand die Entscheidung über Erscheinen, Form und Inhalt gelegen hatte. Ein Sachkenner gelangte zu der Feststellung: »Der Reichskanzler wußte von diesem Gespräch mit Stuart-Wortley und kannte auch dessen Inhalt, also die Themen, die in Highcliff Castle berührt worden waren. Nun behauptete er, sich nicht mehr des Inhalts entsinnen zu können. Im Auswärtigen Amt zweifelt niemand daran, daß Bülow falsch gespielt hat. Bülow handelte bewußt falsch, weil er selber falsch war.«

Ich hatte Bülow bei einem Aufenthalt in Wilhelmshöhe näher erlebt. Er machte mir einen wenig sympathischen Eindruck. Zwar zeigte er sich zu mir sehr charmant, von perfekter Liebenswürdigkeit, doch seine aufgetragenen Schmeicheleien waren mir unangenehm, seine Devotion gegenüber meinem Vater schien mir nicht echt. Ich hatte das Gefühl, der ist ja durchsetzt von persönlicher Eitelkeit, die läßt ihn über Leichen gehen. Mein Gefühl hatte mich nicht betrogen.

Bülow war im Jahre 1900 als Nachfolger des Fürsten Hohenlohe zum Reichskanzler ernannt. Er war damals Staatssekretär des Auswärtigen, wie das Amt des Reichsaußenministers zu dieser Zeit hieß. Seit 1873 hatte er im Dienst des Auswärtigen Amtes gestanden. Sein Vater, der Staatsminister v. Bülow, war ein intimer Freund Bismarcks gewesen. Bülows Wahl lag also nahe, wie mein Vater sagte, da er die vielen Fragen der immer diffiziler werdenden äußeren Politik von Grund auf beherrschte. Ausschlaggebend war auch ein Talent, das seinem Vorgänger gefehlt hatte: Bülow war ein geschickter Redner und schlagfertiger Debatter. Jahrelang ist mein Vater gut mit Bülow ausgekommen. Er rühmte ihm diplomatische Gewandtheit, Staatskunst, innenpolitische Geschicklichkeit und kluge Menschenkenntnis nach. Andere Betrachter sahen später in Bülow einen Blender und bemängelten an meinem Vater fehlende Menschenkenntnis und überdosierte Vertrauensseligkeit. Man kann das nicht ohne weiteres abtun. Ein Lebensgrundsatz meines Vaters lautete: »Wir haben die Pflicht, jeden Menschen für gut zu halten, solange er uns nicht das Gegenteil beweist.« Eine honorige, aber eben in der Politik nicht gefahrlose Maxime.

Mein Vater hatte an Bülow geglaubt. Die Charakterlosigkeit, mit der sein Kanzler ihm in den Rücken fiel, war eine furchtbare Enttäuschung. Der Tumult, der wegen »des Daily Telegraph«-Artikels selbst gegen den Kaiser entfesselt wurde, tat ein übriges. Mein Vater erlitt einen Zusammenbruch. Ich war gänzlich verzweifelt. Mir schien meine

Welt ins Wanken zu geraten. Mein ältester Bruder hatte bei unserem Unglück auch in politischer Hinsicht mitzutragen. Seine Niederschrift hierüber zeigt das ganze Ausmaß jener verhängnisvollen Misere. Mein Bruder Wilhelm schrieb:

»Mein Vater war zurückgekehrt und lag, vor Aufregung, von Unverstehen und Erschütterung über die Vorkommnisse niedergeworfen, in Potsdam krank. Das für ihn kaum Faßbare war geschehen: nach zwanzig Jahren, während derer er sich für den Abgott der Mehrheit des deutschen Volkes und seine Regierungsart für vorbildlich gehalten hatte — war ihm und seinem Wesen das Mißtrauen ganz unverkennbar ausgesprochen worden.

In diesen Tagen war es, daß ich dringend ins Neue Palais gerufen wurde.

In der Tür empfing mich der Kammerdiener meiner Mutter, der alte Höpfner, er hatte auf mich gewartet, um mir zu bestellen, ich möge erst zu Ihrer Majestät kommen, ehe ich mich beim Kaiser melden ließe.

Meine Mutter empfing mich sogleich. Sie war erschüttert, hatte rote Augen. Sie küßte mich, hielt meinen Kopf vor sich in beiden Händen:

›Du weißt, mein Junge, warum Du hier bist?‹

›Nein, Mutter — ‹

›Dann geh hinein zum Vater. Und prüfe Dein Herz, ehe Du Dich entscheidest.‹

Da wußte ich, worum es ging.

Minuten später war ich bei meinem Vater, der zu Bette lag. Ich war tief erschreckt über sein Aussehen.

Nur einmal noch habe ich ihn so gesehen! Zehn Jahre später, an dem Unheilstag in Spa, als General Groener ihm den letzten Halt, den Glauben an die Treue der Armee mit einem Achselzucken kalt zerbrach.

Um Jahre schien er mir gealtert, war hoffnungslos, fühlte sich verlassen von allen, war zusammengebrochen unter der Katastrophe, die ihm den Boden unter seinen Füßen fortgenommen, sein Selbstbewußtsein und Vertrauen zertrümmert hatte.

Ein tiefes Mitleid war in mir. Kaum jemals habe ich mich ihm so nah gefühlt wie in dieser Stunde.

Er hieß mich setzen, redete drängend, anklagend und sich überstürzend von diesen Vorgängen. Enttäuschung, Mutlosigkeit und Resignation hielten ihn umfaßt; dabei kam immer wieder die Bitterkeit über das Unrecht durch, das er in den Vorgängen sah. —

Ich habe ihn beschwichtigt und aufzurichten gesucht.

Wohl eine Stunde habe ich damals an seinem Bette gesessen. Nie vorher, seit ich denken kann, war das geschehen.

Am Ende wurde vereinbart, daß ich für eine kurze Zeit und bis er von seiner Erkrankung völlig wiederhergestellt sei, eine Art von Stellvertretung des Kaisers übernehmen solle.«

In quälender Sorge und Bedrückung warteten wir darauf, wie das Gespräch zwischen Vater und Sohn ausgehen würde. Wir wußten von der Clique, die sich seit längerem bemühte, den Kronprinzen gegen den Kaiser vorzuschieben, sie konnten jetzt die Chance wittern, einen Wechsel auf dem Thron durchzusetzen. Sie hatten die Rechnung ohne meinen Bruder Wilhelm gemacht. Er hat sich sehr anständig benommen, ein Muster an Loyalität. Mein Bruder hat sich auch bei der Ausübung der Stellvertretung sehr zurückgehalten. Nach einigen Wochen konnte mein Vater die Amtsgeschäfte wieder selbst ausüben, es schien wieder besser zu gehen. Doch zurückgeblieben war ein tiefer Schnitt in seiner Seele. »Gesundet ist er niemals wieder von diesem Schlag.« Mit diesen Worten gab mein Bruder Wilhelm unser aller schmerzhaftes Erkennen wieder. »Unter dem äußeren Mantel seines alten Selbstbewußtseins hat er sich von da an mehr und mehr eine Zurückhaltung auferlegt, die vielfach noch hinter den durch seine verfassungsmäßige Stellung gezogenen Grenzen zurückblieb.«

Im November 1908, als die politische Katastrophe über meinen Vater hereinbrach, stand ich im 17. Lebensjahr. Es war das Jahr meines Konfirmationsunterrichts. Bei uns wurde die religiöse Vorbereitung sehr viel ernster genommen, als dies heute im allgemeinen der Fall ist. Meine Eltern waren fromm, im wahren Sinne des Wortes. Der Kaiser war »von schlichter, fester Religiosität«. Er richtete sein Leben streng nach den Glaubenssätzen der christlichen Lehre ein, stets darauf bedacht, daß auch Familie und Umgebung danach lebten. Auf der »Hohenzollern« hielt er selbst Bordandachten ab. »Habe eben Gottesdienst abgehalten«, schrieb er einmal an meine Mutter, »und die mächtige Karfreitagspredigt dieses Jahres von Goens vorgelesen, die tiefen Eindruck zu machen schien. Halte Dich nur fest an den Herrn. Er wird Dich stützen, da wo Menschenwort versagt. Gott mir Dir!« Oberflächlich betrachtet könnte man an eine Ähnlichkeit mit Friedrich Wilhelm I. glauben, dessen Hausandachten einen festen Platz im Leben der preußischen Königsfamilie hatten. Mein Vater zog gegenüber den Formen, in denen in jener Epoche die Frömmigkeit ihren Ausdruck gefunden hat, einen deutlichen Trennungsstrich. Zuviel ungesunder Pietismus habe sich damals breitgemacht, sagte mein Vater. »Die Formen waren verknöchert, und manche Äußerlichkeit war eingeschlichen. Der Glaube in seiner schlichten, einfachen Erhabenheit, wie unser Herr ihn uns vorgelebt, war von all zuviel Theologie und Wortklauberei sowie Sentimentalität überwuchert.« Als Voraussetzung für Hausandachten betrachtete mein Vater eine harmonische Hausgemeinde, die sich freiwillig zusammenfindet, um ein kurzes Bibelwort als Stärkung für die Tagesarbeit mit auf den Weg zu bekommen. Daran habe es bei den Hausgottesdiensten und Andachtsstunden des Soldatenkönigs, die er »in allzu häufiger Weise abhielt«, gefehlt.

Für meine Mutter war eine wichtige Frage, wer mir den Konfirmationsunterricht erteilen solle. Sie wünschte Hofprediger Dryander, entschloß sich dann jedoch zu Superintendent Händler von der Berliner Nikolaikirche. Von ihm glaubte sie, daß er den besseren Kontakt zu mir gefunden habe, was gerade bei einem Mädchen, wie sie meinte, in dieser Zeit von Wichtigkeit wäre. Meine Mutter verfolgte die Fortschritte im Unterricht persönlich und war auch wiederholt in Unterrichtsstunden anwesend. Zu meinem Geburtstag schrieb mir mein Vater, der nicht bei uns sein konnte, einen von tiefem Ernst getragenen Brief, der mich sehr beeindruckte. Es war die Zeit, da das Vorbereitungsjahr für die Konfirmation auslief. Meine Mutter vermerkte über diese Zeitspanne: »Ich finde Sissy entschieden ernster.« Zwei Tage vor der Konfirmation wurde ich im Neuen Palais examiniert. Die Prüfung erfolgte in Anwesenheit meiner Eltern, Dryanders und meiner Obergouvernante Elisabeth v. Saldern. Zuerst war ich recht aufgeregt. Dann ging es aber; ich antwortete ruhig, und zum Schluß waren alle mit mir zufrieden.

Am 18. Oktober 1909 fand dann in der feierlich geschmückten Friedenskirche in Potsdam meine Einsegnung statt. Ein wunderschöner sonniger Tag. Meine Eltern fuhren mit mir im offenen Wagen zur Kirche. Am Portal wurden wir von den Geistlichen empfangen, die uns unter dem Gesang des Domchors zum Altar geleiteten. Unter den Mitgliedern unserer Familie, die sich eingefunden hatten, war auch meine geliebte Patin, die Großherzogin Luise von Baden. Viele Bekannte waren gekommen. Eingeladen waren auch meine Erzieherinnen und Lehrer, unter ihnen Mademoiselle Lauru, Frau Thierfelder-Hellfritz, Marie Bode, Fräulein du Bois-Reymond, Oberlehrer Gern, die Professoren Porger, Roethe, Schäfer und Schulze. Hofprediger Dryander hielt die Konfirmationsrede. Dann verlas ich das von mir selbst verfaßte Glaubensbekenntnis. Ich zitterte innerlich. Jegliche Farbe war aus meinem

Gesicht gewichen. Doch es gelang mir, das Bekenntnis laut und vernehmlich vorzulesen, sehr zur Freude meiner Eltern. An der anschließenden Abendmahlsfeier nahm nur unsere engere Familie teil, darunter auch meine Großtante Baden.

Die Konfirmation markierte das Ende eines Lebensabschnittes. Ich stand im 18. Lebensjahr. Meine Jungmädchenzeit war vorüber. Jetzt hieß es Abschied von meinen Gouvernanten nehmen. Ein Gefühl der Bedrückung befiel mich, daß ich mich nun von Fräulein v. Saldern, Mademoiselle Lauru und Miß Topham trennen sollte. Auch meine Mutter trennte sich nur schwer von ihnen. Sie waren alle so besonders nett. Mein Vater empfing die drei Damen und bat auch die Gräfin Keller hinzu, die sich um ihre Anstellung und irgendwie auch um ihre Tätigkeit gekümmert hatte. Er überreichte ihnen Geschenke und dankte für ihre — wie ich meine, nicht immer ganz leichte — Arbeit.

Noch ein anderes Ereignis unterstrich, daß ich nun kein junges Mädchen mehr war. Wenige Tage nach der Konfirmation, am Geburtstag meiner Mutter, ernannte mich mein Vater zum Chef des 2. Leibhusaren-Regiments. Die Mitteilung traf mich völlig unvorbereitet. Ich war ganz rappelig vor Freude. Die Gräfin Keller, die das miterlebte, gab diese Beschreibung:

»Seine Majestät hatte alle Vorbereitungen ganz geheim treffen lassen, so daß die Überraschung glänzend gelang. Auf den Befehl des Kaisers: ›Geh hinauf und zieh Dir Deine Uniform an, das Offizierskorps Deines Regiments wird sich gleich bei Dir melden‹, stürzte die Prinzessin in ihr Schlafzimmer — und da lag sie wirklich vor ihr, die stolze Uniform! ›Vater Schulz‹, der alte Leibjäger des Kaisers, der schon Kaiser Friedrich gedient hatte, hatte den Auftrag erhalten, die Namen vom Schneider und vom Schuhmacher Ihrer Königlichen Hoheit mit größter Vorsicht durch die Garderobenfrau so zu ermitteln, daß die Veranlassung zu der Anfrage verborgen bliebe.«

Der gute alte Vater Schulz mußte dann auch noch weiter helfen. Keines der Mädchen wußte mit einer Husaren-Attila und dem umzuhängenden Dolman fertig zu werden. So mußte er denn das Knöpfen und Anhängen übernehmen. Vorschriftsmäßig angezogen und ausstaffiert meldete ich mich bei meinem Vater, der mir den berühmten blauen Brief übergab, die Kabinettsorder mit meiner Ernennung. Meine Mutter meinte, sie wisse nicht, wer bei dieser Handlung stolzer dreingeschaut habe, mein Vater oder ich.

Das 2. Leibhusaren-Regiment hatte zuvor meiner Großmutter, der Kaiserin Viktoria gehört, deren Namen es auch trug. Das Regiment bildete mit den 1. Leibhusaren, zu deren Kommandeur 1911 mein ältester Bruder ernannt wurde, die Leibhusaren-Brigade, die in Danzig-Langfuhr in Garnison stand. Im Jahre vor meiner Ernennung hatten die Leibhusaren ihr 100jähriges Bestehen feiern können. Ihre Tradition ging bis auf das 1741 von Friedrich dem Großen gestiftete Husaren-Regiment v. Mackrodt zurück. Aus ihm war das Husaren-Regiment v. Prittwitz hervorgegangen, das Friedrich Wilhelm III. wegen der im Kriege 1806/07 bewiesenen hervorragenden Tapferkeit den Garden eingereiht und zum Leibregiment ernannt hatte. Scharnhorst sagte damals: »Jeder Preuße macht sich eine Ehre daraus, die Montur der Schwarzen Husaren zu tragen, aber nicht wegen des Glanzes, sondern wegen der Menschen, die sie tragen.« Die Verleihung gerade dieses Regiments war also eine besondere Ehre für mich.

Nach der Meldung bei meinem Vater empfing ich die Offiziere »meines« Regiments. Der Kommandeur, Oberst Krahmer, stellte mir die Herren vor. Auch der Kommandierende General des XVII. Armee-Korps, General der Kavallerie v. Mackensen, der seine militärische Laufbahn als Einjährig-Freiwilliger beim 2. Leibhusaren-Regiment begonnen hatte und später Brigade-Kommandeur der Leibhusaren gewesen war, war erschienen. Er und General Krahmer erreichten ein biblisches Alter. Beide überschritten das 90. Lebensjahr, beide überlebten das Jahr 1945 und mußten noch Zeugen des Zusammenbruchs des Deutschen Reiches werden. Krahmer war in Potsdam, als die Russen kamen. Mackensen starb nach der Flucht aus der Uckermark auf einem niedersächsischen Gutshof bei Celle. Dort fand der große Reiterführer und treue Diener seines Kaisers die letzte Ruhe. Mit beiden habe ich bis an ihr Lebensende Verbindung gehalten.

Im August 1910 sollte ich mein Regiment meinem Vater in Danzig vorführen. Das war gar nicht so einfach. Ich habe vorher gründlich mit meinen Pferden »Rosi« und »Portas« geübt, vor allem den Rechtsgalopp im Damensattel. Reiten mußte man schon können. An meinen Vater schrieb ich: »Wenn ich abends im Bett liege, klopft mein Herz vor freudiger Erregung im Gedanken, daß ich in 4 Wochen mein Regiment vor Dir vorbeiführen darf. Und nie genug kann ich Dir dankend die Hand küssen für diese große Liebe. Immer bedauerte ich, kein Junge zu sein, um in Deine schöne Armee eintreten zu können, und nun bin ich dafür so getröstet worden.«

Dann war es soweit. Die Sonne strahlte über das weite Paradefeld. Vor dem Regimentskommandeur reitend führte ich die 2. Leibhusaren am Kaiser vorbei. Einmal im Schritt, dann im Galopp. Furchtbar aufregend war das alles für mich und anstrengend. Um 9 Uhr 30 waren wir zu Pferde gestiegen und mit nur einer Pause von zwanzig Minuten bis 15 Uhr 15 geritten. Es folgte ein Essen im Kasino. Ich brauchte zwar keine Ansprache zu halten, sondern nur das Hoch auf den Kaiser auszubringen, aber recht unruhig war ich trotzdem. Dann war auch das geschafft. Ich hatte das Gefühl, den schönsten Tag meines Lebens erlebt zu haben.

Wie mit Feldmarschall v. Mackensen und General Krahmer hat auch zwischen dem Regiment und mir über die folgenden schicksalsschweren Jahre eine treue Verbindung bestanden. Sie reicht bis auf den heutigen Tag. Nach dem 1. Weltkrieg wurde das Regiment aufgelöst. Seine Tradition ging auf das Kavallerie-Regiment 5 über, das auch zur Erinnerung an die Leibhusaren-Regimenter den Totenkopf an der Schirmmütze trug. Das Regiment stand in Stolp. In das dortige Kasino brachte man auch mein Bild, das einst in Danzig-Langfuhr gehangen hatte.

Die Einrichtung der Regimentschefs geht bis ins Mittelalter zurück. Sie hat sich aus dem Lehnssystem entwickelt, in dem der Vasall dem Lehnsherrn Kämpfer zu stellen hatte, die er im allgemeinen selbst anführte. In den Jahrhunderten änderte sich das Wehrwesen. Die Ritterheere wichen den Landsknechten und diese den stehenden Regimentern. Nun stellten Fürsten und Heerführer Regimenter auf, die sie zur Verfügung des Kaisers oder eines Landesherrn hielten. Sie führten ihr Regiment zumeist nicht mehr selbst. Diese Aufgabe erhielt der Kommandeur. Doch sie selbst waren der Chef des Regiments. Mit der fortschreitenden Entwicklung des Heerwesens verlor auch diese Position ihre eigentliche Bedeutung. Was blieb, war eine Ehrenstellung. Die Aufgaben des Regimentschefs waren nur noch repräsentativer Art. Zum Chef eines Regiments ernannt zu werden, war eine Gunstbezeigung des Monarchen oder ein Akt der Courtoisie.

Um einige Beispiele zu nennen: Mein Vater ernannte Bismarck zum Chef der Halberstädter Kürassiere, Hindenburg zum Inhaber des 2. Masurischen Infanterie-Regiments Nr. 147. Zar Nikolaus von Rußland war u. a. Chef des preußischen Kaiser Alexander Garde-Grenadier-Regiments Nr. 1 und des 1. Westfälischen Husaren-Regiments Nr. 8, mein Vater wiederum u. a. Chef des 85. kaiserlich russischen Infanterie-Regiments Wyborg und des 39. Dragoner-Regiments Narwa. In der

63

englischen Armee war der Kaiser Chef des königlich großbritannischen 1. Dragoner-Regiments, in der österreichisch-ungarischen des k.u.k. Infanterie-Regiments Wilhelm I., deutscher Kaiser und König von Preußen, Nr. 34. Eduard VII. war Chef der Blücher-Husaren und des 1. Gardedragoner-Regiments. Kaiser Franz Joseph wurde zum Chef des Kaiser Franz Garde-Grenadier-Regiments Nr. 2 und des 16. Husaren-Regiments in Schleswig ernannt. Der Erzherzog-Thronfolger war Chef des posenschen Ulanen-Regiments Nr. 10. — Auch die Wehrmacht kannte noch die Stellung von Regimentschefs, so Feldmarschall v. Mackensen beim Kavallerie-Regiment 5, Generaloberst Frhr. v. Fritsch beim Artillerie-Regiment 12, Generaloberst von Seeckt beim Infanterie-Regiment 67.

Der Brauch, weibliche Regimentschefs einzusetzen, ist ebenfalls einige Jahrhunderte alt. Die Kaiserinnen und Königinnen, die selbst regierten, waren zumeist Chefs ihrer Leibregimenter und zeigten sich bei besonderen Anlässen in deren Uniform. Von Kaiserin Maria Theresia gibt es eine Anzahl Bilder in der Uniform ihres ungarischen Husaren-Regiments. Sehr prächtig war die Uniform meiner Mutter. Sie bot einen atemberaubenden Anblick, wenn sie im weißen Tuchrock ihrer Pasewalker Kürassiere, das orangefarbene Band des Schwarzen Adler-Ordens umgelegt, einen geschmackvollen Federhut tragend, auf ihrem Rappen einherritt. Eine imponierende Figur soll auch Queen Victoria in der Tracht ihrer Regimenter zu Pferde gemacht haben. Meine Schwägerin Cecilie war Chef des Dragoner-Regiments in Oels; auch die Prinzessinnen Eitel Friedrich und August Wilhelm wurden zu Chefs von Dragoner-Regimentern ernannt. Weibliche Regimentschefs kennt man auch noch in unserer Gegenwart. Das Bild der Königin Elisabeth von England, wie sie in ihrer malerischen scharlachroten Gardeuniform die Geburtstagsparade abnimmt, findet Jahr für Jahr Begeisterung bei den Zuschauern. Auch die Schwester der Königin, Prinzessin Margaret, ist Chef eines Regiments.

Am Tage der Verleihung des 2. Leibhusaren-Regiments erhielt ich von meinem Vater mit der Uniform auch eine Reitgerte. Sie hatte einen Silberknauf, in dem meines Vaters und meine Initialen und das Datum 22. 10. 1909 eingraviert waren. 1964 habe ich sie Hermann Schridde auf seinem elterlichen Hof in Meißendorf überreicht, als er von den Olympischen Spielen in Tokio mit zwei Medaillen heimkehrte, zweiter Sieger im Jagdspringen und Goldmedaillengewinner mit Hans Günter

Prinzessin Viktoria Luise im Alter
von 10 Jahren

Ausfahrt mit den Eltern

Ausritt mit den Eltern in Wilhelmshöhe

Das Neue Palais in Potsdam

Die deutschen Bundesfürsten huldigen Kaiser Franz Joseph anläßlich des 60jährigen Regierungs-
jubiläums 1908 in Schönbrunn. Bild unten: Luftschiff »Zeppelin III« 1909 über Berlin.

Die kaiserliche Jacht »Hohenzollern« vor Venedig. In der Gig rechts: Der Kaiser, Viktoria Luise, die Kaiserin, August Wilhelm. Besuch an Land auf der Reise nach Corfu.

Winkler und Kurt Jarasinski im Preis der Nationen. Ich war glücklich, als ich sah, wie sehr ich hiermit dem jungen Reitersmann eine Freude gemacht habe. Reiten — das war immer meine Leidenschaft gewesen. Leider hatte ich ihr in meiner Jugend nicht immer so nachgehen dürfen, wie ich es mir wünschte. Bei den Roten Jagden gab es Schwierigkeiten. Mein Vater war besorgt, daß mir ein Unfall zustoßen könnte. Ich durfte nur mit seiner ausdrücklichen Genehmigung teilnehmen.

Mein Vater war ein vorzüglicher Reiter. Er ritt fabelhaft, fast unglaublich gut, wenn man an die Behinderung durch seinen einen Arm denkt. Ich war stets darauf aus, mit ihm ausreiten zu dürfen. Dabei entwickelte sich für mich ein aufregendes Gesellschaftsspiel: Wie wird morgen das Wetter?! Denn bei schlechtem Wetter ritt mein Vater nicht aus, er sollte sich keiner Erkältung aussetzen. Die Wetterdiagnose zu stellen, war Aufgabe des alten Schulz. Ich bemühte mich immer darum, ihn zu einer möglichst günstigen Wetteransage zu überreden. Mein Fenster lag zum sogenannten Podest hin, wo er die Witterung zu prüfen pflegte, nicht ohne gegebenenfalls zur sicheren Ermittlung die Hand auszustrecken:

Ich sagte: »Vater Schulz, es regnet nicht.«

Er antwortete: »Es regnet.«

Ich: »Es regnet nicht.«

Er: »Der Kaiser darf doch nicht naß werden.«

Ich: »Bitte, Vater Schulz, sagen Sie, daß es nicht regnet.«

Dann und wann ließ sich der gute Vater Schulz erweichen. Er meldete, daß geritten werden könne. Mein Vater zog sich an, und wir fuhren hinaus nach Döberitz. Es goß. »Ich weiß gar nicht, was Vater Schulz heute hat«, sagte mein Vater. »Wieso meint er, daß es nicht regnet?« Wir ritten dann im Regen. Ich strahlte, weil ich zu Pferde sein konnte. Mein Vater freute sich mit mir. Aber dann und wann sinnierte er: »Komisch, ganz komisch, was Vater Schulz heute gehabt hat.«

Auch beim Sportreiten gab es Schwierigkeiten. Mein Vater mochte nicht, daß sich Mitglieder der Familie bei Reitkonkurrenzen produzierten. Mein Vetter Friedrich Karl, ein Sohn des Prinzen Friedrich Leopold von Preußen und der Prinzessin Luise, einer Schwester meiner Mutter, war der erste, der sich an einem Rennen beteiligen durfte. Ich hatte für ihn ein Wort bei meinem Vater eingelegt. Friedrich Karl erhielt dann die Erlaubnis, in Schweden zu starten. Er war eigentlich der erste ausgesprochene Sportsmann in der preußischen Familie. Mein Vetter war Rittmeister und Eskadronführer bei den 1. Leibhusaren. Er fiel

1917 als Flieger im Westen. Sein Bruder Friedrich Sigismund war ebenfalls ein erfolgreicher Reiter. Begeistert für den Reitsport war auch mein Bruder Wilhelm. Für ihn bestanden bei meinem Vater noch zusätzliche Bedenken. Einmal sollte sich der Kronprinz nicht den bei Rennen typischen Gefahren aussetzen. Zum anderen sollte möglichen Redereien aus dem Weg gegangen werden, denn, gewann er, dann mochte es heißen, das sei so dirigiert; verlor er, dann war es doch irgendwie eine Blamage. —

Eine Sensation, vergleichbar dem Beginn der Weltraumflüge, waren im ersten Jahrzehnt unseres Jahrhunderts die Flugversuche mit Luftschiff- und Flugzeugkonstruktionen. Anfang November 1908 lief die Kunde von einem gelungenen Luftschiffaufstieg am Bodensee um den Erdball. In den Zeitungsmeldungen las man, daß es sicher und gehorsam gefahren sei, bald in der Luft auf- und niedergestiegen, bald fast unbeweglich stillgelegen habe. Mit Stolz wurde verkündet: »Die entwickelte Geschwindigkeit des Zeppelin I betrug nach der Schätzung von Sachverständigen weit über 50 km.« Mein Vater, der die Arbeiten des Grafen Zeppelin sehr förderte, unterrichtete sich an Ort und Stelle. In Manzell besichtigte er die Werft und beobachtete einen Aufstieg des Luftschiffes Z 1. Nach der Landung zeichnete er den Grafen mit der Verleihung des Schwarzen Adlerordens aus und feierte ihn als einen Mann, »der uns durch seine Erfindung an einen neuen Entwicklungspunkt des Menschengeschlechtes geführt hat«. Am Rande sei bemerkt: es war der Tag, da der Sturm um den »Daily Telegraph«-Artikel im Reichstag ausbrach.

Im Mai 1909 begab sich Graf Zeppelin mit seinem Luftschiff auf die Fahrt nach Berlin. Die ganze Stadt war in Erregung. Auf den Straßen, in den Fenstern drängten sich die Menschen, um Ausschau nach dem Wunder der Lüfte zu halten. Auch wir fuhren nach Berlin und warteten in größter Spannung. Stunde um Stunde. Schließlich kam am späten Abend die Nachricht, daß das Luftschiff seinen Kurs hätte ändern müssen.

Ein Vierteljahr später war's dann wieder so weit. Wieder hieß es: der Zeppelin kommt! Wieder geriet alles in fieberhafte Aufregung. Alle Leute wurden avertiert, alles lief und guckte nach oben. Die Schulen schlossen, aus den Geschäften, Büros und Betrieben strömte es auf die Straße. Der Zeppelin kommt! Wieder war ganz Berlin auf den Beinen. Aber er kam und kam nicht. Dann die Meldung: Verlust eines Propellers, Zwischenlandung. Der folgende Tag war ein Sonntag. Banges, spannungsgeladenes Warten. Ob er wohl kommt? Diesmal kam er wirklich. Wir rasten, so gut das damals mit einem Auto möglich war, nach Tegel. Mein Vater war völlig aus dem Häuschen. Einfach unbeschreiblich. Er rief den Leuten, denen wir begegneten, immer wieder ganz aufgeregt zu: »Der Zeppelin kommmt! Nach Tegel! Nach Tegel!« Ja, und da ist der Zeppelin dann gekreist und schließlich auch gelandet. Meine Eltern beglückwünschten den Grafen und seine Mannschaft. Danach waren sie alle bei uns zu Gast, in ihren Lederröcken und Flugmonturen.

Wenige Wochen nach der Luftschifflandung führte Orville Wright, ein »Aviatiker«, wie man damals sagte, in Berlin sein Flugzeug vor. Es sah nicht nur wie ein Flugapparat aus, sondern wurde auch so genannt. Mit leidenschaftlichem Interesse verfolgte ich die Vorführungen Wrights. Der Apparat stieg ja wirklich nicht sehr hoch, aber wenn er sich etwas länger in der Luft hielt, dann war es schon ein Rekord.

Meine große Begeisterung für die Luftfahrt fand ein Echo, das mich gleicherweise überraschte und mit Stolz erfüllte: Eines der Zeppelin-Luftschiffe erhielt meinen Namen. Das Luftschiff »Viktoria Luise« kreuzte 1912 bei der Kieler Woche hoch über den Regatten, um dann eine Fahrt nach Helgoland anzutreten. Im Juli desselben Jahres kam LZ XI., die »Viktoria Luise«, zum »Großen Zeppelin-Tag« nach Hannover und wurde triumphal gefeiert.

Auch einer der großen Übersee-Passagierdampfer wurde auf meinen Namen getauft. 1911 durfte ich bei einem neuen Linienschiff der Kaiserlichen Marine die Namensgebung vollziehen, beim Stapellauf von SMS »Kaiserin« in Kiel. Das Schiff war auf der Howaldt-Werft gebaut. Die Weiherede hielt Großadmiral Köster.

Neben Vergnügungen und Repräsentationsaufgaben hatte ich weiter Unterricht zu nehmen in Literatur, Geschichte, Englisch, Französisch, auch im Zeichnen. »Ich halte darauf«, vermerkte meine Mutter, »daß sie sich derartig noch beschäftigt.« Überhaupt gab es für mich bei weitem nicht das, was man mit persönlicher Freiheit beschreibt. Ich durfte selbstverständlich die Hofbälle mitmachen, auch kleinere Feste, etwa bei meinen Brüdern. Ich besuchte auch Botschafterbälle, bei denen mich zumeist mein Vater chaperonierte, wie man damals sagte; er trat also als mein Begleiter auf. Ich tanzte schrecklich gern und genoß die Bälle als großes Vergnügen. Meine Mutter jedoch war absolut für Maßhalten in diesen Dingen. Vor allem hat sie mich gern in ihrer eigenen Obhut gehabt.

In ihren Aufzeichnungen fand ich den Satz: »Leider war ich in diesem Winter durch Erkältungen viel ans Zimmer gefesselt, so daß ich mein Kind des öfteren entweder mit meiner Schwester, meiner Schwägerin von Hessen oder auch den drei Schwiegertöchtern ausgehen lassen mußte. Das liebte ich gar nicht, aber ich konnte mein Kind doch nicht von allem fernhalten.«

Im Mai 1911 durfte ich meine Eltern bei einem Staatsbesuch nach England begleiten. Der äußere Anlaß war die Enthüllung des Denkmals für Queen Victoria.

König Georg V. hatte meine Eltern eingeladen. Er war seinem 1910 verstorbenen Vater auf den Thron gefolgt. Der Kaiser hatte an der Beisetzung Eduards VII. teilgenommen. Hierbei hatte sich jene Szene ereignet, die in England und Deutschland weite Beachtung fand. Mein Vater war mit König Georg an den Katafalk herangetreten, hatte einen Kranz niedergelegt und ein stilles Gebet gesprochen. Dann hatten sich die beiden Monarchen die Hand gereicht. Am Abend sagte ein Mitglied des englischen Königshauses zu meinem Vater: »Your handshake with our King is all over London, the people are deeply impressed by it and take it as a good omen for the future« — »Der Händedruck, den Sie mit unserem König ausgetauscht haben, wird in ganz London besprochen; er hat auf das Volk einen tiefen Eindruck gemacht, und es betrachtet ihn als ein gutes Vorzeichen für die Zukunft.« Mein Vater entgegnete: »That is the sincerest wish of my heart« — »Das ist der aufrichtigste Wunsch meines Herzens.«

In Deutschland glaubte man an eine Besserung der Beziehungen zu England. Sicher ist, daß das Klima zwischen den beiden Höfen wieder besser wurde. Zwischen den beiden Vettern, König Georg und meinem Vater, ging es weit besser als zuvor zwischen Onkel und Neffen. Auch die neue Königin, eine geborene Fürstin von Teck, unterhielt zu uns ein sehr gutes Verhältnis. Unter solchen Voraussetzungen fand unser Besuch in England statt. Entsprechend war sein Verlauf. Wir wurden von der königlichen Familie und der Bevölkerung herzlich empfangen. Bei der Denkmalsenthüllung fand König Georg in seiner Ansprache warme Worte der Freundschaft für meinen Vater.

Ein absolutes Exerzierkunststück vollbrachten die zur Feier aufgebotenen Truppen. Sie zeigten, daß militärische Schaustellungen in keiner Weise nur in Deutschland zu Hause waren. Mein Vater machte hierüber die folgende Aufzeichnung: »Die Enthüllungsfeier war geschickt inszeniert und sehr großartig. Der weite kreisrunde Platz vor dem Buckingham Palace war von Tribünen umgeben, die von eingeladenem Publikum überfüllt waren. Davor stand ein Truppenspalier aller Waffengattungen und Regimenter der britischen Armee in Paradeausrüstung, die Kavallerie und Artillerie zu Fuß. Am Denkmal waren sämtliche Fahnen der Truppen zusammengezogen. Die Königliche Familie mit ihren Gästen und den Gefolgen gruppierte sich vor dem Denkmal. König Georg hielt eine weihevolle Ansprache von guter Wirkung. Die Hülle fiel unter Salut und Gruß. Die Königin in Marmor, auf einem Thron sitzend, von einer goldenen Victoria überragt, wurde sichtbar, ein Augenblick von packender Wirkung. Danach folgte der Vorbeimarsch der in der Parade stehenden Truppen, die Garden voraus, dann Hochländer, die in ihrer kleidsamen farbigen Tracht eine besonders malerische Note in das militärische Schauspiel brachten, dann die übrigen Truppen. Der Vorbeimarsch vollzog sich auf dem kreisrunden Platze in einer andauernden Schwenkung; die äußeren Flügel mußten ausschreiten, die inneren verhalten, eine schwierige Aufgabe für die Truppe. Sie wurde glänzend gelöst; kein Mann kam aus der Richtung.«

Der Herzog von Connaught war für den militärischen Teil der Feier verantwortlich gewesen. Er fand überall große Anerkennung. Für mich war er das, was man einen reizenden Onkel nennt. Ein Grandseigneur mit großer natürlicher Liebenswürdigkeit und Güte. Er sah tadellos aus und hatte eine große Ähnlichkeit mit König Ernst August von Hannover, seinem Großonkel. Der Herzog fragte mich, was mir bei der Feier am besten gefallen hätte. Ich antwortete ihm: die Highlander natürlich! Von ihnen war ich wirklich ganz begeistert.

Es fand auch ein großer Ball statt, auf dem der König mit mir tanzte. Meine Mutter meinte, ich hätte überall sehr gefallen, und es hätten allerlei Verlobungsabsichten umhergeschwirrt, »die jedoch zum Glück nicht wahr waren«. Es wurde auch von dem Plan einer Heirat des Prince of Wales und mir geflüstert. Eduard, der spätere Herzog von Windsor, war damals noch nicht ganz 17 Jahre alt. Er war sehr nett, aber doch noch so furchtbar jung. Eigentlich sah er noch jünger aus, als er war; so hat er ja überhaupt recht lange ausgesehen. Auch der »Daily Express« erging sich in Betrachtungen über meine Heiratsaussichten. »Truthfully, she has made havoc in the hearts of many young German nobles, who can only sigh from afar as they gaze at the unattainable«, konnte man da lesen. Zu deutsch: »Wahrhaftig, sie hat in den Herzen vieler junger deutscher Adliger Verheerungen angerichtet, die nur von fern seufzen können, wenn sie auf das Unerreichbare starren.« Das Blatt schrieb weiter: »Rumour has more than once been rife as to the future of the Princess. Certainly her marriage would be one of the most important events, imaginable, fraught with tremendous consequences to whole of Europe. One thing is certain and that is that the Kaiser would have some weighty words to say on the subject« — »Mehr als einmal gab es Gerüchte über die Zukunft der Prinzessin. Ohne Zweifel würde ihre Vermählung eines der bedeutendsten Ereignisse sein, das man sich vorstellen kann, mit gewaltigen Folgen für ganz Europa. Eins ist sicher: Der Kaiser hat in dieser Angelegenheit ein gewichtiges Wort zu sprechen.«

Über den Verlauf unseres Besuches notierte das Blatt: »The Kaiser's daughter has taken London by storm, and everywhere is reaping golden opinions by her winning smile and abounding interest in everything and everybody with whom she comes into contact« — »Die Tochter des Kaisers hat London im Sturm genommen, und überall entsteht durch ihr gewinnendes Lächeln und ihr außergewöhnliches Interesse für alle Dinge und für jede Person, mit denen sie in Berührung kommt, große Sympathie.«

Im Herbst nahm ich am Kaisermanöver teil, das in diesem Jahre im Mecklenburgischen durchgeführt wurde. Befehlshaber der beiden Manöverarmeen waren Prinz Friedrich Leopold und Frhr. v. d. Goltz. Bemerkenswert war die Verwendung von Luftschiffen und Flugzeugen; die Luftfahrt-Technik war so weit fortgeschritten, daß sie bereits zu solchen Zwecken verwandt werden konnten. 2 Luftschiffe und 8 Flugzeuge wurden damals in Mecklenburg eingesetzt.

Nach diesen Manövern trat für mich persönlich ein Ereignis ein, das meine Umgebung und nicht zuletzt meine Mutter besorgt und umsichtig und auch nicht ohne einen gewissen Stolz planend ins Werk setzte: meine erste selbständige Reise. Ich durfte eine Einladung der Fürstin Knyphausen aufs Land nach Lütetsburg in Ostfriesland annehmen. »Die Fürstin hat einen so guten Einfluß auf die Kleine, daß ich es ruhig tun konnte«, notierte sich meine Mutter, den Entschluß noch einmal vor sich selbst rechtfertigend. »Die Kleine« stand inzwischen im 20. Lebensjahr.

4. Kapitel

ERNST AUGUST

Das Jahr 1912 begann für mich im Zeichen einer nachhaltigen Bronchitis. Um sie auszukurieren, brachte man mich für vier Wochen nach St. Moritz. Anschließend durfte ich gemeinsam mit August Wilhelm unseren Vater nach Corfu begleiten. Meine Mutter mußte ihres Herzleidens wegen Bad Nauheim aufsuchen. Auf unserer Rückreise trafen wir uns mit ihr in Bad Homburg. Hier erreichte uns am 20. Mai die Nachricht von dem tödlichen Autounfall des Prinzen Georg Wilhelm von Hannover, des ältesten Sohnes des Herzogs von Cumberland. Der junge Cumberländer war österreichischer Offizier. Er befand sich auf der Fahrt nach Dänemark zur Beisetzung seines Onkels, König Friedrichs VIII. Bei Nackel in der Mark Brandenburg geriet das Auto ins Schleudern und von der Fahrbahn. Der Prinz, der als guter Autofahrer galt, fuhr selbst. Er und sein Kammerdiener, der hinter ihm saß, waren auf der Stelle tot. Der Chauffeur, der neben Georg Wilhelm gesessen hatte, überlebte das Unglück. Auf Befehl meines Vaters begaben sich meine Brüder Eitel Fritz und August Wilhelm sowie eine Abordnung der Zieten-Husaren sogleich nach dem Gutshaus, in dem der Prinz aufgebahrt war, um Ehrenwache zu stehen und Geleit zu geben.

Es war ein merkwürdiger Zufall, daß der älteste Sohn des hannoverschen Kronprätendenten auf brandenburgischem Boden starb, in Preußen, das die welfische Familie seit 1866 mit betonter Aversion geschnitten hatte. Diese Haltung war über die Jahrzehnte hin so konsequent beibehalten worden, daß beispielsweise der Herzog von Cumberland demonstrativ Kopenhagen verließ, wo er sich bei den Verwandten aufgehalten hatte, als mein Vater in der Stadt zu einem Staatsbesuch eintraf. Die welfische Familie lebte in Österreich, in Gmunden am Traunsee. Dort hatte der hannoversche Kronprinz, Sohn des von Preußen entthronten Königs Georg V., der 1878 in Paris gestorben war, seinen Wohnsitz genommen. Er führte den Namen Herzog von Cumberland und die Titel eines königlichen Prinzen von Großbritannien und Irland sowie eines Herzogs zu Braunschweig und Lüneburg.

Als 1884 Herzog Wilhelm, der das Herzogtum Braunschweig regiert hatte, ohne einen Erben zu hinterlassen, starb und damit die ältere Linie des Hauses Braunschweig-Lüneburg erloschen war, kam die Thronfolge auf den Chef der Nebenlinie Cumberland zu. Doch der Thronbesteigung stand ein gravierendes Hindernis im Wege: nach wie vor befand sich das Haus Hannover mit Preußen im Kriegszustand. Der Herzog von Cumberland verkündete zwar von Gmunden aus seinen Regierungsantritt, aber der Bundesrat, die Versammlung der deutschen

Fürsten, beschloß auf Antrag Preußens, daß seine Regierung mit den Prinzipien der Bundesverfassung, also der Reichsverfassung von 1871, nicht verträglich sei. Das Land Braunschweig erhielt eine Regentschaft. 1885 wurde Prinz Albrecht von Preußen vom Braunschweigischen Landtag einstimmig zum Regenten gewählt; nach seinem Tode wählte man Herzog Johann Albrecht von Mecklenburg.

Die Aufgabe, den Herzog von Cumberland und seine Gemahlin vom Tode ihres Sohnes Georg Wilhelm zu unterrichten, fiel dessen Bruder Ernst August zu. Das Herzogspaar befand sich auf dem Wege von Gmunden nach Dresden. Als der Prinz nun dem Leibarzt seiner Eltern die Todesnachricht telefonisch übermittelt, damit dieser jene schonend in Kenntnis setze, weiß er auf einmal, daß er das alles schon einmal gehört hat. Mein Gott, denkt er, das kenne ich doch. Staunend ob der wachgerufenen Erinnerung vergewissert er sich bei seinem Diener. Der weiß es auch: Ja, Prinz Georg Wilhelm hat das vor einem Jahr, als er von den Krönungsfeierlichkeiten aus London zurückkam, seinem Kammerdiener, dem alten Grewe, erzählt, und nachher der herzoglichen Familie, und alle haben so schrecklich gelacht — über den Traum. Georg Wilhelm hatte geträumt, er sei mit einem Auto in Preußen tödlich verunglückt, in der Nähe von Berlin.

Prinz Ernst August konnte nicht begreifen, daß dieser Traum nun schreckliche Wahrheit geworden war. Noch viel weniger begreiflich waren dann die weiteren Vorgänge, die auch die Einzelheiten des Traumes als Tatsachen erstehen ließen. Georg Wilhelm hatte berichtet, er habe geträumt, zwei preußische Prinzen seien zu seiner Beisetzung erschienen und Soldaten in roter Uniform hätten seinen Sarg eskortiert. Es ist mehr als verwunderlich, wie sich dann beim Tode des Prinzen das Bild fügte: Mein Vater gab von Homburg aus den Befehl, Eitel Fritz solle sich sofort zum Unglücksort begeben. Mein Bruder war jedoch nicht greifbar. Er war in Döberitz beim Exerzieren. Nun ließ mein Vater durchgeben, August Wilhelm solle den Auftrag übernehmen. So geschah es. Auwi fuhr sofort hinaus nach Nackel. Er war kaum dort, da erschien plötzlich auch Eitel Fritz, den inzwischen der Befehl des Kaisers erreicht hatte. Zwei preußische Prinzen an der Bahre Georg Wilhelms! Von Homburg aus ordnete mein Vater auch an, daß eine Infanterie-Kompanie von einem bestimmten Regiment die Überführung des Sarges begleiten sollte. Die Truppe war nicht greifbar, sie war beim Geländedienst. Der Befehl ging nun an die Zieten-Husaren. Sie übernahmen die Trauereskorte — in ihren roten Uniformen! Ein wahrhaftig merkwürdiges

Zusammentreffen. Fast unglaublich, die Übereinstimmung von Vorahnung und tatsächlichem Geschehen.

Prinz Georg Wilhelm wurde nach Gmunden überführt und dort beigesetzt. Mein Vater übermittelte dem Herzogspaar telegrafisch herzliche Worte des Beileids. Wir fuhren von Homburg zurück nach Potsdam. Dort erreichte uns ein Anruf des Prinzen Max von Baden, der bei meinem Vater nachfragte, ob es genehm wäre, wenn der jüngere Sohn des Herzogs von Cumberland, der Prinz Ernst August, dem Kaiser im Auftrag seiner Eltern deren Dank für die erwiesene Anteilnahme persönlich übermitteln würde. Der Kaiser gab seine Einwilligung. Zum ersten Mal seit fast fünfzig Jahren ein Welfe beim preußischen Hof!

Die Vermittlung des Prinzen Max war gut gewählt. Er stand sehr freundschaftlich zu meinem Vater; andererseits war er mit einer Tochter des Herzogs von Cumberland, Prinzessin Marie Luise, verheiratet. Max von Baden begleitete seinen Schwager Ernst August auch nach Potsdam, sozusagen in diplomatischer Mission.

Der Besuch des Prinzen Ernst August sollte den gesamten Umständen entsprechend familiären Charakter tragen. Wir saßen draußen, am Teehäuschen, und gingen, als wir so warteten, etwas auf und ab. Ich hatte bis dahin nichts von der Existenz dieses hannoverschen Prinzen gewußt. Von Georg Wilhelm hatte man schon mal gesprochen, er hieß bei uns »der junge Cumberländer«. Die Gräfin Bassewitz, meine spätere Schwägerin, eine Ehrendame der Kaiserin, war gerade bei uns; von ihr erhielt ich einige Anhaltspunkte.

In unserem Familienkreis herrschte so etwas wie leichte Aufregung, als wir auf den Prinzen warteten. Daß uns ein Mitglied der hannoverschen Familie besuchen würde, war irgendwie eine seltsame Vorstellung. Dann kamen die beiden Schwäger. Max machte seine Sache sehr gut und half geschickt über die erste beklemmende Situation des Sichkennenlernens hinweg. Ernst August war sehr still, wohl auch verlegen, die ganze Unterhaltung etwas steif und feierlich. Meine Eltern wollten die Atmosphäre auflockern und regten an, dem Prinzen irgend etwas zu zeigen, wofür er Interesse hätte. Er war Kavallerist, Oberleutnant im bayerischen 1. Schweren Reiter-Regiment, und was lag näher, als ihm unsere Pferde zu zeigen. Ich nahm die Frage meiner Eltern auf und führte meine schönen Vollblüter vor. Ernst August taute zusehends auf. Das Eis schmolz, die Unterhaltung wurde legerer und die Teestunde gemütlich.

Prinz Ernst August machte einen tadellosen Eindruck. Er sah blendend aus. Eine ausgezeichnete Erscheinung. Das war unser übereinstimmendes Urteil. Meine Mutter bemerkte, der Prinz habe ein ausgesprochen sympathisches Wesen. Ihr waren auch seine schönen Augen aufgefallen, die ihm die Ähnlichkeit mit seiner Mutter gaben.

Unabhängig von der Persönlichkeit unseres Gastes fand meine Mutter auch Gefallen an dem Hellblau seiner Uniform. Sie sagte: »Wie schön, bei uns die bayerische Uniform zu sehen, in der mein Vater 1870 in den Krieg gegangen ist.« Die Familie meiner Mutter hatte ein ähnliches Schicksal erlitten wie die hannoversche. Ihr Vater, Herzog Friedrich, im Volksmund »der Augustenburger« genannt, war von Bismarck in der schleswig-holsteinischen Thronfolge ausmanövriert worden, und Preußen hatte 1867 die Herzogtümer annektiert. 1870 war er im Unterschied zu den anderen ebenfalls durch Preußen geschädigten Prätendenten mit ins Feld gezogen. Er trat nur nicht wieder in preußische Dienste, wo er zuvor bei der Garde gestanden hatte, sondern rückte als bayerischer Generalmajor ein. In Frankreich söhnte er sich mit Wilhelm I. aus und nahm auch in Versailles an der Kaiserproklamation teil. »Solch eine Stunde«, äußerte er zu Gustav Freytag, »ändert die Gedanken des Menschen und legt neue Pflichten auf.« Vor dem Hintergrund des eigenen Familienschicksals wird verständlich, daß meine Mutter gegenüber der hannoverschen Familie anders empfand als die Hohenzollern. Diese Gefühle waren auch sogleich Prinz Ernst August zugute gekommen.

Bei mir selbst war es Liebe auf den ersten Blick. Ich war Feuer und Flamme. Schlagartig. Meine Mutter muß das wohl gemerkt haben, denn wie ich später nachlesen konnte, vertraute sie ihrem Tagebuch den Satz an: »Macht vom ersten Moment an Eindruck auf mein Kind. Gott weiß, ob es je etwas werden kann.« Ich hatte jedenfalls keine Ahnung, daß meine Empfindungen von meiner Mutter sofort erkannt worden waren.

Ich vertraute mich zunächst der Gräfin Ina Marie Bassewitz an; mit ihr verband mich eine innige Freundschaft. Und dann kamen zwei Mädchen natürlich eher zum Gespräch, als daß man sich etwa gleich an die Eltern wandte. Es traf sich auch gut, daß Ina Marie Bassewitz Mecklenburgerin war. Ihr Vater war Staatsminister in Schwerin. So kannte sie sehr viel mehr von der hannoverschen Familie, denn die Großherzogin Alexandra von Mecklenburg-Schwerin war eine Tochter des Herzogs von Cumberland. Die Gräfin Bassewitz erzählte mir nun von der Familie des Cumberländers, ich erfuhr von dem glücklichen Familienleben in

Gmunden und von den verehrungswürdigen Persönlichkeiten des Herzogs und der Herzogin. Auch meine Freundin Bassewitz fand den Prinzen Ernst August fabelhaft. So schwärmten wir von ihm, wie das bei solcher Gelegenheit überall auf der ganzen Welt junge Mädchen zu tun pflegen. Das wäre doch etwas Nettes für mich . . ., so spannen wir den Faden unserer Gedanken. Nur über einen Punkt gelangten wir nicht hinaus — er war ein Welfe, und sein Vater war für seine schroffe Haltung gegenüber den Hohenzollern bekannt.

Ganz am Rande fragte mich meine Mutter, ob ich Prinz Ernst August nett fände, was ich von ihm hielte. Da habe ich aus meinen Gedanken kein Hehl gemacht, froh, mit ihr nun darüber sprechen zu können. Auch mein Vater, hörte ich, wußte von meiner Begeisterung für den Prinzen, aber er stellte mir keine Fragen. Er wußte genau, welch heikles Problem sich da auftat. Niemand konnte wissen, wie sich der Herzog von Cumberland dazu stellen würde. Er hatte als Chef seines Hauses in jedem Falle die Entscheidung in der Hand. Mein Vater besprach sich mit dem Prinzen Max von Baden, der es übernahm, beim Herzog von Cumberland, seinem Schwiegervater, mit aller gebotenen Vorsicht und Diskretion zu sondieren. Einen Korb wollte sich mein Vater, begreiflicherweise, nicht holen. Im Sommer jenes Jahres war ich in Wilhelmshöhe. Meine Gedanken wanderten oft nach München, zum Prinzen Ernst August. Im September heiratete meine Freundin Gräfin Elsi Kanitz den Flügeladjutanten meines Vaters, v. Dommes. Die Hochzeit fand auf Podangen in Ostpreußen statt. Oskar und ich durften daran teilnehmen. Von dort fuhr ich nach Rominten, das ich so sehr liebte. Ich konnte die Stille des Waldes genießen und auch meinen Gedanken nachhängen.

Im Herbst sah mein Vater den Prinzen Ernst August durch Zufall während des Kaisermanövers. Der Prinz war ihm wegen einer fabelhaften Patrouille aufgefallen. Er mußte sich beim Kaiser melden, der ihn zu seiner militärischen Leistung beglückwünschte.

Die Sondierungen des Prinzen Max gaben uns keinen rechten Aufschluß. Niemand wußte, ob die Vorfühler beim Herzog von Cumberland letztlich eine Chance ergeben würden. Soweit wir sahen, schwankte die Sache hin und her. Prinz Max und seine Gemahlin hatten in warmen Worten für unser Anliegen geworben. Es war ihnen wohl gelungen, ein Klima herzustellen, in dem man die Frage besprechen konnte, das heißt, es war ihnen gelungen, die grundsätzliche Ablehnung des Gedankens an eine Verbindung zwischen den beiden im Zwist lebenden Häusern abzuschwächen. Viel weiter war man aber nicht gekommen. Das Hindernis, an dem jeder Versuch, weiterzukommen, scheiterte, war der Thronanspruch auf Hannover. Der Herzog schien entschlossen, unter keinen Umständen hierauf zu verzichten. Schwierigkeiten bereitete vor allem auch die übergroße Vorsicht, mit der die Beteiligten die Angelegenheit behandelten. Keiner wollte so recht einen Schritt vorwärts tun. Jeder war darauf bedacht, sich nichts vergeben zu haben, wenn das Vorhaben scheitern sollte. Und gescheitert wäre es ja wahrhaftig mehr als ein Dutzend Mal.

Anfang Januar 1913 kam Max von Baden nach Potsdam und berichtete, die Aussichten wären nicht sehr günstig. Ich war verzweifelt; bemühte mich aber, es nicht zu zeigen. »Die Kleine blieb sehr ruhig und tapfer«, vermerkte meine Mutter.

Um etwas Licht in das Dunkel von Erfolg oder Mißerfolg der Sondierungsbemühungen zu bringen, hatte ich meine Schwägerin Cecilie, die Kronprinzessin, eingeweiht. Sie war ja über die Gemahlin ihres Bruders, des Großherzogs von Mecklenburg-Schwerin, mit der hannoverschen Familie verwandt. Cecilie übernahm es, mit Prinz Ernst August zu sprechen. Das konnte ganz unauffällig geschehen. Die Kronprinzessin fuhr oft nach Partenkirchen. Ernst August stand in München. Da ließ sich leicht eine Begegnung einrichten.

Daß meine Schwägerin Cecilie die Rolle des Postillon d'amour übernahm, gab der Romantik meiner Gefühle und Träume eine zusätzliche Nuance. Cecilie war die erste Braut gewesen, die ich aus der Nähe gesehen hatte. Für ein junges Mädchen wie mich war das eine unvorstellbar aufregende Begebenheit gewesen. Ich war 12 Jahre alt, als mein Bruder Wilhelm und Cecilie sich verlobten. Wilhelm hatte mir damals ein Telegramm aus Potsdam gesandt, mit dem er seine Verlobung anzeigte. Ich weiß nicht, was mich mehr beeindruckt hat, daß ich von meinem Bruder ganz persönlich benachrichtigt wurde oder die Überraschung, daß ich nun eine Schwägerin war. Schwägerin zu sein, empfand ich wie ein Avancement. Ich war mächtig stolz darauf. Dann kam der Empfang Cecilies im Neuen Palais. Ich war nicht mehr zu halten vor brennender Neugierde, wie so eine richtige Braut aussieht. Die beiden saßen im Vorzimmer meiner Eltern, und ich ging da durch, um das Brautpaar zu sehen. Schönheit, Anmut und Grazie Cecilies versetzten mich in unbeschreibliches Staunen. Das war also eine Braut! Ich ging noch einige Male durch das Zimmer, um sie ja ganz genau zu sehen. Mein Bruder schimpfte fürchterlich mit mir. Ihm gefiel mein neugieriges Gelaufe überhaupt nicht. Ich aber wußte nun, wie eine Braut aussah. Die bezaubernde Erscheinung Ceciles prägte ihr Bild, das mich in meiner Jungmädchenphantasie begleitet hat. Nun also war es Cecilie, die die Erfüllung meiner sehnsüchtigen Wünsche in ihre Hände genommen hatte.

Meine Schwägerin wurde in ihrem Bemühen von meinem Bruder Adalbert unterstützt. Auch er traf sich mit Ernst August in Partenkirchen. Und während die drei dort beisammensaßen, wartete ich mit klopfendem Herzen in Potsdam. Die erste Nachricht, die ich erhielt, war ein Telegramm von Cecilie; es war englisch abgefaßt, und der Name des Prinzen Ernst August wurde behutsam ausgespart: »Just had tea and long talk with somebody dining with Adalbert only we three thinking all time of You darling tender love Cilly« — »Wir hatten eben eine Teestunde und ein langes Gespräch mit jemandem, der zuvor mit Adalbert allein gespeist hat. Wir drei denken die ganze Zeit an Dich!«

Als ich ausführlicher von den Gesprächen erfuhr, wußte ich, daß Ernst August genauso für mich empfand wie ich für ihn. Ein beglückendes Gefühl. Ernst August hatte andererseits sehr nüchtern über die dynastischen Schwierigkeiten gesprochen. Er war keineswegs pessimistisch. Nur, so meinte er, müsse alles wohl durchdacht werden, und der Gedanke selbst brauche in Gmunden Zeit, um sich zu setzen.

Adalbert übermittelte mir die ersten Fotos von Ernst August. Er war es auch, der das erste Telefongespräch zwischen ihm und mir zustande brachte, alles ganz heimlich, niemand wußte davon, auch nicht meine Eltern. Adalbert setzte in Partenkirchen und Karlsruhe seine ganze Überredungsgabe ein, um uns weiterzuhelfen. Ohne die diplomatische Vorarbeit des Prinzen Max hätte er sicher kein Terrain gehabt, so gut wie dessen Aktion allein desgleichen nicht zum Ziel geführt haben würde.

Den entscheidenden Vorstoß beim alten Herzog hat Ernst August dann selbst gemacht. Gegen alle Widerstände gelang es ihm, seine Wünsche bei seinem Vater durchzusetzen. Leicht ist das nicht gewesen. Am 20. Januar 1913 erhielten wir von Adalbert per Telegramm die Glücksbotschaft, daß die Schwierigkeiten überwunden seien. Die Ungewißheit war vorüber! Meine Mutter notierte: »Mein Kind, ihr Vater und ich waren strahlend glücklich.«

Die befreiende Lösung der dynastischen, staatsrechtlichen und politischen Hemmnisse, die Adalbert, Ernst August und Max gemeinsam gefunden hatten, sah nach dem Ei des Columbus aus: Der Herzog von

Cumberland wird zugunsten seines einzigen Sohnes auf den Thron des Herzogtums Braunschweig verzichten — ein Verzicht auf Hannover wird nicht ausgesprochen — Ernst August tritt in die preußische Armee ein, wird den Fahneneid auf den König von Preußen ablegen und verpflichtet sich, jegliche Aktion für den hannoverschen Thron zu unterlassen. Das war die Brücke, auf der die berühmte Verzichtsfrage überschritten werden sollte.

Am 24. Januar traf Adalbert wieder bei uns ein. Er brachte die Details der vorgeschlagenen Abmachungen mit. Von uns aus fuhr er weiter zum Reichskanzler Bethmann Hollweg, um ihn zu unterrichten. Bethmann Hollweg war an den Vorgängen als Reichskanzler und auch in seiner Eigenschaft als preußischer Ministerpräsident interessiert. Er leitete sogleich die von seiten der Regierung erforderlichen Schritte ein. Auch der braunschweigische Staatsminister Hartwieg wurde in Kenntnis gesetzt; alles unter strengster Geheimhaltung. Das Geheimhalten unserer Bemühungen und Verbindungen war uns bis dahin übrigens verhältnismäßig gut gelungen, selbst bei Hofe. So meinte die Gräfin Keller, nachdem sie schließlich in der ersten Februarwoche von meiner Mutter ins Bild gesetzt worden war, daß ihr die Mitteilungen »doch eine Überraschung« gewesen seien.

Meine Eltern und ich trafen fieberhaft Vorbereitungen. Mir konnte nichts schnell genug gehen. Ich hatte mir gewünscht, die Verlobung möchte in Partenkirchen stattfinden, bei meiner Schwägerin und in aller Stille. Mein Vater entschied sich für Karlsruhe. Er dachte an das historische und familiäre Kolorit, das dieser Ort vermitteln würde. Das Haus Baden hatte sich durch Heirat mit den Hohenzollern und Welfen verbunden. Besonders lag meinem Vater daran, daß die Großherzoginwitwe Luise, als Repräsentantin der älteren Generation unseres Hauses, ihren Segen zu dieser Verlobung gäbe.

So fuhren wir nach Karlsruhe, wo wir am 10. Februar eintrafen. Wir, d. h. meine Eltern, mein Bruder Oskar und ich. Adalbert konnte uns nicht begleiten, er war krank geworden. Wir hatten uns bemüht, den Zweck der Reise geheimzuhalten. Ernst August war inkognito gekommen. Auch meine Großtante Luise hatte streng auf Diskretion geachtet; ihre Hofdamen hatten erst abends um 23 Uhr von unserem für den nächsten Tag bevorstehenden Eintreffen erfahren. Gleichwohl war etwas durchgesickert. Bei unserer Ankunft in Karlsruhe hatten sich große Menschenmassen eingefunden, die uns zujubelten. Zahlreiche Morgenzeitungen brachten bereits in den Schlagzeilen die Nachricht von der bevorstehenden Verlobung.

Schon bald nach unserer Ankunft bat mein Vater Prinz Ernst August zu einem Gespräch. Es dauerte wohl eine Dreiviertelstunde. Im Garten des Schlosses auf und ab gehend besprach mein Vater mit seinem zukünftigen Schwiegersohn nun auch persönlich die Abmachungen wegen der Thronfrage. Danach erschienen beide bei meiner Mutter und mir. Ich war sehr erregt und im Gegensatz zu dem leuchtenden Hellrot meines Seidenkleides war jegliche Farbe aus meinem Gesicht gewichen. Die Eltern sagten Ernst August und mir nur wenige Sätze. Dann verließen sie uns. Wir sahen uns zum ersten Mal ohne die Gegenwart anderer. Allein. Ein nicht zu beschreibender Moment.

Nach einer Stunde kam meine Mutter zu uns, die in einem Nebenzimmer »in Angst und Aufregung«, wie sie später einmal gestand, gewartet hatte. Mit verhaltener Stimme fragte sie, ob wir uns einig seien. Doch es hätte gar nicht unseres »Ja« bedurft, sie las die Antwort ohnehin von unseren Gesichtern ab. Wenige Minuten darauf trat auch mein Vater ein. Ich lief auf ihn zu und teilte ihm meine Verlobung mit.

Das erste, was dann passierte, war ein Riesenspektakel, ein gewaltiger Krach. Ernst August hatte eine große Vase umgerissen, in der sich schwere langstielige Blumen befunden hatten. Sie hatte auf einem der vielen kleinen geschnitzten und gedrechselten Tischchen gestanden, mit denen man im Stil der letzten Jahrzehnte vor der Jahrhundertwende die Salons ausstattete. Meiner Mutter jagte das Getöse einen gewaltigen Schreck ein. Jedoch was sie sah, konnte ihr wie mir nur ein belustigtes Lächeln entlocken: Der frischgebackene Bräutigam stand mit dem Ausdruck sichtbarer Verlegenheit neben dem Scherbenhaufen, in den Händen vor sich das Blumenarrangement aus der gestürzten Vase haltend, nicht wissend, was er damit anfangen sollte.

Wir begaben uns zu Tisch; Ernst August und ich gingen Hand in Hand. Jedermann sah uns unser Glück auf den ersten Blick an. Meine Großtante, die in den Vorstellungen der alten Zeit lebte und sehr auf Distanz hielt, war leicht schockiert, wie wir als verliebtes Paar an der Tafel erschienen. Das warf auf der Stelle einen unserer Programmpunkte über den Haufen. Wir hatten verabredet, daß die Verlobung erst nach unserer Rückkehr in Berlin bekanntgegeben werden sollte. Unser Anblick, der mehr sagte als alle Worte, sowie das Mienenspiel meiner Großtante veranlaßte meinen Vater, der Großherzogin tout de

suite Mitteilung zu machen. Unser Glück ließ sich einfach nicht verheim-
lichen. Noch am selben Tage wurde unsere Verlobung veröffentlicht.

Was nun folgte, spielte sich wie in einem märchenhaft schönen Traum
ab. Abends fand ein Empfang der preußischen und badischen Hofstaaten
statt. Meine Eltern gingen mit Ernst August und mir den großen Kreis
entlang, in dem man vor den Gemächern meiner Großtante Aufstellung genommen hatte. Von jedem nahmen wir einzeln die Glückwünsche entgegen. Zum Abschluß sagte mein Vater: »Nun wollen wir die
jungen Leute sich allein überlassen!« Es waren dieselben Worte, die fast
auf den Tag genau 33 Jahre zuvor bei der Verlobung meiner Eltern
dem Brautpaar ein ungestörtes Zusammensein ermöglicht hatten.

Freude, Glückwünsche, Blumen überall. Aus Gmunden kam ein überaus herzliches Telegramm meiner Schwiegereltern. Die Herzogin ließ es
sich nicht nehmen, uns auch telefonisch zu beglückwünschen. Zum ersten
Mal hörte ich die liebe gütige Stimme meiner Schwiegermutter. Ernst
August und ich machten Ausfahrten und Spaziergänge. Oskar begleitete
uns, gelegentlich auch meine Mutter und Prinz Max. Mein Vater
reiste am folgenden Tag nach Berlin zurück. Wir anderen fuhren einen
Tag später. Uns voraus eilte ein Telegramm des Generaladjutanten
v. Lyncker:

»Morgen dreizehnten februar acht uhr dreißig frueh treffen in berlin
potsdamer bahnhof mit sonderzug ein ihre majestaet die kaiserin und
koenigin, ihre koenigliche hoheit die prinzessin viktoria luise von preußen und seine koenigliche hoheit der prinz ernst august herzog zu braunschweig und lueneburg, seine majestaet der kaiser werden die hohen
herrschaften auf dem bahnhof empfangen und befehlen: 1. zum empfang
sind auf bahnhof anwesend: prinzen des koenigl. hauses soweit in berlin und potsdam anwesend. b. die kabinettschefs. c. allh. hauptquartier.
d. gouverneur sowie komdt. von berlin. e. praesident u. mitglieder des
staatsministeriums. f. oberbuergermeister von berlin. 2. auf bahnsteig ehrenkompanie vom zweiten garde regiment zu fuß mit fahne, spielleuten
des batls. u. regimentsmusik direkte vorgesetzte zugegen. 3. vor bahnhof steht die erste eskadron husaren regiment von zieten (brandenb.)
nr. 3, um die majestaeten und das hohe brautpaar zum kgl. schlosze zu
eskortieren, dieselbe reitet zur haelfte den equipagen voraus, zur haelfte
hinterher. 4. die vier anderen eskadrons des husaren regiments von zieten stehen — zu pferde — lustgarten. front nach dem kgl. schlosze rechter
fluegel an schloszbruecke. 5. anzug: majestaet, kgl. prinzen sowie die zu
1 b bis d genannten offiziere dienstanzug, die zu 1 e u. f genannten her-

ren ueberrock, ehrenkompanie mit vorgesetzten und husaren regiment von zieten paradeanzug.«

Unter den Klängen des Präsentiermarsches lief unser Zug in die festlich dekorierte Bahnhofshalle ein. Mein Vater erwartete uns und überreichte mir einen prächtigen Strauß Marschall-Niel-Rosen. Wir bestiegen einen vierspännigen Wagen. Ich nahm neben meiner Mutter im Fond Platz, Ernst August saß neben meinem Vater auf dem Rücksitz. Das Wetter meinte es nicht gut mit uns. Nebel lag über der Stadt, und es regnete. Doch die Berliner hatten es sich nicht nehmen lassen, zu unserer Begrüßung zu kommen. Eigentlich war dieser Einzug etwas Merkwürdiges, denn wie man sonst eine Braut einholt, so wurde dieses Mal der Bräutigam eingeholt. Unter dem Jubel der Bevölkerung, deren Begeisterung keine Grenze kannte und die die Absperrungen der Polizei durchbrach, bewegte sich unsere Kavalkade über die Charlottenburger Chaussee, durchs Brandenburger Tor, über den Pariser Platz, Unter den Linden entlang bis zum Schloß. Dort angekommen wurden Ernst August die Offiziere des Zieten-Husaren-Regiments vorgestellt. In dieses Regiment sollte er nun als Rittmeister eintreten.

Noch am selben Tage fanden die Eidesleistung des Prinzen Ernst August und die Verleihung des Schwarzen Adler-Ordens an ihn statt. Ernst August hatte zuvor beim Prinzregenten von Bayern um die Entbindung von dem Eid gebeten, den er als bayerischer Offizier abgelegt hatte, was ihm gnädigst gewährt wurde. So sprach nun ein welfischer Thronerbe seinen Fahneneid auf den König von Preußen. Die Eidesleistung, die auf Anordnung meines Vaters in einem engen Kreis vorgenommen wurde, war eine ergreifende Zeremonie. Jeder war sich der historischen Bedeutung der Handlung und des Augenblicks bewußt. Um so unverständlicher war die Taktlosigkeit, die sich Generaloberst v. Plessen gegenüber dem Prinzen erlaubte, indem er sich an ihn mit der Bemerkung wandte: »Ich hoffe, Eure Königliche Hoheit sind sich bewußt, was Sie getan haben.« Ernst August war außer sich vor Empörung. Wir hatten einen Vorgeschmack von dem erhalten, was noch alles auf uns zukam.

Man konnte es Ernst August ansehen, wie neu und ungewohnt ihm das Leben und Treiben in Berlin und am kaiserlichen Hofe war. Nicht nur die Dimensionen waren ihm neu, vor allem war es die Fremdheit der Umgebung, die ihm zu schaffen machte, trotz all der Ritterlichkeit und des Entgegenkommens, mit der mein Vater sich um ihn bemühte. Meine Mutter war in gleicher Weise um ihren zukünftigen Schwiegersohn besorgt. Er hatte ihre volle Zuneigung gewonnen. Sie war erfüllt von der Gewißheit, einen Mann von absoluter Zuverlässigkeit für ihre Tochter gefunden zu haben. Darin lag auch ihr Trost, wenn sie daran dachte, daß sie mich nun verlieren würde.

Vier Tage blieb Ernst August in Berlin. Er reiste dann zu seinen Eltern nach Gmunden, um zum Hochzeitstag meiner Eltern, dem 27. Februar, wieder bei uns zu sein. Von Gmunden aus schrieb mir Ernst August, wie sehr er wünsche, daß unser erstes Wiedersehen nach seiner Rückkehr nicht in Gegenwart Dritter stattfinde. »Ich mag nicht«, schrieb er, »wenn Leute dabeisind und zusehen, dann ist die ganze Freude gestört. Du hast doch auch nicht gern, wenn die Leute sagen, ›ach wie rührend‹ oder ›das hätten wir uns anders vorgestellt‹«. Ich dachte genau wie Ernst August.

Von Berlin aus fuhr Ernst August dann mit meiner Mutter und mir nach Gmunden. Die Anregung zu diesem Besuch ging von meiner Mutter aus. Wir hatten die hannoversche Familie noch nie gesehen, und als wir uns jetzt der welfischen Residenz näherten, beschlich uns so etwas wie Beklemmung. Ich merkte das auch meiner Mutter deutlich an. Bei mir kam noch die Spannung hinzu, den Schwiegereltern gegenüberzutreten. Doch alle bange Erwartung erwies sich schnell als grundlos. Das herzogliche Paar kam unserem Zug etwa eine halbe Stunde entgegen, mit ihnen Prinzessin Friederike, eine Schwester des alten Herzogs, Prinzessin Olga, die unverheiratete Tochter des Herzogspaares, die Schwiegersöhne Friedrich Franz von Mecklenburg und Max von Baden, beide mit ihren Gemahlinnen. Die ganze Familie war erschienen.

Wir wurden vom Herzogspaar liebevoll empfangen. Vom ersten Augenblick an gab es mit ihnen eine wundervolle herzliche Harmonie. Herzogin Thyra war eine kleine, zierlich wirkende Frau mit sprichwörtlich schönen Augen, die vielleicht einen etwas traurigen Ausdruck hatten. Man mußte die Herzogin sofort liebhaben. Der Herzog trug eine österreichische Generaluniform. Er war groß und schlank, seine Stimme war leise, sein Gesichtsausdruck von steter Freundlichkeit.

Nach der Begrüßung setzten wir die Fahrt nach Gmunden fort. Dort empfingen uns die Hofstaaten und Vertreter des Staates. Wir fuhren mit einem Sechsspänner und sechs Vierspännern durch den Ort zum Schloß, begleitet von Hofpersonal in roten englischen Livreen, die beiden Schwiegermütter und das Brautpaar in einem Wagen. Zum ersten Mal begegnete ich der bezaubernden Landschaft des Traunsees und des

Höllengebirges, die mir so ans Herz wachsen sollten. Die Berge waren mit leichtem Schnee bedeckt, sie erglänzten in der Märzsonne. Auf dem Schloß wehten die Standarte der deutschen Kaiserin und eine preußische Flagge.

Der zweite Tag unseres Aufenthaltes war ein Sonntag. Vor dem Gottesdienst, welcher in der aus weißem Marmor in romanischem Stil errichteten Hauskapelle gehalten wurde, suchten wir die Gruft auf, in der die Sarkophage der Königin Marie von Hannover und der beiden verstorbenen Söhne des Herzogspaares, der Prinzen Christian und Georg Wilhelm, standen. Wir legten Blumen an den Särgen nieder und verweilten im stillen Gedenken. Hier, an dieser Stätte, die Frieden atmete, nicht Verzweiflung und Kummer, erhielt die Aussöhnung der beiden Herrscherhäuser, so empfanden wir alle, ihre Weihe. —

Die Hofhaltung des Herzogs von Cumberland entsprach seinem königlichen Rang. Alle Hofchargen waren beibehalten. Chef der Verwaltung war Geheimrat und Kammerherr v. d. Wense, Hofmarschall Frhr. Grote, Hausmarschall Graf Grote, Kammervorsteher Major a. D. Mertens. Als Hofdamen fungierten Gräfin v. Kielmansegg und Baronin v. Hinüber.

Das Familienleben des herzoglichen Paares war mustergültig, reizend und friedlich zugleich. Der vornehme Charakter des Herzogspaares gab dem Gmundener Milieu das Gepräge. Taktvoll halfen beide über Schwierigkeiten hinweg. Und es kamen prekäre Situationen, wie hätte es anders sein sollen. Auch am Gmundener Hof gab es strenge Welfen, die ihre Reserve gegenüber dem preußischen Besuch deutlich erkennen ließen. Typisch für diese Haltung war der alte Kammerdiener Freise, ein kleiner prachtvoller Mann. Als Ernst August zu ihm gekommen war und gesagt hatte, er habe sich verlobt, entgegnete Freise weiter nichts als: »Haben Sie verzichtet?« Der Prinz verneinte. Darauf Freise: »Denn gratuliere ich.«

Weniger amüsant war ein Vorstoß der Prinzessin Friederike, der mich recht unvermittelt traf. Sie sprach mich irgendwann an und meinte, ich wisse doch wohl, daß ich mich auch englisch trauen lassen müsse. Ich bekam einen nicht geringen Schrecken. »Englisch trauen«, was war das? Davon hatte doch bisher niemand gesprochen! Ich stürzte zu meinem Bräutigam und sagte ihm, was mir seine Tante soeben eröffnet hatte. Ernst August suchte sofort meinen Schwiegervater auf. Beide waren außer sich über die Einmischung der Prinzessin. Der alte Herzog entschied auf der Stelle: Englisch trauen, das kommt überhaupt nicht in Frage.

Ich beruhigte mich langsam wieder, und auch meine Mutter überwand den Schock.

Der Herzog erklärte uns dann die Zusammenhänge. Das »Englisch trauen« war eine Institution, die daran erinnerte, daß eben die hannoversche Familie zum englischen Königshaus gehörte. Im englischen Staatsrecht gebührt nach dem Royal Marriage Act von 1772 dem König das Recht, zu allen Heiraten der Prinzen und Prinzessinnen, die Nachkommen Georgs III. sind, die Einwilligung zu erteilen, auch wenn sie sich im Ausland aufhalten. Die verantwortlichen Minister hatten dabei mitzuwirken und den König zu beraten. Das königliche Heiratsgesetz regelt bis ins einzelne, was zu geschehen habe, wenn im Ablehnungsfalle der Prinz sich nicht fügen wollte, bis zur Strafe für denjenigen, der eine Trauung gegen das Gesetz vornehmen würde. — Es beruhigte uns doch sehr, daß mein Schwiegervater ausdrücklich anordnete, den Konsens nicht in der früher üblichen Form einzuholen und lediglich eine formelle Mitteilung an den englischen König zu geben.

Zu der heiteren Seite des Besuchs in Gmunden gehört die Geschichte, die dem uns begleitenden Hof- und Hausmarschall Graf Eulenburg passierte. Der Graf hatte gehört, daß die österreichischen Herren des häufigeren von Jause sprachen, und auch erfahren, was das war. Irgendwann wollte auch er die Jause erwähnen. Dabei überlegte er sich, sozusagen rückberlinernd — G ist J und J heißt richtig G —, daß er am besten »Gause« sagen würde. So tat er's. Die österreichische Gesellschaft ist beinahe explodiert vor Lachen.

Als wir die Rückreise von Gmunden antraten, wußte ich, daß ich im Herzogspaar Schwiegereltern gefunden hatte, wie es sie liebevoller und gütiger nicht gibt. Der Abschied wurde mir schwer.

Zwei Wochen nach unserer Rückkehr nach Berlin folgte uns Ernst August. Aber er war erst wenige Tage bei uns, da erhielt er aus Gmunden die Anweisung, zu den Beisetzungsfeierlichkeiten für den ermordeten griechischen König nach Athen zu fahren. Wir mußten uns trennen. Ich bangte, daß Deutschland in irgendeiner Weise in die Balkanwirren hineingezogen würde und meinem Bräutigam etwas zustoßen könnte.

Anfang April trafen sich meine Eltern, meine Schwiegereltern, Ernst August und ich in Bad Homburg. Der Begegnung kam große Bedeutung zu. Mein Vater wollte die hannoversche Familie kennenlernen, und die für unsere Heirat getroffenen Absprachen sollten in feste Form gebracht werden. Die beiden Schwiegerväter verstanden sich gleich recht gut, wie die beiden Familien überhaupt gut zueinander paßten. Ich war glücklich, meinen Poll, wie ich Ernst August nannte, wiederzusehen.

Doch drückend lag über uns der erbitterte Streit, der in der politischen Arena wegen der bevorstehenden Heirat und ihrer staatspolitischen Begleitfragen ausgetragen wurde und in leidenschaftlichen, oft extremistischen Zeitungsartikeln sein Ventil fand. Die Ultras unter den welfischen Parteigängern posaunten: »Kein Verzicht auf Hannover! Wir kämpfen weiter!« Man forderte in mehr oder weniger verdeckter Form, daß die Thronbesteigung des Prinzen Ernst August in Braunschweig zum Beginn einer welfischen Restauration auch in Hannover werden müsse. Auf der anderen Seite jene, die in der Welfenpartei, den Deutsch-Hannoveranern, notorische Staatsfeinde sahen und eine Verbindung der beiden Herrscherhäuser in der Nähe der Rubrik Staatsgefährdung einordneten. Die besonnene und gemäßigte Haltung vieler Welfenführer wurde beargwöhnt und als Täuschungsmanöver hingestellt. Kategorisch verlangte man nach der Auflösung der deutschhannoverschen Partei. Selbst vor dem Eid des Prinzen Ernst August wurde nicht haltgemacht; auch hier wurde unterstellt, er würde ihn nicht hindern, für den hannoverschen Thron zu agieren. In Hunderten von Zeitungsartikeln wurde eine blinde, unsachliche Polemik ausgetragen.

Von interessierter Seite wurde das Material, das in irgendeiner Weise für die Welfen abträglich sein konnte, meinem Vater vorgelegt. Man drängte ihn, zusätzliche Garantien, vor allem aber den ausdrücklichen Verzicht des alten Herzogs und seines Sohnes auf Hannover zu verlangen. In dieser Richtung engagierte sich auch der Chef des Zivilkabinetts des Kaisers, v. Valentini. Man versuchte einfach alles. Selbst mich wollte man veranlassen, meinen Verlobten zu überreden, eine Verzichterklärung zu unterschreiben. Ich habe das abgelehnt. In Homburg habe ich Ernst August gesagt: »Ich habe hier ein Schriftstück, das ich Dir vorlesen will. Ich weiß genau, daß Du den Inhalt ablehnst, und ich erwarte von Dir auch nichts anderes.«

Die Auseinandersetzungen zwischen den Vertretern der preußischen und hannoverschen Forderungen überschatteten die Homburger Begegnung. Reichskanzler Bethmann Hollweg und Graf Eulenburg waren mitgekommen. Sie vertraten die eine Seite. Ihr Kontrahent war Freiherr v. d. Wense. In einer Vermittlerrolle Prinz Max von Baden. Ein Segen, daß es in der Nähe die Saalburg gab. Hier konnten sich die Elternpaare ablenken, während die Verhandlungspartner ihre Kontroversen austrugen. Meine Eltern und das Herzogspaar besichtigten das

Römerkastell bis zur letzten Schanze und zur kleinsten Haarspange einer weiblichen Schönheit der Römerzeit. Mein Vater, der den Wiederaufbau der Limes-Festung veranlaßt hatte und vortrefflich Bescheid wußte, erläuterte dem Herzog persönlich jede Einzelheit. Meine Mutter und Herzogin Thyra ließen sich von dem sachkundigen Baurat Jacoby führen.

Wäre nicht die große Zuneigung zwischen Ernst August und mir gewesen, ich möchte annehmen, das Heiratsprojekt wäre hoffnungslos gestrandet. Nach mühevollem und aufregendem Hin und Her kam schließlich eine Einigung zustande. Wer letzten Endes das größere Zugeständnis gemacht hatte, veranschaulichte deren Basis: Auf Hannover wurde nicht verzichtet. Selbst Prinz Ernst August hatte sich nicht verpflichtet, expressis verbis einen absoluten Verzicht auszusprechen; es wurde eine umschreibende Formulierung gewählt.

Um die Verständigung zwischen Hohenzollern und Welfen zu dokumentieren, verlieh mein Vater dem Herzog von Cumberland den Schwarzen Adler-Orden. Der Herzog hatte ihn sich gewünscht. Die Herzogin wurde mit dem Luisen-Orden dekoriert. Die Homburger Begegnung gab den Weg zur Hochzeit frei. Endlich!

Am 20. April sandte Ernst August das in Homburg vereinbarte Schreiben an den Reichskanzler:

»Euer Excellenz beehre ich mich davon in Kenntnis zu setzen, daß mein Herr Vater, Se. Königliche Hoheit der Herzog von Cumberland, Herzog zu Braunschweig und Lüneburg, den Entschluß gefaßt hat, in der Voraussicht der Aufhebung der Beschlüsse des Bundesrats vom 2. Juli 1885 und vom 28. Februar 1907 seine Rechte auf die Regierung im Herzogtum Braunschweig auf mich zu übertragen. Der Übernahme der Regierung durch ein Mitglied unseres Hauses standen bisher vorbezeichnete Beschlüsse des Bundesrats entgegen.

Die bekannten, meine Person betreffenden jüngsten Ereignisse, in Sonderheit meine Verlobung mit Ihrer Königlichen Hoheit der Prinzessin Viktoria Luise von Preußen, haben die den obigen Beschlüssen des Bundesrats zugrunde liegende Sach- und Rechtslage geändert.

Mit Zustimmung meines Herrn Vaters habe ich um meine Einstellung als Offizier im Königlich-Preußischen Heere nachgesucht und S. M. dem Kaiser und König Treue und Gehorsam eidlich gelobt. Darin liegt das Versprechen, daß ich nichts tun und nichts unterstützen werde, was darauf gerichtet ist, den derzeitigen Besitzstand Preußens zu verändern.

Diese Sach- und Rechtslage wird in Verbindung mit dem Verzicht meines Herrn Vaters auf den Braunschweigischen Thron nach meiner Überzeugung die Aufhebung der früheren Beschlüsse des Bundesrates rechtfertigen. Ich darf mir vorbehalten, eine Verzichterklärung meines Herrn Vaters auf den Braunschweigischen Thron seinerzeit zu überreichen.«

Ungefähr zur gleichen Zeit wurde der Heiratsvertrag unterzeichnet, die sogenannten Ehepakten, feierlich im Wortlaut, juristisch nüchtern im materiellen Teil. Heute wohl ein kulturhistorisches Dokument, gleichwohl immer noch in Geltung. Da hieß es, daß, »nachdem durch Gottes besondere Vorsehung und Schickung und zur Befestigung der zwischen beiden hohen Häusern obwaltenden aufrichtigen Freundschaft nach vorher gepflogenem reifen Rate und mit gutem Bedachte zwischen Ihrer Königlichen Hoheit der Prinzessin Viktoria Luise Adelheid Mathilde Charlotte und Seiner Königlichen Hoheit dem Prinzen Ernst August Christian Georg eine eheliche Verbindung abgeredet und beschlossen worden ist, Wir vorher mit allseitiger Einwilligung Uns über folgende Ehepakten verglichen und was hiernach gesetzt ist Fürstlich versprochen haben.«

Und weiter: »Wir Ernst August, Herzog von Cumberland, Herzog zu Braunschweig und Lüneburg, im Einvernehmen mit Unserer vielgeliebten Gemahlin Thyra, Herzogin von Cumberland, Herzogin zu Braunschweig und Lüneburg, Königliche Prinzessin von Dänemark Königliche Hoheit, versprechen und verloben Unseren vielgeliebten Sohn, den Prinzen Ernst August Christian Georg, Herzog zu Braunschweig und Lüneburg, Königliche Hoheit Ihrer Königlichen Hoheit der Prinzessin Viktoria Luise Adelheid Mathilde Charlotte von Preußen und Wir Wilhelm, Deutscher Kaiser und König von Preußen im Einvernehmen mit Unserer vielgeliebten Gemahlin, Ihrer Majestät der Kaiserin und Königin, versprechen und verloben Unsere vielgeliebte Tochter, die Prinzessin Viktoria Luise Adelheid Mathilde Charlotte Königliche Hoheit dem Prinzen Ernst August Christian Georg, Herzog zu Braunschweig und Lüneburg Königliche Hoheit zur ehelichen Gemahlin und zum ehelichen Gemahl und Wir Prinz Ernst August Christian Georg, Herzog zu Braunschweig und Lüneburg, und Wir Viktoria Luise Adelheid Mathilde Charlotte, Prinzessin von Preußen, versprechen Uns hiermit gegenseitig einander zu ehelichen Gemahlen zu nehmen und zu behalten, auch dieses

Ehebündnis an dem besonders zu verabredenden Tag und zu bestimmenden Orte vor dem Standesbeamten für die Durchlauchtigsten Mitglieder des Königlich Preußischen Hauses vollziehen und darauf nach dem Ritus der evangelischen Kirche trauen zu lassen und unter göttlichem Beistande und Segen während des ganzen Lebens mit aufrichtiger ehelicher Liebe und Treue einander zugetan zu verbleiben, wozu der Allerhöchste Seinen Segen und sonst alles zeitliche und ewige Wohlergehen verleihen möge.«

Dann war der materielle Teil an der Reihe. Ein Heiratsgut von einhundertfünfzigtausend Mark wurde ausgesetzt. Mein Vater versprach, seine Tochter »mit fürstlichen Kleidern, Geschmuck, Kleinodien und anderen dergestalt ausfertigen und versehen« zu wollen, »wie einer Prinzessin aus Unserem Königlichen Hause eignet und gebührt«. Außer dem Heiratsgut wurde ich mit den sogenannten Paraphernalgeldern, dem Sondervermögen der Ehefrau, versehen: vierhundertfünfzigtausend Mark, »aus besonderer väterlicher Zuneigung huldreichst bewilligt und geschenkt«, angewiesen auf den königlich preußischen Hausschatz. Des weiteren regelten die Ehepakten Nadel-, Hand- und Spillgelder, Wittum, Letztwillige Verfügungen, Erziehung der Kinder, etc. etc. Vergessen wurde auch nicht, daß ich in einem feierlichen Akt »in Gemäßheit des Herkommens und der Familienverträge des Preußisch-Brandenburgischen Hauses zu Gunsten des Mannesstammes desselben auf jede aus diesem Hause herrührende Erbschaft in derselben Weise, denselben Ausdrücken und mit derselben Wirkung« zu verzichten hätte, »wie dies bisher die Preußisch-Brandenburgischen Prinzessinnen bei der Vermählung getan haben.« —

Nun begann die Zeit der Vorbereitungen für Hochzeit und Ehe. Das erste, was zu tun war, mußte die Suche nach einem Haus in Rathenow, der zukünftigen Garnisonstadt von Ernst August sein. Dort wollten wir bis zum Regierungsantritt in Braunschweig wohnen. Wir fanden ein Haus, das uns zur Miete angeboten wurde; sehr nett, aber Staat konnte man damit kaum machen. Acht Zimmer für uns und die Dienerschaft nebst Hofdame war nicht eben viel. Frhr. v. Lichtenstern, der Adjutant meines Verlobten, und der Kammerdiener des alten Herzogs nahmen das Haus als erste in Augenschein. Ich besichtigte es zusammen mit Ernst August und meiner Mutter. Das Haus war wirklich klein. Trotzdem fand ich es herrlich. Eine Vorstellung, die gewiß von dem Gedanken genährt wurde, daß wir, Ernst August und ich, hier bald ganz für uns leben konnten. »Wenn erst die Hochzeit herum wäre«, meinte mein Verlobter, »und wir in Frieden allein säßen, das wäre gut.«

Das war nicht nur ein Ausdruck unserer Sehnsucht, sondern auch ein Stoßseufzer. Zuviel kam in diesen Wochen auf uns zu, vor allem von seiten der Hofdamen und Hofchargen. Jeder wollte Rat geben für die Ehe der Prinzessin, jeder hatte seine eigene Meinung, jeder wußte es noch besser als der andere. Oft waren die Ratschläge wohlgemeint, teilweise entsprangen sie der Eitelkeit und Wichtigtuerei. Meine Mutter konnte sich vor ihnen gar nicht mehr retten. Ihre Nervosität stieg von Tag zu Tag. Und ich selbst stand mitten in diesem hektischen Wirrwarr. Mein Halt war die tägliche Post von meinem Verlobten.

»Deine Mama tut mir leid«, schrieb mir Ernst August, »versuche sie nur noch mehr zu beruhigen. Ich habe eine solche Wut auf diese Damen, nur die sind es schuld und machen sie nervös. Wenn man bedenkt, daß keine von diesen Damen verheiratet ist, wie können die sich in solche Angelegenheiten einmischen wollen. Noch dazu geht es sie gar nichts an. Ich dulde absolut keine Einmischung. Meine Mama hat mir immer gesagt, lasse niemals eine Hofdame in Deine Angelegenheiten oder in die Deiner Frau treten. Denn die Angelegenheiten zwischen Euch beiden gehören zu den heiligen Dingen in der Ehe.« Mein Verlobter fuhr fort: »Weißt Du, Deine Mutter verstehe ich vollkommen. Sie will natürlich nur das Beste für Dich, aber sie ist eine Kaiserin und will nun Dich als ihre Tochter genau so haben, wie sie selbst ist und vergißt aber, daß sie eben eine Kaiserin ist. Verstehst Du? Ich kann aber in meinem Leben keine Kaiserin als Frau gebrauchen, weil ich kein Kaiser bin. Ich stehe im Leben draußen, also muß meine Frau auch hinaus ins Leben. Du wirst die Stelle als meine Frau auch gewiß ausfüllen, davon bin ich fest überzeugt.«

Ein anderes Mal hieß es in einem der Briefe: »Jetzt trittst Du in das Leben hinaus und lernst die Welt kennen, von einem ganz anderen Lichte beleuchtet, und da wirst Du manchmal staunen, wie bös die Welt ist. So ist es mir auch gegangen, als ich hinauskam . . . An Dich treten nun diese Vertrauenssachen so früh heran, weil Du jemanden heiraten willst, der wirklich kein leichtes Leben hat. Ich will nicht darüber klagen, im Gegenteil, man weiß, wozu man da ist.«

»Du mußt vernünftig sein und immer ruhig bleiben, und die Kämpfe allein mir überlassen«, redete mir Ernst August in einem weiteren Brief gut zu. »Wir werden unsere Ehe so zusammen führen, wie es uns recht ist. Das ist eine Sache, in die niemand ein Recht hat, sich hineinzumischen. Höre alles ruhig an, ohne zu mucksen; sage höchstens manchmal: ›das ist die Sache meines zukünftigen Mannes‹. Sei fest überzeugt, daß ich absolut nicht dulden werde, daß irgend jemand sich in unsere persönlichen Angelegenheiten mischen darf.« Und weiter: »Ich bitte Dich nochmals, wenn die Leute Dir jetzt mit den furchtbarsten Dingen kommen, die Ruhe zu bewahren, ich werde es alles anders machen, darauf kannst Du Dich verlassen.« Und dann wieder: »Bleibe nur so ruhig und bestimmt, damit sie sehen, daß es kein kindlicher Eigensinn ist, sondern ernste und verständige Ansicht. Du mußt Dich auf mich verlassen. Jetzt hast Du mich, und Gott wird mir helfen, für Dich zu sorgen, und Du mußt danken für die, die Du bis jetzt gehabt hast.« Schließlich hieß es in den Briefen von Ernst August immer wieder als Trost für uns beide: »Bald sind wir zusammen. Da wollen wir die Ruhe genießen.« —

Der 20. Mai war mein letzter Tag im Neuen Palais. Mit meiner Mutter packte ich die letzten meiner Sachen. Ich nahm Abschied von unseren Leuten. Nachmittags machte meine Mutter mit mir noch einen Gang durch den Garten. »Ich war den Tränen nahe, doch wollte ich die Kleine nicht weich machen«, lautet die Aufzeichnung meiner Mutter hierüber. »Es war eine schwere Stunde. Ich darf nicht an die Zukunft ohne unser Kind denken — es wird furchtbar schwer werden.«

Wir fuhren nach Berlin. Am 21. Mai traf Ernst August ein. In seinem letzten Brief an mich hatte er genau beschrieben, welche Vorbereitungen er getroffen hatte, um die Flitterwochen vor den Augen Neugieriger abzuschirmen. Es war vorgesehen, daß wir zunächst nach dem Jagdschloß Hubertusstock am Werbellinsee fuhren. Von dort sollte es nach Hubertihaus gehen, dem Jagdschloß meines Schwiegervaters bei Gmunden. Für diesen Teil der Hochzeitsreise hatte Ernst August seine Pläne entwickelt. »Heute habe ich mit den Eltern gesprochen, wie wir nach Hubertihaus kommen sollen«, schrieb er mir. »Wenn Du mir versprichst, es nicht weiterzuerzählen, dann will ich Dir sagen, daß ich in München mein Haus für die eine Nacht habe herrichten lassen. Dann braucht man nicht im Hotel von allen Leuten angeglotzt zu werden, und wir haben gemütliche, schöne Stunden. Von München dachte ich mir noch ein Stück mit der Bahn zu fahren und dann das Auto unterwegs zu besteigen. Es ist von München doch noch ein gutes Ende. Ich lasse im Auto etwas zum Essen mitnehmen, dann essen wir in Gottes schöner Natur.« Ernst August fuhr fort: »In Gmunden wird überhaupt nicht davon gesprochen, daß wir herkommen, auch untereinander ist es ein Geheimnis. Keiner wird Dir hier im Wege sein, sondern jeder wird alles tun, um es gemütlich zu machen. Kein Mensch ist neugierig, sondern jeder betrachtet es als eine Ehre, wenn er etwas geheimhalten soll.«

Als erste der Hochzeitsgäste trafen der König und die Königin von England ein. Meine Eltern empfingen sie auf dem Lehrter Bahnhof. Georg V. hatte die preußische Generaluniform angelegt. Eskortiert von Gardedragonern und Gardekürassieren zog das englische Königspaar in Berlin ein. Es sollte mehr als ein halbes Jahrhundert vergehen, ehe wieder ein englisches Staatsoberhaupt Deutschland einen Besuch abstattete — bis zur Deutschlandreise von Königin Elisabeth, Enkelin Georgs V., im Jahre 1965.

Am folgenden Tag in der Frühe kamen meine Großtante Luise, Prinz Max von Baden und seine Gemahlin an, wenig später meine Schwiegereltern mit meiner Schwägerin Olga. Das 1. Garderegiment zu Fuß stellte die Ehrenkompanie, das Gardekürassier-Regiment die Eskorte. In drei Wagen fuhren wir zum Schloß. Im ersten mein Vater mit dem Herzog, der seine österreichische Uniform trug; im nächsten Wagen meine Mutter und Herzogin Thyra; im letzten Prinzessin Olga, mein Bräutigam und ich.

Mittags traf der Zar von Rußland ein. Wieder rollte das farbenprächtige Schauspiel des Empfangszeremoniells ab. In der Uniform des preußischen Kaiser Alexander Garde-Grenadier-Regiments, die hohe friderizianische Grenadiermütze auf dem Kopf, entfachte die imponierende Erscheinung Nikolaus II. bei den Berlinern einen wahren Begeisterungssturm.

Die Ankunft der vielen Hochzeitsgäste bot ein großartiges Bild. Die Reichshauptstadt war Schauplatz eines Fürstentreffens, wie man es wohl selten erlebt hat. »Ein ununterbrochener Korso von Kaisern, Königen, Herzögen, Prinzen unterhielt die Zuschauer dieser hochzeitlichen Fürstenparade«, hieß es in der »Berliner Illustrirten Zeitung«. In den Straßen und auf den Plätzen, die von den Hochzeitsgästen befahren wurden, drängten sich Menschenmassen, wie sie die Stadt noch nicht gesehen hat. Von nah und fern flutete das Publikum in dichten Strömen heran. Das Gedränge Unter den Linden, am Opern- und Schloßplatz war unbeschreiblich. »Die Schutzleute hatten alle Hände voll zu tun, um die gewaltige Menge der Passanten vor Lebensgefahr zu schützen«, berichtete der »Berliner Lokal-Anzeiger«.« Die unübersehbare Menge, die ungezählten Menschenscharen waren von heller Begeisterung erfüllt; sie wichen und wankten nicht . . . Jede Hofkutsche begrüßte man mit freudigen Zurufen. Die Sonne tauchte das ganze bunte Treiben der kolossalen Menschenmenge in Licht, und wer vom Balkon eines der Häuser herunterblicken konnte«, schrieb der »Berliner Lokal-Anzeiger« weiter, »hatte einen unvergeßlichen Eindruck von Volksbegeisterung und Feststimmung.«

Für die Schaulustigen gab es genug zu sehen, denn die Hochzeitsgäste blieben keineswegs im Schloß. König Georg etwa besuchte das Kasino des 1. Gardedragoner-Regiments, suchte die englische Botschaft auf, besichtigte in Tempelhof das Paradefeld der Berliner Garnison, machte dort einen ausgedehnten Spazierritt und ließ sich von den Gardedragonern Gefechtsübungen vorführen. Königin Mary unternahm eine eingehende Besichtigung der Schlösser und Gärten in Potsdam, vor allem von Sanssouci, das ihre besondere Bewunderung erweckte. König Georg nahm auch noch an der traditionellen großen Frühjahrsparade in Potsdam teil. Zusammen mit meinem Vater ritt er die Front der in Parade stehenden Truppen ab. An der Spitze des Regiments reitend führte mein Vater dem englischen König die Gardes du Corps vor.

Die dänischen Prinzen fuhren zum Flugplatz Johannisthal, wo sie Flugzeuge und Luftschiffe besichtigten. Meinem Schwiegervater wiederum war daran gelegen, Berlin, die Stadt und seine Einwohner kennenzulernen. Er wollte sich alles ansehen, natürlich in Ruhe. Er zog seine Uniform aus und sein Jäckchen, einen Trachtenrock, an, um ungestörter umhergehen zu können. Ich meine mich allerdings zu erinnern, daß man dem alten Herzog dann noch einen Umhang umgelegt hat, weil er nun wieder in der Bergtracht ebenfalls aufgefallen wäre.

Zar Nikolaus unternahm eine Besichtigung des Zeughauses und der Ruhmeshalle, stattete dem Kaiser Alexander Garde-Grenadier-Regiment einen Besuch ab und nahm an einem Frühstück in der russischen Botschaft teil. Der Zar fühlte sich in Berlin sehr wohl. Er war glücklich, weil er sich freier bewegen konnte, und hat das sichtbar genossen. Dafür hatte man bei uns um so mehr Sorge für seine Sicherheit. Einmal war der Zar ganz unvermittelt mit dem Prinzen Heinrich im Automobil ausgefahren. Niemand hatte hiervon gewußt. Mein Vater, der sich für den Zaren verantwortlich fühlte, war entsetzt. Und die Polizei stand kopf.

Mit dem Zaren ereignete sich aber auch noch eine sehr spaßige Geschichte. Vor seiner Tür standen zwei Gardegrenadiere Wache. Plötzlich nachts um 3 Uhr tauchten vor ihnen zwei Gestalten auf, die ihnen recht merkwürdig erschienen und verlangten, zum Zaren eingelassen zu werden. Den Grenadieren ist die Sache nicht geheuer. »Nein, Männeken«, sagen sie, »das wird nicht passieren.« Die beiden schwankenden Ankömmlinge reden auf die Wache ein, sie hätten Briefe, die sie sofort dem Zaren zu übergeben hätten. »Nachts ist hier kein Einlaß«, erwidern die Grenadiere. So geht das eine Weile hin und her. Dann, mit einem »Nun, Männeken, ist's genug«, werden die beiden nächtlichen Gestalten zur Wache gebracht. Ein Adjutant wird benachrichtigt, und schnell stellt sich heraus, daß man Kuriere der Zarin vor sich hat. Sie hatten tatsächlich Briefe von ihr an den Zaren zu überbringen. Doch die Kuriere waren Opfer des Berliner Festtrubels geworden. Sie waren in eine fröhliche Runde geraten und hatten furchtbar gezecht, bis ihnen irgendwann nachts die Erinnerung kam, daß sie einen eiligen dienstlichen Auftrag zu erledigen hatten. Und dann nichts wie hin, zum Zaren, auch wenn's drei Uhr früh ist, die Post muß abgeliefert werden! —

Für mich begannen die Hochzeitsfeierlichkeiten mit dem Empfang der Deputationen und der Überreichung der Hochzeitsgeschenke. Das Geschenk meines Vaters an mich war ein Diadem und ein Halsband aus Perlen, das meiner Mutter eine Tiara aus Brillanten. Das englische Königspaar schenkte einen gewaltigen Goldpokal, mir eine Brosche in Brillanten mit einer Brillantenquaste als Anhänger, Ernst August eine komplette Juwelenausstattung. Von der Königin-Mutter Alexandra von England erhielt ich eine Smaragdbrosche. Der Zar übergab mir einen Halsschmuck aus Aquamarinen und Diamanten. Das italienische Königspaar sandte altsilberne Gefäße. Königin Wilhelmina von Holland eine antike Standuhr, die Königin-Witwe aus Spanien eine getriebene silberne Truhe, der König von Dänemark eine massive Silberkanne, die Königin von Schweden eine Dose aus blauer Emaille, der Sultan einen Teppich, von der alten Baronin Rothschild erhielt ich einen prachtvollen Fächer mit meinen Initialen, von dem Chicagoer Industriellen Vincent Armour ein mächtiges Stück klaren Bergkristalls. Die Stadt Berlin übergab einen gelben Täbris als Geschenk, Bad Homburg 51 Imitationen altrömischer Glasgefäße, der Preußische Städtetag und die Ostfriesische Ritterschaft prächtige alte Schränke, die Ritterschaft des Herzogtums Braunschweig ein Paar Silberleuchter, das Zieten-Husarenregiment ein Silberbrett. Eine Deputation des Herzogtums Braunschweig überreichte ein Schmuckstück, das eine eigens zur Auswahl des Hochzeitsgeschenkes gebildete Kommission für mich ausgewählt hatte: ein Diadem aus dem ehemaligen kaiserlich-französischen Familienschmuck, das einst die Kaiserin Josephine getragen hatte. Diese und viele andere der uns dedizierten Kostbarkeiten wurden im Kunstgewerbemuseum ausgestellt, wo sie großes Interesse fanden. Die Zahl der Geschenke war so groß, daß für den Transport dorthin mehrere Möbelwagen eingesetzt werden mußten.

Nicht öffentlich zur Schau gestellt wurde meine Brautkleidung, der sogenannte Trousseau. »Von einer Ausstellung im großen Stil war abgesehen worden«, erläuterte die Gräfin Keller, die in diesen Dingen ein Wort mitzureden hatte, »denn der schlichten Einstellung des Kaiserhauses gemäß war die herkömmlich für den Trousseau einer königlichen Prinzessin ausgesetzte Summe im Laufe der Jahrzehnte nicht den gesteigerten Luxusansprüchen entsprechend erhöht worden, sondern immer die gleiche geblieben; infolgedessen unterschied sich die Ausstattung einer Prinzessin kaum von der einer Braut aus ersten bürgerlichen Kreisen.«

Die eigentlichen Hochzeitsfeierlichkeiten begannen am Tage vor der Hochzeit abends mit einer Gala-Oper. Die Königliche Hofoper Unter den Linden spielte Richard Wagners »Lohengrin«. Die Oper war mit rosa Nelken, meinen Lieblingsblumen, ausgeschmückt. Als mein Bräutigam und ich mit unseren Eltern die Loge betraten, erhoben sich alle Anwesenden, und wir beide verneigten uns vor dem Publikum, nach rechts, nach links und zur Mitte. Wie eine uns entgegenschlagende Woge erschien uns die Erwiderung der Verbeugung in den Reihen der Theatergäste. Beim Verlassen der Oper verneigten wir uns in gleicher Weise. Diesmal drang ein Sturm des Beifalls, wie ich ihn selten erlebt habe, zu uns herauf.

Der 24. Mai war mein Hochzeitstag. Am frühen Nachmittag half mir meine Mutter beim Anlegen von Brautkranz und Schleier. Dann begaben wir uns in das Chinesische Kabinett. Ein großes Aufgebot unserer Haustruppen hatte im Schloß als Spalier und Posten Aufstellung genommen: die Leibkompanie des 1. Garde-Regiments, die Schloßgarde-Kompanie in ihren historischen friderizianischen Uniformen, Gardes du Corps im Galarock und Leibgendarmerie. Um 16 Uhr trugen Beamte des königlichen Hausschatzes die preußische Prinzessinnenkrone herbei. Sie wurden von Gardes du Corps mit gezogenem Pallasch begleitet. Die Oberhofmeisterin Gräfin Brockdorff nahm die Krone in Empfang und überreichte sie meiner Mutter, die sie mir aufsetzte. Wir begaben uns in das Kurfürstenzimmer, wo uns mein Vater empfing. Hier vollzog Graf Eulenburg, der Minister des königlichen Hauses, die Ehepakten und die standesamtliche Eheschließung. Als wir unsere Unterschrift leisteten, erschien surrend über dem Schloß das Luftschiff »Hansa«. Wir eilten an die Fenster und erblickten das mit bunten Wimpeln geschmückte Luftschiff, von dem zur Gratulation ein Blumenstrauß heruntergeworfen wurde.

Nach der Ziviltrauung ordnete sich der Hochzeitszug, der sich durch den Ritter- und Kapitelsaal, die Bildergalerie und den Weißen Saal nach der Schloßkapelle bewegte. Voran das Pagenkorps. Ihm folgten zwei Herolde in brandenburgischer und preußischer Wappentracht. Sodann der Oberstmarschall Fürst zu Fürstenberg mit seinem großen Oberstmarschallstabe, gefolgt von den königlichen Kammerjunkern und Kammerherren, sowie Herrn v. Winterfeld und Graf Rantzau, die mir als Ehrendienst beigegeben waren. Hinter ihnen Ernst August und ich. Schleppenträgerinnen waren Elisabeth v. Saldern, Gräfin Ina Marie Bassewitz, Agnes v. Oldenburg und Irma v. d. Marwitz. Neben der Schleppe ging die stellvertretende Oberhofmeisterin Baronin v. Meltzing, hinter Ernst August als Ehrendienst der Kommandeur der Garde-Kavallerie-Division Generalleutnant Frhr. v. Richthofen und Frhr. v. Lichtenstern.

Die weitere Folge des Hochzeitszuges präsentierte sich in diesen, von einem Zuschauer aufgezeichneten Bildern: »Zunächst kamen nun die Eltern des Brautpaares. Der Kaiser, in der Uniform des 1. Garderegiments, mit der Herzogin von Cumberland, die eine fliederfarbene Robe trug, die Generaladjutanten, Generale und Admirale à la suite, die Flügeladjutanten und der Geheime Kabinettsrat folgten; die Hofstaaten und der Ehrendienst der Herzogin schritten hinter dieser; ihre Schleppe wurde von zwei Leibpagen getragen. Darauf nahte die Kaiserin in einem lichtgrünen Gewande, geführt von dem Herzog von Cumberland, der über seiner österreichischen Uniform das Band des Schwarzen Adlerordens trug. Neben der Schleppe der Monarchin gingen rechts Oberhofmeisterin Gräfin Brockdorff, die Hofstaatsdamen Gräfin Keller und Fräulein v. Gersdorff, links Oberhofmeister v. Mirbach. Die Schleppe der Kaiserin trugen Hofdame Gräfin zu Rantzau, Ehrendame Gräfin Eulenburg, Gräfin Paula Lehndorff und Fräulein v. Falkenhayn. Vor der Kaiserin gingen ihre Kammerherren, Frhr. v. Spitzemberg und v. Redern. Hofstaaten und Ehrendienst des Herzogs folgten diesen.

Der Kaiser von Rußland in der Uniform seines Husaren-Regiments führte sodann die Königin von England. Der König von England, in der Uniform seines Kürassier-Regiments, führte die Kronprinzessin. Vor dem Zaren und der Kronprinzessin gingen die beiden ältesten Söhne des Kronprinzenpaares in weißen Matrosenanzügen. Der Kronprinz führte zur Rechten die Großherzogin Luise von Baden, zur Linken die Großherzogin von Baden, der Großherzog von Baden zur Rechten die Großherzogin von Hessen, zur Linken die Großherzogin von Mecklenburg-Schwerin. Es folgte Prinzessin Max von Baden, rechts der Großherzog von Hessen, links der Großherzog von Mecklenburg-Schwerin. Prinz und Prinzessin Heinrich von Preußen schritten sodann heran, von ihrem Hofstaat begleitet. Es folgte Prinzessin Olga, Herzogin zu Braunschweig und Lüneburg, rechts Prinz Eitel Friedrich, links Prinz Adalbert; dann Prinzessin Eitel Friedrich, rechts Prinz August Wilhelm, links Prinz Oskar. Prinz Joachim führte die Prinzessin August Wilhelm rechts und die Prinzessin Friedrich Leopold links. Die Erbprinzessin von Sachsen-Meiningen kam sodann, rechts Prinz Max von Baden, links Prinz Friedrich Leopold. Prinz Waldemar von Dänemark führte die Prinzessin Friedrich Karl von Hessen rechts, die Prinzessin Friedrich Wilhelm von Preußen links. Die Herzogin Johann Albrecht zu Mecklenburg schloß sich an, rechts der Herzog zu Schleswig-Holstein, links Prinz Aage von Dänemark. Ihnen folgte die Herzogin zu Schleswig-Holstein, rechts Prinz Axel von Dänemark, links Prinz Heinrich von Bayern; darauf Prinzessin Adelheid zu Holstein-Glücksburg, rechts Herzog Johann Albrecht, Regent von Braunschweig, links Prinz Waldemar von Preußen. Nun Prinzessin Caroline Mathilde zu Holstein-Glücksburg, rechts Prinz Sigismund von Preußen, links Prinz Friedrich Sigismund; ferner Prinzessin Auguste Viktoria von Hohenzollern, rechts Prinz Friedrich Karl, links Prinz Friedrich Leopold d. J.; endlich der Fürst von Hohenzollern, Prinz Friedrich Wilhelm und Prinz Friedrich Carl von Hessen und Prinz Albert zu Schleswig-Holstein, der Erbprinz von Sachsen-Meiningen und der Erbprinz von Hohenzollern.

Die Schleppen der Prinzessinnen wurden von zwei Pagen getragen. Die Trompeter der Gardes du Corps bliesen im Weißen Saal Fanfaren. Der Zug, wie er sich langsam und feierlich durch die Prunkräume des alten Schlosses bewegte, war durch die große Zahl der gekrönten Häupter in ihm und mit dem glückstrahlenden, nach allen Seiten freundlich grüßenden Brautpaar an seiner Spitze wohl der eindrucksvollste Akt in der ganzen Kette der Feierlichkeiten.«

Gegen 17 Uhr betraten wir die Schloßkapelle. Orgelmusik klang uns entgegen. In der Kapelle hatten sich die zur Trauung geladenen Gäste eingefunden; Fürstlichkeiten, die Mitglieder des Diplomatischen Corps mit ihren Damen, der Reichskanzler, die Minister und Staatssekretäre, die Generalfeldmarschälle, die Herren des Bundesrates und hohe staatliche Würdenträger. Durch die Kuppelfenster fiel das Sonnenlicht herein. Wir schritten zum Altar. Meine Mutter und meine Schwägerin Cecilie hatten ihn geschmückt, mit Rosen, Nelken und Myrten. Pastor Dryander hielt die Traurede; ernste, würdige Worte. Er sagte u. a.: »Noch wissen Sie, gnädigste Prinzessin, wenig von dem Ernst des Lebens. Wie von Liebe getragen, von Licht umleuchtet war Ihr Leben. Aber Sie wissen doch, daß Ihr Haus nicht das Privileg hat, vom Kreuze verschont zu bleiben. Wenn aber Ihnen, gnädigster Prinz, manche ernsten Erfahrungen nicht erspart geblieben sind, so haben Sie in ihnen doch auch die andere gemacht, daß ihre höchste Bewährung die Liebe nicht in den Tagen findet, wo man jubelt und lacht, sondern wo man trägt, hingibt, opfert.«

Nach der Rede folgte die Trauungszeremonie. Ernst August sprach ein lautes und vernehmliches »Ja«; das meine soll auch so geklungen haben. Als wir uns vor dem Altar die Hände reichten, machte Ernst August eine recht energische Handbewegung: er wollte den Daumen oben haben. Eine alte Volksregel sagt, daß der Mann, der bei der Trauung nicht den Daumen oben hat, in der Ehe nichts zu sagen haben wird. Während Pastor Dryander leicht aufschreckte, lächelten Ernst August und ich uns zu. Ich hatte mir gedacht, daß das kommen würde. — Sehr niedlich anzusehen war, wie der älteste Sohn meines Bruders Wilhelm auf einen Wink meiner Mutter hin Ernst August die Bibel abnahm. Der Königin von England ging die Trauung so nahe, daß sie schluchzend in Tränen ausbrach. Später hat man gesagt, sie habe das im kommenden Jahr über uns alle hereinbrechende Unglück des Krieges vorausgesehen. Davon kann selbstverständlich keine Rede sein. Die Königin hing sehr an der welfischen Familie, und da war es schon begreiflich, daß ihr diese Eheschließung naheging. Als wir das Jawort sprachen und die Ringe wechselten, schoß im Lustgarten die Leibbatterie des 1. Garde-Feldartillerie-Regiments Salut, dreimal zwölf Schuß.

Nach der Trauung verließ der Hochzeitszug unter dem Geläut der Glocken in gleich feierlicher Weise wie zuvor die Kapelle. Im Weißen Saal nahmen wir die Gratulations-Defiliercour ab. Mein Mann und ich standen unter dem Thronhimmel, rechts von uns mein Vater, meine

Schwiegermutter, Königin Mary und der Zar, zur Linken meine Mutter, mein Schwiegervater, Kronprinzessin Cecilie und König Georg. In langer Folge schritten, während der Hochzeitsmarsch aus dem »Sommernachtstraum« erklang, die Gäste an uns vorbei.

Um 19 Uhr begann die Zeremonientafel. 1100 Gäste waren geladen. Bei unserem Einzug spielte das Musikkorps der Königin-Augusta-Garde-Grenadiere den Hohenfriedberger Marsch. Wieder rollte das große höfische Zeremoniell ab. In einem Bericht über die Festlichkeiten liest sich das wie folgt: »Nachdem die Herrschaften ihre Plätze eingenommen hatten, traten die Generalleutnants Freiherr v. Süßkind, Inspekteur der Landwehr-Inspektion Berlin, und v. Falk, Inspekteur der Kriegsschulen, an die beiden Enden der Tafel und legten die Speisen vor. Sie gaben sie an die Kammerlakaien, diese an die Pagen, diese an die fungierenden Obersten Hofchargen, Kavaliere und Adjutanten. Dem Kaiser reichte der Oberst-Truchseß Fürst von Radolin die Suppe, der Oberst-Schenk Herzog von Trachenberg den Wein; denselben Dienst versahen bei der Kaiserin Oberhofmeister Freiherr v. Mirbach, bei der Braut Kammerherr v. Winterfeld, bei dem Bräutigam Generalleutnant Freiherr v. Richthofen.«

Während der Tafel brachte mein Vater das Wohl auf meinen Mann und mich aus. Sein Trinkspruch lautete:

»Meine liebe Tochter! Am heutigen Tage, an dem Du unser Haus verläßt, danke ich Dir von ganzem Herzen für die Freude, die Du mir und Deiner Mutter immer bereitest hast, für die lange Zeit strahlenden Sonnenlichtes, das Du meinem Hause gewesen bist. Du hast Deine Hand und Dein Herz einem Manne aus einem edlen deutschen Fürstenhaus, aus einem alten deutschen Geschlecht gereicht. Solange die deutsche Zunge erklingen wird und so weit sie erklingen wird, wird sie erzählen von Welfen und Hohenzollern, die so markante Rollen in der geschichtlichen Entwicklung des deutschen Vaterlandes gespielt haben. Es ist Dir wie wenigen beschieden gewesen, der Neigung Deines Herzens frei folgen zu können und den Mann zu erhalten, den Du erwählt hattest.

Mein lieber Sohn! Ich vertraue Dir hiermit unser Kind an. Wir haben beide zu Dir das vollste Vertrauen, daß Du sie hegen und pflegen wirst und daß dieser Sonnenschein nun in Dein Haus einziehen wird. Mögest Du nach den bewährten Vorbildern Deiner Ahnen Deinen Hausstand führen in echter, alter, einfacher, deutscher Art und auf Gott den Herrn bauen und, wie es in Eurem Wahlspruch heißt, alles aus seiner Hand empfangen, das Gute und das Böse, bereit, Schweres zu tragen und die schönen Tage des Glückes und der Freude dankbaren Herzens anzunehmen.

Vor allen Dingen aber, trotz Eurer Jugend, wird es wohl bald Euch beschieden sein, anderen zu dienen und für andere zu sorgen. Möge diese Aufgabe, die schönste, Euer ganzes Leben erfüllen, und möge die Liebe zu anderen Menschen Eure Herzen erwärmen. Möget Ihr beide und Du vor allem, meine liebe Tochter, ein treues Kind im neuen Hause sein.«

An den Herzog und die Herzogin von Cumberland gewandt sagte mein Vater: »Ich bitte Euch beide von ganzem Herzen, unser Kind gnädigst in Euren Schutz nehmen zu wollen und in Eure Liebe einzuschließen.«

Der Zeremonientafel schloß sich im Weißen Saal der traditionelle Fackeltanz an, eine Art Polonaise, bei der in früheren Zeiten die oberen Hofchargen schwere, große Kerzen dem Zug der Tänzer vorantrugen. Das war für die älteren Herren kein leichtes Amt. Zu meiner Zeit hatten bereits Pagen diesen Dienst zu versehen, die damit auch besser fertig wurden. Mein Vater gab dem Oberst-Marschall den Befehl zum Beginn des Fackeltanzes. Fürst zu Fürstenberg schritt auf meinen Mann und mich zu und lud uns mit einer Verbeugung ein, den Tanz zu beginnen. Die Musik der Gardekürassiere intonierte eine Polonaise, der Oberst-Marschall setzte sich an die Spitze des Zuges der Tänzer und Tänzerinnen, hinter ihm paarweise zwölf Pagen, dann schlossen Ernst August und ich uns an. »So machte der Zug einen Umgang im Saal«, hieß es in der Beschreibung eines Zuschauers, »während alles im Kreise sich tief verneigte. Auf den Gesichtern des neuvermählten Paares und auf dem Antlitz des Kaisers und der Kaiserin lag Freude und Glück. Es war ein Anblick von Licht und Glanz, voll Würde und Anmut. Wie dieser eigenartige Zug im langsamen Tempo den Saal umschritt, der Oberst-Marschall mit dem hohen Marschallstab, die zwölf jungen, schönen, großen Menschen in ihren roten Pagenröcken mit Spitzenjabot und Degen, die hellflammenden Fackeln, das Brautpaar, der Bräutigam die Braut bei der Hand führend, dann die vier Ehrendamen in Rosa, die Schleppe tragend, so zogen sie an der dichtgescharten Hochzeitsgesellschaft vorüber. Nunmehr näherte sich die Braut dem Kaiser und forderte ihn und den Herzog von Cumberland durch eine Verbeugung zum Tanze auf. Gleichzeitig näherte sich der Bräutigam der Kaiserin und der Herzogin von Cumberland in gleicher Absicht, und es erfolgte ein neuer Rundgang. Sodann forderte die Braut den Zaren und den König von England und der Bräutigam die Königin von England sowie die Kronprinzessin zum Tanz. Weitere Umgänge erfolgten, bei denen immer mit der Braut je zwei oder vier fürstliche Herren, mit dem Bräutigam zwei fürstliche Damen den Fackelzug durchführten.«

Einmal gingen vier meiner Brüder mit mir. Der Anblick Oskars, wie er so neben mir einherschritt, bewegte mich tief. Immer stärker und schmerzlicher wurde mir bewußt, daß ich im Begriff war, meine Familie und mein Vaterhaus zu verlassen.

Der Anblick, den die Tanzgruppe bot, bei der ich vom König von England und vom Kaiser von Rußland geführt wurde, hat die Anwesenden besonders fasziniert. Es war ja auch kein alltägliches Bild, das sich da bot: die Herrscher zweier der mächtigsten Staaten der Erde, in ihrer Mitte die Tochter des deutschen Kaisers geleitend, beim Tanz. Am Schluß des Rundganges sagte der Zar zu mir: »Ich wünsche Dir, daß Du auch so glücklich wirst, wie ich es bin.« Ich habe diese Worte nie vergessen; sie waren die letzten, die ich von Zar Nikolaus gehört habe.

Der Fackeltanz war beendet. Am Arm meines Vaters verließ ich den Saal, mein Mann führte meine Mutter. Die Prinzessinnenkrone wurde mir abgenommen und an die Beamten des Hausschatzes zurückgegeben. Meine Mutter nahm mir den Brautkranz ab. Die Abschiedsstunde schlug. Wir zogen uns um und fuhren zur Bahn. Mein Vater und vier meiner Brüder gaben uns das Geleit. Adalbert und Oskar blieben bei unserer Mutter. Sie sollte in diesem Augenblick der Trennung nicht allein sein. Meine Mutter trug schwer daran, daß ich sie nun verließ. Ich hatte ihr einen Abschiedsbrief geschrieben, den sie am späten Abend an ihrem Bett vorfand. Meine Brüder übertrafen sich in der Sorge um die Mutter. Oskar wachte die Nacht über in ihrem Ankleidezimmer, um, wenn nötig, beistehen zu können.

An diesem Tage beendete meine Mutter das für mich einundzwanzig Jahre früher angelegte Buch. Die letzten Sätze, die sie niederschrieb, lauteten: »Ich will nichts über mich sagen, mir war, als bräche mir das Herz, ich konnte nur flehen, besonders als ich mich in der Nacht an das Bett meines Kindes kniete, Gott schütze das Kind, mein jüngstes. Mache es glücklich, oh Herr!« —

Rührend war der Abschied der Berliner. Ich vermag es nicht genauer zu schildern, als es dieser Zeitungsbericht getan hat: »Als nach Sonnenuntergang auf dem weiten Platz vor dem Stettiner Bahnhof die Lichtreklamen an den Fassaden aufblitzten, die Bogenlampen sich entzündeten und die unzähligen Fensteraugen der Häuser hell wurden, beleuchteten sie ein an dieser Stelle höchst seltenes Bild. Eine Menschenmenge von vielen tausend Köpfen in wogender, brausender Bewegung, dazwischen an der Bahnhofseite, wo sich der Eingang zum Fürstensalon befindet, dunkle Menschenmauern, von blinkenden Schutzmannshelmen eingesäumt und in Ordnung gehalten. Die Berliner waren gekommen, um sozusagen das letztemal Glück zu wünschen und Lebewohl zu sagen. Und immer neue Menschenscharen brachten Autobusse und Straßenbahnen herbei, und bald war jeder Mauervorsprung, jedes Gitter besetzt mit Menschen. So warteten die Massen geduldig und stundenlang . . . Gegen 9 Uhr wandelt sich die Spannung, mit der man dem Scheiden entgegensieht, in feierlichen Ernst. Es kommt nun doch so etwas wie Wehmut über die Menschen, wie jener leise Schmerz, der bei einer Trennung von liebgewordenen Menschen immer mitschwingt . . . Plötzlich vernimmt man laute Hochrufe, ein brausendes Jubeln, das in den Frühlingsabend hineinhallt und immer wiederkehrt, eine elementare Kundgebung, von der man nichts sieht, deren ungeheuren Umfang jedoch die gewaltige Stärke des Schallens ahnen läßt . . . Nur wenige Augenblicke sieht man draußen die Neuvermählten, aber in diesen wenigen Sekunden drängt sich alles zusammen, was ihnen die Berliner an Herzlichkeit mitgeben wünschen auf den neuen Lebensweg.«

Nun kam der Abschied von meinem Vater. Nach einem tiefen Hofknicks küßte ich dem Kaiser die Hand; mein Vater umarmte mich lange und küßte mich herzlich. Herzlich war auch der Abschied zwischen meinem Vater und meinem Mann. Ich umarmte meine Brüder. Eitel Fritz bestreute mich mit Reis, es sollte Glück bringen. Mein Mann und ich bestiegen den Zug. Der Kaiser trat an den Wagen heran, die Brüder blieben hinter ihm zurück. Noch einmal durfte ich die Hand meines Vaters küssen. Dann gab er selbst das Zeichen zur Abfahrt. Langsam fuhr der Zug an. Der Kaiser sah uns nach und verharrte winkend, bis wir seinem Blick entschwanden. —

5. KAPITEL

NACH BRAUNSCHWEIG

Wir waren noch nicht lange gefahren, da wurde angeklopft und eine dampfende Schüssel Linsensuppe mit Würstchen hereingetragen. Hofmarschall Admiral Graf Platen hatte die Weisung hierzu gegeben. Er wußte, es war ein Lieblingsgericht von mir; er hatte auch mit Recht vermutet, daß wir bei der Aufregung des Tages kaum etwas gegessen hatten.

Die ersten Tage unserer Flitterwochen verlebten wir auf »Hubertusstock«, einem kleinen, spartanisch eingerichteten Jagdschloß im Schweizer Stil. Friedrich Wilhelm IV. hatte es 1849 bauen lassen. Hier in der Schorfheide, am Werbellinsee, dessen Ränder mit schlanken Buchen und dunklen Kiefern bestanden waren, inmitten unendlicher Wälder, fanden Ernst August und ich das Alleinsein, nach dem wir uns gesehnt hatten. Nur wenige Tage waren es, die wir auf diesem Herzstück brandenburgischer Erde verweilten. Über München und Gmunden führte uns die Hochzeitsreise nach »Hubertihaus«, dem inmitten des herrlichen Salzkammergutes gelegenen Jagdschloß meines Schwiegervaters.

Wir hatten verabredet, daß wir auf der Fahrt nach Süden die Reise kurz unterbrechen und meine Mutter im Neuen Palais besuchen wollten. Für den Besuch hatten wir dann jedoch nur eine halbe Stunde zur Verfügung. Es war an diesem Tage ungewöhnlich heiß, was den Reifen unseres Automobils nicht gut bekam. Ein Reifen nach dem anderen versagte den Dienst. Auf der Fahrt von Potsdam nach Berlin, bei der uns meine Mutter und mein Bruder Oskar begleiteten, platzten wieder zwei Reifen. Nur mit knapper Not und Verspätung erreichten wir den Zug, der auf Bitten des Hofmarschallamtes auf uns gewartet hatte. Als meine Mutter und Oskar nach Potsdam zurückfuhren, setzte sich die Serie der platzenden Reifen fort. Vor Wannsee lag man endgültig fest. Wie es der Zufall wollte, war weit und breit kein anderes Fahrzeug zu sehen. Schließlich erschien, langsam in der Mittagshitze sich vorwärtsmühend, ein Kohlenwagen. Kurz entschlossen bat Oskar um Mitnahme bis Wannsee, von wo aus telefoniert werden konnte. Er half meiner Mutter auf den Fahrerbock und setzte sich selbst nach hinten auf einen Kohlensack. So fuhr die Kaiserin auf einem Kohlenwagen über die Landstraße. »Det habe ick mir nich träumen lassen«, meinte der Kohlenmann, »det ick meine Landesmutter mal uff mein Wagen fahrn würde.«

Von »Hubertihaus« bedankte ich mich bei meinem Vater für all seine Güte, deren ich teilhaftig geworden war. Über unseren Aufenthalt schrieb ich ihm: »Unser Häuschen ist sehr, sehr gemütlich, und der Blick von unserem Balkon auf die Berge ist einzig schön. Wir machen Fahrten in die Berge und Spaziergänge an der Alm entlang. Abends sind die Färbungen wirklich zu schön. Alles ist so frisch und grün. Der Flieder blüht und die Kastanien auch. Zu hübsch, alles noch einmal zu erleben. Wie namenlos glücklich ich mit meinem geliebten Poll bin, brauch ich Dir nicht zu sagen, das weißt Du allein. Er liebt den Wald, die Natur mit all ihren Schönheiten ebenso wie ich, und es ist zu schön, das gemeinsam zu genießen.«

Unseren Wohnsitz nahmen wir zunächst in Rathenow, der Garnison der Zieten-Husaren, deren 4. Eskadron mein Mann erhalten hatte. Von dort sollten wir nach Braunschweig übersiedeln; doch da waren, wie sich herausstellte, noch viele Steine aus dem Weg zu räumen.

Wir bezogen ein nettes kleines Haus. Es lag in der Hauptstraße und gehörte dem Fabrikanten Robert Eggert. Wegen der geringen Zahl der Wohnräume schränkten wir unseren Hofstaat rigoros ein, auf zwei Personen: das Ehepaar Lichtenstern. Frhr. v. Lichtenstern, der persönliche Adjutant meines Mannes, übernahm die Verwaltung und Hofhaltung, seine Gemahlin, eine Tochter des ehemaligen bayerischen Ministerpräsidenten Graf v. Podewils-Dürniz, fungierte als meine Hofdame.

Das brandenburgische Husaren-Regiment v. Zieten Nr. 3 war seit langer Zeit ein Bindeglied hannoverscher und preußischer Tradition gewesen. Friedrich Wilhelm III. hatte es 1823 dem damaligen Herzog von Cumberland und späteren König Ernst August von Hannover verliehen. Nach dessen Tod ernannte Friedrich Wilhelm IV. 1851 König Georg V. von Hannover zum Chef des Regiments. König Georg hat diese Würde trotz der Ereignisse des Jahres 1866 beibehalten. Er wurde von seinen österreichischen Verbündeten gedrängt, sie aufzugeben, doch er entschied sich anders. Einem Berater erklärte er: »Ich will dieses ehrenvolle Band mit der preußischen Armee nicht lösen.« So war der König von Hannover auch nach der Annexion seines Landes durch Preußen Chef eines preußischen Regiments. Nach seinem Tode wurde der Herzog von Connaught mit dem Regiment der roten Husaren beliehen, so daß die Verbindung zum Hause Hannover gewahrt blieb.

Regimentskommandeur war zu unserer Zeit Oberstleutnant v. Baumbach. Zur Eskadron meines Mannes gehörten Oberleutnant v. Keller und die Leutnants v. Baumbach und Graf v. Schwerin. Wie für jeden Schwadronschef tickte auch für meinen Mann tagein tagaus des Dienstes ewig gleichgestellte Uhr. Der Tagesablauf des jungen Rittmeisters in der kleinen Garnisonstadt unterschied sich in nichts von dem seiner Kameraden. Kasernen- und Geländedienst. Mehrere Wochen befand er sich auf dem Truppenübungsplatz Alten-Grabow und zu Manövern in der Neumark.

Zu den Zieten-Husaren gewannen wir schnell ein kameradschaftliches Verhältnis, und die Einwohnerschaft der Stadt nahm uns begeistert auf. Sehr ungewohnt war es für mich, keinen Park oder Garten zu haben. Ich war doch sozusagen in Freiheit dressiert. Die einzige Möglichkeit, die sich uns bot, war, einen an das Hausgrundstück angrenzenden Apfelbaum, der mit einem Zaun umgeben war, hinzuzumieten. Viel Freude hatte ich damit auch nicht. Die Rathenower wollten die Kaisertochter sehen und guckten über den Zaun. Eines Tages saß ich wieder unter dem Apfelbaum und las in einem Buch. Da gab's unversehens einen gewaltigen Krach und großes Gepolter: Das Publikum lag samt Zaun vor unserem Baum. Der Zaun hatte dem drängenden Interesse nicht standgehalten. Der gemietete Apfelbaum war also auch nicht das richtige.

Während wir uns in der Havelstadt aufhielten, traf man in dem knapp 150 km entfernten Braunschweig die Vorbereitungen für einen Regierungswechsel im Herzogtum und die Übernahme der Regierung durch meinen Mann. Bereits unsere Verlobung hatte in Braunschweig eine fast überschwengliche Freude hervorgerufen. »Wie auf ein Stichwort schmückte sich die Stadt und rauschte in einem Flaggenmeer«, schreibt Oberst a. D. Hartwieg in seinem interessanten, 1964 erschienenen Buch »Um Braunschweigs Thron 1912/13«, das auch mir noch wertvolle Aufschlüsse gegeben hat. »In zahlreichen Schaufenstern wurden Bilder des Brautpaares ausgestellt, umgeben von schmückenden Blumenarrangements. In Brünings Saalbau, dem damaligen Spezialitätentheater Braunschweigs, wurde das Brautpaar in großen Lichtbildern gezeigt, wobei das Orchester die Nationalhymne intonierte. Begeistert erhoben sich die Zuschauer und sangen jubelnd mit.« Auch am Tage unserer Hochzeit herrschte in Braunschweig die gleiche Hochstimmung; zur Stunde unserer Trauung läuteten von den Kirchen des Herzogtums die Glocken. Am Sonntag vor und nach dem Hochzeitstag wurden wir in das Kirchengebet eingeschlossen. Die Presse meldete: »In Braunschweig haben fast alle Häuser geflaggt; zahlreiche Schaufenster sind zu Ehren des Tages geschmückt. Die Schulen und viele Geschäfte, darunter sämtliche Banken, haben geschlossen. Die oberen Klassen der höheren Schulen hatten in der Aula einen Festakt.« Alle anderen Schüler hatten schulfrei, nachdem sie am Vortage im Unterricht »auf die Bedeutung des Tages hingewiesen« worden waren.

Der Regent des Herzogtums, Herzog Johann Albrecht zu Mecklenburg, der stets darauf bedacht gewesen war, in der Bevölkerung des Landes die Anhänglichkeit an das angestammte Fürstenhaus zu bewahren und zu fördern, worin er von seinem Staatsminister Geheimrat Adolf Hartwieg aus innerer Überzeugung unterstützt wurde, bereitete sich auf das Ende der Regentschaft vor. Braunschweig stand in Erwartung des Regierungsantritts meines Mannes. Da brach der Streit um die hannoversche Verzichtfrage aufs neue aus. Dieses Mal mit einer Heftigkeit, die alles bisherige übertraf.

Die Welfen in der Provinz Hannover, ihrer Zahl nach nicht bedeutend, dafür um so rühriger, hatten unsere Heirat zum Anlaß reger politischer Aktivität genommen. In Reden und Publikationen forderten sie die Wiedererrichtung des Königreichs Hannover. Das löste verständlicherweise eine gewisse Unruhe in der Provinz Hannover aus. Um ihr entgegenzuwirken, nahm der weithin bekannte hannoversche Stadtdirektor Tramm öffentlich Stellung. Nach der Versöhnung zwischen den Häusern Hohenzollern und Hannover, meinte er begütigend, würde auch im hannoverschen Lande der Zwist begraben werden. Mit der Thronbesteigung des Herzogs Ernst August in Braunschweig würde die welfische Frage für die Provinz Hannover erledigt sein. Der Rede Tramms folgten aufgebrachte Attacken von welfischer Seite. Klipp und klar verkündete man wieder die alte Forderung: Beseitigung des Unrechts von 1866. Und fügte hinzu, daß weder der Herzog von Cumberland noch sein Sohn Ernst August auf Hannover verzichtet hätten und auch gar nicht daran dächten, es für die Zukunft zu tun.

Das war schweres Geschütz. Die Reaktion ließ nicht auf sich warten. Betroffen von der welfischen Aktivität war nicht zuletzt der Reichskanzler. Bethmann Hollweg hatte in Bad Homburg den Wünschen des Hauses Hannover in der Verzichtfrage nachgegeben, in der Erwartung, daß es mit der Aussöhnung der beiden Dynastien um die hannoversche Frage ruhig werden würde. Jetzt trat das Gegenteil ein. Die Propaganda der welfischen Anhängerschaft wurde immer lauter. Der Reichskanzler war nun darauf bedacht, eine Position zu gewinnen, in der er vor den Parteien und dem Reichstag bestehen konnte. In einer halbamtlichen Erklärung in der »Norddeutschen Allgemeinen Zeitung« führte er im Juni 1913 aus, daß Hannover ein Bestandteil des preußischen Staates sei und bleibe. Kein preußischer König, keine preußische Staatsregierung und kein preußisches Parlament würden jemals die Hand dazu reichen, daß daran auch nur ein Tüttelchen geändert werde. Es hieße auch die Gesinnung der beiden Fürstenhäuser verkennen, wolle man ihnen unterstellen, die Verbindung beider Häuser in irgendeiner Form zur Grundlage von Versuchen zu machen, die auf die Wiederherstellung des Königreichs Hannover oder eine Änderung der preußischen Grenzen zugunsten Braunschweigs hinausliefen. Empört zeigte sich der Kanzler darüber, daß man behauptete, ich träte für eine Restauration des Königreichs Hannover ein. Der Eid des Prinzen Ernst August sage genug, erläuterte der Kanzler und äußerte zusammenfassend: »Es gibt keine Hannoversche Frage!«

Es mag zweifelhaft sein, ob das Vorgehen des Kanzlers zweckdienlich war. Die Welfen liefen jedenfalls Sturm gegen Bethmann und Tramm. Wenige Tage nach der Presseerklärung des Kanzlers faßten die welfischen Parteigänger in Verden eine geharnischte Resolution: »Die Hannoversche Frage gibt es und wird es geben. Die Deutsch-Hannoveraner fordern die Wiederherstellung des Königreichs Hannover.« Der Welfenführer, Frhr. v. Schele-Schelenburg, stellte die Resolution allen Mitgliedern des Reichstages zu.

Peinlich war der Streit vor allem für den alten Herzog in Gmunden. Ihn brachte das Vorgehen seiner Anhänger in eine recht fatale Situation. Nach schweren inneren Kämpfen hatte er in die Vermählung seines Sohnes mit der Tochter des Königs von Preußen eingewilligt, wissend, daß hierin der Verzicht auf Aktionen zur Wiedererlangung Hannovers liege. Und da waren nun seine braven Gefolgsleute im Hannoverschen, die ihm und seinem Haus über fast ein halbes Jahrhundert nach der Annexion die Treue gehalten hatten. Und sie forderten lauter denn je die Rückkehr seines Hauses. Die begeisterte Huldigung, die ihm die in Verden versammelten Gefolgsleute brachten, veranlaßte ihn zu einem Danktelegramm. Die Welfenführer Alpers und v. Schele fuhren nach Gmunden. Nach ihren Besprechungen verkündete Alpers auf der Langensalza-Feier in Hannover: »Das Königshaus der Welfen steht zu seinem hannoverschen Volk so treu und fest, wie es jemals stand. Prinz Ernst August hat nie verzichtet!« Schele rückte in der Presse die Feststellung ins Rampenlicht: »In dem Brief des Prinzen Ernst August an den Reichskanzler ist ein staatsrechtlicher Verzicht auf die hannoverschen und welfischen Rechte des Fürstenhauses nicht enthalten.«

Das wiederum brachte die preußischen Parteigänger zum Überschäumen. Wenn es mit Bezug auf die Dankantwort des alten Herzogs in der Presse hieß, man stehe vor der merkwürdigen Tatsache, daß eine in ihren Zielen unverkennbar staatsfeindliche Bewegung von einem Fürsten, der soeben zum deutschen Staatsoberhaupt in nahe verwandtschaftliche Beziehung getreten sei, ermutigt würde, dann waren das noch milde Formulierungen im Vergleich zu anderen. Die »Rheinisch-westfälische Zeitung« etwa forderte, der Bundesrat solle dem Prinzen Ernst August die braunschweigische Thronfolge verweigern. Vater und Sohn, so behauptete die Zeitung, hielten ihre Ansprüche auf Hannover aufrecht. Der Herzog von Cumberland unterhielte sogar in Preußen eine eigene politische Partei zur Bekämpfung Preußens. Beide hätten ihr Recht auf Braunschweig längst verwirkt. Und wenn in der preußischen Regierung überhaupt noch ein Mann säße, der preußisch denke, dann müsse Braunschweig mit Preußen verschmolzen werden.

Die alte hannoversche Wunde, von der wir gehofft hatten, daß sie langsam heilen würde, war schonungslos wieder aufgerissen worden. Den alten Herzog brachte die Hartnäckigkeit politischer Anhänger in eine moralische Zwangslage, und mein Mann mußte erleben, wie man an seinem feierlichen Eid zu deuteln begann. Man müsse das Haus Hannover von den Welfen befreien, schrieben die Nationalliberalen. Der Reichskanzler auf der anderen Seite geriet unter schweren Beschuß von den Rechtsparteien und ihrer Presse. Auf Veranlassung Bethmanns wurde der für Mitte August vorgesehene Besuch meines Vaters in Gmunden abgesagt. Die Krise war da!

Mein Vater hatte die in der Hannoverschen Frage liegenden Imponderabilien von Anfang an gesehen. Seinen staatspolitischen und weltanschaulichen Grundsätzen, seiner dynastischen Denkweise entsprechend, hatte er für die Treue der welfischen Anhängerschaft zu ihrem alten Königshaus durchaus Verständnis. Wie die Geschichte ausweist, hat er sich bemüht, mit psychologischen Mitteln auf einen Ausgleich in Hannover hinzuwirken. Genauso wollte mein Vater auch das Problem der Thronfolge in Braunschweig behandelt wissen. Er war sich bewußt, daß der Versuch, auf letzten staatsrechtlichen Entscheidungen zu bestehen, das Vorhaben zum Scheitern verurteilen würde.

Jetzt, angesichts der wütenden Pressekampagne, suchte er meinen Mann in Alten-Grabow auf, wo dieser sich im Manöver aufhielt, und erörterte mit ihm die neue Lage. Mein Vater schlug vor, erst einmal etwas Ruhe eintreten zu lassen, also zuzuwarten, vielleicht bis zum kommenden Jahr. Mein Mann kam darauf zu mir nach Rathenow, wo wir beratschlagten. Über das Ergebnis schrieb mein Mann am 14. August dem Kaiser u. a.: »Bei dem heutigen Stand der braunschweigischen Frage wird jede Verzögerung ihrer endgültigen Erledigung, soweit dies nicht politisch bedingt ist, nur ungünstig wirken. Ein Hinausschieben kann nur den Gegnern willkommen sein und Gelegenheit zu neuen Schwierigkeiten von nicht vorauszusehenden Folgen bieten.« Wir waren also der Überzeugung, die Entscheidung müsse schnell erfolgen, wollten aber hierauf verzichten, falls meinem Vater daraus politische Schwierigkeiten erwachsen würden.

Der Kaiser nahm seine Bemühungen, eine Lösung unter psychologischen Aspekten herbeizuführen, wieder auf. Trotz der anhaltenden lärmenden Diskussion in der Öffentlichkeit wurde weiter verhandelt. Beteiligt waren insbesondere Bethmann Hollweg, Staatssekretär Delbrück von seiten des Reiches, Geheimrat v. d. Wense und Kammerherr v. Schele für Gmunden, Staatsminister Hartwieg und der Geheime Legationsrat Boden für Braunschweig. Es war ein ewiges Hin- und Herfahren zwischen Berlin, Braunschweig und Gmunden. Unglücklich war die Lage der braunschweigischen Regierung; sie war zwischen die Mühlsteine geraten. Um so erstaunlicher, daß sie mit großem Geschick die Initiative nie ganz aus der Hand gab.

Die Krise steuerte gleichwohl neuen Höhepunkten zu. Der Herzog von Cumberland sandte die Urkunde, die mein Mann in seinem sogenannten Verzichtbrief angekündigt hatte. Doch diese Verzichturkunde des alten Herzogs wurde auf preußischer Seite als gänzlich ungenügend empfunden, und die Reichsregierung erhob gegen Wortlaut und Fassung schwerste Bedenken. Bemängelt wurde, daß der Herzog nur einen bedingten Verzicht auf Braunschweig ausgesprochen hatte. Die Befürchtung der braunschweigischen Regierung, daß es neue Differenzen geben würde, falls die Formulierung des Verzichts dem Gmunder Hof allein überlassen würde, hatte sich bewahrheitet.

Zu allem Überfluß trat auch noch mein Bruder Wilhelm auf den Plan. Er wurde beim Reichskanzler vorstellig, wobei er die Ansicht vertrat, daß die braunschweigische Thronfolge keine dynastische sondern eine staatsrechtliche Frage sei, die nur durch einen juristisch einwandfreien Verzicht auf Hannover geregelt werden könne. Um das Maß vollzumachen, gelangte die Kontroverse durch Bethmann in die Öffentlichkeit. Paul Herre kommt in seiner Biographie des Kronprinzen in diesem Punkt zu einer Kritik an meinem Bruder Wilhelm. Der Kaiser und

Bethmann, urteilt Professor Herre, hätten dagegen weitschauend und psychologisch richtig gehandelt.

In der Öffentlichkeit ließen die lärmenden Auseinandersetzungen nicht nach. Um ein Beispiel zu nennen: Da bezeichnete eine westdeutsche Zeitung diejenigen, die mäßigende Argumente vortrugen, als »Hanswurste«, und schrieb: »Man darf wohl fragen, ob die Bundesräte etwa chinesische Wackelköpfe sind, die 1907 noch auf Befehl des Kaisers ›Nein!‹ wackelten und 1913 auf Befehl desselben Kaisers ›Ja!‹ wackeln werden.« Unter dem Eindruck solcher Polemik waren unsere Nerven verständlicherweise nicht wenig angespannt. Geheimrat Boden, der Braunschweig als Gesandter in Berlin vertrat, berichtete an Staatsminister Hartwieg, am 4. Oktober habe der Reichskanzler beim Kaiser Vortrag gehalten. »S. M. sei sehr erregt gewesen über die eingetretene Situation, die sich auch auf die kaiserliche Familie ausgewirkt habe. Die Prinzessin wäre über die Lage völlig konsterniert.« Die Schilderung trifft zu.

Mein Mann war zu dieser Zeit in Gmunden, wo die entscheidenden Beratungen mit den maßgebenden Beamten meines Schwiegervaters stattfanden. Es ging dabei nicht nur um die Verzichturkunde des alten Herzogs, sondern auch um eine ausdrückliche Verzichterklärung meines Mannes auf Hannover, die er beim Regierungsantritt in den sogenannten Reversalen abgeben sollte. Am 4. Oktober schrieb mir mein Mann unter anderem:

»Meiner Ansicht nach ist das unwürdig, von einem deutschen Fürsten so viel zu verlangen, noch dazu so getreten und behandelt zu werden vor der Öffentlichkeit, wie ein unartiges Schulkind. So viel darf sich ein Fürst nicht vergeben ... Da muß man sich ja genieren, die Regierung überhaupt anzutreten. Wenn man von einem deutschen Fürsten erst so viele Eide und Ehrenworte verlangt, daß er sein Vaterland auch wirklich nicht zertrümmern und zu Grunde richten will, bevor er zur Regierung kommt, dann pfeife ich auf den Fürsten, der da zur Regierung kommen will. Entweder man ist ein Fürst oder man ist keiner. Mehr tue ich nicht, ich will mich nicht vergeben. Ich bin lieber ein Fürst ohne Land als ein Fürst, der seine fürstliche Ehre vor der Öffentlichkeit so preisgegeben hat, durch ewiges Beteuern seiner Ehrlichkeit und Treue gegen sein Vaterland.«

Mein Mann fuhr fort: »Wense wird morgen den Reichskanzler in München treffen und mit ihm verhandeln. Was dabei herauskommt, ist mir schon ganz Wurst. Wenn der Reichskanzler so eine Angst hat vor dem Reichstag, daß er angegriffen wird und sich dann damit verteidigen will, durch meine Erklärungen und Beteuerungen, dann ist das der Moment, wo der Fürst seine Existenzberechtigung verloren hat. Er wird nur noch geduldet. Auf dem Posten bin ich nicht zu haben.« Mein Mann schloß mit der unzweideutigen Ankündigung für den Fall, daß man weiter wie bisher agieren sollte: »Dann steht ein Extrazug für Dich bereit, zu mir zu kommen.«

Am folgenden Tag schrieb mir mein Mann, daß er nicht daran denke, spezielle Beteuerungen für Hannover, wie das von ihm gefordert werde, abzugeben. Er fuhr fort: »Bin neugierig, was Wense in München beim Reichskanzler ausrichtet. Es war jedenfalls so, daß ich und Wense gleichzeitig sagten, nein, das tun wir nicht. Mag es gehen, wie es geht. Ich bin mir meiner Handlung wohl bewußt und werde die Folgen tragen.«

Die Verhandlungen in München erbrachten eine Verständigung. Von der Wense erklärte die Bereitschaft des alten Herzogs, bedingungslos auf Braunschweig zu verzichten. Mein Mann akzeptierte die vom braunschweigischen Ministerium vorgeschlagene Fassung der Reversalen, und der Reichskanzler gab sich damit zufrieden, daß auf Hannover nicht ausdrücklich verzichtet wurde. Die Erklärung meines Schwiegervaters lautete:

»Wir, Ernst August, von Gottes Gnaden Herzog zu Braunschweig und Lüneburg, Königlicher Prinz von Großbritannien und Irland, Herzog von Cumberland usw. tuen hiermit kund und zu wissen:

Nach dem am 18. Oktober 1884 erfolgten Ableben Unseres hochgeehrten Oheims und Vetters, des Durchlauchtigsten Herzogs und Herrn, Wilhelm, Herzog zu Braunschweig und Lüneburg, Hoheit und Liebden, ist Uns als nächstem Thronfolgeberechtigten das Recht auf den Thron des Herzogtums Braunschweig kraft des in Unserem Fürstlichen Gesamthause Braunschweig-Lüneburg bestehenden Rechts überkommen. Die Regierung im Herzogtum Braunschweig konnte von Uns nicht ausgeübt werden, da vom Bundesrate Unsere Behinderung zur Ausübung der Regierung ausgesprochen wurde.

In der Voraussicht, daß der Bundesrat gegen den Regierungsantritt Unseres vielgeliebten Sohnes Ernst August, Herzog zu Braunschweig und Lüneburg, Königlichen Prinzen von Großbritannien und Irland, Hoheit und Liebden, von Reichs wegen kein Bedenken mehr erheben wird, verzichten Wir hier feierlich auf die uns überkommenen Rechte auf den Braunschweigischen Thron und übertragen diese in ihrem vollen

Umfange auf Unseren vielgeliebten Sohn Ernst August, Herzog zu Braunschweig und Lüneburg, Königl. Prinzen von Großbritannien und Irland, Königl. Hoheit und Liebden.«

Die in München gefundene Regelung entsprach der von meinem Vater angestrebten psychologischen Lösung. Die »Frankfurter Zeitung« gehörte zu den wenigen, die wirkliches Verständnis zeigten. Sie schrieb in bezug auf den nicht erfolgten staatsrechtlichen Verzicht auf Hannover, »daß man von einem solchen gerade mit Rücksicht auf den alten Herzog abgesehen habe, dem man eine offene Preisgabe seiner alten politischen Freunde nicht zumuten will.« Dieselbe Zeitung hatte auch schon früher den rücksichtsvollen Charakter des Verzichtsbriefes meines Mannes hervorgehoben, der eine »nicht mißzuverstehende Absage an die Agitation der Welfen« sei. Der Prinz habe, hieß es da weiter, tatsächlich nie etwas getan, um seine theoretischen Ansprüche geltend zu machen. Seine Loyalität gegenüber Preußen sei über jeden Zweifel erhaben.

Presse und Parteien griffen die erzielte Verständigung auf das heftigste an. Eine Zeitung veranstaltete eine Rundfrage unter den preußischen Landtagsabgeordneten der verschiedenen Parteien. Ihre Ablehnung war beinahe einhellig. In ihren oft weitschweifigen Antworten las man, wie Wilhelm Hartwieg mitteilt, u. a. folgende Meinungen: ein Verrat an Preußens Sache — der Kanzler hat die ganze Nation gegen sich — eine schwere Gefährdung des inneren Friedens in Sicht — nach Elsaß-Lothringen wird die Welfenfrage verpfuscht — der Cumberländer muß verzichten — der Fahneneid genügt nicht — usw. usw. Ein einziger meinte: Die Wogen werden sich glätten.

Das braunschweigische Ministerium beeilte sich, die Verständigung zwischen dem Reichskanzler und Gmunden zu nutzen. Schon am 11. Oktober trat es an den Reichskanzler heran, im Bundesrat die für eine Beseitigung der einer Thronbesteigung meines Mannes entgegenstehenden Hindernisse notwendigen Schritte zu unternehmen. Am 16. Oktober ließ Bethmann dem Bundesrat den preußischen Antrag zur braunschweigischen Frage zugehen. Er lautete:

»Der Bundesrat wolle beschließen:

1. Die Überzeugung der Verbündeten Regierungen dahin auszusprechen, daß die Regierung Seiner Königlichen Hoheit des Prinzen Ernst August, Herzogs zu Braunschweig und Lüneburg, in Braunschweig in Hinblick auf die inzwischen eingetretene Veränderung der Sach- und Rechtslage mit den Grundprinzipien der Bündnisverträge und der Reichsverfassung vereinbar sein würde;

2. Die Braunschweigische Landesregierung hiervon zu verständigen.«

Nach eingehenden Beratungen stimmte der Bundesrat am 27. Oktober geschlossen dem Antrag Preußens zu. Am folgenden Tag suchten uns die braunschweigischen Minister Hartwieg, Radkau und Wolff in Rathenow auf. Die Reversalen wurden unterzeichnet. Auch mein Vater, meine Mutter und Königin Sophie von Griechenland waren an diesem Tag bei uns zu Gast. Mein Vater kam noch einmal allein am 2. November. Er war rührend besorgt, uns mit Ratschlägen für die bevorstehende neue Lebensaufgabe zu versehen. Ich höre noch genau, wie er riet, immer das Beste im Menschen zu sehen. Wir nahmen uns vor, danach zu handeln. Im Laufe des Lebens haben wir aber doch ein bißchen umlernen müssen.

Das Staatsministerium in Braunschweig veröffentlichte das Regierungsantrittspatent. Es lautete:

»Nachdem die Hindernisse, welche seit dem Ableben des hochseligen Herzogs Wilhelm der Ausübung der Regierung des Herzogtums seitens des Berechtigten aus dem Fürstlichen Gesamthause Braunschweig-Lüneburg entgegengestanden, durch Gottes gnädige Führung in beglückender Weise beseitigt sind, haben Wir die Uns durch den hochherzigen Verzicht Unseres innigstgeliebten durchlauchtigsten Vaters, des Herzogs Ernst August, Königliche Hoheit, angefallene Regierung des Herzogtums mit dem heutigen Tage angetreten.

Es drängt Uns, zunächst den Gefühlen tiefster Dankbarkeit Ausdruck zu geben gegenüber dem Hochseligen Prinzen Albrecht von Preußen, Königliche Hoheit, und gegenüber Seiner Hoheit dem Herzog Johann Albrecht zu Mecklenburg, als den erlauchten Regenten des Herzogtums, die getreu ihren Zusagen beim Antritt ihrer Regentschaft das Wohl der herzoglichen Lande stetig und kräftig gefördert und Uns die Übernahme und die Erfüllung Unserer hohen und schweren Pflichten in allen Wegen erleichtert haben.

Wir versichern sodann bei Unserem fürstlichen Wort, daß Wir die Landesverfassung in allen ihren Bestimmungen beachten, aufrechterhalten und beschützen wollen.

Als Deutscher Fürst werden Wir stets in unerschütterlicher Treue zum Reiche und seinem erhabenen Oberhaupte stehen und im Verhältnis zu Unseren Hohen Verbündeten allzeit Unsere Verpflichtungen erfüllen, die Uns durch die Reichsverfassung und die ihr zu Grunde liegenden Bündnisverträge auferlegt sind.

Wir geloben, auf diesen Grundlagen in Gerechtigkeit und Fürsorge alle Unsere Kräfte dem Wohle des Landes zu weihen, und bitten Gott um seinen gnädigen Beistand, damit Unsere Regierung dem Herzogtum zum Segen gereiche.

Mit hoher Freude haben Wir aus vielseitigen, bedeutungsvollen Anzeichen entnommen, daß die Herzen der Braunschweiger Uns und der Herzogin, Unserer geliebten Gemahlin, entgegenschlagen. Auch Unsere Herzen empfinden warm für das Braunschweigische Volk. Wir hoffen zuversichtlich, daß aus diesen Gefühlen ein unzerstörbares Band gegenseitiger Liebe und Treue erwachsen wird.

Wir gewärtigen andererseits von allen öffentlichen Beamten und allen Geistlichen und fernerweit von allen Angehörigen des Herzogtums, daß sie Uns als ihrem rechtmäßigen Landesherrn Treue und Gehorsam erweisen und uns nach Kräften in der Erfüllung Unserer Pflichten zur Wohlfahrt der Gesamtheit unterstützen werden.«

Der 3. November war der Tag unseres Einzuges in Braunschweig. Wir fuhren von Rathenow aus mit der Bahn. Die Mitglieder des Staatsministeriums kamen uns bis zur Landesgrenze entgegen. Auf den mit Blumen und blaugelben Landesfahnen geschmückten Bahnhöfen begrüßte uns die Bevölkerung. Gegen Mittag trafen wir in der Stadt Braunschweig ein. In einer sechsspännigen Galaequipage, begleitet von einer Eskadron des braunschweigischen Husaren-Regiments, fuhren wir durch den schönen mittelalterlichen Teil der Stadt zum Schloß: Kalenwall, Am Bruchtore, Bankplatz, Brabantstraße, Altstadtmarkt, Martinikirche, Garküche, Poststraße, Schuhstraße, Burgplatz, Bohlweg, Dankwardstraße, Langer Hof. Vor der Ehrenpforte auf dem Friedrich-Wilhelm-Platz begrüßte uns der Oberbürgermeister, Hugo Retemeyer.

Nach der Ankunft im Schloß die Vorstellung und im Thronsaal Verlesung der Thronrede vor den Ministern und der Landesversammlung. »Nachdem ich den Thron meiner Vorfahren bestiegen habe«, hieß es in der Ansprache meines Mannes, »entbiete ich allen meinen Braunschweigern, mich selbst in jeder Beziehung als Braunschweiger fühlend, meinen landesfürstlichen Gruß und spreche die zuversichtliche Hoffnung aus, daß das Band zwischen Fürst und Volk ein immer festeres und innigeres werden wird.« — Am folgenden Tag fand ein Festgottesdienst statt. Am Grabe Heinrichs des Löwen und Herzog Wilhelms legten wir Kränze nieder. Anschließend unternahmen wir eine Rundfahrt durch die Stadt.

Die Bevölkerung bereitete uns einen enthusiastischen Empfang. Nicht nur die Einwohnerschaft der Stadt war hieran beteiligt. Aus der näheren und weiterer Umgebung waren weit über 100 000 Menschen gekommen. Von Hannover wurden Extrazüge eingesetzt. Die Kulisse der alten Welfenstadt gab der uns entgegenschlagenden Begeisterung einen eigenen Charakter. »Das tausendjährige Braunschweig«, so veranschaulichte es die »Frankfurter Zeitung«, »ist der rechte Schauplatz für den festlich heiteren Akt des ernsten, an Verwicklungen reichen Dramas, das wir die Braunschweigische Frage nannten. Aus der altersgrauen Herrlichkeit dieser Stadt spricht die Tradition. In ihren ernsten Kirchen lebt die Frömmigkeit des Mittelalters wie unvergängliche Zeugen einer großen Zeit, da Braunschweig mächtig war unter den deutschen Städten. Wer den Jubel gehört hat, bekam einen Begriff von der Macht der Tradition in den Herzen der Menschen.«

Für meinen Mann und mich lag die Bedeutung des Regierungsantritts nicht zuletzt in den Ereignissen, die ihm vorausgegangen waren, dem Emporflammen widerstreitender patriotischer Leidenschaften, zu deren Aussöhnung wir nach besten Kräften beitragen wollten. Hierin sahen wir beide die uns gestellte Lebensaufgabe. Jetzt, da wir uns anschickten, hiermit zu beginnen, mußten wir erst einmal ein Gefühl der Beklemmung überwinden. All die Menschen, mit denen wir in Berührung kamen, waren uns fremd. Selbst die Mitglieder unseres Hofstaates kannten wir nicht; wir übernahmen ihn vom Herzog-Regenten Johann Albrecht. Auch das Schloß, in das wir so feierlich eingeholt wurden und das nun unser Zuhause war, hatten wir bisher nicht gesehen. Eine nicht eben alltägliche Situation. Das muß man sich vor Augen führen, wenn man den Satz verstehen will, den mein Mann zu mir sprach, leise, so daß nur ich ihn verstehen konnte, als wir das Schloß betraten: »Sissy, es soll mich wundern, wann wir hier wieder heraus müssen.« Ich war auf einen solchen Satz wenig vorbereitet; er erschreckte mich nicht wenig. Ich habe meinen Mann jedoch schon bald verstanden. Er war mit einer guten Portion Realismus ausgestattet, stand über den Dingen. Selbst der ihm entgegenbrausende Jubel ließ ihn die Problematik der Lage nicht übersehen. So habe ich meinen Mann in den langen Jahren unserer Ehe immer aufs neue erlebt und bewundert. —

Mein Mann nahm sogleich die Regierungstätigkeit auf. Er faßte seine Aufgaben mit großem Ernst an. Die Zeit der Einarbeitung war nicht eben leicht. Sehr zustatten kam ihm die ausgezeichnete Verwaltung des Landes, die ganz besonders ein Verdienst des langjährigen Staatsministers Hartwieg war. Kluge Ratgeber fand mein Mann auch in Robert Boden, seinem Innenminister, Finanzminister Radkau, Justizminister Wolff, zu dem ein sehr enges Vertrauensverhältnis entstand, und in Friedrich Boden, dem braunschweigischen Gesandten in Berlin. Das sind nur einige Namen; sie stehen für viele befähigte Regierungs- und Verwaltungsbeamte der alten Schule, die mein Mann im Herzogtum antraf.

Ich fand mich in Braunschweig schon bald zurecht. Die Stadt und das Land wuchsen mir schnell ans Herz. »Wir sind namenlos glücklich hier im schönen, schönen Braunschweig«, schrieb ich voll Begeisterung an meine Großtante Luise von Baden. »Alle Menschen erzeigen uns so viel Liebe, wie man es gar nicht verdient und nur hofft, in späterer Zeit entgelten zu können. Ich kenne jetzt schon diese liebe alte Stadt recht gut. Die alten Straßen und Häuser sind zu hübsch.«

Wenn ich an diese erste Zeit in Braunschweig zurückdenke, dann sehe ich stets vor mir das liebenswürdige Verhalten der Braunschweiger, wie sie aus den Fenstern der Häuser, aus den Geschäften heraus und auf der Straße freundlich grüßten, wenn ich durch die Straßen und Gassen ging, um Einkäufe zu machen oder mir etwas anzusehen. Und immer erscheinen dann vor meinem Auge wieder die Schülerinnen, die mir bei meinen Gängen begegneten, wie sie knicksend und mit strahlenden Kinderaugen an mir vorübergingen, nicht ohne daß dann und wann eine von ihnen sich ein Herz faßte, auf mich zukam und mit einem »Guten Tag, Frau Herzogin« mir die Hand entgegenstreckte. Sie gehören für mich zu meinem Bild vom damaligen Braunschweig wie etwa die Schusterjungen zum alten Berlin oder die Radschläger auf der »Kö« zu Düsseldorf.

Schwierigkeiten gab es zunächst mit dem Schloß, in dem wir nun Wohnung nahmen. Als Bauwerk war das in den Jahren 1831 bis 1838 von dem Schinkelschüler Karl Theodor Ottmer erbaute Schloß mit der gewaltigen Architektur seiner stolzen Hauptfront eine Meisterleistung des ausgehenden Klassizismus. Der Kunsthistoriker Dehio nannte es einen wahrhaft fürstlichen Bau. Unter der Perspektive der Wohnlichkeit war es nicht so großartig qualifiziert. Da wir es zuvor nicht hatten ansehen können, gingen wir zuerst einmal auf die Suche nach unseren Zimmern. Die Gemächer des Schlosses waren prunkvoll, doch schrecklich ungemütlich. Man merkte den räumlichen Anordnungen an, daß hier jahrzehntelang ein Junggeselle gewohnt hatte. Herzog Wilhelm, der von 1830 bis

1884 regiert hatte, war nicht verheiratet gewesen. Als störend empfanden wir, daß die Wohnräume nach Norden gelegen waren. Mit der Zeit haben wir die Räume wohnlicher gestaltet. Als wir schließlich unsere Möbel herangeschafft hatten, war das Wohnen wesentlich gemütlicher geworden.

Im Dezember, an den beiden letzten Tagen des Jahres, besuchte uns meine Mutter. Sie war erstaunt, wie sehr wir uns bereits eingelebt hatten und wie gut ich mich schon auskannte. Auch meiner Mutter gefiel Braunschweig. Die prachtvollen alten Bauten und die Antiquare hatten es ihr angetan. Besondere Freude bereitete ihr natürlich die Harmonie unserer Ehe. »Wie dankbar müssen wir sein«, sagte sie bei ihrer Rückkehr zu meinem Vater, »wenn man dieses Glück sieht.« —

6. KAPITEL

DER GÖTTER NEID

Das Jahr 1913 brachte das 25jährige Regierungsjubiläum meines Vaters. Das deutsche Volk feierte dieses Ereignis als ein nationales Fest. Mein Mann und ich fuhren für drei Tage nach Berlin, um zu gratulieren und an den Feierlichkeiten teilzunehmen. Die begeisterten Huldigungen und der Jubel, die meinem Vater aus allen Teilen des Reiches und allen Schichten des Volkes entgegengebracht wurden, kannten keine Grenzen. Die Reichshauptstadt bot den Anblick eines riesenhaften Volksfestes. »Noch am Tage nach dem Regierungsjubiläum waren die Straßen unpassierbar und voll von Menschen in Feststimmung und von wehenden Fahnen«, berichtete der Engländer J. Daniel Chamier.

Ganz Deutschland hielt Rückblick auf die Regierungszeit seines Kaisers — ein Vierteljahrhundert des Friedens und der kulturellen und wirtschaftlichen Blüte. Unser Volk hatte einen materiellen Aufschwung erlebt, wie er in der Geschichte der Nationen nur selten dagewesen ist. Handel, Industrie und Landwirtschaft waren um ein Vielfaches gestiegen. Allein seit dem Beginn des Jahrhunderts hatte sich der Gesamtwert des deutschen Handels annähernd verdoppelt. Deutschland hatte die Spitze des Welthandels erklommen, nur noch von England, der traditionellen Welthandelsnation, knapp übertroffen.

Wie weite Teile des Auslandes damals die Regierung meines Vaters beurteilten, läßt sich den Worten des Berliner Korrespondenten der »Daily Mail« und der »New York Times«, F. W. Wile, entnehmen. Er schrieb:

»Wilhelm II. feiert sein Silberjubiläum. Fünfundzwanzig Jahre haben das Reich auf den Gipfel nationaler Größe gebracht. Unter seiner regen Führerschaft hat das Vaterland in den friedlichen Künsten des Handels und Gewerbes den ersten Rang erreicht. Es wurde die erste militärische Macht der Welt. Weder eine frühere noch eine moderne Regierung weist eine so imponierende Entwicklung eines Volkes zu Einfluß und Macht auf. Erstaunlich und beredt sind die statistischen Forschungen über das Wachstum der Bevölkerung Deutschlands und die Entfaltung Berlins zu weltstädtischer Pracht, über den riesenhaften Außenhandel des Reiches und die staunenswerte Erstarkung des Nationalvermögens, über die Entwicklung der Handelsmarine und über zahllose Errungenschaften auf den Gebieten der Wissenschaft, Kunst und Industrie — Erfolge, die sich vereinigen, um den Namen ›Deutschland‹ gleichwertig mit Fortschritt und Macht zu machen.«

Wile fuhr fort: »Die ganze Welt, fasziniert durch seine wandlungsfähige und interessante Persönlichkeit, ist daran gewöhnt, dem Kaiser das ausschließliche Verdienst an dem fabelhaften Aufschwung des Vaterlandes zur Weltmacht zuzuschreiben. Als Generaldirektor der Firma Deutschland GmbH. hatte Kaiser Wilhelm eine schwere Rolle zu spielen, und er hat sich seiner Aufgabe mit eminentem Erfolge entledigt.«

Mein Vater war ein Monarch im Umbruch der Zeiten. »Eine andere Welt, eine neue Welt«, hatte Bismarck ausgerufen, als er sich von Ballin den Hamburger Hafen zeigen ließ. Er spürte noch den Hauch des heraufkommenden neuen Zeitalters. Mein Vater war es, der die Auseinandersetzung mit dem Neuen auszutragen hatte. Sehr im Unterschied zu vielen seiner Zeitgenossen wußte er um die Bedeutung des sich anbahnenden Wandels. »Wir leben in einem Übergangszustande«, hatte mein Vater schon 1892 gesagt. Als er 1906 vorausschauend vom »Jahrhundert des Motors« sprach, schüttelten nicht wenige die Köpfe über solche, wie sie wähnten, Phantasterei. »Wir leben im Zeichen des Verkehrs«, erkannte mein Vater. Er hat die Entwicklung richtig vorausgesehen. »Die großen Fragen, die an uns herantreten, werden nicht verstanden«, sagte er. Aber »unsere Zeit verlangt ein Geschlecht, das sie versteht ... Freiheit für das Denken. Freiheit für unsere wissenschaftliche Forschung.«

Wie bahnbrechend der Kaiser gerade auf dem Gebiet der Wissenschaft wirkte, zeigen allein schon zwei Beispiele. Er war es, der die Gleichstellung der Technischen Hochschulen mit den Universitäten durchführte. »Ich wollte die Technischen Hochschulen in den Vordergrund bringen«, sagte er. »Sie haben große Aufgaben zu lösen, nicht bloß technische, sondern auch große soziale Aufgaben.«

Seinem Bestreben, der wissenschaftlichen Forschung eine breite, umfassende Basis zu verschaffen, diente die von ihm 1911 ins Leben gerufene »Kaiser-Wilhelm-Gesellschaft zur Förderung der Wissenschaften«. Neben den Universitäten und Hochschulen sollten von nun an — wie es einst Wilhelm v. Humboldt vorgeschwebt hatte — selbständige Forschungsinstitute als integrierender Teil des wissenschaftlichen Gesamtorganismus arbeiten. Sie sollten nach dem Willen meines Vaters über den Rahmen der Hochschulen hinausgehen und, unbeeinträchtigt durch Unterrichtszwecke, lediglich der Forschung dienen. Mein Vater bemühte sich selbst um die Aufbringung der erforderlichen Mittel. Friedrich Schmidt-Ott und Adolf v. Harnack, der erste Präsident der Gesellschaft, zählten zu den Persönlichkeiten, die das große Werk tatkräftig mit aufbauten. Mein Vater ließ sich vor allem von Harnack auf dem laufenden halten. Sie saßen auch abends in der Bibliothek zusammen und erörterten die anstehenden Probleme. Harnack ging bei uns ein und aus. Zwischen beiden bestand zu jener Zeit ein enges persönliches Verhältnis.

1912 wurden in Gegenwart meines Vaters die beiden ersten Forschungsinstitute eingeweiht, das Kaiser-Wilhelm-Institut für Chemie, an dem später Otto Hahn die umwälzende Entdeckung der Kernspaltung gelang, und das Kaiser-Wilhelm-Institut für physikalische Chemie und Elektrochemie in Dahlem. Es waren die ersten Einrichtungen eines Forschungsunternehmens, das bald zu den hervorragendsten der Welt zählte. »Einen wesentlichen Anteil an dieser erstaunlichen Entwicklung«, schrieb Max Planck, »hatte das persönliche Interesse des Kaisers. Wie zu Anfang, so bekundete er auch in der Folgezeit ohne Unterlaß tatkräftiges Wohlwollen. Niemals sind aus der sachlichen und vertrauensvollen Zusammenarbeit von Staat, Wirtschaft und Wissenschaft wertvollere Früchte hervorgegangen.«

In späteren Jahren, nach dem Ende des Kaiserreiches, versuchte man, der Gesellschaft den Namen ihres Gründers zu nehmen. »Es war eine meiner ersten Amtshandlungen«, schrieb Max Planck, der Nachfolger Harnacks als Präsident der Kaiser-Wilhelm-Gesellschaft, »mich mit allen Kräften gegen die Annahme des von sozialdemokratischer Seite gestellten Antrages auf eine Änderung des Namens der Gesellschaft zur Wehr zu setzen. Ganz abgesehen davon, daß eine dahingehende Beschlußfassung als schmachvoller Undank gegen ihren Schöpfer und als eine sinnlose Verleugnung ihrer Vergangenheit erschienen wäre, hätte ohne Zweifel der Bruch der Tradition einen Massenaustritt von Mitgliedern zur Folge gehabt. Glücklicherweise sollte es nicht so weit kommen.« — Nach dem 2. Weltkrieg ist der Name dann doch aufgegeben worden. Die Kaiser-Wilhelm-Gesellschaft wurde in die Max-Planck-Gesellschaft umgewandelt. Um so dankbarer habe ich es empfunden, daß Bundespräsident Lübke und Otto Hahn bei der Sitzung der Gesellschaft in Bremen des Mannes gedachten, der fünfzig Jahre zuvor zu deren Gründung aufgerufen hatte, in genialer Vorausschau der Entwicklung der naturwissenschaftlichen Forschung und, wie Heinrich Lübke herausstellte, gegen die Widerstände aus Regierung, Politik und Wissenschaft.

Die großen Erfolge und Fortschritte, die sich bis 1913 in der 25jährigen Regierungszeit meines Vaters eingestellt hatten, vermochten sein klares Urteilsvermögen nicht zu trüben. Als 29jähriger hatte er den deutschen Kaiserthron bestiegen. Nun stand er im 55. Lebensjahr, ein Mann mit reicher Erfahrung, gereift nicht zuletzt durch Schicksalsschläge und Enttäuschungen. Er konnte die Zeichen der Zeit lesen. Uns, die wir ihm nahestanden, blieb nicht verborgen, mit welcher Sorge er die politische Entwicklung betrachtete. Aber auch Fremde, wie etwa der anglikanische Bischof Boyd Carpenter, der frühere Hofkaplan der Queen Victoria, bemerkten, wie diese Besorgnis sein ganzes Denken bestimmte. Mein Vater wußte um die Gefahren, die sich für Deutschland aus seinem gewaltigen wirtschaftlichen Aufschwung ergaben. Im Gegensatz zu seinem Kanzler Bethmann argwöhnte er, daß sich England im Falle eines europäischen Konflikts gegen Deutschland stellen würde, und daß solches Wissen Frankreich und Rußland zu kriegerischen Aktionen ermutigen mußte. Er wußte, daß die Interessen dieser Großmächte gegen das mächtig erstarkte Deutsche Reich gerichtet waren, daß es auf die Dauer kein Rezept gab, eine gemeinsame militärische Aktion gegen uns zu verhindern. Als Bethmann im Dezember 1912 in einem Memorandum ausführte, daß im Falle eines Krieges zwischen Frankreich und Rußland auf der einen und Deutschland auf der anderen Seite Englands Kriegseintritt zumindest zweifelhaft sei, vermerkte mein Vater: »Ich zweifle keinen Augenblick daran.«

Auch in der innenpolitischen und gesellschaftlichen Entwicklung zogen sich die Gewitterwolken zusammen. Unser Volk sah zwar die Anzeichen, aber man verkannte ihre Bedeutung. »Das Reich Wilhelms II. war ein Staat der Klassen und der Klassenkämpfe«, umreißt Professor Mann die Situation. Das Zeitalter des Feudalismus lief aus. Die Vorrangstellung der alten Herrschaftsschicht, des Adels, hatte die Selbstverständlichkeit früherer Zeiten eingebüßt. Die wirtschaftliche Macht lag weitgehend in den Händen des liberalen Bürgertums. Und gegen beide war der dritte Stand angetreten, verkörpert in einer revolutionär empfindenden Arbeiterpartei. Die staatliche und gesellschaftliche Rangordnung war, wenn auch der äußere Glanz darüber hinwegtäuschen mochte, ins Wanken geraten.

Ich habe trotz meiner Jugend — und vielleicht trotz meines Geschlechts — die Auseinandersetzungen, die im Zuge dieser Machtkämpfe stattfanden, beobachtet. Meiner Familie blieb das nicht verborgen; im Tagebuch meiner Mutter fand ich die Aufzeichnung: »Sissy interessiert sich sehr für die politischen Vorgänge.« Daß meine Familie allerdings ahnte, wie realistisch ich viele der Vorgänge sah, muß ich bezweifeln. Einfluß auf meine Denkweise haben sicher die Gespräche ausgeübt, die meine Tante Feo, die jüngste Schwester meiner Mutter, mit mir geführt hatte. Ihre Ansichten hatten mir den Blick freigemacht, anders als es

Manövergäste. Oben (rechts neben dem Kaiser): Winston Churchill in Schlesien.
Theodore Roosevelt im Gespräch mit dem Kaiser in Döberitz.

Fürst Bülow (rechts neben ihm der russische Außenminister Iswolski).
v. Bethmann Hollweg (rechts neben dem Kaiser).

Parade in Danzig-Lang-
führ. Viktoria Luise führt
dem Kaiser das 2. Leib-
husaren-Regiment vor.

Die Prinzessin in der Uniform ihres Regiments.

Mit den Eltern

sonst bei Hofe üblich war. Ich erinnere, wie sie einmal auf die Frage, warum sie auf Bornstedt, wo sie wohnte, Brandmalerei betreibe, antwortete, daß auch eine Prinzessin lernen müsse, ihr Brot selbst zu verdienen, »denn ein Umsturz der bestehenden Dinge ist doch nicht unmöglich.«

Die »Daily Telegraph«-Affaire hatte denen, die sehen wollten, gezeigt, wohin die Fahrt ging. In dem damals entbrannten hitzigen Streit traf der Konservative v. Oldenburg-Januschau den neuralgischen Punkt, als er dem Liberalen Haussmann entgegenhielt: »Für Sie ist der Kaiser eine Einrichtung, für uns ist er eine Person. Und wir werden Seiner Majestät dem Kaiser persönlich dienen, solange wir leben.« Deutlicher ist wohl selten in so knappen Worten die unterschiedliche Stellung zum Monarchen und zur Monarchie zum Ausdruck gekommen. Auf der einen Seite der in lehnsrechtlichen Vorstellungen lebende Junker, auf der anderen der konstitutionell denkende Bürger. Aufschlußreich, daß Haussmann in jener Debatte die Unterstützung der großen Mehrheit des Reichstages hatte, Oldenburg nur die weniger Freunde.

Das Jahr 1912 hatte einen innenpolitischen Erdrutsch gebracht. Die Sozialdemokraten gewannen bei den Reichstagswahlen 110 Sitze. Im vorhergehenden Reichstag hatten sie nur 43 Abgeordnete gezählt. Konservative und Nationalliberale hatten große Verluste zu verzeichnen. Ihr Anteil an den Mandaten des Reichstags ging zusammengerechnet auf rund 25 % zurück. So sah die Kräfteverteilung im letzten, vor dem Kriege gewählten deutschen Reichstag aus!

Die feierliche Eröffnung des Reichstags von 1912 fand im Weißen Saale des Schlosses statt. Sie erfolgte mit dem glanzvollen Zeremoniell, wie wir es auch heute noch in England kennen. Fanfaren kündeten den im Saal versammelten Reichstagsabgeordneten, Bundesratsmitgliedern und Würdenträgern die Ankunft des Kaisers an. Dem kaiserlichen Zug voran schritten zunächst die Schloßgarde-Kompanie, Herolde und Hofmarschälle. Dann die Träger der Reichsinsignien. Graf Schlieffen trug die Krone, Generaloberst v. Kessel das Reichspanier, Großadmiral v. Tirpitz den Reichsapfel, Feldmarschall v. d. Goltz das Zepter, Kriegsminister v. Heeringen das Reichsschwert und General v. Moltke das Reichssiegel. Nach ihnen betrat der Kaiser, von den Prinzen gefolgt, den Saal. Er eröffnete den Reichstag mit der Thronrede. Doch der Reichstag war nur zu einem Teil erschienen. Die größte Fraktion, die Fraktion der 110 sozialdemokratischen Abgeordneten, war demonstrativ ferngeblieben.

Wie mein Vater in der Außenpolitik mit seinem Ziel der Erhaltung des Friedens schließlich an den antideutschen Interessen der Großmächte scheiterte, so vermochte er im Innern nicht der militanten sozialistischen Bewegung Herr zu werden. Dabei hat er persönlich das Beste für die Arbeiterschaft gewollt und getan. Hatte er bereits 1889 bei Beginn seiner Regierung erklärt, er wolle dahin wirken, daß die Gesetzgebung für die arbeitende Bevölkerung den Schutz erstrebe, den sie im Anschluß an die Grundsätze der christlichen Sittenlehre den Schwachen zu gewähren habe, so ist er diesem Vorhaben bis zuletzt treu geblieben. In seiner Thronrede von 1912 konnte er feststellen, daß seit einem Menschenalter die Sozialgesetzgebung in der Politik einen hervorragenden Rang eingenommen hatte, und ausführen: »Derselbe soziale Geist muß auch fernerhin walten. Denn die Entwicklung steht nicht still.« Nicht ohne Stolz erwähnte mein Vater bei anderer Gelegenheit, daß der Führer einer englischen Arbeiterdeputation, die die deutschen Sozialeinrichtungen besichtigt hatte, zu August Bebel, dem damaligen Führer der Sozialdemokraten, sagte: »Nach dem, was wir alles gesehen haben, was in Deutschland für die Arbeiterschaft geschieht, frage ich Sie: Da sind Sie auch noch Sozialisten?«

Tatsächlich sahen die Arbeiter im Ausland nicht ohne Neid auf die sozialen Leistungen in Deutschland. Wenn bei allem guten Willen und trotz der fortschrittlichen Fürsorge dennoch der Klassenkampf ständig an Schärfe zunahm, so kann man mit dem in diesem Urteil sicherlich unverdächtigen Golo Mann sagen: »Das lag in der Zeit.« Die Zerrissenheit der Gesellschaft war, wie nicht nur Soziologen wissen, eben der Ausdruck naturgesetzlicher Prozesse in der Struktur unseres Volkes im Industriezeitalter. Von einem einzelnen Menschen zu verlangen, den Entwicklungsgang in andere Bahnen zu lenken, hieße übermenschliche Kraft von ihm erwarten. Von meinem Vater hat man es erwartet — jedenfalls in nachträglicher Betrachtung. Er war aber auch nur ein Mensch. Und als Kaiser ein an verfassungsrechtliche Schranken gebundener konstitutioneller Monarch.

Alle Risse im Gebäude des Staates und alle von außen drohenden Gefahren wurden damals für die Zeitgenossen vom Wohlstand des Volkes und der Macht des Reiches überdeckt. Zu den wenigen Klarsehenden zählte Colmar Frhr. v. d. Goltz. In seiner Abhandlung zum 25jährigen Regierungsjubiläum meines Vaters schrieb er: »Alles blüht und gedeiht — fast ist man versucht, bei diesem Anblick mit dem Dichter auszurufen: Mir grauet vor der Götter Neid.« Goltz fuhr fort: »Die

Stunde wird sicherlich kommen, wo wir alle Errungenschaften der letzten segensreichen 25 Jahre werden zu verteidigen haben.« Und sie kam.

Im März 1914 brachte ich unser erstes Kind zur Welt. Es erhielt den Namen Ernst August. Wir alle waren überglücklich, daß es ein Junge war, nicht zuletzt mein lieber, alter Schwiegervater, der dem Ereignis besondere Bedeutung zumaß, weil er und mein Mann bis dahin die einzigen männlichen Mitglieder des Welfenhauses waren. Braunschweig brach über die Geburt des Erbprinzen in hellen Jubel aus. Die Häuser wurden beflaggt, und vom Schloßplatz drangen zu uns nichtendenwollende Hochrufe und Hurras herauf.

Unser Sohn erblickte um 5 Uhr morgens das Licht der Welt. Mein Mann setzte unsere Eltern und Verwandten hiervon sogleich telegrafisch in Kenntnis. Die erste Antwort, die bei uns einging, kam von Kaiser Franz Joseph. Ihn hatte die Nachricht gegen 6 Uhr früh in Schönbrunn am Schreibtisch erreicht, wo er bereits arbeitete. In seiner Freude wollte er sofort zu meinen Schwiegereltern fahren, die sich in dieser Zeit in dem Wiener Haus der hannoverschen Familie aufhielten, um zu gratulieren. Sein Generaladjutant, Graf Paar, konnte ihn nur mit Mühe zurückhalten und ihm verständlich machen, daß zu so früher Stunde das Herzogspaar kaum auf Besuch eingerichtet wäre. Aber wie meine Schwiegereltern mir lachend erzählten, ließ sich der alte Kaiser nicht länger als bis 7 Uhr halten. Dann bestieg er seinen Wagen und fuhr nach Penzing zu den Cumberlandern, die Graf Paar vorsorglich bereits alarmiert hatte.

Die Taufe unseres Sohnes fand im Mai im ehrwürdigen Dom über der Gruft Heinrichs des Löwen statt. Meine Eltern und alle meine Brüder waren zugegen. Wir hatten unter anderem auch bei Zar Nikolaus von Rußland und König Georg von England angefragt, ob sie die Patenschaft übernehmen wollten. Beide sagten telegrafisch zu. König Georg kabelte aus Windsor Castle: »It will give me great pleasure to be godfather to your little son. I hope Sissy is quite strong again. We send her best love. George« — »Es wird mir eine große Freude sein, Pate Eures kleinen Sohnes zu werden. Ich hoffe, Sissy ist wieder ganz bei Kräften. Wir senden ihr liebe Grüße.«

So stellten sich für unseren ersten Sohn als Paten ein: Kaiser Franz Joseph, Zar Nikolaus, König Georg, König Ludwig III. von Bayern, mein Vater, meine Mutter, Prinz Max von Baden, Großherzog Friedrich Franz IV. von Mecklenburg-Schwerin, der Herzog und die Herzogin von Cumberland, meine Brüder Adalbert und Oskar und das Küniglich-Bayerische 1. Schwere Reiter-Regiment. Noch einmal, es war wohl das letzte Mal, spiegelte sich in dieser Patenliste die Verbundenheit der großen europäischen Fürstenfamilien der alten Zeit.

Ich selbst nutzte die Freude meines Vaters an unserem Familienglück, um bei ihm eine Bitte für meinen Bruder Oskar und meine Freundin Ina Marie Bassewitz vorzubringen. Sie liebten sich seit Jahren, ohne daß mein Vater die Einwilligung zur Eheschließung gegeben hatte. Das Wort, das ich am Tage der Taufe meines Sohnes Ernst August bei ihm einlegte, stimmte ihn um. Wenige Tage später konnten die beiden sich verloben. Ich fuhr zur Verlobung nach Berlin und verlebte dort, an den Stätten meiner Kindheit, zwei wundervolle Tage.

Im folgenden Monat nahmen mein Mann und ich in München an der Hundertjahrfeier des 1. Schweren Reiter-Regiments teil. Historische und sportliche Darbietungen, die in der großen Hofreitbahn am Marstallplatz stattfanden, umrahmten das Jubiläum. Auch der König von Bayern und fast alle Prinzen des Hauses Wittelsbach waren erschienen. Von München aus unternahmen wir eine Autofahrt durch die Dolomiten und nach Meran. Unseren Sohn gaben wir für diese Zeit zu meinen Schwiegereltern nach Gmunden.

In Meran hörten wir im Hotel von einem Liftboy die schreckliche Nachricht vom Attentat in Sarajewo. Wir brachen unsere Reise ab und fuhren nach Gmunden. Unruhe und Sorge hatten uns erfaßt.

Während unserer Reise hatte Kaiser Franz Joseph von Ischl aus meine Schwiegereltern besucht, um sich unseren Erstgeborenen anzusehen. Wir suchten ihn nun unsererseits auf. Die ihm sonst stets eigene Heiterkeit war verflogen. Der Ernst der Ereignisse zeichnete seinen Gesichtsausdruck. Nach dem Essen nahm er mich beiseite. Der greise Herrscher hatte erkannt, wie ich nun hörte, daß für die Donau-Monarchie die schicksalsschwerste Prüfung ihrer Geschichte hereinbrach. Seine letzten Worte an mich waren: »Sage Deinem Vater, daß ich auf seine Bundestreue und Freundschaft in dieser Zeit rechne.« Ich habe diesen Auftrag sogleich ausgeführt.

Mein Vater wollte Anfang Juli seine Nordlandreise antreten. Angesichts der sich aus dem Mord an dem österreichischen Thronfolgerpaar entwickelnden Krise entschloß er sich, in Berlin zu bleiben. Der Reichskanzler und das Auswärtige Amt widersprachen. Sie vertraten die Ansicht, daß die Durchführung der geplanten Reise zur internationalen Beruhigung beitragen werde, während eine Aufgabe des Vorhabens

Mißtrauen wecken und die Krise nur noch mehr anheizen würde. Mein Vater war von der Richtigkeit dieses Arguments nicht überzeugt. Bethmann erklärte ihm jedoch rundheraus, daß, wenn es zu kriegerischen Verwicklungen kommen würde und der Kaiser sein bereits öffentlich bekanntes Urlaubsprogramm aufgegeben hätte, ihm die Schuld für den Ausbruch der Feindseligkeiten gegeben würde: »Dann sind Eure Majestät verantwortlich!« Bethmann fügte hinzu: »Alle Welt wartet nur auf die erlösende Nachricht, daß der deutsche Kaiser auf Reisen gegangen ist.« Am 6. Juli trat mein Vater seine Reise an.

Während der Tage, die wir uns noch in Gmunden aufhielten, trafen wir bei Graf Almeida auf Schloß Mondsee mit Münchener Kameraden meines Mannes zusammen. Als die Einladungen ergangen waren, hatte man gedacht, es würde ein vergnügtes Fest geben. Nun war die Stimmung alles andere. Die Schwere der Krise lastete auf allen. — Wir brachen unseren Aufenthalt in Gmunden ab und eilten nach Braunschweig. Bis zuletzt hofften wir, daß sich der drohende große Völkerkrieg noch fünf Minuten vor zwölf werde abwenden lassen. Dann erreichte meinen Mann die Mobilmachungsorder. Er rückte beim X. Armee-Korps in Hannover ein.

Wenige Tage nach dem Aufbruch meines Mannes fuhr ich zu meinem Vater. Er war am 27. Juli von seiner Norwegenfahrt zurückgekehrt. Mehrfach hatte er von dort dem Kanzler und dem Auswärtigen Amt mitgeteilt, daß er es für notwendig erachte, zurückzukehren. Er erhielt stets die Antwort, es sei unbedingt geboten, die Reise fortzusetzen. Mein Vater war von qualvoller Unruhe erfaßt, zumal er von Berlin nur spärlich mit Nachrichten versehen wurde und seine Informationen überwiegend den norwegischen Zeitungen entnehmen mußte. Als er schließlich in der norwegischen Presse vom Ultimatum Österreichs an Serbien las, trat er von sich aus die Rückreise an.

An dem Augusttag, an dem ich meinen Vater wiedersah, meldete sich bei ihm unser Botschafter in London, Fürst Lichnowsky. Der Botschafter war davon überzeugt gewesen, zu seinem Teil an einer Besserung der deutsch-englischen Beziehungen beigetragen zu haben. An einen Krieg zwischen den beiden Ländern hatte er nicht geglaubt. Lichnowsky war wie aus allen Wolken gefallen, als ihm unmittelbar vor Kriegsausbruch der englische Außenminister Sir Edward Grey kühl entgegnete, er dürfe aus gesellschaftlicher Bevorzugung und guten persönlichen Kontakten keine politischen Schlüsse ziehen.

Seit ich meinen Vater das letzte Mal im Mai gesehen hatte, war eine Welt eingestürzt. Mein Vater war von den Ereignissen zutiefst erschüttert. Das sah ich auf den ersten Blick. Seine Gedanken wurden von der deprimierenden Tatsache beherrscht, daß es allen seinen verzweifelten Bemühungen nicht gelungen war, den Kriegsbrand zu verhindern oder wenigstens zu lokalisieren. Das war auch das eigentliche Thema der Unterhaltungen, die er mit mir führte. Die Verbitterung, die aus seinen Worten sprach, ließ erkennen, daß auch er, trotz aller bekundeten Skepsis, immer noch in einem letzten Winkel der Hoffnung Raum gegeben hatte, durch eine persönliche Verständigung zwischen den Monarchen würde sich das größte Unheil verhüten lassen. Zu dem Fehlschlag Lichnowskys hat mein Vater bemerkt, daß jener gesellschaftliches Entgegenkommen als den Ausdruck politischen Entgegenkommens genommen hätte, »weil der Deutsche gewohnt ist, Abneigung und Zuneigung auch in den äußeren Umgangsformen zum Ausdruck zu bringen. Der Engländer trennt diese Dinge«. Eine treffende Formulierung, für deren Richtigkeit die Geschichte bis auf den heutigen Tag Belege liefert. Doch auch die Vorstellung meines Vaters von irgendeiner Bedeutung einer Solidarität der Souveräne erwies sich als wenig realistisch.

Mein Vater zählte mir die vielen Schritte auf, die er unternommen hatte, um das Unheil des Krieges zu verhindern. Er sprach von den Beschwörungen an die Adresse des Zaren, wie er — bis zur Grenze des unter Freunden und Bundesgenossen Möglichen — Kaiser Franz Joseph ein Einlenken angeraten habe. Ausführlich schilderte er seinen Versuch, König Georg von England dafür zu gewinnen, England neutral zu halten und auf Frankreich und Rußland mäßigend einzuwirken. Ohne England, so hatte mein Vater berechtigterweise geschlußfolgert, würden die beiden Staaten wenig geneigt sein, den letzten Schritt zum Krieg zu tun. Er hatte deshalb, wie er mir erzählte, seinen Bruder, Prinz Heinrich, beauftragt, in diesem Sinne mit König Georg zu sprechen. Mein Onkel befand sich mit seiner Familie in St. Moritz, als ihn das Ersuchen des Kaisers erreichte. Er brach sofort nach England auf, wo er sich zwei Tage aufhielt. Am 26. Juli konnte er mit König Georg sprechen. Wie er meinem Vater mitteilte, erklärte ihm der König in bezug auf einen europäischen Krieg wörtlich: »We shall try all we can to keep out of this and shall remain neutral« — »Wir werden alles tun, was wir können, um uns herauszuhalten, und werden neutral bleiben.« Prinz Heinrich versicherte gegenüber meinem Vater seine Überzeugung, »daß diese Äußerung ernst gemeint war«. »Georgie«, so berichtete er weiter, »war sehr

ernst gestimmt, folgerte logisch und hatte das ernsteste und aufrichtigste
Bestreben, dem eventuellen Weltbrand vorzubeugen, wobei er stark auf
Deine Mithilfe rechnet.« Mein Vater hatte die Worte König Georgs als
Neutralitätsversprechen genommen, das in ihm neue Hoffnung weckte,
den Frieden erhalten zu können. Einen Zweifler, den Admiral v. Tirpitz,
belehrte er: »Ich habe das Wort eines Königs, das genügt mir.«

Daß England sich dann doch gegen uns wandte, verurteilte mein
Vater mit heftigen Worten. Besonders gram war er König Georg, von
dem er sich getäuscht glaubte. Mein Vater hatte offenbar übersehen, daß
der englische Vetter nicht das politische Gewicht Eduards VII. besaß.
Georg fühlte sich stets als konstitutioneller Monarch, mehr Repräsentant
als Politiker, während Eduards Einfluß und Macht erheblich weiterge-
reicht hatten. Zornig sprach mein Vater auch über den Zaren. Auch dessen Rolle bei Kriegsausbruch war nicht jene, an die mein Vater damals
glaubte. Auch der Zar war in seiner Handlungsfreiheit, wenn zwar
nicht verfassungsmäßig so doch machtpolitisch, eingeschränkt; gegen die
panslawistischen Kriegstreiber war er, wie wir seit langem wissen, so
gut wie machtlos.

Als ich mich bei der Abfassung dieses Berichtes zwecks Überprüfung
an meinen Vetter Sigismund, einen Sohn des Prinzen Heinrich, der
heute in Costarica lebt, wandte, fügte dieser seinem Bericht über die
Aktion seines Vaters beim König von England die Bemerkung an: »Wie
sich herausgestellt hat, nutzten Familienbeziehungen oder sogar Freund-
schaften unter den Monarchen Europas gar nichts. Die Geheimgruppen
von Personen, welche hinter der Weltpolitik ihre Fäden zogen, waren
so mächtig, daß familiäre Einflüsse gegen diese nicht aufkommen konnten, trotz aller Versuche.« Dem bleibt nichts hinzuzufügen. Der erste
Weltkrieg war ein Krieg der Kabinette, nicht der Monarchen.

Mein Vater gab in seinem Gespräch mit mir der Überzeugung Ausdruck, daß der Krieg von Rußland, Frankreich und England zur Vernichtung Deutschlands abgesprochen und der österreichisch-serbische
Konflikt nur der gesuchte Vorwand war. Er glaubte, daß es der Kraft
unseres Volkes, insbesondere unseren Armeen gelingen würde, gegen
diese Allianz zu bestehen. Aber er wußte, daß es ein schwerer Kampf
werden würde. »So viel Feinde« — diese Worte hörte ich mehrfach aus
seinem Munde, mir gegenüber und auch zu anderen gesagt. Unser alter
Dr. Zunker entgegnete ihm: »Wir werden es schon schaffen, Majestät.«
In dieser Antwort kam zum Ausdruck, daß auch Dr. Zunker die Sorge
sah, die meinen Vater drückte. Da war kein Platz für irgendeine über-

schwengliche Kriegsstimmung. Nichts zeigt wohl deutlicher, wie es in meinem Vater aussah, als daß er bei Kriegsausbruch sein Zimmer im Schloß wechselte. Er wich dem Jubel aus, der die Straßen erfüllte, der lauten Begeisterung, die die ausziehenden Truppen begleitete. Ihm war nicht danach zumute.

7. Kapitel

KRIEG!

Ich fuhr nach Braunschweig zurück. Ich hatte gehofft, Nachrichten von meinem Mann aus dem Felde vorzufinden, aber vergebens. Tag für Tag verging, ohne daß ich eine Zeile von ihm erhielt. Dann schließlich, Ende August, der erste Brief, oder besser gesagt, ein beschriebener Zettel. Ich war zwar im gewissen Sinne unter Soldaten aufgewachsen, aber von den Bedingungen, unter denen sich der Vormarsch unserer Truppen vollzog, hatte ich wohl doch nicht in allem die rechte Vorstellung. In der verständlichen Sorge um meinen Mann — besonders als ich erfuhr, daß er bei einem Einsatz nur wie durch ein Wunder einen Artilleriebeschuß überlebt hatte — bat ich Ernst August, mir doch häufiger Post zu senden. Mein Mann antwortete: »Es geht den anderen Frauen nicht besser. Man muß geduldig sein und darin auch den anderen ein Vorbild. Jetzt ist es auch 1000mal wichtiger, daß die Munition nachgeschafft wird, denn da zappelt man manchmal kollossal, ob sie noch zu richtiger Zeit kommt oder nicht«. Ernst August fuhr fort: »Wenn Du einmal keinen Brief bekommst für einige Zeit, dann kannst Du den anderen sagen: ›Jetzt wird Gott sei Dank etwas Wichtigeres befördert als die Post, nämlich Truppen, Munition, Verpflegung.‹«

Ich bangte um meinen Mann wie alle anderen Kriegerfrauen auch. Zu dieser Sorge trat noch die Verantwortung, die ich für das Herzogtum zu tragen hatte. Ich war von meinem Mann für die Zeit seiner Abwesenheit als Regentin eingesetzt worden. Er hielt das für zweckmäßiger als etwa die Berufung eines Regentschaftsrates. Ich habe mich bemüht, die Regentschaftsgeschäfte nach bestem Können zu erledigen. Selbstverständlich nahm ich mich auch sofort der verwundeten Soldaten an. Den größten Teil unseres Residenzschlosses ließ ich als Lazarett einrichten. Täglich sah ich dort nach dem Rechten; nicht ohne besonders den Schwerverwundeten Trost zuzusprechen. Wenn ich, wie ich das häufiger tat, mit unserem Sohn auf dem Arm die Verwundeten besuchte, leuchteten die Augen der Väter unter ihnen auf.

Mein Mann war als Meldeoffizier bei General v. Emmich, dem Kommandierenden General des X. A. K., mit nach Belgien und Frankreich einmarschiert. Während des Vormarsches war es seine Aufgabe, die Verbindung zum A. O. K. des Generalobersten v. Bülow zu halten, eine Tätigkeit, die ihn nicht zufriedenstellte. Er wollte nach vorn. »Unsere Leute«, schrieb er mir, »gehen vor, wie wenn sie aus Eisen wären. Wenn man die Kerle so sieht, muß man sich ordentlich schämen, daß man nicht mit ihnen gehen kann. Hut ab vor jedem gemeinen Mann!« Mitte September schrieb Ernst August: »Mir ist es sehr unangenehm, daß in unserer kindischen Zeitung steht, ich hätte da an irgendeinem Fort die erste Fahne gehißt. Das wäre ridikül gewesen. Bitte sorge dafür, daß mir solche kindischen Sachen nicht angedichtet werden. Wenn unsere tapferen Soldaten so etwas mit ihrem Blut mühsam erkämpft haben, dann werde ich doch nicht den Helden spielen, der, wenn alles vorbei, die Fahne hißt. Auch dieser furchtbare Siegestaumel, den man in den Zeitungen liest, ist nicht angenehm. Die Verluste in so einer gewonnenen Schlacht sind immer so groß und dazu noch die Verwundeten. Das zwingt, ernst zu bleiben.«

Als mein Mann vor Reims stand, hieß es in seiner Nachricht an mich: »Wir haben schwere Tage hinter uns und noch schwerere vor uns.« Die großartigen Siege unserer Armeen verschlossen ihm nicht den Blick für den Ernst der Lage. Begeistert war mein Mann von dem X. A. K. und seinem Kommandeur: »Das X. Corps hat Unglaubliches geleistet ... Emmich ist großartig ... Meiner Meinung nach hat das X. Corps am meisten getan. Mehr konnte es nicht leisten.« Solche Äußerungen wurden nicht im Überschwung getan. Sie waren Ausdruck ehrlicher Anerkennung, und ihnen folgte dann auch zumeist ein Satz wie: »Gott gebe, daß es so weitergeht.«

Die Post meines Mannes brachte mir neben den ersehnten Nachrichten über sein Ergehen auch Ratschläge für meine Tätigkeit. Ich konnte sie gut gebrauchen, nicht zuletzt in personeller Hinsicht. Ernst August wußte das nur zu gut. Tröstend schrieb er Ende Oktober: »Daß Du diese schwere, ernste Zeit allein hast durchkämpfen müssen, war sehr hart. Aber Du mußt Gott danken, daß er Dir so viel zugemutet hat. Er hat Dir damit gezeigt, was Du leisten kannst. Man lernt so viel dabei. Das lese ich aus Deinen Briefen.«

Ich hätte natürlich gern gehabt, wenn mein Mann einmal nach dem Rechten gesehen hätte — von der Freude eines Wiedersehens ganz zu schweigen. Die Ansicht meines Mannes hierzu war sehr bestimmt. Er antwortete mir: »Ich wäre ja froh, wenn wir uns sehen könnten. Aber mir will die Sache nicht gefallen. Es würde auf die Soldaten einen zu schlechten Eindruck machen, wenn ich irgendwo hinführe, um meine Frau zu sehen, während sie selbst in den nassen Schützengräben liegen müssen. Diese Leute, Hunderttausende und aber Tausende, sehnen sich alle nach ihrer Frau und umgekehrt. Für uns Fürsten«, fuhr mein Mann fort, »ist das einzige, was wir für die braven Leute tun können, das, daß wir mit ihnen leiden, bei ihnen sind, ihnen zeigen, daß wir auch wie sie von Haus, Weib und Kind fernbleiben müssen und können. Das ist die Hauptsache, das ›Können‹, charakterfest bleiben. Man darf den Leuten keine Gelegenheit geben, wo sie über ihren Fürsten sagen könnten ›Na, der tut sich leicht‹ oder ›Wir können uns hier den Tod holen, und der fährt zu seiner Frau‹. So ein Gedanke darf gar nicht aufkommen. Ebenso ist es umgekehrt mit Dir der Fall. Als Fürstin mußt Du den Frauen Vorbild sein.« Mein Mann schloß diese Zeilen mit den Worten: »Also heißt es, mit den anderen kameradschaftlich durchhalten und ihnen in dem schweren Ringen helfen. Anders kann ich nicht, und auch Du mußt so zu denken lernen.«

Dann kam die erste Kriegsweihnacht. Ich war mit unserem Sohn allein. Aber ich war auch wiederum nicht allein, denn rührende Aufmerksamkeiten wurden mir aus Braunschweig zuteil. Mein Mann verlebte das Weihnachtsfest in Neufchâtel. »Heute ist nun der Heilige Abend, und wir drei sind getrennt«, schrieb er mir. »Es ist ein schweres Opfer. Aber es ist in dieser Zeit das wenigste, was wir tun können.« Tröstend fügte er hinzu: »Je schwerer es jetzt ist, um so schöner wird es nachher. God bless You!«

Wie mein Mann so waren auch alle meine Brüder im Felde. Vier von ihnen befanden sich im Westen. Der Kronprinz befehligte die 5. Armee und errang bei Longwy einen der ersten großen deutschen Siege. Eitel Fritz war Kommandeur des 1. Garderegiments zu Fuß; er bewährte sich sogleich als ein unerschrockener Frontoffizier, von dem man wußte, daß er alle Strapazen mit den Mannschaften dieses tapferen Eliteregiments teilte. August Wilhelm war bei einem Frontstabe eingesetzt. Oskar kommandierte die berühmten Liegnitzer Königs-Grenadiere. Schon im ersten Kriegsmonat hatte er sich als hervorragender Infanterie-Offizier, der »Umsicht und Kaltblütigkeit bewies«, ausgezeichnet. Adalbert diente als Seeoffizier auf dem Schlachtschiff SMS »Luitpold«. Joachim, mein jüngster Bruder, wurde im September in der Schlacht an den Masurischen Seen als Kavallerie-Offizier durch Oberschenkelschuß verwundet.

Oskar hatte bei Kriegsausbruch Ina Marie Bassewitz geheiratet. Die Trauung fand im Schloß Bellevue statt. Von Hochzeitsfeier war natürlich keine Rede. Adalbert ließ sich am 3. August mit Adelheid von Sachsen-Meiningen in Wilhelmshaven kriegstrauen. Wegen der Kriegsereignisse konnte niemand von unserer Familie zugegen sein.

Mein Vater hatte sich Mitte August zur Armee, ins große Hauptquartier begeben. Der Wandel der Verhältnisse bedingte es, daß ich ihn während des Krieges nicht sehr häufig gesehen habe. Bemerkenswert scheint, daß er, nachdem der Kampf einmal begonnen hatte, siegeszuversichtlich war. Er glaubte an den Sieg unserer Waffen. Aber nie zeigte er etwa die sogenannte Hurra-Stimmung — trotz all der gewaltigen Erfolge an den Fronten. Ich machte die gleiche Beobachtung, wie sie, um ein Beispiel zu nennen, unter anderen auch Karl Helfferich, damals Direktor der Deutschen Bank, bei einem Gespräch mit meinem Vater Ende August im Großen Hauptquartier machte. Er berichtete: »Der Kaiser sprach sich über die gewaltigen Ereignisse der letzten Wochen in der rückhaltlosesten Weise aus. Ich hatte von ihm den Eindruck eines Mannes, der, trotzdem das Glück seiner Sache günstig zu sein schien, innerlich auf das tiefste erschüttert war und schwer an der Verantwortung für seine Entschlüsse trug.«

Trotz aller Enttäuschungen und der tiefen Bitterkeit, mit der mein Vater immer aufs neue die Verhaltensweise des Königs von England und des Zaren verurteilte, empfand er weder Rache noch Haß. Heute mag das merkwürdig klingen, denn für die Gegenwart ist es beinahe zur Selbstverständlichkeit geworden, daß der Haß die Völkerkriege regiert, von der Spitze des Staates bis hinunter zum kleinsten Mann. Der Kaiser dachte anders. So ordnete er beispielsweise an, daß Luftangriffe auf London, die von der öffentlichen Meinung nachdrücklich gefordert wurden, nur durchgeführt werden durften, wenn sichergestellt war, daß Buckingham Palace, Westminster Abbey und St. Pauls Cathedral nicht beschädigt würden, überhaupt durften Wohnviertel nicht in Mitleidenschaft gezogen und nur wichtige militärische Objekte angegriffen werden.

Legendär mag heute auch klingen, wie der Kaiser sich gegenüber den Kriegsgefangenen verhielt. Genauso wie er unsere Verwundeten besuchte, stattete er auch den Gefangenen Besuche in Lazaretten ab, nicht ohne daß er zuvor bei den Offizieren hatte nachfragen lassen, ob die Anwesenheit des deutschen Kaisers genehm sei. Charakteristisch war auch die Reaktion meines Vaters bei der Begegnung mit einem Zug gefangener Franzosen. Mein Vater ließ seinen Wagen stoppen und gab Befehl, den Gefangenenzug anzuhalten. Dann bat er die französischen Offiziere vorzutreten und richtete an sie eine Ansprache in französischer Sprache. Er lobte die Tapferkeit der französischen Armee, sprach ihnen sein Mitgefühl als im Kampf Unterlegene aus und versicherte ihnen, daß sie in der Gefangenschaft ehrenvoll behandelt würden. So der deutsche Kaiser zu den Besiegten.

Ich gestehe es offen, daß ich — so oft ich zurückblicke, und nach allem, was wir an entarteter Kriegführung in den letzten Jahrzehnten erlebt haben — immer wieder stolz bin, daß dieser ritterlich und human denkende Mann mein Vater war.

Helfferich berichtete über das bereits genannte Gespräch mit meinem Vater: »In derselben Unterhaltung sprach sich der Kaiser darüber aus, wie er sich die künftige Gestaltung der Dinge denke, wenn uns der Sieg beschieden sei. Das Wichtigste sei für ihn, daß aus dem Krieg der durch die gesunde Vernunft und die Natur der Dinge gebotene friedliche Zusammenschluß der Völker des europäischen Kontinents hervorgehe. Das sei bisher infolge des deutsch-französischen Gegensatzes nicht möglich gewesen. Der Friede müsse so geschlossen werden, daß dieses Ziel erreichbar werde. Die Franzosen seien stets eine ritterliche Nation mit einem hohen Ehrbegriff gewesen, vor der er stets Achtung gehabt und deren Versöhnung mit Deutschland er stets gewünscht habe. Er verstehe, daß es dieser Nation schwer geworden sei, sich der Entscheidung von 1870 ohne den Versuch eines neuen Appells an das Glück der Waffen zu fügen. Er hoffe, daß nach diesem Krieg auch der Franzose das Gefühl haben werde, daß der Ehre Genüge geschehen sei, und daß sich beim Friedensschluß die Grundlage für ein freies und ehrliches Zusammenwirken der beiden großen europäischen Kulturvölker in Politik und Wirtschaft werde schaffen lassen.«

Das sagte mein Vater am 23. August 1914, als unsere Armeen triumphale Siege errangen und eine siegreiche Beendigung des Krieges vor der Tür zu stehen schien. Diese Ausführungen meines Vaters zeigen uns, die wir heute das Ereignis der deutsch-französischen Verständigung in greifbarere Nähe gerückt sehen, wie mein Vater — ein halbes Jahrhundert zuvor und inmitten der kriegerischen Auseinandersetzungen mit Frankreich — die große Aussöhnung vorausgedacht hat!

Es war dem Kaiser nicht vergönnt, seine großen Ziele einer Verwirklichung näherzubringen. Im September 1914 wandte sich das Kriegsglück. Nach den großen Erfolgen unserer Truppen kam durch ein Versagen militärischer Führer der Vormarsch an der Marne zum Stehen. Der Chef des Generalstabes, Generaloberst Helmuth v. Moltke, brach zusammen. Er war der auf ihm lastenden Verantwortung nicht gewachsen gewesen.

Ich habe noch den Vorgänger Moltkes gekannt, an dessen Stelle er 1906 getreten war, den Grafen v. Schlieffen. Eine imponierende Erscheinung. Ich sehe ihn noch vor mir, in der ihm eigenen korrekten Haltung. Unnahbarkeit ging von ihm aus. Gleichwohl war da irgend etwas Legeres; der Garde-Ulan war auch im hohen Alter sofort zu erkennen. Mein Vater sprach uns gegenüber von Schlieffen nur als von dem bedeutenden großen Strategen. Wir sind ihm daher auch mit außerordentlicher Verehrung begegnet. Fünfzehn Jahre lang, bis zu seinem 73. Lebensjahr, war Schlieffen als Chef des Generalstabes tätig. Den Ausbruch des Weltkrieges hat er nicht mehr erlebt. Er starb 1913.

Seinem Nachfolger fehlte, wie sich herausstellte, die Schlieffen auszeichnende Sicherheit des Urteils. Eine gute Dosis Selbstvertrauen wäre für Moltke vonnöten gewesen, denn er mußte nicht nur Leistung und Format an denen seines Vorgängers messen lassen, hinzu kam auch noch der Name seines Onkels, des siegreichen Feldherrn der Kriege von 1864, 1866 und 1870/71, des Feldmarschalls Graf v. Moltke, Generalstabschef bis 1888, dessen Adjutant er längere Zeit gewesen war. Es war für den Neffen gewiß nicht leicht, im steten Vergleich mit dem beinahe sagenhaften Talent des großen Moltke leben und arbeiten zu müssen. Den jüngeren Moltke erlebte ich als einen ernsten, vielleicht viel zu ernsten Mann. Ihm fehlte das Großzügige und der Schwung seines Vorgängers. Er zermürbte sich an seinen Aufgaben. Seine Gemahlin, eine Schwedin aus dem Hause Moltke-Hvitfeld, eine sehr kluge Frau, der Anthroposophie zugeneigt, übte auf ihn großen Einfluß aus.

Das Thema Moltke hat uns während des Krieges unablässig beschäftigt. Besonders betroffen von dem Versagen des Generalstabschefs zeigte sich Kronprinz Rupprecht von Bayern, Oberbefehlshaber der 6. Armee und später einer Heeresgruppe. Wir haben ihn sehr geschätzt. Mein Mann betrachtete ihn als eine ausgesprochen militärische und strategische Begabung. Überhaupt war er, wie viele Mitglieder des Hauses Wittelsbach, sehr vielseitig gebildet. Mein Mann vermutete, daß Verdienst und Können Rupprechts, wie auch die Leistungen seiner Armee, nicht gebührend gewürdigt würden, eben weil sie Bayern waren. Wir haben das sehr bedauert. Wir bewunderten die Tapferkeit der bayerischen Regimenter und die hervorragenden bayerischen Generalstäbler. Kronprinz Rupprecht hatte auch zu den uneingeschränkten Verehrern des Grafen v. Schlieffen gehört. Um so mehr traf ihn, wie er meinem Manne damals sagte, die unglückselige Führung Moltkes. Die Prognosen Rupprechts für den weiteren Verlauf der Operationen waren ahnungsschwer pessimistisch. In seinen Gesprächen mit meinem Mann hat er den unheilvollen Lauf der Dinge weit vorausgesehen.

Zum Nachfolger Moltkes berief mein Vater General v. Falkenhayn, einen erfahrenen Generalstabs-Offizier. Ihm fiel die undankbare Aufgabe zu, die Kriegsführung neu zu konzipieren, nachdem die eigentliche Siegeschance vertan war. Auch Falkenhayn war der Auffassung, daß die Entscheidung im Westen gesucht werden müsse. Die erfolgreichen Offensiven, die er 1915 im Osten durchführen ließ, dienten dem Zweck, der Westfront den Rücken freizukämpfen. Im folgenden Jahr ließ er dann im Westen antreten. Da unsere Kräfte nicht ausreichten, um Frankreich in einer einzigen großen Offensive zu Boden zu zwingen, wollte Falkenhayn den Gegner unter Ausnutzung einer günstigen Frontstellung ermatten. Er sollte zum »Ausbluten« gebracht und damit kriegsmüde gemacht werden. Das Unternehmen »an der Maas«, wie Falkenhayn es nannte, wurde begonnen, mit einem Wort: Verdun. Der Name dieser Festung läßt uns noch heute erschauern angesichts der Hekatomben von Blut, mit denen die Erde der sie umgebenden Forts, Dörfer, Hügel und Schluchten getränkt wurde, ein Name, der uns noch heute tiefste Ehrfurcht vor der an antike Heldenlieder erinnernden Tapferkeit, mit der auf beiden Seiten gekämpft wurde, abfordert. Ein halbes Jahr lang währte das Ringen auf der von Granaten umgepflügten Erde. Abschnitt auf Abschnitt, Fort auf Fort wurde von unseren Truppen genommen. Aber Verdun fiel nicht. Die Franzosen erlitten schreckliche Verluste, doch auch die unsrigen waren verheerend. Mein Bruder Wilhelm, dessen Armee die blutigen Kämpfe zu führen hatte, bemühte sich schon frühzeitig, den Generalstab von der Aussichtslosigkeit der Offensive zu überzeugen. Falkenhayn hielt an seinem Plan fest.

Mein Mann verfolgte den Kampf um Verdun mit größter Sorge. Im Mai 1916 schrieb er mir über seine Befürchtungen. »Mir schwindelt«, hieß es da im Hinblick auf die Lage. Ernst August bedauerte, »daß F. noch da ist.« Mit F. war Falkenhayn gemeint. Sorgfältig wie stets, hatte sich mein Mann sein Urteil gebildet. Und nicht ohne Bedauern stellte er die Berechtigung seiner pessimistischen Überlegungen fest. Er schrieb mir: »Ich muß leider sagen, daß ich den Eindruck gewonnen habe, von allen mir bekannten Leuten, daß sie fast in allen Punkten mit meiner Ansicht übereinstimmen.« Er fügte hinzu: »Leider kann ich nicht mehr schriftlich mitteilen. Aber Du kennst ja meine Ansichten.«

Im August stand fest, daß der Angriff auf Verdun nicht fortgesetzt werden konnte. Falkenhayn wurde abgelöst. Den letzten Anstoß hierzu hatte der Kriegseintritt Rumäniens gegeben. »F. wollte einfach nicht daran glauben, daß es dort losginge«, schrieb mir mein Mann, der sich zu dieser Zeit gerade in Pless im Großen Hauptquartier aufhielt. »Unsere Vermutungen sind also wieder einmal eingetroffen.«

Falkenhayn war nie populär gewesen. Ihm fehlte jede Volkstümlichkeit, die er auch nie gesucht hat. Das spricht durchaus nicht gegen ihn. Er war Generalstäbler, aufgewachsen in der Überzeugung, in der Stille aber nicht im Rampenlicht arbeiten zu müssen. So geschah es, daß die militärischen Erfolge, die zu seiner Zeit erfochten wurden, allein den Heerführern zugeschrieben wurden, nicht aber dem Kopf, der den strategischen Plan entworfen hatte. Dieser Mangel an Popularität bei Falkenhayn war es nicht zuletzt, der bei der Wahl seines Nachfolgers den Ausschlag gab.

Von allen Seiten verlangte man nach Hindenburg. Auch mein Bruder Wilhelm wünschte »den als Nationalheld allgemein gepriesenen Feldmarschall« herbei. Am 29. August übernahm Hindenburg die Oberste Heeresleitung. Gemeinsam mit ihm wurde sein engster Mitarbeiter, General Ludendorff, in die OHL berufen. Schon am 2. September wurde der Angriff auf Verdun eingestellt. Drei Tage später schrieb mir mein Mann aus dem Großen Hauptquartier: »Unter den Herren ist große Freude über H.« Er fügte hinzu: »Papa muß sich mit H. natürlich erst etwas einarbeiten.« Auch mein Mann, der während seines Aufenthaltes in Pless Gelegenheit zu einem Gespräch mit Hindenburg hatte, sah in dessen Berufung eine neue Hoffnung.

Mein Mann hatte sich inzwischen wieder intensiver um die Regierung gekümmert. Er glaubte mit Recht, sie nicht über Jahre hinweg völlig aus der Hand geben zu dürfen. Die ihm bei der Armee zugewiesene Tätigkeit hatte ihn sowieso nicht befriedigt. »Es ist noch genauso langweilig wie vorher«, hatte er mir hierzu geschrieben. »Habe in meinem ganzen Leben noch nicht so eine dumme Rolle gespielt wie hier.« Indem er sich von seiner Stabsstellung freimachte, hatte er die Möglichkeit, sich der braunschweigischen Soldaten, die vor dem Feinde standen, persönlich anzunehmen. Er hielt sich nun zumeist bei ihnen auf, im Osten und im Westen. Daneben nahm er die Regierungsgeschäfte wahr, die ich mit einem Stoßseufzer der Erleichterung wieder an ihn abgetreten hatte.

Ich war natürlich auch glücklich, daß ich meinen Mann nun häufiger sehen konnte. Im März 1915 war unser zweites Kind, Georg Wilhelm, zur Welt gekommen, und ich wäre keine Frau, wenn es mich nicht gedrängt hätte, allen Aufgaben voran die der Mutter zu erfüllen.

In der Patenliste unseres Zweiten konnte man übrigens den Gang der Politik ablesen. Die große europäische Fürstenfamilie war auseinandergerissen! Außer deutschen Namen nur zwei aus dem neutralen Ausland: Königinwitwe Maria Christine von Spanien, eine gebürtige Erzherzogin von Österreich, und Prinz Axel von Dänemark.

Im November 1916 traf uns der Tod Kaiser Franz Josephs. 86 Lebensjahre hatte der Kaiser vollendet, 68 Jahre lang regiert. In einer Zeit größter Wirren, im Revolutionsjahr 1848, war ihm der Thron zugefallen, dem sein Onkel, Ferdinand I., durch Abdankung entsagen mußte. Vergegenwärtigt man sich, daß im Jahre der Thronbesteigung Franz Josephs noch Fürst Metternich regiert hatte, dann gibt das eine Vorstellung der Spanne seiner Regierungszeit. Wie beim Beginn der Regierung Franz Josephs war die Donaumonarchie auch bei seinem Tode schwersten Stürmen ausgesetzt. Wir ahnten irgendwie, daß Österreich-Ungarn dieses Mal unmittelbar am Rande der Katastrophe stand. Wir meinten zu wissen, daß es nicht zum geringsten die überragende Herrscherpersönlichkeit des Kaisers gewesen war, seine selbstaufopfernde Pflichterfüllung und seine Art zu herrschen, die den Zusammenhalt der Monarchie immer noch bewirkt hatte. Persönlich verloren wir mit dem greisen Kaiser einen stets gütigen, väterlichen Freund. Neben unserer Trauer fürchteten wir nun aber auch um die Zukunft des deutschen Bundesgenossen in einem Krieg, der beide, Deutschland und Österreich-Ungarn, mit einer bis dahin unvorstellbar gewesenen Belastungsprobe konfrontierte. Das waren die Gedanken, die uns bewegten, als mein Mann sich nach Wien begab, zur Beisetzung des toten Kaisers.

Zum Ende dieses Jahres offenbarte sich schonungslos die schreckliche Not unseres Volkes. Der Hunger war ausgebrochen, eine Folge der von England verhängten Blockade. Auch militärisch war die Lage gespannt. Die Niederwerfung Rumäniens hatte zusätzliche Kräfte in Anspruch genommen, im Osten führte die sogenannte Brussilow-Offensive zu einer bedrohlichen Krise der österreich-ungarischen Front, weit über 100 000 Soldaten tschechischer Regimenter desertierten zu den Russen. Die Seeschlacht am Skagerrak, in der unsere Kriegsflotte der Royal Navy empfindliche Verluste beigebracht hatte, war zwar geeignet, die Siegeszuversicht zu beleben, doch der Name »Verdun« lastete auf den Empfindungen von Front und Heimat. Schwere Gegenangriffe der Franzosen entrissen uns dort den Großteil der im Frühjahr in mörderischen Kämpfen erreichten Geländegewinne.

Unter dem Eindruck dieser beklemmenden Situation kam die Forderung nach dem uneingeschränkten U-Boot-Krieg wieder auf. Mit der Zerschlagung des Frachtraums der für die Kriegführung Englands, vor allem für dessen Ernährung fahrenden Schiffe, glaubte man den Inselstaat in die Knie zwingen zu können. Unsere Admiralität war auf Grund eingehender Berechnungen davon überzeugt, daß sie dieses Ziel erreichen konnte, und zwar in einem Zeitraum von rund sechs Monaten. Auch Falkenhayn hatte sich ihre Meinung zu eigen gemacht gehabt. Er war aber gegen den Reichskanzler nicht durchgedrungen. Bethmann hegte nicht nur Zweifel in die Erfolgsberechnungen der Kriegsmarine, er befürchtete, daß der rücksichtslose Einsatz der U-Boote sogar ungünstige Auswirkungen auf die Kriegslage haben werde. Nach seiner Ansicht mußte der uneingeschränkte U-Boot-Krieg, der direkt die neutrale Schiffahrt nach England traf, zu folgenschweren Kollisionen mit den neutralen Staaten, in erster Linie den USA führen und letzten Endes die gegnerische Kriegskoalition durch deren Beitritt stärken. Mein Vater teilte diese Auffassung. Er betonte, »daß der Bruch mit Amerika vermieden werden müsse«.

Auch noch aus einem anderen Grund stand mein Vater dem uneingeschränkten Krieg mit U-Booten ablehnend gegenüber. Bezeichnend hierfür ist ein Vorfall, der sich am 25. November 1914 im Großen Hauptquartier in Charleville ereignet hat. Mein Vater sprach bei der Abendtafel über die Meldung vom Untergang des englischen Schlachtschiffes »Audacious«, das auf eine deutsche Mine gelaufen war. Einer der Anwesenden machte die Bemerkung, daß auch der Passagierdampfer »Oceanic«, einer der englischen Ozeanriesen, um Haaresbreite auf eine Mine gelaufen wäre. Mein Vater antwortete: »Gott sei Dank, daß es nicht dazu gekommen ist!« Als er sah, daß seine Worte bei seinem Gesprächspartner Erstaunen hervorriefen, richtete sich der Kaiser hoch auf und sagte mit energischer Betonung: »Meine Herren, denken Sie immer daran: Unser Schwert muß rein bleiben. Wir führen keinen Krieg gegen Frauen und Kinder. Wir wollen den Krieg anständig führen, einerlei, was die anderen tun. Merken Sie sich das!«

Als die Auseinandersetzungen um das Für und Wider eines uneingeschränkten U-Boot-Krieges auf dem Höhepunkt waren, hielt ich mich zu einem Besuch im Neuen Palais auf. Dort begegnete ich Karl Helfferich, der 1915 die Leitung des Reichsschatzamtes übernommen hatte und nun dem Reichsamt des Innern vorstand und Stellvertreter des Reichskanzlers war. Er hatte bei meinem Vater Vortrag gehalten. Ich befand mich gerade bei meiner Mutter, als mein Vater in der Begleitung von Helfferich bei uns eintrat. Mein Vater bat ihn, der Kaiserin, von der er wußte, daß sie von vielen Seiten, auch von Großadmiral v. Tirpitz in dieser Frage angesprochen worden war, seine Ansicht zum Problem des U-Boot-Krieges gegen England zu erläutern. Helfferich sprach sehr ruhig und klar. Seine Art des Vortrages wie seine Argumentation beeindruckten uns gleichermaßen. »Natürlich besteht die Möglichkeit, England schwer zu schädigen«, führte er aus. »Es kann sogar so hart getroffen werden, daß es sich kaum von diesem Schlag erholen wird. Doch bevor England am Ende ist, sind wir es. Der uneingeschränkte U-Boot-Krieg würde die Vereinigten Staaten in den Krieg bringen. Und das ist für uns gleichbedeutend mit dem Verlust des Krieges.«

Im Gegensatz zu dieser Auffassung standen die Ansichten Hindenburgs und Ludendorffs. Beide setzten sich in zunehmendem Maße für den uneingeschränkten U-Boot-Krieg ein. Auch in der Öffentlichkeit wurde die Forderung nach dem rücksichtslosen Einsatz der U-Boote immer drängender laut. Im Oktober 1916 befaßte sich auch der Hauptausschuß des Reichstags erneut mit dieser Frage. Helfferich, dem es oblag, in dieser Sitzung die Meinung der Regierung zu vertreten, hatte einen schweren Stand. Er räumte auch gegenüber den Reichstagsabgeordneten ein, daß durch die Gestaltung der Welternte des Jahres 1916 die Möglichkeit gewachsen wäre, Englands Ernährung durch den U-Boot-Krieg zu erschweren, vielleicht sogar zu gefährden. Doch er fügte hinzu: »Niemand in der ganzen Welt wird mit Sicherheit behaupten können, England werde nach sechs oder acht Monaten wegen Frachtraummangels nicht mehr in der Lage sein, weiterzukämpfen.« Helfferich warnte vor einer Unterschätzung der Zähigkeit der Engländer und ihrer Fähigkeit, Notlösungen und Auswege zu organisieren.

Mit besonderem Nachdruck aber wies er auf die Gefahr eines Krieges mit den USA hin. Als von einigen Abgeordneten ein Kriegseintritt der USA in Zweifel gezogen wurde, entgegnete er: »Ich habe im Laufe der Zeit von allen den Leuten, die aus Amerika herübergekommen sind und die ich gesehen habe, nie eine andere Ansicht gehört als die: Wenn Ihr den rücksichtslosen U-Boot-Krieg anfangt, dann habt Ihr den Bruch und den Krieg mit Amerika.« Helfferich machte deutlich, welche Bedeutung ein Kriegseintritt der USA haben würde. »Glauben Sie unsere Position dadurch zu verbessern«, fragte er, »wenn Sie ein kultiviertes Land mit einer starken, kräftigen Rasse, mit mehr als 100 Millionen Einwohnern auf die andere Seite werfen? . . . Mein Optimismus geht jedenfalls nicht so weit, zu bezweifeln, daß Amerika im Kriegsfall beträchtliche Mengen von Truppen herüberschaffen kann.«

Helfferich begründete die Ausführlichkeit seines Berichtes mit den Worten: »Sollte der U-Boot-Krieg gemacht werden, so soll niemand da sein, der nachher, wenn die Sache etwa schiefgeht, sagen kann: Ja, wenn man dies und jenes uns gesagt hätte, wenn diejenigen, die an verantwortlicher Stelle stehen, auf dies und jenes hingewiesen hätten.« Helfferich beschwor die Abgeordneten: »Wenn die Karte des rücksichtslosen U-Boot-Krieges ausgespielt wird und sie sticht nicht, dann sind wir verloren!«

Die Warnung verhallte. Im Reichstag neigte sich die Waage des Schicksals dem uneingeschränkten U-Boot-Krieg zu. Den Ausschlag gab das Zentrum. Seine Fraktion erklärte: »Für die politische Entscheidung über die Kriegführung ist dem Reichstag gegenüber der Reichskanzler allein verantwortlich. Die Entscheidung des Reichskanzlers wird sich dabei wesentlich auf die Entschließung der Obersten Heeresleitung zu stützen haben. Fällt die Entscheidung für die Führung des rücksichtslosen Unterseebootkrieges aus, so darf der Reichskanzler des Einverständnisses des Reichstages sicher sein.« — Über die Entschließung der Obersten Heeresleitung konnte es keinen Zweifel geben.

Am 9. Januar 1917 fiel die Entscheidung. Die obersten Militärs und der Kanzler hielten gemeinsam Vortrag bei meinem Vater. Hindenburg und Ludendorff legten dar, daß sie die Verantwortung für den weiteren Gang der militärischen Operationen nicht übernehmen könnten, wenn nicht zum 1. Februar der uneingeschränkte U-Boot-Krieg eröffnet werde. Andererseits wären sie bereit, die Verantwortung für die militärischen Folgen der Erweiterung des U-Boot-Krieges zu übernehmen. Angesichts der Sicherheit und Exaktheit, mit der von der Fachseite die Niederringung Englands berechnet wurde, sowie der von der Autorität des Feldmarschalls v. Hindenburg getragenen Erklärung, daß unsere militärische Lage es gestatte, das Risiko eines Bruchs mit den Vereinigten Staaten auf uns zu nehmen, erklärte Bethmann dem Kaiser, daß er ihm in dieser Lage nicht raten könne, sich mit dem Votum seiner militärischen Ratgeber in Widerspruch zu setzen.

Am 31. Januar wurde der uneingeschränkte U-Boot-Krieg erklärt. Unsere U-Boot-Besatzungen kämpften wie die Löwen. Ihre Tapferkeit überstieg jedes Lob. Trotz härtesten Winterwetters versenkten sie schon im Februar über 750 000 Bruttoregistertonnen. Diese Zahl wurde in den folgenden Monaten noch übertroffen und erreichte im Juni über 1 000 000 BRT. Diese Tonnageverluste des Seeverkehrs nach England übertrafen selbst die Voraussagen des Admiralstabs. England stand unmittelbar vor dem Zusammenbruch. Der erste Lord der Admiralität, Jellicoe, beurteilte die Lage mit den Worten: »Wir können nicht mehr weiter machen.« Churchill, der gleichfalls das Amt des First Lord of the Admiralty bekleidete, gelangte zu dem Resultat: »Nur ein wenig mehr und der U-Boot-Krieg hätte, anstatt Amerika an unsere Seite zu führen, uns alle durch Hunger zur bedingungslosen Übergabe gezwungen.«

Zwei Tage nach dem Beginn des uneingeschränkten U-Boot-Krieges brachen die Vereinigten Staaten die diplomatischen Beziehungen zu Deutschland ab. Am 2. April ließen sie die Kriegserklärung folgen. Viele neutrale Staaten schlossen sich dem amerikanischen Vorgehen an. Schon im Sommer 1917 wurden die ersten amerikanischen Truppen im Westen eingesetzt, annähernd 1,7 Millionen Amerikaner kämpften schließlich auf der anderen Seite gegen uns.

Noch eine weitere warnende Voraussage bewahrheitete sich: Die Zähigkeit der Engländer und ihre Begabung, in Notzeiten erfolgreich zu improvisieren. Lloyd George, der englische Premierminister, setzte, allen Widerständen aus der englischen und amerikanischen Admiralität zum Trotz, durch, daß die Versorgung der Insel in Geleitzügen und nicht mehr wie bis dahin mit einzeln fahrenden Schiffen durchgeführt wurde. Dies Organisationsverfahren kostete zwar den Verlust wertvoller Zeit, weil die Geleitzüge unvergleichbar langsamer liefen als Einzelschiffe, doch es schaffte mehr Sicherheit gegenüber unseren U-Booten. »Es war der einzige Ausweg, wie man versuchen konnte, den Krieg fortzusetzen«, schreibt Admiral Bauer, im ersten Weltkrieg Führer unserer U-Boote. Er fährt fort: »England konnte durch schärfste und zäheste Durchführung des ursprünglich selbst von allen britischen Marine-Fachleuten als aussichtslos abgelehnten Geleitzug-Verfahrens im nahezu verlorenen Wettlauf um die Versorgung von Monat zu Monat wieder aufholen. Ende 1917 war die Möglichkeit eines deutschen Sieges, der im Sommer des Jahres ›vor der Tür‹ gestanden hatte, kaum mehr erkennbar.«

Wenn wir heute auf jene dramatische und folgenschwere Kräfteverschiebung im ersten Weltkrieg zurückblicken, die durch das Einschwenken der USA in das Lager unserer Gegner auf Jahrzehnte die politische Konstellation der Welt bestimmt hat, bedarf es noch einer

Bemerkung. Niemand bei uns hat mit letzter Sicherheit vorhersagen können, ob die Vereinigten Staaten nicht auch ohne den uneingeschränkten U-Boot-Krieg aktiv in den Kampf gegen Deutschland eingetreten wären. Wie auch niemand mit dieser letzten Sicherheit vorauszusagen vermochte, daß es den U-Booten nicht gelingen würde, England kapitulationsreif zu torpedieren. Die kontroversen Ansichten, die von den Verantwortlichen in Regierung und Oberster Heeresleitung vertreten wurden, beruhten bei allen Beteiligten auf der absoluten Überzeugung, im Interesse des Vaterlandes den einzig richtigen Weg zu gehen. Mars entschied, wer recht hatte.

Während die U-Boot-Schlacht ihrem Höhepunkt zulief, kündigte mein Vater innenpolitische Reformen an. Schon seit längerem hatte ihn der Gedanke bewegt, das Dreiklassenwahlrecht in Preußen abzulösen. Bereits 1915 ließ er Vorschläge für eine Neugestaltung des Wahlrechts ausarbeiten. Auch dem Kanzler lag eine solche Umgestaltung am Herzen. Im Oktober 1915 hatte mir mein Mann über ein Gespräch mit Bethmann im Großen Hauptquartier geschrieben. Der Kanzler habe sich bei der mehrstündigen Unterhaltung »ordentlich ausgesprochen«. »Ich finde, er ist ein großartig anständiger Mann, klug, weitsehend, geklärt«, hieß es in dem Brief. »Er kennt auch unsere Fehler im Innern, und das ist auch mit das wichtigste. In dieser ernsten Zeit, wo sich das deutsche Volk so glänzend und ehrlich bewährt, muß es auch einen Mann auf dem Platz des Kanzlers haben, der mit dem Volke denken kann und redlich für es sorgt. Er sieht, was es aushalten kann. Man muß auch an die Zukunft denken — und danach richtet er sich.«

Im März 1917 erklärte der Kanzler im preußischen Abgeordnetenhaus seine Entschlossenheit zu Reformen, gegen alle Widerstände. Er sagte: »Wären wir nicht gewillt, alle die Folgerungen, die sich aus dem Erleben des Krieges ergeben, entschlossen zu ziehen in allen Fragen des politischen Lebens, in der Regelung des Arbeitsrechts, in der Regelung des preußischen Wahlrechts, bei der Ordnung des Landtags im ganzen — wenn wir nicht das tun, dann gehen wir inneren Erschütterungen entgegen, deren Tragweite kein Mensch übersehen kann. Ich werde diese Schuld nicht auf mich laden.« Am Abend des Tages, an dem Bethmann diese Ausführungen gemacht hatte, ging in Berlin die Meldung über einen aufgefangenen Funkspruch ein, dem zu entnehmen war, daß in Rußland die Revolution ausgebrochen war. Welch bedeutungsvoller Zufall!

Mein Vater verkündete seinen Willen zu Reformen in der sogenannten Osterbotschaft. Darin sagte er u. a.: »Mir liegt die Umbildung des Preußischen Landtags und die Befreiung unseres gesamten innerpolitischen Lebens von dieser Frage besonders am Herzen. Für die Änderung des Wahlrechts zum Abgeordnetenhause sind auf meine Weisung schon zu Beginn des Krieges Vorbereitungen gemacht worden. Ich beauftrage Sie nunmehr, mir bestimmte Vorschläge des Staatsministeriums vorzulegen, damit bei der Rückkehr unserer Krieger diese für die innere Gestaltung Preußens grundlegende Arbeit schnell im Wege der Gesetzgebung durchgeführt werde. Nach den gewaltigen Leistungen des ganzen Volkes in diesem furchtbaren Kriege ist nach meiner Überzeugung für das Klassenwahlrecht in Preußen kein Raum mehr.«

Es ist bekannt, daß die Reformbestrebungen meines Vaters wenig Gegenliebe fanden. Zentrum und Linksparteien, denen sie zugute kamen, zeigten sich kaum beeindruckt. Sie forderten immer lauter eine totale Verfassungsänderung, die vollständige Parlamentarisierung. In den Rechtsparteien, aber auch von General Ludendorff, wurden die von meinem Vater angekündigten Reformen als schwächliche Konzessionen oder gar als Kotau vor dem demokratischen Gedanken kritisiert.

Die Oberste Heeresleitung verlangte Anfang Juli 1917 die Ablösung des Kanzlers. Die gleiche Forderung wurde, wenn auch aus gänzlich anderen Beweggründen, von dem Zentrumsführer Erzberger erhoben. Mein Mann, mit dem ich mich in den entscheidenden Tagen der Kanzlerkrise in Bellevue aufhielt, setzte sich dagegen beim Kaiser sehr für ein Verbleiben Bethmanns ein. Er hielt ihn für »den richtigen Mann«, um das Reformprogramm durchzuführen, ohne daß er revolutionäre Entwicklungen befürchtete. Mein Mann wies auch darauf hin, daß, wenn schon ein Kanzlerwechsel vorgenommen werden solle, es doch entscheidend wichtig sei, zunächst einmal einen besseren ausfindig gemacht zu haben, und nicht einen Kanzlerwechsel um jeden Preis zu veranstalten. Es war die gleiche Überlegung, die auch der liberale Abgeordnete v. Payer anstellte, wenn er den beabsichtigten Sturz Bethmanns als einen »Sprung ins Dunkle« apostrophierte.

Als Hindenburg und Ludendorff schließlich mit der Begründung, daß sie nicht mehr mit dem Kanzler arbeiten könnten, um ihren Abschied nachsuchten — was einem Ultimatum gleichkam — waren die Würfel gefallen. Bethmann erklärte meinem Vater, »daß eine Entlassung der beiden so verdienstreichen und von dem einmütigen Vertrauen der Nation getragenen Heerführer selbstverständlich ausgeschlossen sei.« Am 13. Juli trat Bethmann zurück. Zu seinem Nachfolger wurde Dr. Michaelis berufen, bis dahin Unterstaatssekretär im Preußischen Finanzministerium und Preußischer Staatskommissar für Volksernährung. Der Vorschlag wurde meinem Vater vom Chef des Zivilkabinetts, v. Valentini, unterbreitet. Doch man geht kaum fehl mit der Annahme, daß die ursprüngliche Benennung durch Ludendorff erfolgte. Mein Vater hatte Zweifel, ob Michaelis die letzte Qualifikation zur Bewältigung der zum Zerreißen angespannten Lage im Innern mitbringen werde. Auch fehlte es ihm an Erfahrung in der Außenpolitik. Den Ausschlag für ihn gab die Versicherung, daß die Zusammenarbeit der Obersten Heeresleitung mit Michaelis gewährleistet sei. Die Kanzlerschaft von Michaelis dauerte drei Monate. Er vermochte der innenpolitischen Krise nicht Herr zu werden. Nun wollte sich niemand dazu bekennen, seine Berufung veranlaßt zu haben. Bemerkenswert ist, daß Fürst Bülow damals Fäden spann, um wieder Reichskanzler zu werden. Einer seiner eifrigen Fürsprecher war Erzberger, ein anderer Stresemann. Eine österreichische Intervention brachte das Projekt zum Scheitern und ließ diesen Kelch an meinem Vater vorübergehen.

Beim Sturze Bethmanns durch die Oberste Heeresleitung hatte die von Erzberger forcierte »Friedensresolution« des Reichstags mit eine Rolle gespielt. Die Resolution trug defätistische Züge, und die Oberste Heeresleitung fürchtete mit Recht, daß sie einen ungünstigen Einfluß auf die Kampfmoral der Soldaten haben, »daß die Stoßkraft und Widerstandsfähigkeit der Armee erschüttert«, und der Kampfwille der Feindseite neue Stärkung erhalten würde. Hindenburg und Ludendorff argwöhnten, daß der Kanzler die Resolution nicht inhibieren wolle. Das Gegenteil war jedoch der Fall. Bethmann, Helfferich und Admiral v. Capelle, der Leiter des Reichsmarineamtes, hatten die Reichstagsabgeordneten, die sich mit der Vorbereitung der Entschließung befaßten, eindringlich gewarnt. Bethmann redete ihnen mit den Worten ins Gewissen: »Fassen Sie keine schlappe Resolution!« Bevor das Spiel hinter den Kulissen offenkundig wurde, hatte man vielleicht vermuten können, daß bei der bekannten Zusammenarbeit Bethmanns mit Erzberger auch in dieser Frage zwischen ihnen Übereinstimmung bestünde. Doch Erzberger agierte plötzlich für einen Kanzlerwechsel, und Bethmann mußte feststellen, »daß aus einem mit weitem Vertrauen bedachten Anhänger über Nacht ein persönlicher Gegner geworden war«.

Das Zentrum hatte in der Kriegszielfrage zuvor eine andere Haltung eingenommen. Noch 1916 hatte man die Zementierung der wirtschaftlichen, militärischen und politischen Beherrschung Belgiens proklamiert. Erzberger — von Hause Lehrer und Schriftsteller, damals im Aufsichtsrat von Thyssen — war es, der auch die Annexion des nordostfranzösischen Kohlen- und Erzbeckens verlangt hatte. Mein Schwager Max von Baden, der sich neben anderen bemühte, bei den Verfechtern der Resolution die Einsicht in die Abwegigkeit der Aktion zu wecken, stellte Erzberger die Frage: »Die Friedensresolution haben Sie gemacht in Verbindung mit Rom?« Erzberger antwortete: »Nein.« Darauf Prinz Max: »Dann in Verbindung mit Österreich?« Erzbergers Entgegnung hierauf fiel so aus, sagte mein Schwager, daß man sie als Bejahung auffassen mußte. Prinz Max hielt Erzberger nun vor, daß er selbst zwar gegen den Inhalt der Resolution nichts einzuwenden habe, Form und Zeitpunkt seien aber sehr schlecht gewählt. Die Antwort Erzbergers war, so sagte Prinz Max, »wahrhaft niederschmetternd«. Erzberger erwiderte nämlich: »Was wollen Sie, Hoheit — damit kriege ich auf dem Verhandlungswege Briey und Longwy.« Mein Schwager bemerkte ergänzend: »Was mich besonders in Erstaunen setzte, war die Tatsache, daß Erzberger wie die meisten Politiker in Berlin sich gar kein genaues Bild von der wirklichen Kriegslage machte; weder die Kraftquellen, noch auch die Schwächequellen der feindlichen Fronten schienen gebührend gewertet zu werden.«

Die Friedensresolution des Reichstags wurde am 19. Juli 1917 von den Mehrheitsparteien — Zentrum, Sozialdemokraten und Fortschrittliche Volkspartei — angenommen. Sie hat der deutschen Kriegsführung sehr geschadet. Die »Würdelosigkeit und Verzagtheit«, um eine Formulierung meines Schwagers Max zu zitieren, die aus ihr sprachen, der ungeeignete Zeitpunkt und die Art der parlamentarischen Behandlung mußten den Feindmächten erneuten Auftrieb geben. »Die Inszenierung war verderblich«, vermerkte Bethmann. »Drastisch wurde in den so gut wie öffentlichen Ausschußverhandlungen die Friedensresolution als notwendige Folge des Versagens des U-Boot-Krieges und der vor der Tür stehenden inneren Erschöpfung frisiert.« Helfferich konstatierte: »Keine Hand rührte sich bei unseren Feinden, um in die vom Deutschen Reichstag ausgestreckte Friedenshand einzuschlagen. Alles, was vom feindlichen Ausland zu uns herüberschallte, gab denjenigen recht, die als Wirkung der Friedensresolution das Gegenteil von Friedensbereitschaft bei unseren Feinden befürchtet hatten.«

Unter gänzlich anderen Bedingungen und von der Warte eines verantwortungsbewußten Staatsmannes hatte mein Vater zusammen mit Bethmann Ende 1916 einen Friedensschritt unternommen. Das Für und Wider wurde gründlich erörtert. Das Schreiben, mit dem mein Vater dann dem Kanzler seinen Entschluß mitteilte, gibt Aufschluß über seine Denkweise wie über die hohe Auffassung, die er von seinem Amt hatte. Der Wortlaut des Schreibens, das vom 31. Oktober 1916 datiert, lautet:

»Mein lieber Bethmann! Unser Gespräch habe ich noch nachher gründlich überdacht. Es ist klar, die in Kriegspsychose befangenen, von Lug und Trug im Wahne des Kampfes und im Haß gehaltenen Völker unserer Feinde haben keine Männer, die imstande wären, die den moralischen Mut besäßen, das befreiende Wort zu sprechen. Den Vorschlag zum Frieden zu machen, ist eine sittliche Tat, die notwendig ist, um die Welt — auch die neutrale — von dem auf allen lastenden Druck zu befreien. Zu einer solchen Tat gehört ein Herrscher, der ein Gewissen hat und sich Gott verantwortlich fühlt, und ein Herz für seine und die feindlichen Menschen, der unbekümmert um die eventuellen absichtlichen Mißdeutungen seines Schrittes den Willen hat, die Welt von ihren Leiden zu befreien. Ich habe den Mut dazu, ich will es auf Gott wagen. Legen Sie mir bald die Noten vor und machen Sie alles bereit. Wilhelm I. R.«

Mein Vater wußte also um die Fährnisse, die den erwarten, der es wagte, in dem Getose der aufgewühlten Kriegsleidenschaften als erster nach Frieden zu rufen. Doch er war gewillt, dieses Odium auf sich zu nehmen.

Der geplante Friedensschritt wurde zunächst mit der Obersten Heeresleitung besprochen. Hindenburg erhob keine Einwände. Sodann wurde das Einvernehmen mit den drei verbündeten Regierungen hergestellt. Schließlich wurde — und das war eminent bedeutsam — ein psychologisch geeigneter Termin gewählt, d. h. es sollte mit dem Friedensangebot im Moment eines Sieges auf den Plan getreten werden, um das Mißverständnis, es sei von Schwäche diktiert, auszuschalten. Am 6. Dezember wurde nach einem siegreichen Feldzug gegen das in den Krieg eingetretene Rumänien die Hauptstadt Bukarest erobert. Wenige Tage später, am 12. Dezember, ließ der Kanzler den Feindmächten durch Vermittlung neutraler Staaten das Friedensangebot übergeben. In der Note hieß es u. a.:

»Deutschland und seine Verbündeten, Österreich-Ungarn, Bulgarien und die Türkei, haben in diesem Kampfe ihre unüberwindliche Kraft

erwiesen. Sie haben über ihre an Zahl und Kriegsmaterial überlegenen
Gegner gewaltige Erfolge errungen. Unerschütterlich halten ihre Linien
den immer wiederholten Angriffen der Heere ihrer Feinde stand. Der
jüngste Ansturm im Balkan ist schnell und siegreich niedergeworfen
worden; die letzten Ereignisse beweisen, daß auch eine weitere Fort-
dauer des Krieges ihre Widerstandskraft nicht zu brechen vermag, daß
vielmehr die gesamte Lage zur Erwartung weiterer Erfolge berechtigt.«

Weiter hieß es:

»Getragen von dem Bewußtsein ihrer militärischen und wirtschaftlichen Kraft und bereit, den ihnen aufgezwungenen Kampf nötigenfalls bis
zum Äußersten fortzusetzen, zugleich aber von dem Wunsch beseelt, weiteres Blutvergießen zu verhüten und den Greueln des Krieges ein Ende
zu machen, schlagen die vier verbündeten Mächte vor, alsbald in Friedensverhandlungen einzutreten. Die Vorschläge, die sie zu diesen Verhandlungen mitbringen werden und die darauf gerichtet sind, Dasein,
Ehre und Entwicklungsfreiheit ihrer Völker zu sichern, bilden nach ihrer Überzeugung eine geeignete Grundlage für die Herstellung eines
dauerhaften Friedens.«

Und weiter:

»Wenn trotz dieses Anerbietens zu Frieden und Versöhnung der
Kampf fortdauern sollte, so sind die vier verbündeten Mächte entschlossen, ihn bis zum siegreichen Ende zu führen. Sie lehnen aber feierlich
jede Verantwortung dafür vor der Menschheit und der Geschichte ab.«

In den Vereinigten Staaten, die zu dieser Zeit noch neutral waren,
fiel der deutsche Friedensschritt auf günstigen Boden. Präsident Wilson
richtete kurz darauf an alle Kriegführenden eine Note, in der er seine
Bereitschaft bekundete, für eine Friedensvermittlung in jeder annehm-
baren Weise dienlich zu sein. Die Alliierten lehnten ab. In der Erkenntnis, daß der deutsche Friedensschritt in allen Völkern Hoffnungen auf
ein Ende der Kriegsschrecken und Verständigungsbereitschaft zu wecken
geeignet war, stempelte beispielsweise Briand das deutsche Anerbieten
vor der französischen Kammer zu einer plumpen Falle, einem unsau-
beren Manöver und warnte vor einer »Vergiftung der öffentlichen Meinung.«

In ihrer Antwortnote an die Mittelmächte vom 30. Dezember 1916
erklärte die Entente: »In voller Erkenntnis der Schwere, aber auch der
Notwendigkeiten der Stunde lehnen es die alliierten Regierungen, die
unter sich eng verbunden und in voller Übereinstimmung sind, ab, sich
mit einem Vorschlag ohne Aufrichtigkeit und ohne Bedeutung zu befas-

sen.« Auch in ihrer Antwort an Wilson wiesen sie jede diskutable Friedensbereitschaft zurück. Sie gaben der Ansicht Ausdruck, »daß es unmöglich ist, heute bereits einen Frieden zu erzielen, der ihnen die Sühnen, Wiedergutmachung und Bürgschaften sichert, auf die sie ein Recht haben infolge des Angriffs, für den die Mittelmächte die Verantwortung tragen und der gerade darauf abzielt, die Sicherheit Europas zugrunde zu richten.«

Bei dem englischen Historiker Chamier findet sich die folgende Beurteilung der Antwort auf das deutsche Friedensangebot: »Die Alliierten nannten Bedingungen, die Krieg bis zum Letzten bedeuteten.«

Im Sommer 1917 unternahm der Papst einen Versuch, zwischen den Kriegsparteien zu vermitteln. Bei der notorischen Behutsamkeit der vatikanischen Diplomatie konnte es keinem Zweifel unterliegen, daß die päpstliche Initiative mit Sorgfalt vorbereitet worden war. Ende April hatte Benedikt XV. einen der begabtesten jüngeren Diplomaten der Kurie, Monsignore Pacelli, den späteren Papst Pius XII., zum Apostolischen Nuntius am bayerischen Hof ernannt. Am 26. Juni suchte Pacelli Bethmann in Berlin auf und unterrichtete ihn davon, daß er einen Brief des Papstes an den Kaiser zu überbringen habe. Drei Tage darauf stand der Nuntius meinem Vater im großen Hauptquartier in Bad Kreuznach gegenüber. Mein Vater war sogleich von der imponierenden Persönlichkeit Pacellis eingenommen. Es ging ihm wie mir, als ich dem Nuntius in München begegnet bin. Mein Vater schilderte ihn mit den Worten: »Pacelli ist eine vornehme, sympathische Erscheinung, von hoher Intelligenz und vollendeten Umgangsformen, das Bild eines katholischen Kirchenfürsten.«

Die Unterhaltung wurde in französischer Sprache geführt. Das Deutsch Pacellis war zu dieser Zeit noch nicht so perfekt wie in späteren Jahren. Der Gesandte des Papstes erkannte sogleich, daß sein Gesprächspartner nach Frieden strebte, daß jede seriöse Bemühung in dieser Richtung mit seiner uneingeschränkten Unterstützung rechnen durfte. Mein Vater wies auf die, wie er es nannte, unerhörte Zurückweisung seines Friedensangebotes vom Dezember 1916 durch die Alliierten hin. In temperamentvollen Ausführungen sprach er von der hohen Aufgabe des Heiligen Stuhls, für den Frieden zu intervenieren. Am Schluß der Audienz ergriff Nuntius Pacelli, so berichtete mein Vater, die Hand des Kaisers und sagte tiefbewegt: »Vous avez parfaitement raison! C'est le devoir du Pape, il faut qu'il agisse, c'est par lui que le monde doit être regagné à la paix. Je transmetterai vos paroles à Sa Sainteté« — »Sie haben durchaus recht. Das ist die Pflicht des Papstes, er muß handeln, durch ihn muß die Welt den Frieden erhalten. Ich werde Ihre Anregung Seiner Heiligkeit wörtlich übermitteln.«

Am 1. August unterzeichnete der Papst eine Botschaft, in der er die kriegführenden Mächte aufforderte, dem Krieg ein Ende zu setzen. Dem sehr konkreten Inhalt des päpstlichen Schreibens war zu entnehmen, daß der Vatikan auf beiden Seiten gute Vorarbeit geleistet hatte. Aber alles war vergeblich — angesichts der Juli-Ereignisse in Berlin. Die defätistische Friedensresolution Erzbergers hatte im gegnerischen Lager denen, die zum Frieden neigten, den Wind aus den Segeln genommen und jenen Auftrieb gegeben, die zum Durchhalten riefen. Und offensichtlich waren die an der Friedensaktion des Papstes Beteiligten auch davon ausgegangen, daß auf deutscher Seite Bethmann verhandeln würde. »It would have been easier for Germany to make peace with von Bethmann-Hollweg at the helm«, äußerte sich J. W. Gerard, bis 1917 Botschafter der Vereinigten Staaten in Berlin. »The whole world knows him and honours him for his honesty.« (»Es würde für Deutschland leichter gewesen sein, Frieden zu machen mit v. Bethmann-Hollweg an der Spitze. Die ganze Welt kennt ihn und achtet ihn wegen seiner Ehrenhaftigkeit.«) Pacelli äußerte sich vertraulich, daß ohne den Abgang Bethmanns die Friedensaussichten gute gewesen seien. Zu Erzberger aber, dem Initiator der Friedensresolution und Konspirator gegen Bethmann sagte der Nuntius: »Jetzt ist alles verloren, auch Ihr armes Vaterland.«

Im Verlauf des Jahres 1917 bekam die spärlich flackernde Flamme der Hoffnung auf eine siegreiche Beendigung des Krieges durch die Ereignisse in Rußland noch einmal neue Nahrung, die sie wieder etwas aufleuchten ließ. In der öffentlichen Meinung breitete sich die Erwartung aus, daß der Sturz der russischen Monarchie Deutschland einen entscheidenden Schritt zum Siege nähergebracht hätte. Auf den ersten Blick mochte dieser Hoffnungsschimmer seine Berechtigung haben. Doch dem, der Regie und Hintergründe der russischen Revolution sehen konnte, eröffneten sich eher düstere Perspektiven.

Mein Vater hatte seit langem die prekäre Situation des Zarentums erkannt. Wiederholt hatte er in der Unterhaltung den Ausspruch eines ergrauten russischen Generals zitiert, den dieser zu ihm bei einem Rußlandbesuch, noch im tiefen Frieden, getan hatte. Der Russe hatte seinen Groll über die außenpolitische Lage mit den Worten zum Ausdruck ge-

bracht: »Et nous voilà ensemble avec cette maudite République Fran-
çaise, pleine de haine contre vous et remplie d'idées subversives, qui
en cas de guerre avec vous, nous coûteront notre dynastie.« Zu deutsch:
»Und nun halten wir mit dieser verwünschten französischen Republik
zusammen, die voller Haß gegen Deutschland ist und erfüllt von Um-
sturzideen, die uns im Falle eines Krieges mit Ihnen unsere Dynastie
kosten werden.« Aus dem richtigen Gefühl — vielleicht war es auch rea-
listische Voraussicht —, daß sich in Rußland revolutionäre Veränderungen anbahnten, glaubte mein Vater, daß man in Petersburg erkennen
werde, wie dringend ein Friedensschluß im Interesse der russischen Monarchie geboten sei. Die Schritte, die mein Vater unternommen hat, um
den Zaren seine Ansicht wissen zu lassen, sind zum Teil heftig um-
stritten.

In den zwanziger Jahren tauchte das Gerücht auf, mein Vater hätte
1916 den Großherzog von Hessen in streng geheimer Mission zum Zarenhof entsandt, um Nikolaus II. für einen Sonderfrieden mit Deutschland zu gewinnen. Die Quelle dieser Behauptung war eine gewisse Anastasia Tschaikowsky, die von sich sagte, sie sei die jüngste Tochter des
Zarenpaares. Die uns heute unter dem Namen Frau Anna Anderson
bekannte Anastasia Tschaikowsky berichtete, daß sie dem fürchterlichen
Gemetzel, dem die Zarenfamilie im Juli 1918 in Jekaterinburg zum
Opfer gefallen ist, entronnen wäre und auf abenteuerlichen Wegen
schließlich Deutschland erreicht hätte. Zum Beweis der Richtigkeit der
von ihr geltend gemachten Identität mit der Großfürstin Anastasia berief sie sich u. a. auf ihr Wissen von jenem geheimen Besuch des Großherzogs von Hessen, des Bruders der Zarin. Nur der engste Kreis um
den Zaren, sagte sie, habe hiervon gewußt.

Die hessische Familie ihrerseits wertete diese Erzählung als einen
sicheren Beweis dafür, daß die Behauptung Anna Andersons, sie wäre
die Großfürstin Anastasia, unwahr sei. Da in der hessichen Familie
nichts von einer Fahrt des Großherzogs Ernst Ludwig nach Rußland
während des Krieges bekannt ist, betrachtet sie die Angabe Anna Andersons als eine Erfindung. Anderer Ansicht ist mein Vetter Prinz Friedrich Ernst von Sachsen-Altenburg. Er hat sich seit Jahren intensiv der Aufklärung des Anastasia-Falls angenommen. Mein Vetter gab mir eine eingehende Darstellung der Ergebnisse seiner Untersuchung. Danach hätte
sich folgender Vorgang ereignet: Der Großherzog von Hessen hat im
Einverständnis mit meinem Vater persönlich den Zaren aufgesucht, um
ihn für einen Separatfrieden zu gewinnen. Der Großherzog führte auf

seiner Fahrt den Namen Thurn und Taxis. Der Zar hatte seinem Schwager einen Begleiter beigegeben, der zu strengster Verschwiegenheit verpflichtet war. Bei der Durchgangsstelle, an der der Großherzog die Linien passierte, wurde er von einem Bekannten seines Begleiters erkannt. Dem Offizier wurde absolutes Stillschweigen auferlegt. Die Vermittlungsaktion selbst scheiterte, da die Militärpartei um den Zaren sich schroff gegen jeden Gedanken an einen Friedensschluß stellte. Soweit der Kern des Berichtes des Prinzen Friedrich Ernst.

Das Landgericht Hamburg hat im sogenannten Anastasia-Prozeß Beweisanträge, die sich auf die Reise des Großherzogs bezogen, mit der Begründung abgelehnt, daß es sich dabei um Zeugen handelt, »die aus eigenem Wissen darüber nichts bekunden können.« Das Gericht hat andererseits auch keinen Beweis dafür gefunden, daß die Reise des Großherzogs etwa nicht stattgefunden hat. Das Gericht formulierte: »Es steht nicht fest, daß der Großherzog von Hessen während des ersten Weltkrieges in einer Friedensmission am russischen Hofe gewesen ist. Urkundliche Belege, die für eine solche Reise sprechen, scheint es nicht zu geben.« Das war 1961.

In der Berufungsverhandlung vor dem Oberlandesgericht Hamburg kam es 1965 zu einer Aussage des in Paris lebenden russischen Fürsten Dimitri Galizin, die möglicherweise die Vorgänge in einem deutlicheren Licht erscheinen läßt. Fürst Galizin erklärte unter Eid: »Als Begleiter des Chefs der von der Zarin gegründeten Rotkreuz-Organisation, Vladimir v. Mekk, begab ich mich im Frühjahr 1916 nach Zarskoje Selo. Mekk hatte den Auftrag, der Zarin zu berichten. Während er bei der Zarin war, saß ich im Gang des Palastes auf einem Stuhl. Plötzlich überquerte ein Mann in Zivil in einiger Entfernung den Gang, von einer Tür zur anderen. Mekk fragte mich nach seiner Rückkehr, ob ich den Mann gesehen hätte, und gebot mir, darüber zu schweigen. Am selben Abend oder am nächsten Morgen sagte Mekk zu mir, der Mann in Zivil sei der Großherzog von Hessen gewesen.«

Mir persönlich ist niemand bekannt, der aus eigener Wahrnehmung von einer Fahrt des Großherzogs nach Petersburg weiß. Ich habe auch von meinem Vater hierüber nichts gehört. Ich weiß jedoch, daß der Vorschlag, einen Prinzen nach drüben zu entsenden, gemacht und auch mit der Obersten Heeresleitung erwogen wurde. Ludendorff hat strikt abgelehnt. Wenn es dennoch zu einem solchen Schritt gekommen sein sollte, wäre er also ohne Wissen der Obersten Heeresleitung erfolgt. Das würde erklären, warum mein Vater strengste Geheimhaltung gewünscht hätte, und zwar auch später noch — und vielleicht gerade später —, als Hindenburg wie Ludendorff in der Weimarer Republik politische Rollen übernommen hatten. Immerhin läge gegebenenfalls in einer Verpflichtung zur Geheimhaltung eine Erklärung für ein absolutes Schweigen des Großherzogs selbst gegenüber seiner Familie. Denn die hessische Familie hat von ihm auch nicht die geringste Andeutung vernommen. Mein Vater hat allerdings davon gesprochen, daß er den Zaren über seine Bereitschaft zu einem Separatfrieden unterrichtet habe. Dabei habe er einen Frieden mit den Grenzen von 1914 und ohne Reparationsforderungen angeboten. Sieht man einmal von der Frage ab, ob Ernst Ludwig von Hessen persönlich den Zaren aufgesucht hat, so gibt es Nachweise für die Bemühungen meines Vaters bei Nikolaus II. Alexander Kerenskij, zunächst Justizminister und dann Ministerpräsident der russischen Revolutionsregierung, hat ausgesagt, daß ein Schreiben meines Vaters aus dem Jahre 1916 gefunden wurde, in dem er dem Zaren einen Sonderfrieden vorgeschlagen hat. Der Zar hat nicht selbst geantwortet. Vielmehr wurde auf seine Anordnung meinem Vater mitgeteilt, daß er keine Antwort geben wolle. Der Wortlaut dieses Schreibens wurde ebenfalls aufgefunden.

Auch ein Brief des Großherzogs von Hessen an den Zaren, der den Abschluß eines Sonderfriedens zum Gegenstand hatte, ist nachweisbar. Er wurde, wie die Großfürstin Xenia Alexandrowna, eine Schwester des Zaren, bestätigte, von einer Hofdame überbracht. Die Herstellung solcher Kontakte stellte an sich kein Problem dar. Sie waren jederzeit via Kopenhagen, über den dänischen Hof möglich. Aber ganz allgemein gesehen trugen die Beziehungen zwischen den kriegführenden Mächten im Osten einen anderen Charakter als im 2. Weltkrieg. Es war damals immerhin möglich, daß eine Abordnung russischer Krankenschwestern, unter ihnen die Witwe des bei Tannenberg unterlegenen Generals Samsonoff, Kriegsgefangenenlager für russische Soldaten in Deutschland besuchen durften und sogar von meiner Mutter empfangen wurden. Auch eine Abordnung deutscher Schwestern konnte in Rußland derartige Besichtigungen vornehmen und wurde von der Zarin empfangen.

Es kam der Zeitpunkt, da Zar Nikolaus dem Gedanken an einen Separatfrieden nähertrat. Unter dem Druck der rapide anwachsenden Schwierigkeiten auf allen Gebieten der Kriegführung des Zarenreiches begannen die Bemühungen meines Vaters Wirkungen zu zeitigen. Die sich anbahnende Wandlung blieb auch den Alliierten Rußlands nicht verborgen. Schon seit Ende 1916 häuften sich in der englischen Presse Hinweise auf deutschfreundliche Tendenzen am Zarenhof, Warnungen vor einer von »Reaktionären« erzwungenen deutsch-russischen Verständigung. »Saturday Revue« berichtete, daß das deprimierende Gerede von dem bevorstehenden Abspringen Rußlands kein Ende nehme; »Nation« kündigte seinen Lesern eine für England äußerst peinliche diplomatische Situation an. Anklagen gegen den Zaren tauchten auf und nahmen an Heftigkeit zu. Die gesamte große Presse Englands verfolgte schließlich diese Linie. Der Ablauf der Entwicklung wurde dabei wie folgt vorausgesagt: »Nahrungsmittelunruhen — Unterdrückung durch die reaktionäre Regierung — Benutzung der inneren Wirren zu einem deutsch-russischen Frieden.«

Während man den Zarenhof kritisierte, unterstützte und ermutigte man die liberalistischen Kräfte. Einer Zusammenstellung der Berichte der deutschen Zentralstelle für Auslandsdienst, die sich mit der Sammlung und Auswertung der ausländischen Presse befaßte, ist für Anfang 1917 die Mitteilung zu entnehmen: »Von nun an wird es klar, daß die englische Propagandaorganisation in Rußland die Instruktion erhalten hat: Hetze gegen Deutschland, aber vor allem Hetze gegen die russische Regierung.« Auch der französische Geheimdienst setzte seine Propaganda in der Bevölkerung und Armee Rußlands in der gleichen Richtung an. Oberst Nicolai, der Chef des Nachrichtendienstes der Obersten Heeresleitung, sagte in seinem Bericht hierüber: »Der Zar und seine Ratgeber, die dem Frieden geneigt waren, wurden für die lange Kriegsdauer, für den Verlust der Schlachten, für alle Entbehrungen und Opfer verantwortlich gemacht. Der Zweck war aber nicht, den Frieden zu fördern, sondern die friedenswillige und darum für die Entente gefährliche Zarenregierung zu stürzen. Die Revolution wurde vorbereitet.«

Mein Vater äußerte sich dahin, daß Rasputin zu den Fürsprechern eines Sonderfriedens am Zarenhof gehört hätte. »Gegen ihn stand«, erläuterte mein Vater, »die Partei der Großfürsten, die parlamentarisch organisierte nationalistische Bourgeoisie und der englische Kriegswille, verkörpert in dem Botschafter Buchanan und dem Militärbevollmächtigten Oberst Knox. Als diese Gegenspieler den wachsenden suggestiven Einfluß Rasputins erkannten, schritten sie zur Tat. Rasputin wurde ermordet, das Zarentum durch die seitens England unterstützte demokratische Revolution hinweggefegt.«

Ende Januar 1917 hatten die Alliierten Sonderbeauftragte nach Petersburg entsandt, um ihren Verbündeten zu neuen Kriegsanstrengun-

gen zu veranlassen und insbesondere dessen Ausscheiden aus der Kriegskoalition zu verhindern. Aus England war einer seiner begabtesten Minister, Lord Milner, gekommen. Wenige Wochen danach wurde der
Zar gestürzt. Am 15. März verzichtete Nikolaus II. auf den Zarenthron.
Er und seine Familie wurden gefangengesetzt. Gegen Nikolaus und die
Zarin Alexandra Feodorowna wurde wegen der Beschuldigung des
Landesverrats eine richterliche Untersuchung eingeleitet. Unter Landes-
verrat verstand man das Anstreben eines Sonderfriedens mit Deutschland. Die englische Regierung beglückwünschte die Revolutionäre; Präsident Wilson bezeichnete die Revolution in einer Botschaft an den amerikanischen Kongreß als ein »wunderbares und ermutigendes Ereignis.«
Die neuen Machthaber erklärten sich mit aller Schärfe gegen jeden Gedanken an einen Sonderfrieden. Ihre Kriegspolitik verdeutlichten sie
mit der Verlautbarung: »Für uns ist ein entscheidender Sieg unerläßlich;
die Liquidierung des Deutschen Reiches, ohne die eine Festigung der
Ideen, für die wir kämpfen, unmöglich ist, ist heute notwendiger und
wichtiger denn je.«

Aus Rußland drangen auf den verschiedensten Wegen Nachrichten zu
uns, die schlimmste Befürchtungen für das Schicksal des Zaren zum Inhalt
hatten. Der dänische Hof fühlte vor, ob mein Vater geneigt wäre,
Schritte zur Rettung der Zarenfamilie zu unternehmen. Mein Vater
sagte: »Warum wendet man sich gerade an mich?« Er fragte sich, was
Kopenhagen bewogen haben mochte, sich an ihn zu wenden, der doch
mit Rußland im Krieg lag. Nichtsdestoweniger gab er Reichskanzler
Bethmann-Hollweg Weisung, den Versuch zu unternehmen, über neutrale Kanäle mit der russischen Regierung in Kontakt zu kommen. Es
solle Kerenskij übermittelt werden, daß der Kaiser ihn selbst zur Rechenschaft ziehen lassen werde, wenn der Zarenfamilie auch nur ein Haar
gekrümmt werde. Die Antwort, die Bethmann meinem Vater überbrachte, besagte, daß Kerenskij es sehr gern sehen würde, wenn der
Zar und seine Familie Rußland verlassen könnten.

Bethmann unterrichtete meinen Vater über Andeutungen, denen zu-
folge der Zar und seine Familie sich aus Zarskoje Selo, wo sie zu dieser Zeit interniert waren, nach England begeben wollten. Mein Vater
war sofort zur Hilfeleistung bereit. In einem Geheimbefehl an die Befehlshaber im Nordabschnitt der Ostfront ordnete er an, daß der Zar
und seine Familie die Front unbehindert passieren dürften. In dem Befehl hieß es weiter, daß dem Zaren eine Ehrenwache zu stellen und ein

Sonderzug einzusetzen wäre; ein Adjutant meines Vaters und Offiziere der Eisenbahntruppe sollten die Verantwortung für die persönliche Sicherheit der Zarenfamilie übernehmen; dem Zaren sei es überlassen, den Hafen anzugeben, von dem aus er nach England übersetzen wolle. In einem Befehl an den Oberbefehlshaber der Seestreitkräfte in der Ostsee, den Prinzen Heinrich, traf mein Vater Vorsorge für den Fall, daß der Zar per Schiff Rußland verlassen würde. Mein Onkel Heinrich wurde angewiesen, Vorbereitungen zu treffen, damit ein Schiff, das unter der Zarenstandarte führe, nicht behindert und von Torpedobooten sicher durch die Minenfelder geleitet würde.

Mein Vater konnte mit Fug und Recht sagen: »Ich habe alles Menschenmögliche für den unglücklichen Zaren und seine Familie getan.« Der Kanzler, der die Maßnahmen meines Vaters in jeder Hinsicht befürwortete, verständigte den als Vermittler dienenden dänischen Hof. Wir warteten, daß nun etwas geschehen würde. Aber wir hörten nichts.

Erst sehr viel später erfuhren wir, welchen Lauf die Dinge genommen hatten: Lloyd George, der englische Premierminister, weigerte sich, dem Zaren und seiner Familie in England Zuflucht zu gewähren. Sir George Buchanan wurde von seiner Regierung telegrafisch darüber instruiert, daß sie nicht gewillt wäre, der Zarenfamilie Asyl zu geben. Sir Buchanan setzte die russische Regierung hiervon in Kenntnis. Kerenskij beschrieb diesen Augenblick mit dem Satz: »Der Botschafter hatte Tränen in den Augen. Er war fast am Ende seiner Kraft.«

Was immer auch die Gründe für die fatale Entscheidung Lloyd Georges gewesen sein mögen, sie sind schwer verständlich. Aus welcher Richtung sie kamen, dafür gibt möglicherweise die Tatsache einen Hinweis, daß er 1919 — also selbst noch nach der Ermordung der Zarenfamilie — dem Schwager des Zaren, dem Großfürsten Alexander Michailowitsch, die Einreise nach England ebenfalls verweigert hat.

Ich möchte dieses traurige Kapitel jedoch nicht verlassen, ohne eine Bemerkung des englischen Brigadier-Generals W.H.-H. Waters zu zitieren, die auch meine Ansicht wiedergibt. Der Brigadier, der aus eigener Anschauung mit den russischen Verhältnissen vertraut war und nach Ausbruch der russischen Revolution von sich aus, ohne irgendeine Kenntnis der Bemühungen des dänischen Hofes und meines Vaters, dem englischen Kriegsministerium zur Befreiung des Zaren geraten hatte, urteilte: »Wenn das britische Volk offen über den Stand der Frage einer Asylgewährung für den Zaren und seine Familie ins Bild gesetzt worden wäre, ebenso wie über das Angebot des deutschen Kaisers zu voller Hilfeleistung, es würde sicher seine Regierung zur Rettung der Zarenfamilie angespornt haben.«

Die Regierung Kerenskij erfülllte in der Frage der Fortsetzung des Krieges die Erwartungen ihrer Verbündeten. Ende Juli traten russische Armeen unter dem Oberbefehlshaber Brussilow zur Offensive an. Nach Anfangserfolgen im Raum Galizien, wo es gelang, eine österreichisch-ungarische Heeresgruppe zurückzudrängen, wurden die Russen von einem Gegenangriff deutscher Divisionen unter der Führung des Oberbefehlshabers Ost, Prinz Leopold von Bayern, hart getroffen. Ihre Offensive kam nicht nur zum Stehen, die russische Armee geriet ins Wanken. Der militärische Zusammenbruch kündigte sich an. Die schweren Verluste an der Front ließen den Schrei nach Frieden noch lauter ertönen. Mit Mühe nur war es Kerenskij gelungen, die Frieden fordernden Massen vorübergehend zu beschwichtigen. Die Opposition gegen seine Politik lag in den Händen der Bolschewisten. Geschickt wußten sie die im Volk schnell um sich greifende Empörung über die Weiterführung des Krieges durch die bürgerlich-sozialdemokratische Regierung für ihre Zwecke zu nutzen.

Der Motor der bolschewistischen Agitation war Lenin. Als von der zaristischen Regierung Verbannter hatte er sich in der Schweiz aufgehalten. Nach dem Sturz des Zaren begann er, seine Rückkehr ins Werk zu setzen. Den Weg über Frankreich und England zu nehmen, wurde ihm von der Entente verweigert. Es blieb die Fahrt durch Deutschland. Hier fiel sein Vorhaben auf günstigen Boden. In Kreisen des Auswärtigen Amtes waren Überlegungen angestellt worden, wie sie etwa der deutsche Botschafter in Kopenhagen, Graf Brockdorff-Rantzau, nach Ausbruch der Petersburger Märzrevolution zum Ausdruck gebracht hatte: »In Rußland ist jetzt unbedingt ein größtmögliches Chaos zu schaffen. Vor allem müssen die extremen Elemente in unserem Interesse begünstigt werden.« Aus Bern berichtete der deutsche Gesandte v. Romberg, »daß hervorragende russische Revolutionäre seit dem Ausbruch der Revolution zur Rückkehr in die Heimat drängen, den Weg über Deutschland nehmen und von dort aus schleunigst den Krieg mit Deutschland beenden möchten.«

In Berlin wurde die Durchschleusung Lenins und anderer Radikaler besonders von Erzberger betrieben. Das Auswärtige Amt nahm den Plan auf. Die Oberste Heeresleitung widersprach anfangs, wie Oberst Nicolai mitgeteilt hat, erteilte dann aber ihre Zustimmung unter der Bedingung, daß Lenin und seinen Begleitern auf der Fahrt durch Deutschland keine Gelegenheit zu Agitationen gegeben würde. Ludendorff sagte zu seiner Entscheidung: »Militärisch war die Reise gerechtfertigt. Rußland mußte fallen.« Am 9. April 1917 machte sich in der Schweiz der erste Trupp mit 32 russischen Emigranten auf, um über Deutschland und Schweden nach Rußland zu gelangen, unter ihnen Lenin, Radek und Sinowjew.

Mein Vater war über die geplante Durchreise der Emigranten in Unkenntnis gelassen worden. Er erfuhr es, wenn ich recht erinnere, aus der Presse. Bethmann hat ihm dann Vortrag gehalten und dargelegt, daß für Deutschland in Rußland eine Politik der Zersetzung eine unumgängliche Voraussetzung sei, um im Osten zum Frieden zu gelangen.

Als mein Mann und ich von der Aktion hörten, waren wir außer uns. Mein Mann sagte wörtlich zu mir: »Das ist der Anfang vom Ende!« Er erklärte mir, daß die Revolutionsstimmung in Rußland und die damit verbundene Unsicherheit unter den russischen Truppen allem vorweg militärisch ausgenutzt werden müßten. »Jetzt«, sagte er, »muß der russischen Front der Todesstoß versetzt werden, und das ist möglich. Aber auf Revolutionäre setzen? Wohin soll das führen?« Er fügte hinzu: »Du wirst sehen, auch damit werden wir wieder zu spät kommen, immer zu spät.« Dieses »zu spät« habe ich von meinem Mann während der Kriegsjahre wiederholt gehört.

Am 16. April trafen Lenin und die mit ihm Gereisten in Petersburg ein. Weitere Transporte aus der Schweiz schlossen sich an. Emigranten, die in England und Schweden gelebt hatten, folgten. Als dann im September ein neuer Offensivschlag gegen die Russen geführt wurde, war es mit ihrer Kraft vorbei. Die russische Front brach auseinander. Die bolschewistische Agitation aber hatte die inzwischen verstrichenen Monate genutzt. Am 6. November begann die bolschewistische Revolution.

Der Staatssekretär des Äußeren, v. Kühlmann, informierte meinen Vater über die Vorgänge in Rußland mit einem Telegramm, dessen Ansichten festgehalten zu werden verdienen:

»Rußland schien das schwächste Glied in der Kette unserer Feinde. Die Aufgabe war daher, dieses Glied allmählich zu lockern und, wenn möglich, zu entfernen. Das war der Zweck der von uns geleiteten umstürzlerischen Tätigkeit hinter der Front, in erster Linie durch Förderung separatistischer Tendenzen und durch Unterstützung der Bolschewisten. Erst nachdem die Bolschewisten laufend von uns Geldmittel bekamen, waren sie in der Lage, ihr Hauptorgan, die ›Prawda‹, aufzubauen, energische Propaganda zu betreiben und die ursprünglich schmale Basis ihrer Partei ganz bedeutend zu erweitern. Jetzt sind die Bolschewisten an der Macht. Wie lange sie aber an der Macht bleiben werden, kann man noch nicht voraussehen.«

Der Leiter der deutschen Außenpolitik fuhr fort: »Es ist ganz in unserem Interesse, die Zeit, die sie an der Macht sind, die kurz sein kann, auszunutzen, um erstens einen Waffenstillstand zu erreichen, und dann, wenn möglich, einen Frieden.« Kühlmann versicherte: »Es kann keine Rede davon sein, die Bolschewisten in Zukunft zu unterstützen.«

Es war eine Rechnung ohne die Bolschewisten. Ihre Anführer, deren Namen nun in das Bewußtsein der Öffentlichkeit traten, sollten die Welt erschüttern: Lenin, Trotzki, Molotow, Stalin.

Zunächst allerdings schienen die Überlegungen des Auswärtigen Amtes und der Obersten Heeresleitung die Bestätigung ihrer Richtigkeit zu finden. Ende November machte die bolschewistische Regierung den Mittelmächten ein Waffenstillstands- und Friedensangebot. Hindenburg äußerte sich: »Es steht alles gut. Wenn wir noch eine Zeitlang Kraft und Geduld haben, bringen wir's zum guten Ende.« Ludendorff ergänzte: »Die Kriegslage berechtigt zur größten Zuversicht.« Anfang Dezember trat an der Ostfront Waffenruhe ein; drei Monate später wurde in Brest-Litowsk der Friede geschlossen.

8. KAPITEL

DER ANFANG VOM ENDE

Die Entlastung der deutschen Kriegsführung im Osten schuf die Voraussetzung für eine große Operation an der Westfront. Am 21. März 1918 begann die Große Schlacht in Frankreich. Ihr folgten im April und Mai zwei weitere Offensiven. Alle verfügbaren Kräfte wurden eingesetzt, die letzten Reserven aufgeboten. Unsere Soldaten vollbrachten — im fünften Kriegsjahr! — unvorstellbare Leistungen. Das in den drei großen Schlachten Erreichte stellte, wie Hindenburg mit Stolz sagen konnte, alles, was seit dem Herbst 1914 im Westen im Angriffskampf geleistet worden war, in den Schatten. Die feindlichen Armeen erlitten schwere Verluste, große Geländegewinne wurden erzielt, die Beute an Waffen und Kriegsgerät war beinahe unübersehbar. Wie 1914 näherte sich die Front wieder Paris. Und wie damals galoppierte auch wieder deutsche Kavallerie über die Kampffelder. Noch einmal erfaßte uns der Gedanke, einem Sieg vielleicht doch näherzukommen. Wie gebannt blickten wir auf die Ereignisse im Westen.

Im Juli wurde bei Reims die vierte Offensive angesetzt. Sie schlug fehl. Der Angriff stieß ins Leere. Ein Deserteur hatte den Offensivplan verraten. Die Oberste Heeresleitung mußte die Schlacht schon nach zwei Tagen abbrechen. Am folgenden Tag traten die Gegner zu einer wuchtigen Gegenoffensive an. Ungeheure Massen an Infanterie, Kampffliegern und Panzern drängten die deutschen Truppen zurück. Den Ausschlag gaben die frischen US-Divisionen und das von den Vereinigten Staaten herangeschaffte unermeßliche Kriegsmaterial.

Als England und Frankreich im Frühjahr die schweren Niederlagen erlitten hatten, waren sie mit dringenden Hilfeersuchen an die USA herangetreten. Lloyd George sagte den Amerikanern: »Zeit ist alles in diesem Krieg. Es ist unmöglich, die Bedeutung zu überschätzen, die das Heranführen amerikanischer Verstärkungen über den Atlantischen Ozean in der kürzestmöglichen Zeit hat.« Im Westen erkannte man, was die Stunde geschlagen hatte. In der Zeit von März bis Juni 1918 wurde das amerikanische Truppenkontingent an der Westfront um 600 000 Mann verstärkt. Im August, also in einem einzigen Monat, wurden rund 350 000 US-Soldaten herangeschafft. In ununterbrochenen Angriffen wurden nun die deutschen Linien berannt. Unsere Truppen waren dem vielfach überlegenen Ansturm nicht mehr gewachsen. Sie waren erschöpft, Reserven so gut wie nicht mehr vorhanden. Rückzug folgte auf Rückzug. Die Alliierten aber gingen an der ganzen Front, von Verdun bis zum Meer, zum Generalangriff über.

Anfang August, am sogenannten »Schwarzen Freitag«, stellte Ludendorff, wie er in seinen Aufzeichnungen schrieb, »den Niedergang unserer Kampfkraft« fest. Er verlor die Hoffnung, »eine strategische Aushilfe zu finden, welche die Lage wieder zu unseren Gunsten festigte.« Wörtlich sagte er: »Ich gewann im Gegenteil die Überzeugung, daß die Maßnahmen der Obersten Heeresleitung, die ich bisher, soweit dies im Kriege möglich ist, auf sicherer Grundlage aufbauen konnte, dieser jetzt entbehrten. Das Kriegführen nahm damit, wie ich mich damals ausdrückte, den Charakter eines unverantwortlichen Hasardspiels an, das ich immer für verderblich gehalten habe. Das Schicksal des deutschen Volkes war mir für ein Glücksspiel zu hoch. Der Krieg war zu beendigen.«

So eindeutig diese Lagebeurteilung in ihrer Aussage ist, so gewiß ist auch, welche Folgerung der General aus der von ihm gewonnenen Erkenntnis zunächst n i c h t gezogen hat. General Joachim v. Stülpnagel, damals Major in der Obersten Heeresleitung, erklärte: »Tatsache ist, daß wir Abteilungschefs über den sich von Tag zu Tag steigernden Ernst der militärischen Lage einig waren, aber den Eindruck hatten, daß General Ludendorff aus menschlich verständlichen Gründen sich immer noch scheute, dem Reichskanzler und Außenminister die Lage nüchtern und rückhaltlos darzustellen.« Oberst Heye, der nachmalige Generaloberst, vermittelte folgende Beobachtung aus seiner Zeit als erster Gehilfe Ludendorffs: »Ich bin überzeugt, ich tue Ludendorff nicht unrecht, wenn ich damals die Ansicht gewann: Ludendorff, der für sein Deutschland nur Sieg und Ruhm erträumte und dafür über vier Jahre ohne Rast und Ruhe gearbeitet hatte, konnte sich nicht an den Gedanken gewöhnen, daß von ihm aus zum Frieden getrieben werden müsse.«

Am 25. September trug Ludendorff dem Vertreter des Auswärtigen Amtes bei der Obersten Heeresleitung, Freiherrn v. Lersner, auf, nach Berlin zu melden, daß in der französischen Armee die Lungenpest ausgebrochen sei. Als Lersner darlegte, daß er die Wahrheit der entsprechenden Meldung bezweifle, antwortete ihm der General: »Teilen Sie die Nachricht dem Staatssekretär mit. Wie ein Ertrinkender sich an einen Strohhalm klammert, klammere ich mich an diese Meldung.« Die Entgegnung Lersners auf diese Eröffnung lautete: »Exzellenz haben mir heute zum erstenmal hiermit ein klares Bild von der Kriegslage gegeben.« In seiner Schilderung dieses Vorfalls fügte Lersner hinzu, daß Ludendorff ihm offensichtlich dankbar gewesen sei, daß er die Bedeutung seiner Erklärung sogleich richtig gewertet hatte. — Am Abend desselben

Tages erläuterte Generalstabsarzt v. Schjerning General Ludendorff, warum nach seinen Erfahrungen und Erkundigungen die Nachricht von einer Lungenpest in der französischen Armee unrichtig sei. Ludendorff antwortete, wie Oberst Mertz v. Quirnheim, Abteilungsleiter in der Obersten Heeresleitung, der bei der Besprechung mit zugegen war, berichtete, mit förmlich verfallender Stimme: »Ich habe mich an diese Nachricht geklammert, wie ein Ertrinkender an einen Strohhalm.« Oberst Mertz notierte in seinem Tagebuch: »Die Wirkung dieser Worte auf uns alle war furchtbar.«

Am Tage darauf haben mehrere Mitarbeiter Ludendorffs darüber beraten, welche Konsequenzen aus der Äußerung des Generals gezogen werden müßten, unter ihnen auch der Chef der politischen Abteilung, General v. Bartenwerffer. Sie kamen zu dem Entschluß, Legationsrat v. Lersner zu veranlassen, den Chef des Auswärtigen Amtes, Staatssekretär v. Hintze, telefonisch zu einer sofortigen Aussprache in die Oberste Heeresleitung nach Spa zu bitten. Als Ludendorff von diesem Schritt seiner Mitarbeiter unterrichtet wurde, stimmte er zu.

Am 28. September, zwei Tage danach, suchte Ludendorff Feldmarschall v. Hindenburg auf. Die Aufzeichnungen Ludendorffs sagen hierüber: »6 Uhr nachmittags ging ich zum Generalfeldmarschall in dessen Zimmer, das eine Treppe tiefer lag. Ich legte ihm meine Gedanken über ein Friedens- und Waffenstillstandsangebot vor. Die Lage könne sich durch die Verhältnisse auf dem Balkan nur noch verschlechtern, auch wenn wir uns an der Westfront hielten. Wir hätten jetzt die eine Aufgabe, ohne Verzug klar und bestimmt zu handeln. Der Generalfeldmarschall hörte mich bewegt an. Er antwortete, er habe mir am Abend das gleiche sagen wollen, auch er hätte sich die Lage dauernd durch den Kopf gehen lassen und hielte den Schritt für notwendig.« Hindenburg sagte über diese Unterredung mit Ludendorff in seiner Niederschrift: »Ich sehe ihm an, was ihn zu mir führt. Wie so oft seit dem 23. August 1914 fanden sich unsere Gedanken auch heute, bevor sie zu Worten geworden sind. Unser schwerster Entschluß wird aus gleicher Überzeugung gefaßt.« Bei Ludendorff heißt es abschließend: »Der Generalfeldmarschall und ich trennten uns mit festem Händedruck wie Männer, die Liebes zu Grabe getragen haben und die nicht nur in guten, sondern auch in den schwersten Stunden des menschlichen Lebens zusammenstehen wollen.«

Am folgenden Tag trafen mein Vater, Reichskanzler Graf v. Hertling und Staatssekretär v. Hintze in Spa ein. Hintze, der vor dem Kanzler aus Berlin abgefahren war, war auch der erste, der Hindenburg und Ludendorff begegnete. Er traute seinen Ohren nicht, als ihn Ludendorff mit der Forderung nach einem sofortigen Waffenstillstand konfrontierte. Fassungslos stand er dem, wie er es bezeichnete, »ruckweisen Übergang von Siegesfanfare zum Grabgesang der Niederlage« gegenüber. Nachdem er die Ausführungen Ludendorffs in sich aufgenommen hatte, gab er seiner Befürchtung Ausdruck, daß der blitzartige Umschwung in der Meinungsäußerung der Obersten Heeresleitung schwerwiegende Folgen für Armee, Volk, Staat und Monarchie haben werde. Um das Schlimmste nach Möglichkeit abzuwenden, müsse ohne Verzögerung innenpolitisch etwas Entscheidendes getan werden. Hintze schlug vor: Entweder Errichtung einer Diktatur oder eine »Revolution von oben« mittels Parlamentarisierung der Regierung. Ludendorff wies den Gedanken an eine Diktatur schroff zurück. Er betonte nochmals, daß mit einem militärischen Sieg nicht mehr gerechnet werden könne. Als mittags der Reichskanzer eintraf, setzte Hintze ihn sofort von den Vorgängen in Kenntnis. Auch Graf v. Hertling traf die Nachricht gänzlich unvorbereitet. Völlig entgeistert sagte er zu seinem ihn begleitenden Sohn: »Das ist ja ganz furchtbar, die OHL verlangt, daß sobald als irgend möglich ein Friedensangebot bei der Entente gemacht wird.«

Mein Vater kam aus Schleswig-Holstein, wo er auf eine Anregung Admiral Scheers in Kiel Werftanlagen, in Eckernförde die Torpedo- und Mineneinrichtung besichtigt und in der Kieler Bucht an einer Gefechtsübung der U-Boot-Schule teilgenommen hatte. Die Rückfahrt nach Spa hatte er in Kassel unterbrochen, um nach meiner Mutter zu sehen, die sich in Wilhelmshöhe aufhielt und sich nur langsam von einem Schlaganfall erholte, den sie Mitte August erlitten hatte.

Der Öffentlichkeit war auf Wunsch meiner Mutter von dem Ernst der Erkrankung keine Mitteilung gemacht worden. Auch ich war darüber zunächst nicht aufgeklärt worden. In einem Brief der Gräfin Keller an mich war lediglich von einem Schwindelanfall meiner Mutter die Rede, der sie sehr angegriffen hätte und dessen Folgen sich noch bemerkbar machten. Die Ärzte, so las ich, hätten eine Zeit größter Schonung angeordnet. Man könne aber hoffen, daß die eingetretene Besserung bald zur Wiederherstellung führen werde. Ich wurde gebeten, über die Erkrankung nichts verlauten zu lassen. Mein Vater, der selbstverständlich ausführlich über den Krankheitszustand meiner Mutter ins Bild gesetzt worden war, hat Wochen banger Sorge um seine Frau durchgemacht. Er, wie auch die Umgebung der Kaiserin waren darauf bedacht, alle Nachrichten, die ihr neue Aufregungen bringen konnten, fernzuhalten. Einfach war das nicht, da die Zeitungen in jenen Tagen ja nicht viel Gutes zu melden hatten. Große Umsicht hatte es auch gekostet, meine Mutter von der Nachricht zu verschonen, daß mein Bruder Eitel Fritz Ende August mit seiner Division genau im schlimmsten Hexenkessel der mörderischen Materialschlacht stand.

Auf seiner Reise war mein Vater von Oberstleutnant Niemann, der bei ihm die Stellung eines Verbindungsoffiziers der Obersten Heeresleitung innehatte, begleitet worden. Beide ahnten, als sie mit dem Auto, das sie in Herbesthal abgeholt hatte, in Spa eintrafen, auch nicht im entferntesten, was sie dort erwartete. Gleich nach der Ankunft machte sich Niemann auf den Weg zur Operationsabteilung, um sich über die Lage zu unterrichten. Unterwegs traf er General v. Bartenwerffer. Der General begrüßte ihn mit den Worten: »Der Würfel ist gefallen, wir werden unseren Feinden Waffenstillstand und Frieden anbieten.« Niemann glaubte, sich verhört zu haben. »Waffenstillstand?«, fragte er zurück. »Ja, Waffenstillstand!«, antwortete ihm der General. »Unsere Lage verträgt kein längeres Hinhalten. Der Feldmarschall und General Ludendorff sind unabhängig voneinander zur Überzeugung gekommen, daß keine Stunde mehr verloren werden darf.«

Das war um 9 Uhr morgens, daß der Vertreter des Chefs des Generalstabes des Feldheeres beim Kaiser, wie die amtliche Bezeichnung lautete, mit anderen Worten, daß der Verbindungsoffizier Hindenburgs bei meinem Vater von der Meinungsschwenkung der beiden führenden Militärs erfuhr.

Zwei Stunden später war mein Vater an der Reihe. In einer Beratung mit Hindenburg, Ludendorff und Hintze eröffnete ihm der Feldmarschall, daß die militärische Lage einen sofortigen Waffenstillstand nötig mache. Ludendorff unterstrich die Ausführungen Hindenburgs. Es war eine niederschmetternde Eröffnung, ein harter Schlag, der meinen Vater völlig unvermittelt traf. Der Boden schien ihm unter den Füßen fortgerissen zu werden.

Als Oberstleutnant Niemann an diesem Tage meinem Vater wieder begegnete, fand er »stille Resignation« vor, »die aber von einer unverkennbaren Mißstimmung gegen General Ludendorff begleitet war.« Er erfuhr, daß »die Heeresleitung den Waffenstillstand in einer Form gefordert habe, die einer Kapitulation ähnlich gewesen wäre. Dem Kaiser sei bei Darlegung der militärischen Lage gesagt worden, es handele sich um Stunden.«

In den Aufzeichnungen Hindenburgs und Ludendorffs finden sich über diese schicksalsschwere Unterredung nur zwei, drei Sätze. Der Feldmarschall: »Auf Grund unserer Beratung unterbreiten wir Seiner Majestät dem Kaiser unseren Vorschlag zum Friedensschritt. Mir obliegt es, dem Allerhöchsten Kriegsherrn zur Begründung des politischen Aktes die Lage zu schildern, deren jetziger Ernst dem Kaiser nicht unbekannt ist. Seine Majestät billigt, was wir vortragen, mit festem, starken Herzen.« General Ludendorff: »Der Feldmarschall gab darauf das Bild der militärischen Lage, das ich nur kurz bestätigte. Seine Majestät war ungemein ruhig.« Die katastrophale Plötzlichkeit der Waffenstillstandsforderung der beiden Militärs wird nicht erwähnt. Umschreibend kommt sie in der Wiedergabe der Reaktion meines Vaters zum Ausdruck. Und auch da gibt es eine Einschränkung: Der Feldmarschall bemerkt, daß der jetzige Ernst der militärischen Lage dem Kaiser nicht unbekannt gewesen sei, der »jetzige«, d. h. also der letzte Stand, über den der Feldmarschall und sein erster Berater zuvor nichts hatten verlauten lassen.

Ludendorff hat seine Aufzeichnungen schon 1919 veröffentlicht, Hindenburg 1920. Ihre Darstellung lag vor, als mein Vater sich 1922 aus dem Exil mit einer Publikation äußerte. Er beschränkte sich dabei auf den Hinweis: Ludendorff forderte am 29. September an Stelle der Friedensverhandlungen die Anbahnung eines Waffenstillstandes. Darin lag eine bewußte Zurückhaltung, die verschiedene Gründe gehabt hat. Für meinen Vater stand eine Berichtigung seiner engsten militärischen Mitarbeiter außerhalb jeder Diskussion. Öffentliche Kritik gar konnte es für ihn noch weniger geben.

Ich meine jedoch, daß ich die Pflicht habe, heute zu sagen, wie der Lauf der Ereignisse gewesen ist, zumal die Ereignisse um den 9. November 1918, also die Art und Weise des Zusammenbruchs des Kaiserreiches, und die Vorgänge des 29. September und dessen Folgen in einem unmittelbaren Zusammenhang stehen. Wenn ich dabei bisher nicht veröffentlichte schriftliche Äußerungen meines Vaters aus den Tagen des Zusammenbruchs heranziehe, so geschieht das mit dem Bemerken, daß mein Vater einer posthumen Veröffentlichung ausdrücklich zugestimmt hat.

Der 29. September 1918 war der Anfang vom Ende.

»Das, was ich im Laufe des Tages von den Verhandlungen erfuhr, deutete auf heillose Verwirrung«, berichtete Niemann. »Die militärische

Krise hatte auch eine akute politische erzeugt. Beide sollten gleichzeitig gelöst werden.«

Das erste Anzeichen für eine Änderung der politischen Ansichten der Obersten Heeresleitung hatte den Reichskanzler erreicht, in Berlin, am Tage seiner Abfahrt nach Spa. Oberst v. Winterfeldt, der Vertreter der Obersten Heeresleitung beim Auswärtigen Amt, wurde bei Graf v. Hertling vorstellig und überbrachte ihm die Mitteilung, »daß die OHL zu der Ansicht gekommen sei, daß eine Umbildung der Regierung oder ein Ausbau derselben auf breiterer Basis notwendig geworden sei.«

Es war für den Reichskanzler nicht leicht, diese völlige Schwenkung zu begreifen. Es kam zu überraschend, »daß sich die OHL von einem Tage zum anderen auf den Boden des Parlamentarismus stellte.« Der 75jährige Graf v. Hertling, ein katholischer Konservativer, mit einer verdienstvollen und an Ehren reichen Laufbahn im Dienste des Königreiches Bayern, dessen Ministerpräsident er gewesen war, war ein Mann fester Grundsätze. Als ihm beim Sturz Bethmann Hollwegs das Amt des Reichskanzlers angetragen worden war, hatte er abgelehnt, u. a. mit der Begründung, daß er sich nicht stark genug fühle, wie er sagte, »den Kampf mit der OHL, id est Ludendorff, die sich unaufhörlich in die politische Leitung einmischte, durchzuführen.« Nach dem Abgang von Michaelis wurde ihm das Amt erneut angetragen. Erst nachdem er schwarz auf weiß die Versicherung erhalten hatte: »OHL will sich nicht mehr in Politik einmischen«, willigte er in seine Berufung ein. Die ihm jetzt von Oberst v. Winterfeldt überbrachte Forderung der Obersten Heeresleitung nach einer Parlamentarisierung der Reichsführung betrachtete der Graf als eine unzulässige Einmischung in die Politik. Von entscheidender Bedeutung war für ihn aber der »politische Gesinnungswechsel der OHL« selbst. Er erklärte, »wenn die Entwicklung der Dinge jetzt auf eine beginnende Parlamentarisierung hintriebe, so bedaure er dies, könne aber natürlich nach seiner ganzen Vergangenheit nicht gegen seine Grundsätze handeln.« Seiner Überzeugung getreu, bat der Reichskanzler am 29. September in Spa um seinen Abschied.

Mein Vater erörterte mit dem Grafen die Frage eines Nachfolgers. Während der auch am nächsten Tage fortgesetzten Beratung betrat Ludendorff unangemeldet das Zimmer. Er war sichtlich erregt und wandte sich sogleich an meinen Vater. Es entspann sich der folgende, in einer Aufzeichnung festgehaltene Dialog:

Ludendorff sofort: »Ist die neue Regierung jetzt noch nicht gebildet?«

Mein Vater, ziemlich barsch: »Ich kann doch nicht zaubern!«

Ludendorff: »Die Regierung muß aber sofort gebildet werden, denn das Friedensangebot muß noch heute heraus.«

Mein Vater: »Das hätten Sie mir vor 14 Tagen sagen sollen!« —

Die Verhandlungen im Großen Hauptquartier am 29. September 1918 führten zu den von der Obersten Heeresleitung verlangten Ergebnissen: Parlamentarisierung und Öffnung nach links — sofortiges Waffenstillstands- und Friedensangebot an die Entente. Das war das materielle Resultat. In psychologischer Hinsicht mußten die Vorgänge von Spa zu erheblich weitreichenderen Folgen führen. Es wäre einem Wunder gleichgekommen, wenn das so abrupt erfolgte Eingeständnis, militärisch am Ende zu sein, nicht panikartige Auswirkungen gezeitigt haben würde.

Zu der Sorge um Volk und Reich gesellte sich für meinen Vater die ganz persönliche Sorge um seine Frau. Wie würde sie bei ihrem Krankheitszustand mit den die drohende Katastrophe ankündigenden Nachrichten fertig werden? Ihn, von dem seine Umgebung sagte, daß er an einem Tag um Jahre gealtert schien, quälte der Gedanke an das Leid, das seiner Frau jetzt widerfahren würde. Noch am 29. abends schrieb er ihr einige Zeilen, die sie so schonend wie möglich vorbereiten sollten. Mein Vater begann:

»Gute Fahrt gehabt. Ließ mich vom Auto in Herbesthal abholen, war um 9 Uhr zu Haus zum Frühstück, während die anderen um 10 Uhr eintrafen. Gute Predigt über Esau und Jacob. Von mittags 11 Uhr ab Conferenzen mit Hindenburg und Hintze. Nach dem Lunch mit Berg, Reichskanzler etc. bis 5¹/₂ Uhr. Jetzt eben zurück. Morgens herrliches Herbstwetter mit prachtvollem Sonnenschein, mittags bezogen, jetzt Regen!«

Nach diesen unverfänglichen Sätzen ging mein Vater zu einer allgemein gehaltenen Erwähnung der kritischen Lage über:

»Es kommen ernste Tage und wichtige Maßnahmen, um zu versuchen, nach innen Ruhe und Geschlossenheit, nach außen Frieden herbeizuführen. Gott helfe auch bei diesem Werk, wie auch unseren Helden draußen.«

Sodann beauftragte mein Vater seinen Adjutanten General von Gontard, der Kaiserin in Wilhelmshöhe mündlich über die Entwicklung der militärischen und politischen Verhältnisse zu berichten. Gontard stand seit der Zeit, da er Gouverneur meiner Brüder gewesen war, in einem engen Vertrauensverhältnis zu unserer Familie. Wir haben ihn sehr geschätzt, seinen ritterlichen Charakter und seine stete Bereitschaft, wenn irgendwelche Schwierigkeiten aufgetaucht waren, zu helfen und zu schlichten. Mein Mann und ich haben ihn oft aufgesucht und uns manchen Rat bei ihm geholt. — Gontard benutzte zur Fahrt nach Kassel den Sonderzug, den die Oberste Heeresleitung Staatssekretär Hintze zur Fahrt nach Berlin gestellt hatte, damit dieser dort so schnell wie eben möglich eine parlamentarische Regierung auf die Beine stellte.

Gontard begann seinen Bericht bei meiner Mutter mit den Worten: »Eure Majestät müssen stark sein. Ich bringe keine gute Botschaft.« Wie mein Vater am Tage zuvor, so nahm auch meine Mutter die verhängnisvollen Nachrichten mit großer Beherrschung entgegen. Die Gräfin Keller, der Gontard bei seiner Ankunft auf Wilhelmshöhe kurz seinen Auftrag mitteilte, hatte um sie gebangt. »In grenzenloser Angst durchlebte ich die nächste Stunde«, berichtete die Gräfin. »Wie wird die schonungsbedürftige Kaiserin diesen Schlag ertragen? . . . Minuten wurden zu Stunden, bis ich endlich zu ihr gerufen wurde. Wie eine Heldin stand sie vor mir, tieftraurig, vollständig klar über den Ernst der Lage, aber ohne Jammern und Klagen, bewundernswert in ihrer Fassung!«

An diesem Tage schrieb mein Vater an meine Mutter aus Spa:
»Gontard wird Dir nun wohl von mir gemeldet haben, wie ernst es um uns steht. Unser tapferes Heer schmettert Tag für Tag übermächtige Angriffe der feindlichen Massen in glänzender Gegenwehr ab. Aber auch wir leiden Verluste, und die Truppen schmelzen zusammen. Im Inneren nichts als Zank und Unfrieden und Verdrossenheit! So daß in den gestrigen Conferenzen hier beschlossen wurde 1.) zur Herstellung des inneren Friedens Erweiterung der Regierung zur Mitübernahme der Verantwortung durch Eintritt einiger Männer aus den verschiedenen Parteien. 2.) Nach außen Friedensangebot mit Waffenstillstand, das demnächst erfolgen soll. Der alte Graf Hertling hat um Ablösung gebeten. Berg und ich sind wieder auf der Suche nach einem Nachfolger!«

Mein Vater fuhr fort: »Gott hat uns nicht das von uns erhoffte Ziel erreichen lassen; er hat uns den Weg des Leides und Trübsal bestimmt. Wir unterwerfen uns Seinem heiligen Willen und gehen ihn, mit der Hoffnung und Bitte, Er möge uns a l l e n die Kraft Seines Geistes geben, diese furchtbar schwere Zeit fest zu durchwandern im Glauben, daß Er uns doch zu unserem Besten führen will, wenn Seine Wege auch schwer und uns unverständlich dünken. Er wolle uns den Glauben stärken, a l l e n, und mein armes Volk und Vaterland nicht verlassen, sondern uns ein Retter in der Not sein, ohne Seine Hilfe würde es schlimm um uns stehen! Ich werde weiter meine Pflicht tun, Ihm und meinem Vaterlande gegenüber nach besten Kräften, solange mir Gott sie läßt!«

In einem Postskriptum bat mein Vater, meine Mutter möge zunächst noch in Wilhelmshöhe bleiben. Sodann kam er noch einmal auf den Kanzlerwechsel zurück: »Der Kanzler ist gegangen, um neuen Männern Platz zu machen: edel, vornehm und gänzlich ohne persönliche Rücksicht auf sich. Es wird mir bitter schwer, von dem trefflichen Mann zu scheiden. Wer wird ihm folgen können!? Gott helfe uns!« —

Die Aufgabe, die der neue Reichskanzler zu erfüllen hatte, hieß: die Liquidation des Krieges. Ludendorff hatte als äußersten Termin für die Herausgabe des Waffenstillstandsangebots durch die Reichsregierung den 1. Oktober gefordert. Diese nach Stunden berechnete Frist ließ einem neuen Kanzler weder die Zeit, sich ein eigenes Urteil über die militärische Lage zu bilden, noch die Möglichkeit einer sorgfältigen Auswahl der Kabinettsmitglieder. Später, als die heillosen Auswirkungen seiner Pressionen offen zutage getreten waren, hat Ludendorff seinen Fehler erkannt. »Hätte ich die Verhältnisse klarer übersehen«, bekannte er, »so hätte ich den Termin zur Absendung der Note fallenlassen.« Diese Erkenntnis kam aber zu spät.

Pausenlos, unter Einsatz aller ihm zur Verfügung stehenden Möglichkeiten, bombardierte Ludendorff die Regierungskreise in Berlin mit seiner Forderung nach dem sofortigen Waffenstillstandsangebot. Dem nach der Reichshauptstadt entsandten Major Frhr. v. d. Bussche, aus der Operationsabteilung der OHL, befahl er »in seinem Auftrag, auf den die Geschäfte führenden Vizekanzler v. Payer einen Druck auszuüben, daß das Friedensangebot schleunigst erfolge.« Durch Legationsrat v. Lersner ließ er dem Chef des Auswärtigen Amtes telegrafieren: »General Ludendorff bat soeben Frhr. v. Grünau und mich in Gegenwart von Oberst Heye, Euer Exzellenz seine dringende Bitte zu übermitteln, daß unser Friedensangebot sofort hinausgeht. Heute halte die Truppe; was morgen geschehen könne, sei nicht vorauszusehen.«

Am selben Tage drang Ludendorff beim Auswärtigen Amt noch einmal auf sofortige Erledigung seines Ersuchens. Lersner telegrafierte: »General Ludendorff erklärte mir, daß unser Angebot von Bern aus sofort nach Washington weitergehen müsse. 48 Stunden könne die Armee nicht noch warten. Er bäte Euere Exzellenz dringendst, alles zu tun, damit das Angebot auf allerschnellste Weise durchkäme . . . Der General betonte, daß alles darauf ankäme, daß das Angebot spätestens Mittwoch nacht oder Donnerstag früh in den Händen der Entente sei, und bittet Euere Exzellenz, alle Hebel dafür in Bewegung zu setzen.«

Der Unglückliche, der unter solchen Umständen das Amt des Reichskanzlers übernehmen sollte, war mein Schwager Max von Baden. Er schien für die Aufgabe, mit den Feinden ins Gespräch zu kommen, durch seine erfolgreiche Tätigkeit im Roten Kreuz und in der Gefangenenfürsorge prädestiniert. Auch als Verfechter eines Versöhnungsfriedens war er im Ausland bekannt geworden. Der Vorschlag seiner Berufung kam von dem Liberalen Payer.

Als Max von Baden sich, einer Aufforderung des Chefs des Zivilkabinetts, v. Berg, folgend, auf die Fahrt nach Berlin begab, hatte er keine Ahnung von dem radikalen Meinungswechsel der Obersten Heeresleitung. Doch gleich nach seiner Ankunft setzte ihn Oberst v. Haeften, der Leiter der militärischen Abteilung des Auswärtigen Amtes, ins Bild. Besonders betroffen war mein Schwager von dem in Spa gefaßten Beschluß eines sofortigen Waffenstillstandsbegehrens. Er hatte bis dahin keine Vorstellung von dem schrecklichen Ernst der militärischen Situation gehabt. Von entscheidender Bedeutung schien ihm, daß auch das Ausland über die düstere Lagebeurteilung durch die deutsche militärische Führung bis jetzt im unklaren war. Zutreffend schlußfolgerte er, daß ein überstürztes Waffenstillstandsangebot die Feindmächte nicht nur über die vom Zusammenbruch bedrohte Widerstandskraft aufklären, sondern sie auch veranlassen werde, härteste Bedingungen zu stellen. Das Programm, für das sich mein Schwager für den Fall, daß ihm die Regierung übertragen würde, entschlossen hatte, hieß zwar: Den Weg zum Frieden freimachen! Aber er hatte aus den gescheiterten Friedensangeboten der letzten Jahre die notwendigen Lehren gezogen. Er war zu dem Ergebnis gelangt: »Kein Friedensangebot — wohl aber deutlichste Proklamation der Kriegsziele, die große Zugeständnisse an die Feinde enthalten können, dagegen Betonung der absoluten Entschlossenheit, bis zum Tode zu kämpfen, wenn entehrende Bedingungen gestellt werden.«

»Man gibt mir also nicht Zeit bis zum November?« fragte Max von Baden Oberst Haeften. Dieser verneinte. Mein Schwager entgegnete, daß er dann die Übernahme des Kanzleramtes ablehnen müsse. Beide begaben sich daraufhin zu Payer, der wiederum den Beauftragten der OHL, Major v. d. Bussche, hinzuzog. Von dem Major hörte Prinz Max noch einmal, warum die Oberste Heeresleitung auf einem sofortigen Waffenstillstand bestünde, mit dem Resumée: »Jede 24 Stunden können die Lage verschlechtern.« Bussche verlas einen Text, der ihm gerade von Spa durchgegeben worden war: »Wenn bis heute abend 7 bis 8 Uhr Sicherheit vorhanden ist, daß Prinz Max von Baden die Regierung bildet, so bin ich mit dem Aufschub bis morgen vormittag einverstanden. Sollte dagegen die Bildung der Regierung irgendwie zweifelhaft sein, so halte ich die Ausgabe der Erklärung an die fremden Regierungen heute nacht für geboten. v. Hindenburg.«

Mein Schwager wehrte sich gegen das Drängen der Obersten Heeresleitung. Er faßte seine Ansicht dahin zusammen: »Wenn die Lage so ernst wäre, dann sei sie durch ein Waffenstillstandsangebot nicht mehr zu retten, dann müsse man es eben darauf ankommen lassen, ob die Katastrophe eintritt oder nicht; die Überstürzung des Friedens-, besonders aber des Waffenstillstandsangebots müsse furchtbare politische Folgen haben.« Prinz Max schloß: »Dazu gebe ich meinen Namen nicht her!«

Mein Schwager suchte den Kabinettschef Berg auf; er war entschlossen, eine Berufung abzulehnen. Berg eröffnete ihm: »Sie waren zwar nicht mein Kandidat, aber ich habe keinen anderen.« Nun wußte er, wie die Dinge standen. Haeften, mit dem er sich danach wieder beriet, setzte er auseinander, daß die Unterzeichnung des verhängnisvollen Waffenstillstandsbegehrens seine Zukunft als Bundesfürst unerträglich belasten würde. Der Vertreter der Obersten Heeresleitung erwiderte: »Eure Großherzogliche Hoheit sind nicht nur badischer Thronfolger, sondern auch General der preußischen Armee, um deren Schicksal es jetzt geht.«

Mein Vater hatte sich inzwischen mit dem Gedanken an eine Berufung des badischen Erbprinzen vertraut gemacht. Auf Veranlassung der Obersten Heeresleitung wurde sein Zug, mit dem er nach Berlin fuhr, in Köln angehalten. Mein Vater wurde gebeten, zum Zwecke einer Beschleunigung der Ernennung des Prinzen Max von dort telegrafisch die Einwilligung des Großherzogs von Baden einzuholen. Der Wortlaut des Telegramms, das mein Vater nach Karlsruhe durchgeben ließ, entsprach genau der gegebenen Lage. Er begann: »In der schwersten Schicksalsstunde des Vaterlandes, in der wir durch das Hinschwinden unserer militärischen Reserven und unseres Ersatzes gezwungen sein werden, einen Frieden zu schließen, der nicht den Siegen, die wir erfochten haben, entspricht, bitte ich Dich, dem Prinzen Max die Genehmigung zu geben, den Posten des Reichskanzlers zu übernehmen.« Der Appell an den Großherzog schloß mit dem Hinweis: »Ich muß Dich um sofortige Entscheidung bitten, da ein Friedensangebot unsererseits durch die Lage geboten ist und Unterschrift des neuen Kanzlers tragen muß.«

Die Antwort des Großherzogs ließ nicht lange auf sich warten. Sie lautete: »Herzlichen Dank für Dein mich tief bewegendes Telegramm. Ich kann nicht verstehen, daß es gerade Max sein muß, der solch Angebot mit seinem Namen decken soll; wenn dies aber unabwendbar ist, so ist es mir vaterländische Pflicht, nicht entgegen zu sein. Max selbst hat meine Zustimmung noch nicht erbeten. Treueste Wünsche begleiten Dich bei diesen entscheidungsschweren Entschlüssen.«

Sobald Ludendorff von der Einwilligung des Großherzogs erfahren hatte, ersuchte er Oberst Haeften — es war kurz nach Mitternacht —, sofort, also in der Nacht, zum Prinzen Max zu gehen, ihn zu wecken und zur Unterschrift zu bewegen. Der Oberst suchte den Prinzen am Morgen auf. In eindringlichen Worten beschwor er ihn, anzunehmen; als Offizier dürfe er sich nicht versagen und müsse das Opfer bringen, das die Armee von ihm verlange.

Prinz Max von Baden sah klar, um was es ging und was man von ihm erwartete. Hatte er dem Chef des Zivilkabinetts noch erregt vorgehalten, daß er sich gegen die Zumutung verwahre, seinen Namen und sein Ansehen zu »einem solchen Bankrott« hergeben zu sollen, so gewann schließlich in ihm die Überzeugung die Oberhand, es sei seine Pflicht, sich dem drängenden Ruf der politischen und militärischen Reichsleitung nicht zu verschließen, auch wenn er selbst dabei zugrunde gehen würde. Er hielt es auch, wie er sagte, für feige, auszubrechen, nachdem er gerufen worden war und dann eine Lage vorfand, die schlimmer war, als er erwartet hatte.

Mein Schwager telefonierte mit Großherzog Friedrich von Baden. Er berichtete hierüber: »Ich mußte sorgenvolle Worte hören; der Großherzog haßte den Gedanken, daß ein badischer Prinz mit der Liquidierung des verlorenen Krieges beauftragt würde. Er warnte vor den bösen Folgen für mich und unser Haus.« Mein Schwager fuhr fort: »Ich konnte nur erwidern, daß nach meiner Überzeugung das Opfer gebracht werden müsse.«

Max von Baden wollte nun prüfen, welche Politiker ihm bei der Bildung einer parlamentarisch-demokratischen Reichsregierung zur Verfügung stehen würden und wen er heranziehen könne. Er mußte feststellen, daß auch hier ein Fait accompli geschaffen worden war. Dem dringenden Ersuchen der Obersten Heeresleitung folgend, hatte die alte Regierung in aller Eile mit den Parteien die Bildung der neuen Regie-

rung abgesprochen, ohne erst die Berufung des neuen Kanzlers abzu-
warten. Ein Kabinettssitz für Erzberger, so erfuhr Prinz Max, sei unvermeidlich; er wünschte Ebert und nicht Scheidemann, vergeblich, auch
hier war bereits entschieden. So wurde ihm zugemutet, mit einem Kabinett, auf dessen Zusammensetzung er so gut wie keinen Einfluß gehabt
hatte, die heikelste und diffizilste politische Aufgabe des ganzen Krieges
zu übernehmen.

Generalmajor Dr. h. c. Schwertfeger, eine Kapazität auf dem Gebiet
der Kriegsgeschichte, hat für den Entschluß meines Schwagers, die ihm
zugedachte unheilvolle Aufgabe zu übernehmen, eine Charakterisierung
gefunden, wie ich sie nicht zutreffender geben könnte. Er sagte: »Prinz
Max sollte seinen guten Namen für einen Schritt hergeben, den er für
verfehlt hielt. Nicht mehr um Sieg, nicht einmal um einen erträglichen
Abschluß des Weltkrieges konnte es sich für ihn handeln. Als Angehö-
riger eines alten Fürstengeschlechts, als Thronfolger eines deutschen
Landes und als General der alten Armee sollte er nunmehr bereits ge-
faßte, also unabänderliche Entschlüsse ausführen. Nur ein ganz außergewöhnliches Maß von Vaterlandsliebe und persönlicher Selbstentäuße-
rung konnte ihn dazu bewegen, einen solchen Posten in solcher Zeit anzunehmen. Er brachte der Sache das schwerste Opfer, was einem Manne
seiner Herkunft zugemutet werden konnte. Er tat es, obwohl er sich sagen mußte, daß er im Falle des Mißerfolges voraussichtlich mit der vollen Schuld daran belastet würde.«

Max von Baden entschloß sich, bevor er den von ihm verlangten
Schritt einer Waffenstillstandsbitte einleiten würde, noch einmal alles
zu versuchen, um die Oberste Heeresleitung davon zu überzeugen,
daß es einen besseren, realistischeren Weg gäbe. Er wandte sich an Hindenburg, der nach Berlin gekommen war, um persönlich den Forderungen der Obersten Heeresleitung mehr Nachdruck zu verleihen. Der
Feldmarschall erläuterte meinem Schwager: »Diesen Angriff haben wir
noch ausgehalten; ich erwarte innerhalb von acht Tagen einen neuen
Großangriff, kann aber keine Verantwortung dafür übernehmen, daß
dann nicht eine Katastrophe eintritt oder zum mindesten die aller-
schwersten Folgen.«

In einem Kronrat am 2. Oktober versuchte der Prinz noch einmal
gegen die Waffenstillstandsbitte zu argumentieren. Mein Vater entschied, daß an dem Beschluß, dem Ersuchen der Obersten Heeresleitung
zu folgen, nichts mehr geändert würde. Auch bei den Vertretern der

amtierenden Regierung versuchte der Prinz noch einmal, mit seinem Gegenvorschlag durchzudringen. Er hatte kein Glück. Auch hier beharrte man darauf, daß von den politischen Forderungen der OHL nicht abgewichen werden dürfe.

Am folgenden Tag machte mein Schwager einen letzten Versuch. In einer Unterredung mit Hindenburg, im Gebäude des Generalstabs, legte er noch einmal seine Auffassung dar, die er in einer Verbalnote schriftlich fixiert hatte. Noch einmal führte er aus, daß ein sofortiges Waffenstillstandsangebot unwirksam und schädlich sei, da es in der ganzen Welt als das Eingeständnis der deutschen Niederlage wirken, den Chauvinismus im feindlichen Ausland stärken und vorhandene versöhnliche Tendenzen bei unseren Gegnern machtlos machen werde. Noch einmal schlug er vor, statt der geforderten Waffenstillstandsnote in seiner Antrittsrede als Kanzler ein detailliertes Kriegszielprogramm in enger, aber nicht würdeloser Anlehnung an die Wilsonschen Punkte zu verkünden, mit einer Aufforderung an alle kriegführenden Regierungen, auf dieser Grundlage zu verhandeln. Eine Rede, so erläuterte er, könne die psychologische Wirkung eines solchen Angebots anders abstimmen als eine diplomatische Note.

Nur unter einer Voraussetzung, erklärte Prinz Max dem Feldmarschall, sei er bereit, die Forderung nach einer sofortigen Waffenstillstandsnote zu akzeptieren, und zwar für den Fall, daß die Oberste Heeresleitung schriftlich versichere, daß die militärische Lage an der Westfront eine Verzögerung der Note bis zur Regierungserklärung bzw. bis zu ihrem Eintreffen bei den feindlichen Regierungen am 5. Oktober nicht mehr ertrüge.

Noch am selben Tage lag die Antwort des Feldmarschalls vor. In ihr hieß es: »Die Oberste Heeresleitung bleibt auf ihrer am Sonntag, dem 29. September d. J., gestellten Forderung der sofortigen Herausgabe des Friedensangebotes an unsere Feinde bestehen.« Und weiter: »Unter diesen Umständen ist es geboten, den Kampf abzubrechen, um dem deutschen Volke und seinen Verbündeten nutzlose Opfer zu ersparen. Jeder versäumte Tag kostet Tausenden von tapferen Soldaten das Leben.«

Um wirklich auch alles versucht zu haben, wandte sich Prinz Max am Nachmittag dieses Tages noch ein allerletztes Mal an Hindenburg und auch, über Oberst Haeften, an Ludendorff. Und wieder erhielt er den Bescheid: Die OHL besteht auf ihrer Forderung vom 29. September!

Am Abend des 3. Oktober wurde die letzte Redaktion der endgülti-

gen Fassung der Waffenstillstandnote an Präsident Wilson vorgenommen. Max von Baden unterzeichnete. Darauf erfolgte seine Ernennung
zum Reichskanzler. Ludendorffs Kommentar lautete: »Prinz Max macht
seine Sache gut.« Der Prinz aber konstatierte: »Als ich am Morgen des
4. erwachte, war mir zumute wie einem Menschen, der zum Tode verurteilt ist und es im Schlaf vergessen hatte.«

9. Kapitel

ALLEIN UND VERLASSEN

Mit banger Sorge verfolgten mein Mann und ich den Opfergang des Prinzen Max. Seine Gattin Marie Louise, die Schwester meines Mannes, nahm mit ihren beiden Kindern, Marie Alexandra und Berthold, bei uns in Braunschweig im Schloß Wohnung. Die Nachrichten, die wir aus Berlin erhielten, bestätigten unsere schlimmsten Befürchtungen.

Das urplötzliche Bekenntnis der Obersten Heeresleitung, der Krieg sei militärisch verloren, das am 29. September in Spa einen Schock ausgelöst hatte, führte in Berlin zur Panik. Die Führer der Parteien waren im Auftrage Ludendorffs von Major v. d. Bussche in einem Vortrag darüber unterrichtet worden, daß die Fortsetzung des Krieges sofort als aussichtslos aufgegeben werden müsse. Jede 24 Stunden könnten die Lage verschlechtern. Die Wirkung dieser Mitteilung war verheerend. Bussche selbst äußerte unmittelbar nach seinem Vortrag, die Abgeordneten seien zusammengesunken, als wenn eine Bombe eingeschlagen wäre. Prinz Max berichtete: »Die Abgeordneten waren ganz gebrochen; Ebert wurde totenblaß und konnte kein Wort herausbringen; der Abgeordnete Stresemann sah aus, als ob ihm etwas zustoßen würde.« Von Minister v. Waldow wurde berichtet, daß er den Saal mit der Bemerkung verlassen habe, jetzt könne man sich nur noch eine Kugel durch den Kopf schießen. Der Vertreter der reichsfeindlichen polnischen Partei, Seyda, hingegen strahlte über die Kunde von der deutschen Niederlage. Der Unabhängige Haase eilte auf seinen Freund Ledebour zu mit dem Jubelruf: »Jetzt haben wir sie!«

Unser Volk sah sich durch die Vorgänge in Spa und Berlin von heute auf morgen auch der letzten Hoffnung auf ein gutes Ende des Krieges beraubt. Bitter rächte sich nun, daß die öffentliche Meinung nicht auf die schon im August von Ludendorff erkannte äußerste Gefahrenlage vorbereitet worden war. Das Sterben von Millionen deutscher Männer, der jahrelange Hunger und die vielen Entbehrungen — alles schien auf einmal umsonst, vergeblich, sinnlos. Der Widerstandswille erhielt einen tödlichen Schlag. Am furchtbarsten aber machte sich bemerkbar, daß im Volk das Vertrauen in die militärische Führung, in die Führung überhaupt erlosch. Gestern noch las man in den amtlichen Verlautbarungen die Siegeszuversicht, heute erfuhr man, daß wir militärisch am Ende waren. Das war zuviel!

Der Erdrutsch in der öffentlichen Meinung riß die alte Ordnung mit in die Tiefe. Mit welch rasender Beschleunigung das vor sich ging, zeigt eine Schilderung, die Max von Baden in einem Brief vom 15. Oktober gab. Darin hieß es:

»Wir stehen mitten in einer Revolution. Gelingt es mir, diese friedlich zu gestalten, so können wir noch als Staat nach Friedensschluß weiterbestehen. Gelingt das nicht, so kommt die Revolution der Gewalt und der Untergang. Heute noch hoffe ich, den Kaiser und die Dynastie Hohenzollern zu retten; aber dies allein erfordert einen Aufwand an Geist und Seelenstärke, die einen ganzen Mann in Anspruch nimmt. Die Konservativen sprechen ganz offen von seiner Abdankung. Gottlob, daß ich in den Sozialdemokraten Männer auf meiner Seite habe, auf deren Loyalität wenigstens gegen mich ich mich vollkommen verlassen kann. Mit ihrer Hilfe werde ich hoffentlich imstande sein, den Kaiser zu retten. Welche Ironie des Schicksals. Eingekeilt zwischen erbarmungslosen Feinden im Westen und der Pest der Bolschewiki im Osten ist die letzte Rettung möglicherweise noch Wilsons Wunsch, eine Rolle zu spielen, und seine Weltbeglückungstheorie. Jeder Tag aber kann die Katastrophe an der Front bringen.«

Prinz Max schrieb weiter:

»Der alte Autoritätsglaube ist dahin ... Drum habe ich mich endlich selbst zum Opfer gebracht als einziger deutscher Fürst, der das noch zu tun vermochte, da Rupprecht von Bayern, der einzige andere, der die Gefahr hell erkannte, militärisch gebunden war. Nun steht aber auch über meinem Opfer das Wort: ›Zu spät‹, da unser militärisches Rückgrat schon gebrochen ist. Vielleicht vermag ich einen Frieden zu erwirken, der uns das Leben noch läßt und eine Hoffnung auf Zukunft. Das ist aber das Äußerste, das ein Mensch heute noch zu leisten vermag. Ich bedauere mein Opfer keineswegs, selbst wenn ich darüber zugrunde gehen sollte. Einer der Unseren mußte es bringen, um des Reiches, des Kaisers und der Monarchie willen ... Von morgen ab gehe ich den schwersten Stationen des Kalvarienberges, an dem ich hinaufsteige, entgegen.«

Die allgemeine Verzweiflung und Kriegsmüdigkeit, das allgemeine Mißtrauen gegenüber der Staatsführung, forderte den Einsatz einer bereits erprobten Spezialwaffe geradezu heraus: der Umsturzpropaganda. Mit durchschlagendem Erfolg war sie von der Entente wie auch von uns in Rußland eingesetzt worden. Das deutsche Kaiserreich wurde ihr nächstes Opfer.

Das Waffenstillstandsangebot vom 3. Oktober wurde von den Alliierten bewußt dilatorisch behandelt. Sie wollten Zeit gewinnen. Man sah in dem deutschen Begehren nach einer sofortigen Einstellung der

Kampfhandlungen das Eingeständnis der totalen Erschöpfung. Jede Hinauszögerung eines Waffenstillstands mußte die alliierte Position verbessern. Diejenigen, die, sei es in Euphorie oder Leichtgläubigkeit, in Präsident Wilson eine Art Friedensengel gesehen hatten, wurden eines Besseren belehrt. Es entwickelte sich ein wochenlanges Hin und Her von Noten, ein Briefwechsel, für dessen Führung, wie Churchill meinte, Wilson sich ganz besonders eignete.

In seiner ersten Note verlangte Wilson als Voraussetzung für Waffenstillstandsverhandlungen die Annahme seiner »14 Punkte« vom Januar 1918 und die sofortige Räumung des von unseren Truppen besetzten Gebiets. In der zweiten Note ging er einen Schritt weiter. Er wandte sich gegen den Einsatz unserer U-Boote und verlangte Sicherheiten für eine künftige militärische Überlegenheit der Alliierten. In einer dritten Note tat der Präsident kund, daß er, nachdem die Reichsregierung seine Bedingungen angenommen habe, die Korrespondenz seinen Verbündeten mitteilen werde, mit dem Vorschlag, »falls diese Regierungen geneigt sind, den Frieden zu den angebotenen Bedingungen und Grundsätzen herbeizuführen«, die militärischen Ratgeber der Alliierten zur Erörterung aller Bedingungen für einen Waffenstillstand einzuladen. In der vierten Note schließlich forderte Wilson Reparationszahlungen.

Den neuen Punkten Wilsons, die in nichts mehr an den von ihm proklamierten Frieden der Gerechtigkeit und sein hehres Schiedsrichteramt erinnerten, wurde das bereits erfolgreich erprobte Rezept für die Selbstzersetzung des Gegners durch Erzeugung einer Revolution beigegeben: Wilson forderte die Absetzung des Kaisers.

Schon in seiner ersten Note hatte der Präsident die vielsagende Frage gestellt: Spricht der Reichskanzler nur für diejenigen Gewalten, die bisher den Krieg geführt haben? Dabei legte er Wert auf die Betonung, daß er die Antwort auf diese Frage »von jedem Standpunkt« aus für außerordentlich wichtig halte. In der darauffolgenden Note sagte Wilson klipp und klar, daß die deutsche Monarchie für ihn eine Willkürherrschaft darstelle, deren Vernichtung zu seinen Zielen gehöre. »Die deutsche Nation hat die Wahl, dies zu ändern«, sinnierte Wilson, um dann zu verdeutlichen: Eine Beseitigung des Kaisers bildet »natürlich eine Bedingung, die vor dem Frieden erfüllt werden muß, wenn der Friede durch das Vorgehen des deutschen Volkes selbst kommen soll.« Und um es noch mehr hervorzuheben, daß vom deutschen Volk die Revolution, der Aufstand erwartet werden müsse, ergänzte er noch: »Der

Präsident hält sich für verpflichtet, zu erklären, daß die ganze Durchführung des Friedens seiner Ansicht nach von der Bestimmtheit und dem befriedigenden Charakter der Bürgschaften abhängen wird, welche in dieser grundlegenden Frage gegeben werden können.«

In ihrer Antwort legte die Reichsregierung die neuen verfassungsrechtlichen Gegebenheiten dar. Sie wies auf die Einführung der parlamentarischen Demokratie hin. Die Regierung versicherte: »Die Gewähr für die Dauer des neuen Systems ruht aber nicht nur in den gesetzlichen Bürgschaften, sondern auch in dem unerschütterlichen Willen des deutschen Volkes, das in seiner großen Mehrheit hinter diesen Reformen steht und deren energische Fortführung fordert. Die Frage des Präsidenten, mit wem er und die gegen Deutschland verbündeten Regierungen es zu tun haben, wird somit klar und unzweideutig dahin beantwortet, daß das Friedens- und Waffenstillstandsangebot ausgeht von einer Regierung, die, frei von jedem willkürlichen und unverantwortlichen Einfluß, getragen wird von der Zustimmung der überwältigenden Mehrheit des deutschen Volkes.«

Solche Beteuerungen aber waren in den Wind gesprochen. Die Erwiderung Wilsons sagte alles:

»Der Präsident fühlt, daß er nicht aufrichtig wäre, wenn er nicht, und zwar in möglichst klarer Form, betonen würde, warum außerordentliche Sicherungen verlangt werden müssen. So bedeutungsvoll und wichtig die Verfassungsänderungen zu sein scheinen, von denen der deutsche Staatssekretär des Äußern in seiner Note vom 20. Oktober spricht, so geht daraus doch nicht hervor, daß die Grundsätze einer dem deutschen Volke verantwortlichen Regierung jetzt bereits vollständig angenommen sind, oder daß eine Bürgschaft besteht oder erwogen wird, damit die Systemänderung und die Durchführung der Maßregeln, über die jetzt teilweise eine Einigung erzielt worden ist, dauernd sein werden. Außerdem tritt nicht hervor, daß der Kern der gegenwärtigen Schwierigkeit erreicht worden ist. Es mag sein, daß künftige Kriege unter die Kontrolle des deutschen Volkes gestellt worden sind, aber der gegenwärtige Krieg war es nicht, und mit dem gegenwärtigen Krieg haben wir es zu tun. Es liegt auf der Hand, daß das deutsche Volk kein Mittel besitzt, die Unterwerfung der Militärbehörden des Reiches unter den Volkswillen zu erzwingen; daß die Macht des Königs von Preußen, die Politik des Reiches zu bestimmen und zu lenken, unvermindert ist, daß die entscheidende Initiative noch immer bei denen liegt, die bisher die Beherrscher Deutschlands waren.«

Verlobungstag in Karlsruhe

Hochzeit in Berlin.
Rechts: Zar Nikolaus II.
und Georg V. von Eng-
land in der Uniform
ihrer preußischen Regi-
menter.

Einholung der Gäste.

Die Trauung in der Schloßkapelle.

Der Fackeltanz im Weißen Saal.

Einzug des Herzogpaares in Braunschweig 1913.

Husarenparade vor dem Braunschweiger Schloß.

Dann wurde das schwerste Propagandageschütz aufgefahren:

»Wenn die Regierung der Vereinigten Staaten mit den militärischen Beherrschern und monarchischen Autokraten Deutschlands jetzt verhandeln muß, oder der Wahrscheinlichkeit nach später mit ihnen zu verhandeln haben wird, in bezug auf die internationalen Verpflichtungen des Deutschen Reiches, dann muß sie nicht Friedensverhandlungen, sondern Übergabe fordern.«

Also: Beseitigung der Monarchie — oder Kapitulation!

Die Monarchie fiel. Nichtsdestoweniger verlangte man die Kapitulation. Die junge deutsche Demokratie mußte sich in Compiègne und Versailles gnadenlos unterwerfen.

Als die Weimarer Republik auch wegen der ihr von der Entente in die Wiege gelegten Schmach zerbrochen war, begegnete mein Neffe Louis Ferdinand dem englischen Kriegspremier Lloyd George. Es war im Sommer 1933. »Wissen Sie, Prinz Louis«, sagte er, »wir haben den Sturz Ihrer Dynastie weder erwartet noch beabsichtigt . . . Wenn Ihr Haus in Deutschland an der Regierung geblieben wäre, brauchten wir uns jetzt keine Kopfschmerzen wegen des Herrn Hitler zu machen.« — Und Churchill gab später der Erkenntnis Ausdruck: »Das Vorurteil der Amerikaner gegen Monarchien, dem Lloyd George in keiner Weise entgegenzuwirken suchte, hatte dem besiegten Kaiserreich bewußt werden lassen, daß es als Republik von den Alliierten besser behandelt würde als eine Monarchie. Eine weise Politik«, meinte er, »hätte die Weimarer Republik mit einem verfassungsmäßigen Souverän in der Person eines Enkelkindes des Kaisers unter einem Regentschaftsrat gekrönt und gefestigt. Statt dessen wurde im nationalen Leben des deutschen Volkes eine klaffende Leere eröffnet.« In diese Leere, resümierte Sir Winston, sei Hitler geschritten.

Damals jedenfalls, im Oktober 1918, war es die Entente-Parole, der die deutsche Monarchie zum Opfer gefallen ist.

Staatssekretär v. Kühlmann hatte dem deutschen Gesandten in Rußland die Instruktion gegeben: »Wir haben kein Interesse, monarchistische Ideen zu unterstützen. Im Gegenteil, wir müssen die Konsolidierung Rußlands so weit wie möglich zu verhindern suchen und deshalb die Parteien der äußersten Linken unterstützen.« Die Entente-Propaganda hatte in Deutschland nach derselben Maxime gearbeitet. Die extreme Linke fand in Deutschland aber noch eine Hilfeleistung, die vom Auswärtigen Amt nicht vorausgesehen war. Groteskerweise floß ein beachtlicher Teil der riesenhaften Summen, mit denen unsere Diplomatie den Bolschewiken unter die Arme griff, nach Deutschland zurück. Mit den aus Rußland zurückfließenden Geldern wurde die Revolution in Deutschland vorbereitet. Zentralfigur war der sogenannte Diplomatische Vertreter der Russischen Sozialistischen Föderativen Sowjetrepublik in Berlin, Joffé. Er residierte in der prunkvollen ehemals kaiserlich-russischen Botschaft ›Unter den Linden‹. Über der Botschaft wehte — im Herzen der Reichshauptstadt — die rote Fahne. Die zwischen Berlin und Moskau verkehrenden sowjetischen Kuriere besorgten die Einschleusung der Geldmittel und Propagandaschriften. Um diesen Kanal aufzudecken, griff unser Nachrichtendienst, wie der Abwehrchef Oberst Nicolai mitteilte, zu dem Mittel, eine von zwölf Kisten, mit denen wieder einmal ein sowjetischer Kurier aus Moskau in Berlin eintraf, die Bahnhofstreppe hinunterfallen zu lassen, so daß die Kiste sich öffnete. Zum Vorschein kamen Tausende von kommunistischen Flugschriften. Joffé mußte Berlin verlassen. Am 5. November 1918. Er konnte die Heimreise beruhigt antreten. Er hatte seine Arbeit getan.

Die Führung der Sozialdemokratischen Partei erwies sich gegenüber der Zersetzungspropaganda als weitgehend immun. Eberts Ansicht war klar und unzweideutig: »Wer die Dinge in Rußland erlebt hat, der kann im Interesse des Proletariats nicht wünschen, daß eine solche Entwicklung bei uns eintritt.«

Ganz anders stand es um die linksextremen Gruppen, die in den letzten Kriegsjahren von der Mehrheitssozialdemokratie abgesprungen waren. Sie liebäugelten nicht nur mit dem Bolschewismus; er fand in ihren Reihen seine Kampftruppe. Namen wie Rosa Luxemburg und Karl Liebknecht sagen genug. Die Agitation der Radikalen fand in den großstädtischen Arbeitermassen ein dankbares Betätigungsfeld. Im Herbst 1917 hatte die Losung »Frieden um jeden Preis« den Bolschewisten in Petersburg die Massen zugeführt, genau ein Jahr später wiederholte sich dieser Prozeß bei uns. Massenstreiks, Hetzreden, Demonstrationen gehörten plötzlich zum täglichen Bild.

Die rasende Entwicklung zur Katastrophe, wie sie uns in den Telefongesprächen, die wir nach Berlin führten, vor allem von meiner Mutter und Prinz Max geschildert wurde, trat auch bei uns in Braunschweig unverhüllt zutage. An allen Ecken brodelte es. Wir erlebten den schnell um sich greifenden Aufruhr so, wie ihn Oswald Spengler charakterisiert hat, als einen Zusammenbruch, der in seiner unbeschreiblichen Häßlichkeit ohne Beispiel war, kein mächtiger Augenblick, nichts Begeisterndes, kein Anführer großen Formats, kein bleibendes Wort, nur Kleinliches, Ekel und Albernheiten.

Schon seit längerer Zeit hatte sich unter der braunschweigischen Arbeiterschaft Unruhe bemerkbar gemacht. Mein Mann hatte es mit großer Sorge beobachtet. Besonders beunruhigte ihn, daß ihm durch das Belagerungsrecht die Hände gebunden waren. Er war nicht Herr im eigenen Hause; er mußte zusehen. Die entscheidenden Befugnisse lagen beim Kommandierenden General in Hannover. Von dort aus übersah man die Verhältnisse in unserem Lande natürlich nicht so gut wie wir. Schwerwiegende psychologische Fehler wurden begangen. Nicht zuletzt in der Behandlung der Sozialdemokratie. Mein Mann war überzeugt, daß wir uns mit unserer Arbeiterschaft besser 'und verständnisvoller auseinandergesetzt hätten.

Wie die Staatsgewalt von außen her ausgeübt wurde, so waren auch die eigentlichen Unruhestifter keine Braunschweiger. Sehr früh gewannen in unserer Stadt spartakistische Matrosen Einfluß auf die politische Entwicklung, und in kürzester Zeit erhielt eine Richtung die Oberhand, die sich zum bolschewistischen Vorbild bekannte. Es kam zu schweren Zusammenstößen. Nachteilig bemerkbar machte sich, daß, anders als etwa in Berlin, die Mehrheitssozialdemokratie in Braunschweig kaum überragende Führer besaß. Der Demagogie waren Tür und Tor geöffnet. Dabei tat sich ein gewisser Merges hervor, ein kommunistischer Schneider, der die Unabhängigen anführte. Die Größe seines Mundwerks stand im Gegensatz zu seiner knapp 1,50 m aufweisenden Körpergröße. Wegen seiner Häßlichkeit und seiner Hetzreden nannte man ihn, der auch in der Folgezeit eine berüchtigte Rolle spielte, den »Thersites der deutschen Revolution«.

Am Sonntag, dem 3. November, kam der sozialdemokratische Abgeordnete Gustav Noske nach Braunschweig, um beruhigend zu wirken. Mein Schwager Max sah in ihm einen Politiker »solider Tüchtigkeit«. Noske sprach sich vor einer großen Versammlung leidenschaftlich gegen eine gewaltsame Revolution aus. Sie würde dem deutschen Volk zu dem schon erlittenen Unglück noch weiteres Unheil bringen. Dagegen forderte er weitgehende Reformen und eine »Revolutionierung der Köpfe«, um politische und wirtschaftliche Fortschritte zu erzielen. Was Noske in den darauffolgenden Tagen in Kiel gelang, war ihm leider in Braunschweig nicht vergönnt. Die Unabhängigen und Spartakisten behielten das Heft in der Hand. Am selben Tage, da Noske bei uns auftrat, fand eine Spartakus-Kundgebung auf dem Leonhardplatz statt. Der Demagoge Merges peitschte die Massen mit wilden Hetzreden auf. Ein lärmender Demonstrationszug wälzte sich nach dem Hagenmarkt. Das Militär griff nicht ein. Im Gegenteil, es kam zu stürmischen Verbrüderungsszenen. —

Es ist oft die Frage aufgeworfen worden, warum mein Vater nicht mit Gewalt den Umsturz bekämpft hat oder warum er nicht »den ersehnten Mann mit dem Löwenherzen«, nach dem Houston Stewart Chamberlain damals gerufen hat, als Diktator einsetzte. Die Frage kann ich leicht beantworten.

Meinem Vater hat nie nach einer Diktatur gelüstet. Wenn er, der immerhin bereits 1888 den Thron bestiegen hat, in seinen frühen Regierungsjahren wenig von Parlamentsherrschaft gehalten hat, war das durchaus normal. Seine Anschauung deckte sich mit der des deutschen Volkes. Eine Diktatur hat er nie gutgeheißen. Die hohe Auffassung von seinem Amt, das er im wahrsten, edelsten Sinne als von Gottes Gnaden auffaßte, würde ihm dies verboten haben. Gewiß hat mein Vater oft recht energisch regiert. Aber stets hielt er sich an die Verfassung.

Nach der »Daily Telegraph«-Affaire vom November 1908, seit sich der Reichstag gegen ihn gestellt hatte, hat er sich eine Zurückhaltung auferlegt, die ihn selbst den ihm verfassungsmäßig zustehenden Bereich nicht mehr voll ausnutzen ließ. Die schwere seelische Erschütterung von damals hat mein Vater nicht verwunden. Die folgenden Jahre seiner Regierungszeit — fast auf den Tag genau 10 Jahre — waren hiervon beeinflußt. Die Schatten aufsteigender Wolken, von denen mein Vater Ende 1908 gesprochen hatte, haben seinen Lebensweg, sein Tun und Lassen von da an bestimmt.

»Im Kriege führte ihn diese Selbstbescheidung fast bis zur völligen Ausschaltung seiner Person gegenüber den operativen und organisatorischen Maßnahmen des Chefs des Generalstabes«, stellte mein Bruder Wilhelm zutreffend fest. Er habe diesen Umstand sehr bedauert, denn, so sagte er wörtlich, »wann auch immer ich persönlich mit meinem Vater über die strategische Gesamtlage sprach, ich hatte dabei stets den Eindruck, daß sein Urteil den Nagel auf den Kopf traf.« Das Urteil meines Bruders ist eines von vielen. Besonders drastisch äußerte sich ein Militär, der ausführte: »Der Kaiser durchschaute die Kriegslage zu Beginn 1914 besser als Moltke und das ganze Hauptquartier, er hätte nie den Rückzugsbefehl an der Marne gegeben, aber er, von dem gesagt worden war, er werde in Selbstüberhebung uns in von vornherein verlorene Schlachten zwingen, griff nun nicht durch . . . Er war durch den Verrat von 1908 seelisch zerbrochen.«

Mein Vater selbst hat über diese innere Wandlung nicht gesprochen. Es mag sein, daß sie ihm auch gar nicht faßbar ins Bewußtsein getreten ist, so, wie andere sie erkannt haben. Er hat uns auch nie zu erkennen gegeben, daß er resigniere. Aber aus einigen seiner Bemerkungen, wie etwa über sein Verhältnis zu Hindenburg und Ludendorff, ließ sich heraushören, daß er eine klare Vorstellung von seiner Selbstbescheidung gehabt hat. Er sagte: »In stiller zurückgezogener Mitarbeit habe ich an dem unermüdlichen Schaffen der beiden Feldherren teilgenommen. Es war selbstverständlich, daß ich mich bei auftauchenden Zweifeln in allen operativen Angelegenheiten ihrer überlegenen Einsicht fügte, selbst am 29. September 1918 fügte, als sie einen sofortigen Waffenstillstand für die Erhaltung der Kampffähigkeit des Heeres forderten.«

Als 1918 die Frage einer Diktatur an meinen Vater herantrat, hat er sie verneint. Das ist ihm von rechtsextremer Seite schwer angekreidet worden. Seine Kritiker haben allerdings übersehen, daß Ludendorff die Erwägung des Staatssekretärs v. Hintze, eine Diktatur zu errichten, kategorisch zurückgewiesen hat. Eine Diktatur meines Vaters ohne oder gar gegen die Oberste Heeresleitung? Es erübrigt sich jedes weitere Wort.

Zum Grundsätzlichen ist aber festzuhalten, daß mein Vater, als es um das Für und Wider der Diktatur ging, seine Meinung unmißverständlich in dem Satz zusammenfaßte: »Diktatur ist Unsinn.« Der Kaiser hat den Zug der Zeit zur parlamentarischen Demokratie erkannt gehabt, er hielt diese Regierungsform für das Ergebnis einer naturgegebenen Entwicklung. Oberstleutnant Niemann hat bestätigt, daß diese Einstellung auch in den Gesprächen, die mein Vater im Herbst 1918 mit ihm geführt hat, zum Ausdruck kam. Auch Max von Baden hat berichtet, daß er davon überzeugt gewesen ist, daß der Kaiser mit der neuen parlamentarischen Regierung absolut loyal zusammenarbeiten wollte. Beim Empfang der neu ernannten Regierung im Schloß Bellevue am 21. Oktober sagte mein Vater:

»Mit meinem Erlaß vom 30. September, auf Grund dessen Ihre Ernennung erfolgt ist, habe ich den entscheidenden Schritt getan, der das deutsche Volk in neue Verfassungszustände hinüberführt . . . In einer Reihe von Kundgebungen habe ich meinen Entschluß bekräftigt, daß der neuen Zeit eine neue Ordnung entsprechen soll. In umfassender Weise soll das deutsche Volk berufen sein, an der Gestaltung seiner Geschicke mitzuwirken, an politischer Freiheit keinem Volk der Erde nachstehend, an innerer Tüchtigkeit und fester Staatsgesinnung keinen Vergleich scheuend. Sie, meine Herren, haben die Aufgabe, Deutschland mit hinüberzuführen in die neuen Zustände. Ich weiß, daß keiner unter Ihnen ist, der sich nicht der Größe dieser Aufgabe und seiner ungeheuren Verantwortung bewußt wäre. Mir aber liegt es am Herzen, Ihnen in dieser Stunde auszusprechen, daß es mein fester Wille ist, zu meinem Teil alles daranzusetzen, um mit Ihnen und der Volksvertretung die in dem Erlaß vom 30. September gewiesenen Ziele zu erreichen.«

Mein Vater fuhr fort: »Mit Ihnen, meine Herren, die ich heute zum ersten Male als meine Mitarbeiter begrüße, weiß ich mich eins in dem heiligen Willen, das Deutsche Reich aus der Not dieser Zeit zu einer ruhigen und friedlichen Entwicklung zurückzuführen. Ich hoffe, daß es uns, durch heiße Vaterlandsliebe und das Gefühl starker Verantwortung verbunden, gelingen wird, dem neuen Deutschland den Weg zu einer hellen und glücklichen Zukunft zu bahnen.«

Der Reichskanzler hat berichtet, daß wohl keiner der Regierungsvertreter, die der Ansprache meines Vaters beiwohnten, sich der spontanen Liebenswürdigkeit seines Wesens entziehen konnte. Aber was bedeutete das noch, welchen politischen Wert besaß die Aufrichtigkeit des Kaisers, sein makelloser Charakter, seine Humanität, seine Ritterlichkeit. »Hängt den Kaiser!« schrie die Entente-Propaganda. Und in Deutschland sahen die breiten Massen wie auch viele Parlamentarier, nachdem Wilson die Kaiserfrage aufgeworfen hatte, in meinem Vater nichts als ein Friedenshindernis, d a s Friedenshindernis.

Diese Ansicht hatte sich im Handumdrehen der öffentlichen Meinung bemächtigt. Selbst ein so nüchtern denkender und couragierter Mann wie Noske erlag diesem Sog. Er sagte: »Wenn der Kaiser geht, kriegen wir einen guten Frieden.« Binnen weniger Tage, nachdem Wilson die Absetzung gefordert hatte, war die Stimmung in unserem Volk gegen den Kaiser umgeschlagen. Ebert stellte damals fest: »Das Volk deutet auf Ludendorff als den Schuldigen; aller Haß richtet sich gegen Wilhelm II.« Sein Parteifreund Scheidemann deutete die Zeichen der Zeit mit der Erkenntnis: »Wenn der Krieg mit einem deutschen Sieg geendet hätte, so würde man den Kaiser überschwenglich gefeiert, ihn vermutlich in den Rang eines Halbgottes erhoben haben, nun aber, da es anders kommen

sollte, wurde ein Sündenbock gesucht und in erster Linie im Kaiser gefunden.«

Max von Baden hat alles getan, was nur in seiner Macht stand, sich
der Kaiserfrage entgegenzustellen. Er war von der Aufgabe erfüllt,
den Kaiser mit dem Volk wieder zusammenzuführen. Er dachte dabei
nicht minder an das Reich als an den Kaiser. Doch der Versuch meines
Schwagers, gegen den Strom zu schwimmen, war von vornherein zum
Scheitern verurteilt. Als er dies einsah, bestand seine Hoffnung in einem
freiwilligen Thronverzicht meines Vaters. In diesem Opfer des Monarchen für sein Volk sah er den erfolgversprechendsten Weg zu einem erträglichen Frieden und zur Erhaltung unserer Dynastie. Prinz Max betrachtete es nun als sein Ziel, nach einem Verzicht meines Vaters und
meines Bruders Wilhelm, eine Regentschaft eines preußischen Prinzen
für die Zeit der Minderjährigkeit des ältesten Kaiserenkels einzusetzen. Er erhoffte sich hierdurch auch die Befreiung von einem ihn quä-
lenden Alpdruck, der Vorstellung nämlich, daß der deutsche Kaiser,
daß das Haus Hohenzollern, von der Straße, vom Mob, gestürzt werden könnte.

Um meinem Vater die Gelegenheit zu geben, aus eigenem Entschluß
das Opfer der Thronentsagung bringen zu können, hielt sich der Kanzler selbst zurück. Er war bestrebt, Männer zu finden, die mein Vater als
persönliche Freunde und als die Stützen der Monarchie ansah, um ihm
durch sie den ehrenvollen Ausweg zeigen zu lassen. Hofprediger Dryander, von dem Prinz Max glaubte, daß er als Seelsorger meines
Vaters besonders geeignet wäre, ihm den Thronverzicht nahezulegen,
lehnte die ihm angetragene Mission ab. Hausmarschall Graf Eulenburg
und auch General v. Chelius, ein langjähriger Flügeladjutant meines
Vaters, entschieden sich in gleicher Weise.

Mein Schwager sagte mir, wie verzweifelt er über diese Fehlschläge
war. Da reifte in mir der Entschluß, nach Potsdam zu meinem Vater zu
fahren. Ich hatte das Gefühl, er muß es wissen, ich muß es meinem
schwergeprüften Vater sagen, daß allein der Verzicht, das Opfer des
Kaisers für sein Volk, die Rettung ist. Mein Mann, mit dem ich — wie
stets — alles besprach, war genau der gleichen Ansicht. Er äußerte, daß
ich vielleicht überhaupt die einzige wäre, die dieses Amt übernehmen
könne. Ich meldete mich in Potsdam an. Aus der Umgebung meines
Vaters wurde der Besuch zunächst inhibiert. Ich entschloß mich, dennoch
zu fahren. Doch da wurde ich heftig von der zu dieser Zeit grassierenden
Spanischen Grippe erfaßt. Ich konnte nicht einmal mehr auf den Beinen

stehen, geschweige denn reisen. Jetzt entschloß sich Max von Baden, selbst zu meinem Vater zu gehen. Das war am 29. Oktober.

Prinz Max konnte sein Vorhaben nicht ausführen. Am Nachmittag ließ ihn mein Vater wissen, daß er noch am selben Tage ins Große Hauptquartier nach Spa abfahren werde. Die Abreise kam für uns alle völlig überraschend.

Der äußere Anlaß dafür, daß mein Vater sich zur Armee begeben wollte, war ein entsprechender Wunsch Hindenburgs, der ihm durch Oberstleutnant Niemann übermittelt worden war. Der Kanzler bemühte sich, meinen Vater umzustimmen und ihn zum Bleiben zu veranlassen. Er bat Graf Eulenburg und den Chef des Zivilkabinetts, sich für einen Aufschub der Fahrt einzusetzen. Dann telefonierte er selbst mit dem Kaiser und bat um eine sofortige Audienz. »Wir gehen jetzt den schwersten Tagen entgegen, da können Eure Majestät nicht abwesend sein«, sagte Prinz Max. Aber er drang damit nicht durch, erhielt auch keine Gelegenheit mehr zu einem Vortrag. Am Abend fuhr mein Vater ab. Meine Mutter begleitete ihn zum Bahnhof Wildpark. Auch sie war von der plötzlichen Abreise überrascht worden. Als der Zug sich in Bewegung setzte, war sich niemand der Anwesenden bewußt, daß der deutsche Kaiser seine Hauptstadt nicht mehr wiedersehen sollte.

Daß mein Vater Berlin verließ, war in jeder Hinsicht verhängnisvoll. Wir haben uns damals immer wieder gefragt, was ihn wohl dazu bewogen haben mochte. Später erfuhren wir die Zusammenhänge. Einige Persönlichkeiten der unmittelbaren Umgebung meines Vaters hatten erkannt, daß es eine Frage von Stunden geworden war, bis die Abdankungsfrage persönlich an den Kaiser herantreten würde. Es waren Männer, die meinem Vater viele Jahre gedient hatten, die ihm treu ergeben und bestrebt waren, das Beste für ihn und die Monarchie zu tun. Eine Abdankung des Monarchen hatte in ihren Anschauungen keinen Platz. Schon Anfang Oktober hatte der Chef des Zivilkabinetts wie aufgeschreckt zu Prinz Max gesagt: »Der Kaiser trägt sich mit Abdankungsideen«, und ihn aufgefordert, dem Kaiser mit einer Darstellung der drohenden Verhältnisse zu verschonen. In der jetzt entstandenen kritischen Lage sahen sie nur einen Ausweg: der Kaiser mußte so schnell wie möglich zur Armee und fort aus Berlin. In dieser Auffassung trafen sie sich mit einer in der Obersten Heeresleitung verbreiteten Meinung. Es war nicht schwer, meinen Vater davon zu überzeugen, daß es geboten sei, der dringenden Bitte des Feldmarschalls nachzukommen. Daneben wurde aber auch Mißtrauen gegen Max von Baden und seine Regierung gesät, die in der Umgebung des Kaisers entschieden abgelehnt und deren Politik als illusionistisch und opportunistisch empfunden wurde. Der Keim für das Zerwürfnis meines Vaters mit Max von Baden wurde gelegt; es verdient, festgehalten zu werden, daß das bereits im Oktober geschehen ist.

Mein Vater hatte sich, wie ich weiß, bevor er Potsdam verließ, mit der Frage einer Abdankung auseinandergesetzt. Sie stellte sich ihm nicht in der Form, wie mancher dies heute mutmaßen könnte, so etwa wie man sich landläufig die Überlegungen denkt, die angestellt werden, wenn es darum geht, auf einen Ministersessel nicht zu verzichten. Der Kaiser war zutiefst davon überzeugt, sein Amt von Gottes Gnaden zum Wohle des ihm anvertrauten Volkes ausüben zu müssen. Seine Anschauungen beruhten nicht nur auf staatspolitischem, sondern auch auf religiösem Fundament. Diese Überzeugung und die ihn in jeder Faser seines Denkens beherrschende preußische Pflichtauffassung haben ihn in einer Abdankung eine Art Fahnenflucht sehen lassen. Mit großem Ernst sagte er einmal: »Ein Nachfolger Friedrichs des Großen dankt nicht ab«.

Gleichwohl oder eben wegen der Pflicht, die er gegenüber seinem Volk empfand, hatte sich der Kaiser noch in Potsdam dazu durchgerungen, dem deutschen Volk und seinem tapferen Heer das Opfer seiner Person zu bringen. Voraussetzung für ihn war, daß unsere Feinde dafür »den Preis eines gerechten und ehrenvollen Friedens zu zahlen bereit waren«. Genauso dachte Max von Baden. Auch er wollte keine »unklaren Auslandsnachrichten« als Grundlage für eine Abdankung gelten lassen; auch er sah in einer Abdankung nur dann einen Sinn, wenn erkennbar war, daß die Gegner diese zu honorieren willens waren. Es liegt eine tiefe Tragik darin, daß mein Vater und mein Schwager, die sich in dieser entscheidenden Frage so nahe waren, nicht zusammenfanden.

Die Abfahrt meines Vaters zeigte, daß Max von Baden sein Vertrauen nicht besaß. Der Mann seines Vertrauens war Feldmarschall v. Hindenburg. Zu ihm begab er sich in der Schicksalsstunde des deutschen Kaiserreiches.

In der Öffentlichkeit wurde die Tatsache, daß der Kaiser sich zur Armee begeben hatte, als ein Anzeichen dafür gedeutet, daß er nicht zurückzutreten gedachte. Um so lauter wurde die Forderung nach Abdankung erhoben. Im Reichskabinett kam es hierüber zu langen Erörterungen. Der Reichskanzler erklärte:

»Ich habe die Frage der Abdankung Seiner Majestät des Kaisers ohne Unterlaß seit Tagen erwogen. Ich habe Vertrauensmänner Seiner Majestät bei mir gehabt und mit diesen die Frage eingehend besprochen. Ich habe ihnen Material gegeben, um sie in den Stand zu setzen, Seine Majestät über die Lage im In- und Ausland aufzuklären. Ich werde dafür sorgen, daß diese Aufklärung nicht unterbrochen wird. Ich erkläre aber ausdrücklich, daß eine Abdankung Seiner Majestät des Kaisers nur eine freiwillige sein kann und darf, denn so allein kann das Reich und das Heer vor Schaden bewahrt, die Würde Deutschlands gewahrt werden. Voraussetzung für mein eigenes Handeln muß sein, daß mir die Freiheit des Handelns nicht beeinträchtigt und vermieden wird, einen Druck auf mich auszuüben.«

Prinz Max war bestrebt, einen deutschen Fürsten zu gewinnen, der zum Kaiser nach Spa führe, um ihm die Abdankungsfrage zu erläutern. Auf seine Bitte kamen Großherzog Ernst Ludwig und Landgraf Friedrich Karl von Hessen zu ihm nach Berlin. Der Großherzog hatte Bedenken, daß er für die Aufgabe geeignet wäre. Prinz Friedrich Karl erbat sich Bedenkzeit; dann willigte er ein. Der Kanzler war überzeugt, in ihm einen Vermittler gefunden zu haben, wie es ihn besser kaum gab. Der Landgraf war mit meines Vaters Schwester Margarethe verheiratet, zwei seiner Söhne, die Prinzen Friedrich Wilhelm und Maximilian, waren im Felde gefallen, er selbst war preußischer General und hatte sich an der Front, wo er verwundet worden war, ausgezeichnet.

In aller Eile wurde ein Sonderzug zur Fahrt nach Spa beordert. Dokumente und Unterlagen wurden vorbereitet, die der Landgraf meinem Vater vorlegen sollte. Unter ihnen befanden sich Entwürfe für Aufrufe an Volk und Heer. In ihnen hieß es u. a.:

»Mehr als 25 Jahre habe Ich Deutschland den Frieden erhalten können. Zuletzt ist uns doch der Krieg aufgedrängt worden, den unser Volksheer auch in Feindesland als Verteidigungskrieg geführt hat. Der Krieg ist gegen uns entschieden, und die irregeleitete öffentliche Meinung der Feinde wälzt die Schuld an all den Leiden, die er veranlaßt hat, uns zu. Den Taten und Leiden des deutschen Volkes, besonders Meiner Preußen, ist der Lohn des Sieges nicht beschieden, aber es hat in heldenmütigem Kämpfen und Arbeiten, Dulden und Ertragen unvergänglichen Ruhm erworben. Dieser Ruhm soll, soviel an Mir liegt, nicht durch Waffenstillstands- oder Friedensbedingungen verdunkelt werden, die mit unserer Ehre nicht vereinbar sind. Der Haß der Feinde gegen Mich könnte die Bedingungen verschärfen. Ich halte es daher in diesem Augenblick mehr für Meine Pflicht, der Krone Preußens und damit der Kaiserkrone zu entsagen, als ihre Last noch weiter zu tragen.«

Am Abend des 1. November suchte Landgraf Friedrich Karl die Reichskanzlei auf, um noch eine abschließende Orientierung einzuholen. Während er sich mit Prinz Max und Herren der Reichskanzlei und des Auswärtigen Amtes besprach, trafen fortwährend neue Nachrichten von der Obersten Heeresleitung und dem Auswärtigen Amt ein. Der Landgraf gewann den Eindruck, als fehle in den Ansichten der Umgebung des Kanzlers die letzte Klarheit und Konsequenz gegenüber dem politischen und militärischen Geschehen, als wäre man schwankend angesichts neuer Meldungen, die von einer leichten Verbesserung der Frontlage sprachen. Auch schien die energische Zurückweisung des Gedankens an eine Abdankung des Kaisers durch die Oberste Heeresleitung unter den Beratern des Reichskanzlers Zweifel geweckt zu haben. Auf die präzise Frage, ob es noch eine Alternative zur Abdankung gäbe, erhielt der Landgraf jedenfalls nicht die absolute Auskunft, die er als Voraussetzung für seine Mission erachtete. Nach einer langen Aussprache erklärte er schließlich, daß er unter den gegebenen Umständen nicht mit der letzten inneren Überzeugung vor den Kaiser hintreten könne, die nun einmal für diesen schwerwiegenden Schritt unabdingbar sei. Im übrigen stehe er jederzeit zur Verfügung, wenn feststehe, daß es keinen anderen Ausweg als die Abdankung gebe.

Die Parole der Obersten Heeresleitung hieß: »Für das deutsche Heer darf es keine Kaiserfrage geben!« Ihre Auffassung geht aus den Worten General Groeners, der die Nachfolge des Ende Oktober verabschiedeten Generals Ludendorff angetreten hatte, gegenüber der Reichsregierung hervor: »Der Generalfeldmarschall hat mich beauftragt, in der Frage der Abdankung des Kaisers wörtlich zu erklären, daß er sich für einen Schuft hielte, wenn er den Kaiser verlassen würde; und so, meine Herren, denke ich und alle ehrliebenden Soldaten.«

Groener, der sich in leidenschaftlicher Erregung befand, fuhr fort: »Wie sollen die Tausende und aber Tausende von tapferen Offizieren und Soldaten den Entschluß zum Opfertode finden, wenn in ihre Herzen und Gewissen der Zwiespalt hineingetrieben wird. Wovon man in der Heimat keine Ahnung zu haben scheint, das ist die Psychologie des Heeres, das sind die Imponderabilien, auf denen der Gehorsam ruht.«

Prinz Max versuchte in einem Gespräch unter vier Augen General Groener von der Notwendigkeit einer Abdankung des Kaisers zu überzeugen. »Groener nahm die Diskussion dieser Frage als eine Rücksichts-losigkeit gegen die Front und sperrte seine Einsicht gegen alle Gründe«, berichtete mein Schwager. Groener war im übrigen von Spa mit der Er-mächtigung abgefahren, die Rückkehr des Kaisers nach Berlin auf 24 Stunden zuzusagen. Bei seiner Ankunft in Berlin erhielt er einen tele-grafischen Widerruf der Obersten Heeresleitung.

Das ereignete sich am 5. November 1918, dem Tag, da in Kiel die Meuterei der Flotte ausgebrochen war und bereits auf andere Orte übergriff. Und zu einem Zeitpunkt, da unsere Verbündeten, Bulgarien, Österreich-Ungarn und die Türkei, zusammengebrochen waren.

Am folgenden Tag hatte die Revolte Rendsburg, Lübeck, Altona, Hamburg, Bremen, Cuxhaven und andere Plätze erfaßt. An diesem 6. November fand eine Besprechung General Groeners mit Führern der Sozialdemokratischen Partei und der Gewerkschaften in der Reichskanz-lei statt. Oberst v. Haeften fertigte hierüber eine Niederschrift. Danach sagte Ebert: »Es sei jetzt nicht Zeit, nach den Schuldigen des allgemei-nen Zusammenbruchs zu suchen. Die Stimmung des Volkes schöbe dem Kaiser die Schuld zu, ob mit Recht oder Unrecht sei gleichgültig. Die Hauptsache sei, daß das Volk die vermeintlichen Schuldigen von ihren Plätzen entfernt sehen wolle. Daher sei die Abdankung des Kaisers, wenn man den Übergang der Massen in das Lager der Revolutionäre verhindern wolle, notwendig.« Ebert schlug vor, »daß der Kaiser späte-stens morgen seine Abdankung bekanntgebe und einen seiner Söhne, Oskar oder Eitel Friedrich, mit seiner Vertretung beauftrage. Der Kron-prinz sei jetzt unmöglich, da er bei den Massen zu verhaßt sei«.

General Groener erwiderte: »Von einer Abdankung könne nicht die Rede sein; jetzt, wo die Armee in schwerem Ringen mit dem Feinde stehe, sei es unmöglich, ihr den Obersten Kriegsherrn zu nehmen. Die Interessen der Armee müßten allen anderen vorangestellt werden. Er lehne es daher auf das allerentschiedenste ab, in der Abdankungsfrage irgendeinen Schritt zu unternehmen.«

Nun wandten sich auch andere der anwesenden Sozialdemokraten wie David und Südekum an Groener. Sie seien keine Gegner der Mon-archie an sich, sie wollten auch nicht die Abschaffung der Monarchie in Deutschland. »Große Teile der Sozialdemokratie würden sich mit einer Monarchie mit sozialem Einschlag nach parlamentarischem System durch-aus abfinden«, versicherten sie. In die Besprechung platzte die Mittei-lung, von Scheidemann überbracht, herein, daß die roten Matrosen auch in Hamburg und Hannover die Staatsgewalt an sich gerissen hätten.

Scheidemann rief erregt: »Jetzt gilt es nicht mehr zu diskutieren, jetzt heißt es handeln. Wir wissen nicht, ob wir morgen noch auf diesen Stühlen sitzen werden.«

Ebert wandte sich an Groener: »Ich rate Ihnen, Herr General, dringend noch einmal die letzte Gelegenheit zur Rettung der Monarchie zu ergreifen und sogleich beschleunigt die Betrauung eines kaiserlichen Prinzen mit der Regentschaft zu veranlassen.« Südekum, so berichtete Oberst v. Haeften, hatte Tränen in den Augen. Groener entgegnete, der Vorschlag sei für ihn indiskutabel. Ebert antwortete: »Dann müssen die Dinge ihren Lauf gehen.« Schweigend und ernst verließen die sozialdemokratischen Führer den Raum. Auch die Zurückgebliebenen schwiegen. Haeften wandte sich zu Groener: »Das bedeutet die Revolution. Diese Führer hier haben die Massen nicht mehr in der Hand.«

Während dieser Ereignisse war mein Vater bei der Armee — in Spa und an der Front. Das, was Max von Baden befürchtet hatte, was er unter allen Umständen hatte verhindern wollen, war eingetreten. Der Kaiser befand sich in der Stunde, die über Nation und Monarchie entschied, auf dem falschen Platz. In Berlin, nicht in Spa, mußte die Entscheidung fallen. Und in der Reichshauptstadt hätten sich dem Monarchen ein anderer Überblick und auch andere Einsichten eröffnet. Seine Sicht der Lage und ihre Entwicklung waren nun weitgehend von den Meinungen seiner militärischen Umgebung bestimmt. Und die Rolle, in die der Kaiser gebracht worden war, war in diesen letzten Tagen der Monarchie nur noch die eines Zuschauers. Deutlich spricht das alles aus den Briefen, die er in jenen Tagen an meine Mutter gesandt hat.

Am 7. November schrieb er:

»Es sind wahrhaft grauenhafte Zustände! Meine Flotte meutert, in Kiel und Wilhelmshaven hetzen Haase und Ledebour umher, die bisher bei Joffé offen konspiriert haben, und statt sofort eingesperrt zu werden, von der jammervollen Regierung auch nach dort fahren gelassen wurden. Eben ist hier die Commission für die Entgegennahme der feindlichen Waffenstillstandsbedingungen durchgekommen und beim Feldmarschall gewesen. Es stellt sich dabei heraus, daß es 2 Zivilisten sind, die von Max beauftragt sind, die Verhandlungen zu führen. Erzberger und Graf Oberndorff — früher in Sofia —. Max hat sich das alleinige Recht, über den Waffenstillstand zu bestimmen, angemaßt. Die Armee, vor allem die Ob.H.L. und mich total übergangen und ausgeschaltet . . .

Ist Volk und vor allem das Heer mit den Bedingungen einverstanden — gut. Wenn aber nicht, so wird ein Sturm sich erheben ... Wir stellen Truppen bereit für die Sicherung der Heimat, die ich evtl. zur Niederwerfung von Aufständen und Eroberung von Berlin nötig habe. 2.G. Div. ist in Altengrabow; Sturm Bat. Rohr — 1000 Mann — würde mit mir nach Potsdam kommen; sobald Waffenruhe eintritt, kommen dann die zuverlässigen Teile des Heeres zurück und das Gardekorps würde um Berlin herum conzentriert werden.«

In einem Brief vom 8. November hieß es:
»Mein gestriger Brief ist nicht mehr durchgekommen, da in Cöln Aufruhr ist und der Bahnhof besetzt ist! Die Leute sind alle toll geworden! In München hat man Republik ausgerufen, der König soll abgedankt haben! Ob dieser Brief Dich erreicht, weiß ich nicht. Gott sei mit Dir und uns! Ich lasse Truppen aus der Front zusammenziehen, um mit ihnen auf Berlin zu marschieren, sobald der Waffenstillstand geschlossen ist. Die Söhne müssen Deine Verteidigung übernehmen, bis wir von hier zu Hilfe kommen. Wenn es in Potsdam nicht mehr sicher ist, mußt Du mit den Kindern nach Königsberg oder Rominten gehen, falls nötig. Ich kann von hier die Sache nicht beurteilen. Alle Verbindungen sind so unsicher ... Kriegsminister ist zum Oberbefehlshaber der Heimatstreitkräfte ernannt. Armee Mackensen im Antransport auf Schlesien, 2. G. Div. im Anmarsch auf Cöln. 52 Div., Jägerdiv. ebenfalls im Antransport auf Heimat. Die weiteren Maßnahmen wird Feldmarschall mit mir hier bereden.«

Als mein Vater diese Zeilen geschrieben hat, ahnte er nicht im geringsten, daß sich in den Anschauungen der Obersten Heeresleitung ein weiteres Mal eine plötzliche Schwenkung vollzogen hatte. Ihre entschiedene Haltung in der sogenannten Kaiserfrage war es gewesen, die ihn bei den Abdankungserwägungen geleitet hatte; ihre Überzeugung, daß es die Pflicht des Kaisers wäre, im Interesse der Armee auf seinem Posten zu verbleiben, hatte den Konflikt mit Max von Baden heraufbeschworen, hatte in der Frage der Monarchie die Brücke zu den demokratisch gesinnten Arbeiterführern abgebrochen. Nun, am 8. November, gelangten Hindenburg und Groener zu der Meinung, daß eine militärische Operation gegen die Revolution aussichtslos wäre. Dem Generaloberst v. Plessen, der bei ihrer Beratung zugegen war und einen anderen Standpunkt vertrat, bedeuteten sie, daß er insofern über die Lage nicht richtig orientiert sei, »als er die Stärke der Gegner unterschätze und im Heer noch mit einem Geist rechne, der dort leider nicht mehr in ausreichendem Maße zu finden war«.

Am folgenden Tag, dem tragischen 9. November 1918, wurde mein Vater durch Hindenburg und Groener von der neuen Lagebeurteilung in Kenntnis gesetzt. Der Feldmarschall begann den Vortrag mit der Bitte um seine Entlassung. Später erläuterte er diesen Schritt mit den Worten: »Um meine Entlassung habe ich Seine Majestät vor Beginn des militärischen Vortrages gebeten, weil es mir unendlich schmerzlich war, meinem Kriegsherrn von der Operation gegen die Heimat abraten zu müssen.« Mein Vater behielt sich die Entscheidung über das Gesuch des Feldmarschalls vor. Hindenburg und Groener setzten dann ausführlich ihre Ablehnung eines Einschreitens gegen den Aufstand im Heimatgebiet auseinander. Letzterer brachte seine Meinung auf den Nenner: »Das Heer wird unter seinen Führern und Kommandierenden Generalen in Ruhe und Ordnung in die Heimat zurückmarschieren, aber nicht unter dem Befehl Eurer Majestät; denn es steht nicht mehr hinter Eurer Majestät!«

Der Vortrag hatte um 10 Uhr begonnen. Gegen 13 Uhr erschien Oberst Heye. Er meldete das Ergebnis einer Befragung von 39 Generalen und Regimentskommandeuren aus verschiedenen Heeresgruppen, die auf Anordnung Groeners nach Spa gerufen worden waren. Ihnen war die Frage vorgelegt worden, wie die Truppe zum Kaiser stehe, ob man es für möglich halte, daß sie unter Führung des Kaisers gegen die Revolution marschieren würde. Nur einer der Befragten hatte bejaht, 15 ließen die Antwort offen, 23 verneinten. In der Meldung, die Heye seinem Obersten Kriegsherrn erstattete, sagte er: »Die Truppe ist müde und gleichgültig, will nur Ruhe und Frieden haben. Gegen die Heimat marschiert sie jetzt nicht, auch nicht mit Eurer Majestät an der Spitze. Sie marschiert auch nicht gegen den Bolschewismus; sie will einzig und allein bald Waffenstillstand haben, jede Stunde früher ist daher wichtig.«

Das war also das Ende, dachte mein Vater. Noch am Abend zuvor hatte er eine eindringliche Bitte des Kanzlers, abzudanken, in Übereinstimmung mit den bisherigen Absichten und Auffassungen seiner militärischen Umgebung, für die ein Verbleiben des Kaisers eine Selbstverständlichkeit gewesen war, abgelehnt. Nun, wenige Stunden später, dieser schlagartige Wandel!

Und noch an diesem Vormittag — die Worte vom Abfall der Armee waren kaum verhallt — besprach man im Großen Hauptquartier die

Frage, »wohin Seine Majestät sich begeben solle«. In einem von den Beteiligten aufgestellten Protokoll hieß es: »Einzelne Herren empfahlen die Schweiz, während der Feldmarschall Holland den Vorzug gab.« Hindenburg erläuterte das wie folgt: »Da habe ich demgegenüber Holland genannt, weil dem Kaiser in diesem monarchischen Staate jedenfalls mehr Sympathien als in der halbfranzösischen, republikanischen Schweiz entgegengebracht würden und weil Spa nur 50 km von der holländischen Grenze entfernt liegt. Ich brauchte hierbei noch folgendes Bild: Seine Majestät kann, wenn an der Vorderseite der Villa geschossen würde, immer noch aus der Rückfront im Auto fortfahren. Die Straßen sind hier alle chaussiert, so daß die Grenze sogar auf einem Umwege erreicht werden kann.« Bereits am frühen Nachmittag gab der Feldmarschall Admiral v. Hintze den Auftrag, die nötigen Vorbereitungen für eine Abreise nach Holland zu treffen, »zu einer Zeit«, wie General Frhr. Marschall, der dabei zugegen war, festgehalten hat, »in der Seine Majestät noch von diesem Vorschlage gar nichts wußte«.

Wenig später fand eine Besprechung bei meinem Vater in der Villa »Fraineuse« statt. Hindenburg, der sichtlich tief ergriffen war, riet meinem Vater zu einem Verzicht auf den Thron und zum Übertritt nach Holland. Da der Feldmarschall sich später über diesen Vorgang mit einer gewissen Zurückhaltung geäußert hat, wovon noch zu sprechen sein wird, halte ich es für angebracht, die genauen Formulierungen von Augenzeugen wiederzugeben. General v. Marschall hat die Schlußworte Hindenburgs wie folgt festgehalten: »Deshalb muß ich Euer Majestät raten, die Krone niederzulegen und nach Holland zu gehen.« Admiral Hintze notierte: »So gab der Feldmarschall seiner Majestät den Rat, die Krone niederzulegen und nach Holland abzureisen.«

Mein Vater stand vor einem schweren Schritt. Das Ende einer ruhmreichen Monarchie, das Ende einer fünfhundertjährigen Herrschaft des Hauses Hohenzollern war gekommen — und gerade ihm wurde von der Geschichte die Last des Zusammenbruchs aufgebürdet. Noch schwerer wog in diesen Augenblicken für ihn die Entscheidung, ob er, wie die verantwortlichen Militärs ihm anrieten, die Armee verlassen dürfe. In ihm, dem alten Soldaten, wehrte sich alles gegen einen solchen Entschluß. Aber wie seine Gedanken auch immer kreisen mochten, stets stießen sie wieder gegen die Aufforderung des großen alten Mannes, des vom Vertrauen der Truppe getragenen Feldmarschalls, an ihn — zu gehen. »Ich will bei meinem Heere bis zum Äußersten ausharren und

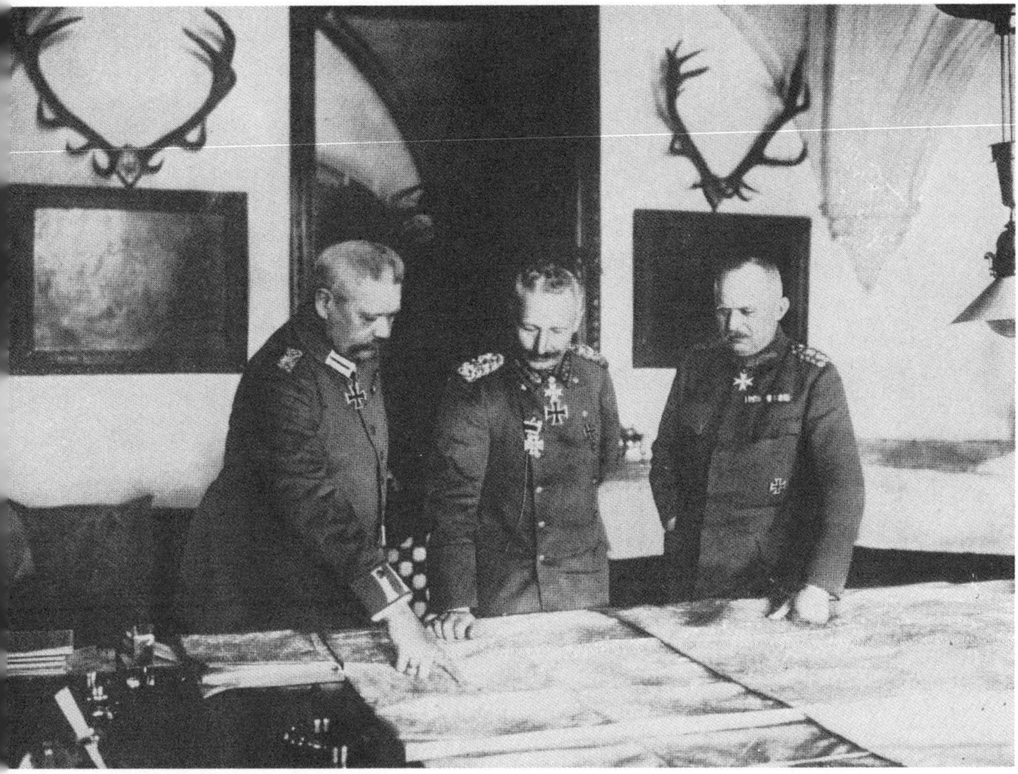

Im Großen Hauptquartier: Hindenburg, der Kaiser, Ludendorff.
Der Stab des X. Armee-Korps. Vorn General v. Emmich. Rechts neben ihm Herzog Ernst August.

Die Brüder der Herzogin
im 1. Weltkrieg:
Eitel Fritz, der Kronprinz (rechts
oben), Adalbert (unten).

August Wilhelm, Oskar (rechts oben), Joachim (unten).

Max von Baden

mein Leben einsetzen«, sagte der Kaiser zu seiner nächsten Umgebung. »Man will mich veranlassen, meine Armee zu verlassen. Das ist eine unerhörte Zumutung. Das sieht ja aus, als wenn ich mich fürchte.« Er fuhr fort: »Meine Frau bleibt mitten in den Unruhen tapfer in Potsdam. Ich bleibe auch hier.« Dem stellvertretenden Chef des Marinekabinetts, Kapitän zur See v. Restorff, der dem Kaiser Abschiedsgesuche vorlegte, bedeutete er: »Nein, sagen Sie allen anderen Herren, daß ich erwarte, daß sie auf ihrem Posten bleiben und dafür sorgen, daß wieder Gehorsam und Ordnung einkehrt. Ich bleibe auch hier.« Seine beiden Flügeladjutanten forderte er auf: »Besorgen Sie sich Waffen und Munition. Der Feldmarschall hat mir gesagt, daß wir mit bolschewistischen Angriffen rechnen müssen.«

Als die Weigerung des Kaisers, die Armee zu verlassen, bekannt wurde, erhielt Herr v. Grünau den Auftrag, ihm noch einmal die Dringlichkeit einer Abreise vor Augen zu führen. Grünau erklärte meinem Vater, »der Feldmarschall und Staatssekretär Hintze ließen inständig bitten, keine Stunde mehr zu verlieren. Der Übertritt nach Holland wäre die einzige Lösung der Wirrnisse.« Erst jetzt beugte sich mein Vater der Forderung, ins Ausland zu gehen.

Am späten Nachmittag hatte er einige Zeilen an meine Mutter zu Papier gebracht. In dem kurzen Brief hieß es: »Wir richten uns hier zur Verteidigung ein, gegen Aachen—Cöln. Wenn die Truppen nicht mehr halten wollen, dann muß ich nach Holland hinüber! Gebe Gott, daß es nicht nötig wird. Aber seit die Truppe müde und kampfunlustig geworden, ist es immer zweifelhafter, wem man noch trauen kann!... Wenn mir nicht beschieden ist, hier inmitten der letzten Treuen zu fallen, dann werde ich in einem neutralen Staate, Holland oder sonstwo, mit Euch, die der Himmel gnädig durchführen möge, das Brot in der Verbannung essen müssen! Gottes Hand liegt schwer auf uns! Sein Wille geschehe!« Mein Vater fügte, nachdem er den Brief unterbrochen hatte, abends noch einen kurzen Absatz hinzu, mit einem Hinweis auf den Vorschlag Hindenburgs: »So verlasse ich auf seinen Rat das Heer, nach furchtbaren inneren Kämpfen.« Er schloß: »So Gott will, auf Wiedersehen, so nicht, heißen unauslöschlichen Dank für Deine treue Liebe, Dein tiefgebeugter Mann.«

Die Nachricht, daß die Oberste Heeresleitung am Vorabend zu dem Schluß gelangt sei, die Armee stehe für die Niederwerfung von Aufständen nicht mehr hinter dem Kaiser, wurde am frühen Vormittag des

9. November von Hintze nach Berlin durchgegeben. Er fügte hinzu, daß Hindenburg, Groener und er dies jetzt dem Kaiser mitteilen würden. Prinz Max hat die Meldung als das aufgefaßt, was sie ihrem Inhalt nach war: Die OHL sagte ihrem Obersten Kriegsherrn, daß er keine Armee mehr hinter sich habe und nur noch die Abdankung bleibe.

Das war also nun die Ansicht Groeners, der vor noch kaum drei Tagen jede Erörterung dieser Frage brüsk zurückgewiesen hatte, ging es Prinz Max durch den Kopf. Da war es noch Zeit gewesen! Da standen sogar die Sozialdemokraten noch zur Monarchie. Und nun? Ja, nun war es zu spät! Max von Baden ließ Staatssekretär Wahnschaffe bei Ebert anrufen und diesen darüber informieren, daß in aller Kürze mit der Thronentsagung des Kaisers zu rechnen wäre, Ebert möge alles tun, um der anschwellenden Revolutionsbewegung Herr zu werden. Ebert entgegnete: »Zu spät! Die Kugel ist im Rollen.« Um dann zu versichern: »Wir wollen sehen, was sich machen läßt.« Inzwischen trafen in der Reichskanzlei immer neue Meldungen über die Berlin überschwemmenden revolutionären Massen ein und über das, was noch schwerer wog: die Truppen weigerten sich einzugreifen. Überall Gehorsamsverweigerung, Meuterei. Auch bei jenen Bataillonen, die bisher als Eliteeinheiten gegolten hatten.

Prinz Max stand schreckliche Qualen aus. Er wußte, es ging jetzt wirklich um Minuten. Die einzige Möglichkeit, die Revolution noch einzudämmen, den Spartakisten den Wind aus den Segeln zu nehmen, den Gemäßigten Auftrieb zu geben, war die Abdankung. Er hatte das alles vorausgesehen. War es nun zu spät? »Jeden Augenblick mußte die Absetzung des Kaisers von der Straße proklamiert werden«, sagte mein Schwager. »Dagegen hatten wir kein Machtmittel. Der Absetzung konnte nur vorgebeugt werden dadurch, daß die Abdankung verkündet wurde.« Daß die Abdankung unmittelbar bevorstand, daß es in Spa nur noch eine Frage der Formulierung, aber nicht der Entscheidung war, daran gab es nach den Mitteilungen von dort keinen Zweifel. Es war eine Frage von Stunden. Hier, in Berlin, aber ging es um Minuten.

In dieser Lage faßte Prinz Max den Entschluß, die Öffentlichkeit von dem bevorstehenden Thronverzicht in Kenntnis zu setzen. Er war sich der Schwere der Verantwortung, die er damit übernahm, voll bewußt. Die Erklärung, die von der Reichskanzlei der Wolffschen Nachrichtenagentur übergeben wurde, lautete:

»Der Kaiser und König hat sich entschlossen, dem Throne zu entsagen. Der Reichskanzler bleibt noch so lange im Amte, bis die mit der

Abdankung des Kaisers, dem Thronverzicht des Kronprinzen des Deutschen Reiches und von Preußen und der Einsetzung der Regentschaft verbundenen Fragen geregelt sind. Er beabsichtigt, dem Regenten die Ernennung des Abgeordneten Ebert zum Reichskanzler und die Vorlage eines Gesetzentwurfs wegen der sofortigen Ausschreibung allgemeiner Wahlen für eine Verfassunggebende deutsche Nationalversammlung vorzuschlagen, der es obliegen würde, die künftige Staatsform des deutschen Volkes, einschließlich der Volksteile, die ihren Eintritt in die Reichsgrenzen wünschen sollten, endgültig festzustellen.«

Diese Veröffentlichung hat Prinz Max schwerste Vorwürfe eingetragen. Das Odium des Verrats hat ihn bis übers Grab hinaus verfolgt. Ich wäre glücklich, wenn ich mit meinen Darlegungen dazu beitragen könnte, der ungerechten Beurteilung meines Schwagers, der man immer noch begegnet, den Boden zu entziehen.

Die Presseveröffentlichung des Reichskanzlers ist sicher nicht im letzten korrekt gewesen. Schon deshalb nicht, weil der Kaiser sie nicht autorisiert hatte. Aber sie hat im Negativen für unser Vaterland, und auch für die Monarchie, nichts bewirkt. Die Entscheidung über die Monarchie war in der Obersten Heeresleistung gefallen: als man sich dort gegen die wohlgemeinten und einsichtigen Vorschläge des Reichskanzlers stemmte, um dann, als jede Chance vertan war, den Kaiser mit der Feststellung zu konfrontieren, daß seine Armee sich von ihm abgewandt hätte. Und: Schon bevor die Erklärung des Kanzlers bekannt wurde, hatte Hindenburg den Weg ins Exil vorgeschlagen und vorbereitet. Der Schritt des Kanzlers war nichts anderes als ein letzter, ein allerletzter Versuch, zu retten, was noch zu retten war. Die Geschichte hat ihm darin recht gegeben. Sein Entschluß hat den Spartakisten ihre durchschlagende Kampfmoral genommen und es den gemäßigten Arbeiterführern im Verein mit zuverlässigen Einheiten der Armee und unserem pflichtbewußten Beamtentum gelingen lassen, das Deutsche Reich über die Tiefen des Zusammenbruchs hinweg zu retten.

Prinz Max übergab Ebert die Geschäfte des Reichskanzlers. Ebert sagte: »Es ist ein schweres Amt, aber ich werde es übernehmen.« Staatssekretär Solf fragte ihn: »Sind Sie bereit, die Regierung innerhalb der Verfassung zu führen?« Ebert bejahte. »Auch innerhalb der monarchischen Verfassung?« Ebert antwortete: »Gestern hätte ich diese Frage unbedingt bejaht, heute muß ich mich erst mit meinen Freunden beraten.«

Am späten Nachmittag des 9. November richtete Ebert an meinen Schwager die Bitte, zu bleiben. Max von Baden fragte, zu welchem

Zweck. Ebert erklärte: »Ich möchte, daß Sie als Reichsverweser bleiben!« Der Prinz lehnte ab. Er verabschiedete sich von Ebert. Seine letzten Worte waren: »Herr Ebert, ich lege Ihnen das Deutsche Reich ans Herz!« Eberts Antwort lautete: »Ich habe zwei Söhne für dieses Reich verloren.«

Es waren noch keine 24 Stunden vergangen, da instruierte Hindenburg, in dessen Hände der Kaiser den Oberbefehl gelegt hatte, alle Heeresgruppen und Armeeoberkommandos telegrafisch wie folgt: »Es kann bekanntgegeben werden, daß die OHL mit dem Reichskanzler Ebert, dem bisherigen Führer der gemäßigten sozialdemokratischen Partei, zusammengehen will, um die Ausbreitung des terroristischen Bolschewismus in Deutschland zu verhindern.«

In dem gleichen Telegramm ordnete der Feldmarschall die Bildung von sogenannten Vertrauensräten bei der Truppe und den Kommandostellen an, »nachdem die Bewegung zur Bildung von Soldatenräten in das Feldheer bereits eingedrungen ist«, wie es in dem Befehl hieß. Auch im Großen Hauptquartier wurde ein Vertrauensrat eingesetzt; Vorsitzender wurde ein Matrose, der bisherige Bursche des Admirals Scheer.

An diesem Tag, dem 10. November 1918, überschritt mein Vater bei Eysden die holländische Grenze. Er übergab der Grenzwache seinen Degen. Das war, wie sich herausstellte, mehr als eine symbolische Geste. Dann wartete mein Vater auf den Bescheid der Regierung aus Den Haag, wohin er sich zu begeben habe. Am folgenden Tag wurde ihm Amerongen, der Sitz des Grafen Bentinck, als vorläufiger Aufenthaltsort angewiesen. Auf der Fahrt dorthin sprach mein Vater, wie Graf Bentinck berichtete, kaum ein Wort. »Es war leicht zu sehen, daß er von der plötzlichen Katastrophe noch bis zur Verständnislosigkeit betäubt war.«

Am 13. November erreichte meinen Vater die erste Nachricht von seiner Frau. Er antwortete auf der Stelle. In seinem Brief hieß es:

»Tag und Nacht sind meine Gedanken bei Dir und um Dich, ebenso meine Gebete. Gott wolle Dich, die Kinder und uns nicht ganz verlassen! Sondern uns gnädig durch die furchtbare Prüfung zusammenführen an irgendeinem ruhigen Platz, wo wir in Stille miteinander und füreinander leben wollen in treuer Liebe fern vom Getriebe der Welt; vielleicht in der Lage, uns für unsere Mitmenschen in irgendeiner bescheidenen Weise noch nützlich machen zu können, Wunden zu heilen, Not zu lindern, soweit wir es mit einfachen Mitteln können! Wie Gott will. Ich habe mit Vergangenheit und allem Drum und Dran ganz abgeschlossen und begehre nichts mehr, als in der Stille, wenn es sein kann im lieben Vaterlande, wenn nicht, dann irgendwo im fernen Winkel der Erde mit Euch zu leben und für andere mich nützlich zu erweisen, seien es meine Landsmänner oder Fremde. Bin hier auf einige Tage bei den lieben, trefflichen, frommen Bentincks rührend aufgenommen. Mein fester Aufenthalt noch nicht bestimmt; daher komme nicht früher als ich Dich rufe! Es ist auch hier alles unsicher.«

In einem weiteren Brief vom folgenden Tage schrieb mein Vater:

»Da Grünau nach dem Haag fährt, sende ich Dir diese Zeilen. Dein lieber, lieber Brief hat mich so tief ergriffen und doch getröstet. Ich sorgte, Du könntest doch, auch wegen der Kinder, mir böse sein, daß es so kam. Aber wenn man von allen Seiten verraten, belogen und verlassen wird, so ist man machtlos. Ich habe natürlich das Heer, meine liebe Armee nicht verlassen sondern bei ihr bleiben wollen und alles mit ihr teilen bis zum letzten Atemzuge. Aber der Feldmarschall schickte mich fort.«

Der Brief endete: »Ich hege nur den einen Wunsch, mit Dir in treuer Liebe vereint die Prüfung zu tragen und in stiller Zurückgezogenheit in Ruhe und gehorsamer Ergebung in Gottes Willen mich meiner Gattin und Kindern und Mitmenschen noch nützlich zu machen. Mit dem Regieren habe ich abgeschlossen, das Hundeleben ist vorbei, und mit Verrat und Undankbarkeit belohnt worden.« —

10. Kapitel

IM EXIL

Bei uns in Braunschweig brach die Revolution am 7. November aus. Die Spartakisten waren obenauf. Tausende bewaffneter Demonstranten, unter ihnen viele Soldaten, beherrschten die Stadt. Das Gefängnis wurde gewaltsam geöffnet und die Gefangenen befreit, die öffentlichen Gebäude besetzt und ein Arbeiterrat gebildet, dessen Führung der Spartakist Merges übernahm.

Ich lag schwer krank mit der Spanischen Grippe. Mein Mann kam von Zeit zu Zeit zu mir herauf und erzählte von den Vorgängen in der Stadt. Abends erfuhr ich, daß die Zuchthäusler bei uns in der Schloßwache saßen. Da die Wache ins Schloß hereinführte, hatte mein Mann die Tür zugeschlossen. Das war natürlich keine Sicherung. Wir harrten, was sich nun ereignen würde. Aber es geschah fürs erste nichts, wenn man davon absieht, daß die Standarte vom Schloß heruntergeschossen wurde. Erst am frühen Morgen drängten meuternde Soldaten ins Schloß. Sie verlangten nach dem Herzog. Mein Mann ging zu ihnen hinunter. Ein wildes Palaver schlug ihm entgegen. Man schimpfte über das Essen, die Vorgesetzten und alles mögliche. Mein Mann gebot Ruhe und fragte, wer Braunschweiger sei. Es meldete sich nur einer. Mein Mann sagte: »Sie haben hier zu sprechen und kein anderer!« Und dann machte der Herzog den Leuten klar, daß er hier seit Kriegsbeginn keine militärischen Befugnisse mehr gehabt hatte und daher auch ihren Beschwerden nicht abhelfen könne. Die Leute waren erstaunt, sie hatten das nicht gewußt. Gleichwohl fragten sie, ob sie wiederkommen dürften, wenn sie Beschwerden hätten. Dann sind sie gegangen. Einer von ihnen hatte, wie mein Mann sah, nach einem Zigarettenkasten gegriffen. Ein anderer hatte ihm auf die Finger geklopft und gesagt, laß das liegen, das macht man nicht. Nichts von unseren Sachen wurde entwendet.

Am 8. November wurde ein Soldatenrat gebildet. Auch er geriet sofort unter den Einfluß der Merges-Spartakisten. Das Schlagwort der Revolution in Braunschweig hieß nun: »Es lebe die Diktatur des Proletariats!« Rote Fahnen, rote Armbinden, rote Kokarden überall. Arbeiter, Soldaten und Matrosen rotteten sich zur »Roten Garde Braunschweig« zusammen. Der Terror regierte. Die Minister und die leitenden Beamten wurden verhaftet. Merges und andere erschienen bei meinem Mann. Als ich davon hörte, raffte ich mich vom Krankenbett auf, um nach meinem Mann zu sehen. Ich dachte, sie würden ihn abtransportieren, denn vor unseren Augen stand das russische Beispiel. Ich konnte mich nicht aufrecht halten und bin mehr gekrochen als gegangen, auf allen vieren. Ich fand meinen Mann in seinem Zimmer, und er sagte, sie seien gerade gegangen. Sie hatten ihm erklärt, der Arbeiter- und Soldatenrat habe die Regierungsgewalt übernommen, und der Herzog sei abgesetzt. Mein Mann hatte ihnen geantwortet: »Wenn Sie das jetzt alles machen wollen, glauben Sie mir, es ist für mich eine Erleichterung, die Verantwortung abzugeben.«

Die Revolutionäre befahlen uns, das Land zu verlassen. So fuhren wir nach Blankenburg, um dort unsere Kinder, Ernst August, Georg Wilhelm und die 1917 geborene Friederike, abzuholen. Wir hatten sie dorthin gebracht, um sie von der Grippeepidemie zu verschonen. Doch es hatte sie dort ebenfalls erwischt. Nur wenige Stunden waren wir in Blankenburg, wo die Roten auch schon das Heft in der Hand hatten, dann ging es weiter nach Aschersleben. Dort sollten sich unsere badischen Verwandten und wir mit Prinz Max treffen. Ebert hatte für ihn einen Sonderzug einsetzen lassen. »Holen Sie Ihre Verwandten aus Braunschweig«, hatte er dazu bemerkt, »das ist eine windige Ecke.« Gemeinsam mit Max von Baden und seiner Familie fuhren wir dann in Richtung Karlsruhe.

Wir saßen noch nicht ganz im Zug, die Begrüßung war kaum zu Ende, da berichtete mein Schwager von den letzten Ereignissen in Berlin. Er schilderte uns die einzelnen Vorgänge, sein Drängen auf eine Entscheidung in Spa. Worte bitterer Enttäuschung sprach er über die Oberste Heeresleitung. »Ich weiß«, sagte er, »daß man mich sehr belasten wird. Aber ich konnte doch den Kaiser nicht vom Pöbel absetzen lassen.« Wiederholt kamen die Worte: »Ich habe keine andere Wahl gehabt — es gab keinen anderen Weg.«

Die Fahrt selbst war grauenhaft. Es machte den Eindruck, als würde die Revolution auf den Bahnhöfen ausgetragen. Um einzelne Stationen, die wir zu passieren hatten, wurde gekämpft, andere waren bereits von den Roten genommen. Manchmal mußten wir warten, bis der Bahnhof gestürmt war, an anderer Stelle raste der Zug davon, weil die Roten gerade im Anmarsch waren, dann wieder gerieten wir unter Artilleriebeschuß oder in Maschinengewehr- und Gewehrfeuer. Am schlimmsten war es, daß unsere Kinder diesem Inferno ausgesetzt waren. Aber immerhin kam der Zug voran. Wir näherten uns Karlsruhe und hofften, dort Ruhe zu finden. Wir kamen vom Regen in die Traufe. In Karlsruhe war der Teufel los. Auf dem Bahnhof wurden mein Schwager und wir von Leuten des Soldatenrates festgenommen und abtransportiert. Prinz Max fragte die Roten: »Bin ich Ihr Gefangener oder was soll das hier heißen?« Eine Antwort hielt man für überflüssig. Es folgte eine furchtbare Nacht. Wir glaubten, daß wir allesamt umgebracht würden. Die Mienen der roten Wachen ließen uns nichts anderes erwarten.

Die Rettung kam von besonnenen Karlsruher Bürgern. Noch in der Dunkelheit suchte ein Herr meinen Schwager auf, der ihm sagte, er müsse hier heraus, sonst wäre er verloren. Man würde für ihn tun, was man nur könne. Ich höre noch, wie Max von Baden über ihn zu uns sagte: »Das ist ein waschechter Demokrat. Aber augenblicklich die Stütze des Thrones.« Tatsächlich konnten wir auch bald entweichen. Mein Schwager fuhr ins Land und wir nach Bayern. Unser alter Kammerdiener Haupt hatte einen Einspänner besorgt, mit dem er uns zum Bahnhof brachte. Aber dort wimmelte es von Roten. Die Bahnhofsbeamten bemühten sich um unsere Sicherheit. Der Vorsteher bugsierte uns in eine kleine Bude. Hier, sagte er, sollten wir abwarten, denn die Züge seien vollgestopft mit zügellosen roten Etappenleuten. Ich hielt Friederike fest im Arm, sie konnte ja kaum laufen. Nach endlos anmutendem Warten holte uns der Bahnhofsvorsteher und zeigte einen Waggon, in den wir einsteigen konnten. Wieder begann eine Fahrt, die immer aufs neue durch den Kampf um die Bahnhöfe unterbrochen wurde. Stundenlang blieben wir manchmal liegen, ehe es weiterging. Uns fiel ein Mann auf, der uns zu beobachten schien. Natürlich schöpften wir Verdacht und überlegten, was er wohl im Schilde führe. Nach Jahren haben wir ihn durch Zufall wiedergetroffen. Da erfuhren wir, daß er uns von der Bahnverwaltung in Karlsruhe mitgegeben worden war. Er sollte dafür sorgen, daß wir heil aus Baden herauskämen.

Unser Kammerdiener Haupt und meine Kammerfrau Luise Holzheuer haben uns auf der ganzen Fahrt begleitet. Sie empfanden das als selbstverständlich und teilten mit uns alle Gefahren und Mühen. Der alte Haupt war es auch, der uns eine Bleibe in Augsburg besorgte; bei Bekannten von ihm, Verwandten des braunschweigischen Friseurs Niehoff. In ihrem kleinen Haus fanden wir Obdach. Es war ein seltsames Gefühl, als sich die Tür hinter uns schloß. Wir hatten alles verloren, Krone und Land, wir wußten nichts von unseren Eltern und Geschwistern — aber wir fühlten uns geborgen und dankten Gott, daß er uns die Kinder erhalten hatte.

In diesem Haus haben wir mehrere Tage Unterkunft gefunden. Dann wechselten wir in ein leerstehendes Sommerhaus des Bankiers Schmid über, so daß wir unseren Gastgebern nicht mehr länger zur Last zu fallen brauchten. Das neue Asyl hatte uns die Gräfin Spreti vermittelt. Durch sie lernten wir in Augsburg auch Graf Karl v. Hertling, den Sohn des früheren Reichskanzlers, kennen. Er hatte seinem Vater während dessen Amtszeit als Kanzler zur Seite gestanden; von ihm hörten wir nun vieles, was wir nicht gewußt oder nur geahnt hatten. Erfreuliches war es nicht.

Lange konnten wir nicht ins Augsburg bleiben, denn die Stadt geriet in die Hände der Spartakisten. Wir machten uns auf den Weg nach Gmunden, und das war gut. Am Tage nach dem Aufbruch erschienen die Roten in unserer Wohnung, durchsuchten alles, aber uns trafen sie nicht mehr an. Wir waren derweil in München angelangt. Auch hier wurde gekämpft. Wieder hieß es warten. Und als schließlich Züge fuhren, fanden wir keinen Platz. Wieder half uns ein Bahnbeamter weiter. Als wieder einmal ein Waggon zur Abfahrt bereitstand und wir mit unseren Kindern immer noch nicht unterkommen konnten, sagte er uns, warten Sie, ich werde helfen. Er trat an den Waggon heran und — wir glaubten unseren Ohren nicht zu trauen — rief hinein: »Dies ist ein Seuchenwagen, ein Seuchenwagen!« Im Nu war alles herausgesprungen, und der Waggon war leer. Wir stiegen ein und fuhren zur österreichischen Grenze.

Die Bahnhöfe in Österreich boten das gleiche Bild wie im Reich. Auch hier überfiel rote Soldateska die Bahnstationen. Der uns gut bekannte Bahnhofsvorsteher in Salzburg war völlig verzweifelt. Die Revolutionäre hatten wiederholt nach ihm geschossen, da sie ihn seines mit Gold abgesetzten Kragens wegen für einen höheren Militär hielten. Als dann eine Schießerei ausbrach, konnten sich die Bahnhofsbeamten nur dadurch retten, daß sie zu uns auf den Zug sprangen und mit abfuhren.

Endlich näherten wir uns Gmunden, unserem Ziel. In Augsburg war es gelungen, Verbindung mit meinen Schwiegereltern aufzunehmen. Eine Last war uns vom Herzen gefallen, als wir erfuhren, daß sie wohlbehalten in Gmunden waren. Die letzte Nachricht, die wir gehabt hatten, war, daß sie sich auf den Weg nach Braunschweig gemacht hätten. Das war ein für meinen Schwiegervater charakteristischer Entschluß gewesen. Als der alte Herzog erfuhr, daß Kaiser Karl am 4. November mit der Entente einen Waffenstillstand geschlossen hatte, der sich in seinen Bedingungen gegen den deutschen Bundesgenossen richtete, wollte er keinen Tag länger in Österreich bleiben. So deutsch denkend durch und durch war der Chef des Welfenhauses. Meine Schwiegereltern ließen packen und begaben sich mit einem kleinen Wagen auf die Reise. Sie wollten zu uns nach Braunschweig. Als sie in die Nähe von Regensburg gekommen waren, brach in Deutschland die Revolution aus; die Fahrt des Herzogpaares hatte ihren Sinn verloren, und sie machten kehrt.

Dieser schlichte Beweis der Treue zum Reich, wie er aus dem Aufbruch des über siebzigjährigen Herzogs aus seinem jahrzehntelangen sicheren Refugium spricht, sagt vielleicht eindringlicher von der Tragik und Größe des hannoverschen Königshauses als manches auch noch so wohlgemeinte Gedenkwort zur 100. Wiederkehr des Jahres 1866. An dieser Stelle sollte ich wohl erwähnen, daß der alte Herzog von Gmunden aus zu vielen Malen nach Prag gefahren ist, der Stadt mit der großen deutschen Universität. Er fuhr dorthin, um die reine deutsche Sprache zu hören, die hier ohne die Färbung eines Dialekts gesprochen wurde. Die ungefärbte Sprache seines Volkes zu hören, war die große Sehnsucht meines Schwiegervaters in seinem Exil. —

In Gmunden holten uns meine Schwiegereltern vom Bahnhof ab. Im Schlitten fuhren wir durch den stillen Wintertag. Wir konnten nicht glauben, daß diese Landschaft, dieses schöne Stück Erde, Wirklichkeit war. Seltsam kam es uns vor, daß sich hier nichts geändert hatte. Vor uns lagen die geliebten Berge. Sie hatten sich nicht verändert. Sie waren geblieben, wie wir sie gekannt hatten. Wie ein böser Traum erschien mir nun das, was hinter uns lag. Eine Welt war für uns zerbrochen. Aber eine andere war uns erhalten geblieben: die der Berge.

Wir wohnten bei meinen Schwiegereltern, bis die Villa »Weinberg«, die als Lazarett gedient hatte, frei wurde und von uns bezogen werden konnte. Es war wirklich ein neues Leben, das jetzt für uns begann. Das ausgeprägte Pflichtgefühl meines Mannes hatte ihn schwer an der Verantwortung als Landesfürst tragen lassen. Er hatte sein Amt sehr ernst genommen. Nun, da diese Bürde gefallen war, konnten wir ganz für unsere Familie leben.

Es waren keine sorgenfreien Jahre. Wie sollten sie das gewesen sein! Zunächst gab es da die finanziellen Schwierigkeiten. Sie resultierten allein schon aus den Gehältern und Pensionen, die das Haus Hannover zu tragen hatte, und konnten nur durch drastische Einschnitte in das Leben der hannoverschen Familie gemeistert werden. Vor allem aber drückte uns die Sorge um meine Eltern und Geschwister. Meine Mutter war in den Revolutionstagen allen Warnungen zum Trotz und ihrer schweren Krankheit nicht achtend in Potsdam geblieben. Man hatte ihr geraten, das Neue Palais zu verlassen. Sie hatte geantwortet: »Ich gehe nicht aus diesem Hause. Es wäre Feigheit, jetzt das Haus meines Mannes zu verlassen.« Am 11. November hatte mir meine Mutter einen Brief geschrieben, der mich auf vielen Umwegen erreichte. Darin hieß es:

»Mein armes Kindchen! Ich hoffe, die Zeilen erreichen Dich. Ich wollte Dir nur einen Gruß schicken, da ich Dich nicht mehr gesehen habe. Du hast auch Dein Heim aufgeben müssen und Euer Land verlassen. Aber Du hast alles, was Du liebst, um Dich! Gott behüte Dir Deine Lieben, Mann und Kinder, und laß es nicht zuviel werden für Deine geschwächte Gesundheit... Ich bin noch hier im alten Heim, auf wie lange? Ein Teil meiner Jungens, einige Schwiegertöchter und Enkel umgeben mich in diesen Tagen, und wie gut tut mir ihre Liebe. Gott lohne es ihnen! Ich sorge mich so um den geliebten Papa! So allein in seinem Unglück, ich nicht bei ihm, um ihm tragen zu helfen, er, der immer nur das Beste fürs Vaterland gewollt und getan... Gott wolle mich noch einmal mit Papa wieder vereinen... Gott gebe, daß wir uns im Leben noch mal wiedersehen!«

Für die Sicherheit des Neuen Palais hatten in den ersten Tagen der Revolution Angehörige der Leibwache meines Vaters gesorgt. Es zeigte sich dann aber bald, daß es zu schwierig war, das Schloß zu halten. Mein Bruder Eitel Fritz, der die Verantwortung übernommen hatte, konnte meine Mutter bewegen, in sein Haus, die Villa »Ingenheim«, überzusiedeln. Hier ereignete sich dann der Überfall auf meine Mutter, bei dem Revolutionäre Dokumente und Korrespondenz rauben wollten. Bei dem Verhör, das sie mit der Kaiserin anstellten, forderte der Wortführer, ein aus der Marine ausgestoßener früherer Offizier, sie auf, sich zu setzen. Meine Mutter gab zur Antwort: »Ich pflege mich zu setzen, wenn es mir paßt.« Die Roten zogen unverrichteterdinge ab. Am 27. November ist meine Mutter nach Holland zu meinem Vater gefahren. Soldaten des 1. Garderegiments haben ihr, in Zivil, das Geleit bis zur Grenze gegeben.

Die erste Nachricht meiner Mutter, die mich aus Amerongen erreichte, lautete: »Seit 8 Tagen gottlob mit Papa vereint.« Das Wiedersehen meiner Eltern war ergreifend. Vor der Brücke des Wassergrabens, der Schloß Amerongen umzog, hatte der Kaiser allein auf seine Frau gewartet. Ein einsamer, alter Mann. Die Frau, die er dann, keines Wortes mächtig, in die Arme schloß, hatte alles aufgegeben, um das Los der Verbannung mit ihrem Mann zu teilen.

Schon bald zeigte sich, daß das schwere Schicksal, das der Zusammenbruch unserer Mutter aufgebürdet hatte, ihr mehr abfordern würde als materielle Opfer. So oft sie nur konnte, schrieb sie uns Kindern, und auch wir nutzten jede sich bietende Gelegenheit, ihr ausführlich von uns zu berichten. Stets bemühte ich mich dabei, nur Angenehmes, Gutes von uns mitzuteilen. Auch meine Mutter versuchte das, doch es gelang ihr nur schlecht. Die Sorge um ihren Mann und ihre Kinder drängte das Vorhaben zur Seite und stand in den Briefen, und sei es auch nur zwischen den Zeilen. Die treue Gräfin Keller, die ihre Kaiserin auch ins Exil begleitet hatte, schrieb mir aus Amerongen: »Man sieht es ihren lieben Zügen mehr denn je an, was sie durchmacht an innerlichem, tiefem Weh, an banger Sorge, an Heimweh nach Ihnen allen. So lange, wie es jetzt der Fall ist, hat sie sich noch nie von ihren Kindern zu trennen brauchen, und noch läßt sich nicht mit einem baldigen Wiedersehen rechnen. Das ist schwer.«

Die schlimmsten Qualen kamen auf meine Mutter zu, als die Entente die Auslieferung des Kaisers forderte. Im Juni 1919 wurde das Diktat von Versailles unterzeichnet, das in Artikel 227 bestimmte: »Die Alliierten und assoziierten Mächte stellen Wilhelm II. von Hohenzollern, vormaligen Kaiser von Deutschland, wegen schwerster Verletzung des internationalen Sittengesetzes und der Heiligkeit der Verträge unter öffentliche Anklage.«

Ein besonderer Gerichtshof sollte eingesetzt werden, 5 Richter, die von den USA, Großbritannien, Frankreich, Italien und Japan zu ernennen waren, sollten ihn bilden. Weiter wurde bestimmt: »Die alliierten und assoziierten Mächte werden an die Regierung der Niederlande das Ersuchen richten, den vormaligen Kaiser zum Zwecke seiner Aburteilung auszuliefern.«

Die Hetzkampagne, die mit der Parole »Hängt den Kaiser!« in den Ländern der Entente betrieben worden war, verlangte nach dem Opfer. Zwar verlangte man auf Grund des Versailler Diktats auch die Auslieferung weiterer »Kriegsverbrecher«, unter ihnen mein Bruder Wilhelm, Rupprecht von Bayern, Hindenburg, Mackensen und Bethmann Hollweg, das Hauptinteresse konzentrierte sich jedoch auf die Person des Kaisers. Im englischen Unterhaus verkündete Lloyd George: »Der Herrscher, der dreißig Jahre lang nur von seinem Stolz, seiner Würde und seiner Macht sprach, ist jetzt ein Flüchtling, der bald vor das Gericht gestellt werden wird.«

Die Entente forderte von Holland die Auslieferung meines Vaters. Wie sich die Regierung in Den Haag entscheiden würde, war ungewiß, und die öffentliche Meinung in Holland zunächst geteilt. Die Situation war jedenfalls sehr ernst. Der Gedanke kam auf, daß mein Vater fliehen solle, um nicht in die Hände der Entente zu fallen; von gewisser Seite wurden bereits entsprechende Vorbereitungen hierfür getroffen. Mein Vater lehnte ab. Er erwog, sich selbst zu stellen. Die einzige Frage, die ihn hierbei beschäftigte, war, ob er damit seinem Vaterland einen Dienst erweisen konnte. Bei seiner Entscheidung ging er von der nicht zu übersehenden Tatsache aus, daß die Kriegsgegner, vor deren Gericht er gestellt werden sollte, Ankläger und Richter zugleich waren, ein gerechtes Urteil also, dem große historische und politische Bedeutung zukommen würde, nicht zu erwarten war. Nach eingehenden Erwägungen verwarf mein Vater schließlich den Gedanken der Selbststellung. »Wenn auch nur die geringste Aussicht bestanden hätte, durch einen solchen Schritt eine Verbesserung der Lage Deutschlands herbeizuführen, so wäre für mich persönlich ein Zweifel über mein Handeln nicht möglich gewesen«, schrieb er. »Ich durfte nicht die Rolle des Vercingetorix spielen, der bekanntlich im Vertrauen auf die Großmut seiner Feinde diesen seine Person auslieferte, um dadurch für sein Volk ein besseres Los zu erlangen. Nach dem Verhalten unserer Feinde während des Krieges und der Friedensverhandlungen war nicht anzunehmen, daß die Entente sich etwa großmütiger zeigen würde als Cäsar, der den edlen Gallier in Ketten legen und später hinrichten ließ und dessen Volk doch nicht mit Knechtschaft verschonte.«

Anfang Januar 1919 unternahm eine Gruppe amerikanischer Offiziere, die von einem Obersten angeführt wurde, von Luxemburg aus den Versuch, meinen Vater zu kidnappen. Es gelang ihnen, bis ins Schloß von Amerongen einzudringen. Dem Mut und der Entschlossenheit des Grafen Bentinck und des örtlichen Bürgermeisters war es zu verdanken, daß der Anschlag vereitelt wurde.

In der begreiflichen Angst um unseren Vater setzten wir auch von Gmunden aus alle Hebel in Bewegung, Klarheit über die Absichten der holländischen Regierung zu erhalten. Eine der Informationen, die uns über einen Mittelsmann erreichte und die ich in der Überzeugung, mit ihrer Veröffentlichung heute keine Indiskretion mehr zu begehen, hier wiedergebe, hatte folgenden Text:

»Sehr verehrte gnädigste Baronin! Dieser Brief ist seinem Inhalt nach eigentlich für I.K.H. die Frau Herzogin von Braunschweig bestimmt, ich sende ihn aber lieber unter Ihrer Adresse, weil die Gefahr der Eröffnung von unberufener Seite geringer ist. Ich war heute bei Herrn v. W., der die bewußte Frage zwar als sehr ernst, aber keineswegs als hoffnungslos ansieht. Er sagte, er sei vorsichtig und erwecke nicht gern Hoffnungen, die zu einer Enttäuschung führen könnten. W., der selbst früher Minister des Äußeren war, steht mit dem gegenwärtigen Minister wegen dieser Frage in fortlaufendem Briefwechsel. Er steht auf dem Standpunkt, daß Holland unter keinen Umständen nachgeben dürfe, auch nicht, wenn die Entente mit Krieg drohe; er sei überzeugt, daß die Entente es nicht wagen könne, wenn Holland fest bleibe. Eine Blockade sei möglich, und bei längerer Dauer würde Holland nachgeben müssen. Aber wenn der holländische Trotz einmal geweckt sei, dann werde Holland nicht so leicht mürbe werden, und es frage sich, ob die Entente nicht wegen der Opposition in den eigenen Landen und Uneinigkeit unter sich werde früher einlenken müssen. Sein Minister sei ein entschlossener, keineswegs ängstlicher Mann. Er glaube, derselbe stehe ganz auf seinem Standpunkt, und er habe die öffentliche Meinung hinter sich. Sogar die von England bezahlte Presse in Holland könne es nicht wagen, eine andere Meinung zu äußern ... Gestern hat W. die Fürstin F. gesprochen, die mit Engländern Verbindung hat. Sie hat ihm erzählt, weite Kreise in England seien entrüstet über diese Infamie von Lloyd George und Genossen und die Opposition nehme zu. ... Man braucht also die Hoffnung nicht aufzugeben, wenn man auch die Gefahr nicht unterschätzen darf.«

So schwebten wir zwischen Hoffnung und Furcht. Es war grauenvoll. Mit zunehmendem Druck verlangte die Entente von Holland die Auslieferung. Noten gingen hin und her. In Den Haag entschloß man sich, das Auslieferungsersuchen zurückzuweisen, und dabei blieb man, trotz aller Drohungen. Zahlreich waren die Zeichen der Sympathie und des Mitempfindens, die dem in der Verbannung lebenden Kaiser von Holländern erwiesen wurden. Ein leitender Beamter des niederländischen Innenministeriums, Dr. J. B. Kan, tat sich dabei besonders hervor.

Unter dem Damoklesschwert der Auslieferung verschlechterte sich der Gesundheitszustand meiner Mutter besorgniserregend. Mein Vater schrieb mir: »Sie leidet namenlos unter allem, und ihr Zustand macht mich manchmal ganz verzweifelt, wenn der Schmerz sie übermannt!«

Die Gräfin Keller sandte mir allwöchentlich einen ausführlichen Bericht von mehreren Seiten über das Ergehen meiner Mutter. Gelegentlich gab es einen Hoffnungsschimmer, aber der Ernst des Krankheitszustandes blieb traurige Gewißheit. In einem Brief aus dem Januar 1920 vermerkte die Gräfin: »Die meiste Schuld an dem Befinden tragen die Erregungen, die in dieser Zeit ja wieder in besonderer Weise auf sie einstürmen. Alles ist so schwierig und traurig.« Bei anderer Gelegenheit schrieb die Gräfin: »Sie leidet namenlos, und es schneidet ins Herz zu sehen, wie sich die Leiden dieser furchtbaren Zeit immer tiefer in die geliebten Züge eingraben.«

Ein anderes Mal las ich: »Sie sieht sehr blaß und müde aus, und das Gehen ist sehr wenig gut, die Kurzatmigkeit hat sich vermehrt. Der Arzt drängt auf Schonung, möglichst Ruhe und Liegen.« Im Februar hieß es: »Viel Neues läßt sich über das Befinden nicht sagen, es steht alles ziemlich beim alten — schlechtes Aussehen, große Angegriffenheit, schlechtes Gehen und Steigen. Die Energie, mit der auch die größten Schwierigkeiten und Nöte auf sich genommen werden, ist nach wie vor bewundernswert — man will über alles klarsehen, haßt es, wenn man geschont werden soll, und das sagt man nicht nur, sondern führt das auch wirklich durch, orientiert sich über alles, man liest alle Zeitungen. Aber dabei kann man es oft gar nicht verstehen, wie das arme Herz das alles auf sich nehmen kann. Es wird ihr doch nichts, gar nichts erspart. Sie leidet grenzenlos.« An anderer Stelle gab die Gräfin eine Beobachtung wieder, wie sie alle machen konnten, die meiner Mutter begegneten: »In größerem Kreise zeigt sich ihre Selbstüberwindung, ihre fabelhafte Seelenstärke, mit der sie alles überwindet, wieder in bewundernswerter Weise.«

Meine Eltern und ihre Begleitung empfanden es als sehr drückend, daß sie ihren liebenswerten Gastgebern mit der Krankheit der Kaiserin zur Last fallen mußten. Die Kaiserin, schrieb mir die Gräfin Keller, »ist so tapfer, nimmt sich vor den Hausbewohnern so fabelhaft zusammen, daß man ihr kaum etwas anmerken kann, aber natürlich kostet dieses Zusammenreißen auch Kräfte. Ach wenn man doch wenigstens im eigenen Heim sein könnte.«

Im März schienen die Verhältnisse einen Besuch bei meinen Eltern in Ameromgen zu erlauben. Mein Mann und ich wollten die Fahrt benutzen, um auch Geschwister und Verwandte in Deutschland aufzusuchen. Den Zeitpunkt dieser ersten Reise nach der Katastrophe von 1918 in die geliebte, aber doch so veränderte Heimat hatten wir allerdings, wie sich bald herausstellen sollte, schlecht gewählt.

Es war ein bewegendes Wiedersehen mit den Geschwistern, der geliebten Heimat und dem Vaterhaus, das uns nun nicht mehr gehörte. Ich vergesse nicht den Augenblick, da meine Schwägerin Cecilie mich am Neuen Palais vorbeifuhr und mir die Tränen kamen. Alles sah so aus wie früher, aber es war für uns verloren, nur als Besucher konnte man die geliebten Räume betreten; unfaßlich, daß das nicht mehr das Zuhause unserer Familie war, in dem ich so glückliche Kinder- und Jugendjahre verlebt hatte. Für mich hörte schon damals eine Welt auf, die bei meinen Geschwistern in deren Potsdamer Häusern noch leise weiterlief. 1945 war auch das dann zu Ende, und in Cecilienhof, dem Haus meines Bruders Wilhelm, saßen die Mächtigen jener Tage — Stalin, Truman, Churchill und Attlee —, um über das Schicksal unseres Vaterlandes zu befinden.

Über das Wiedersehen mit meinen Verwandten brauche ich nicht viel zu sagen. Es war glücklich und schmerzhaft zugleich. Wir wohnten in Cecilienhof. Die Kronprinzessin hatte, während ihr Mann nach der kleinen holländischen Insel Wieringen in die Verbannung ging, in Potsdam ausgehalten und alles Schwere tapfer durchgestanden. Bei ihrem Entschluß, dort auszuharren, hatte sie an ihre jungen Söhne gedacht. »Solange ich es verhindern kann«, war ihr Standpunkt gewesen, »will ich nicht, daß meine Kinder im Exil aufwachsen«.

Zu den Freunden, die wir in Potsdam besuchten, gehörten auch die Fuggers. Mit der Fürstin, einer geborenen Gräfin Plessen, war ich seit früher Jugend eng befreundet, gemeinsame Kindheitserinnerungen an Potsdam, Berlin und Wilhelmshöhe verbanden uns. Der Fürst war mit mir gut bekannt aus der Zeit, da er bei den Gardes du Corps gestanden hatte. Wir unterhielten uns mit den Fuggers verständlicherweise bei unserem Besuch auch über die politischen Ereignisse, und da sie mit Ludendorff und dessen erster Frau sehr freundschaftlich standen, blieb es nicht aus, daß wir auch über den General sprachen. Sie waren es gewesen, die ihn unmittelbar nach der Revolution, bevor er nach Schweden ging und nachdem er vergeblich an andere Potsdamer Türen angeklopft, bei sich aufgenommen hatten. Wir haben mit den Fuggers immer sehr frei und offen gesprochen, und so nahm mein Mann kein Blatt vor den Mund, als er seine kritische Ansicht über Ludendorff äußerte. Fürstin Elisabeth, die Ludendorff sehr schätzte, bat meinen Mann, er solle ihr versprechen, das, was er an dem General auszusetzen hatte, ihm persönlich zu sagen. Mein Mann bezweifelte, daß Ludendorff darauf warte, sich seine Deutlichkeiten anzuhören. Doch die Fürstin ließ nicht locker, gab uns die Ludendorffsche Adresse, und mein Mann sagte zu, den General aufzusuchen.

Wir sprachen mit meiner Schwägerin Cecilie hierüber. Sie war wenig von dem Vorhaben meines Mannes angetan. Dieser meinte jedoch, er habe Elisabeth Fugger versprochen, Ludendorff aufzusuchen, und daran wolle er sich halten. So geschah es. Ludendorff war verständlicherweise erstaunt, meinen Mann vor sich zu sehen. Noch mehr überrascht war er über das, was dieser ihm zu sagen hatte. Mein Mann erklärte ihm vor allem, für wie verhängnisvoll wir seine Haltung in den letzten Monaten des Krieges ansahen. Ludendorff war in vielem anderer Ansicht, aber er hörte sich alles ruhig an. Das Gespräch selbst verlief sehr sachlich und ruhig. Ludendorff war noch am Argumentieren, als ein neuer Besucher angemeldet wurde, der Abgeordnete Hampe aus Braunschweig. Ludendorff mutmaßte, das Zusammentreffen der beiden Besucher bei ihm wäre abgesprochen. Mein Mann war nicht wenig verdutzt. Er versicherte, daß ihn lediglich das der Fürstin Fugger gegebene Versprechen zu seinem Kommen veranlaßt und er mit dem anderen Herrn nichts verabredet habe.

Als mein Mann wieder bei uns in Cecilienhof eintraf, empfand er große Genugtuung darüber, daß er General Ludendorff seine Meinung auseinandergesetzt hatte. Wenig gefallen hatte ihm der Vorfall bei der Verabschiedung; er meinte, irgend etwas wäre da schief. Des Rätsels Lösung ließ nicht lange auf sich warten. Schon am nächsten Tag, es war unser Abreisetag, brach der Kapp-Putsch aus, und Ludendorff war mit von der Partie! Auf dem Weg nach Berlin hinein sahen wir merkwürdig viele Bürger mit weißen Armbinden und Militär. Wir begannen zu ahnen, daß irgend etwas im Gange war. Von dem Putschvorhaben selbst hatten wir zuvor nichts gewußt, auch Ludendorff hatte in dem Gespräch mit meinem Mann keinerlei Andeutung gemacht. Wir begriffen jetzt allerdings, wie es zu der merkwürdigen Schlußszene gekommen war. Ludendorff hatte offenbar wegen des Zusammentreffens zweier Braunschweiger vermutet, es läge eine Verabredung vor und mein Mann sei an der Sache beteiligt.

Wir fuhren nach Gelbensande, zum mecklenburgischen Großherzogspaar. Kaum waren wir angekommen, wurden wir mit Fragen nach den Ereignissen in Berlin bestürmt. Aber auch wir wußten ja nichts Näheres. Bald jedoch erreichten uns die Meldungen vom Kapp-Putsch und seinem Scheitern. Es zeigte sich, daß die Unruhen mit dem Zusammenbruch des Berliner Umsturz-Versuchs keineswegs zu Ende waren. In der Mark, in Pommern und im Mecklenburgischen breiteten sich Kämpfe aus, die das Antlitz des Bürgerkrieges trugen. Man machte Jagd auf die Gutsbesitzer. Unzählige Güter wurden über Nacht Kriegsschauplatz, nicht selten wechselten sie mehrfach den Besitzer. Und wie so oft in Bürgerkriegen waren die Kämpfe von Haß und Roheit begleitet. Auch unser Schwager Friedrich Franz von Mecklenburg mußte seine Familie und sich in Sicherheit bringen. Wir wurden durch die Ereignisse nach Stralsund und Rügen abgedrängt. Wieder einmal erlebten wir den Kampf um die Bahnhöfe. Vor Rostock überraschten uns die Roten auf einer kleinen Station. Wir nahmen hinter einer Mauer Deckung, neben uns Rostocker Professoren, die vor dem Terror geflüchtet waren. Mit Maschinengewehren bestückte Lastwagen der Roten knatterten an uns vorbei, auf und ab fahrend. Sie waren auf der Suche nach den Professoren und fuhren Bahnhof für Bahnhof ab. Die Situation war alles andere als angenehm. In Stralsund gerieten wir in einen Straßenkampf. Wir lagen in unserem Hotelzimmer flach auf dem Boden, während gegenüber am Bahnhof gekämpft wurde.

Als die Unruhen etwas nachließen, fuhren wir zurück nach Berlin. Wir trennten uns. Mein Mann begab sich wieder nach Gmunden, und ich machte mich nach Holland auf. Es war wie verhext, denn jetzt tobte der rote Aufstand im Westen. Die Fahrt war grausam. Ich fürchtete, ich würde meinen Mann und die Kinder nicht wiedersehen. Aber der Gedanke an meine schwerkranke Mutter ließ mich die Fahrt fortsetzen.

Die Freude des Wiedersehens mit meinen Eltern war unbeschreiblich. Bestürzt war ich allerdings, wie sehr mein Vater gealtert war und wie die Krankheit die stattliche Erscheinung meiner Mutter angegriffen hatte. Das Leid meiner Eltern schmerzte mich schrecklich.

Fast waren es 1½ Jahre, die meine Eltern sich schon in Amerongen aufhielten. Die Familie Bentinck tat alles, um ihnen das Leben leichter zu machen, sie zeigte ein wahrhaft außergewöhnliches Maß an Takt und Hilfsbereitschaft. Doch wieder einmal bewahrheitete sich die alte Erfahrung, daß es sehr schwer zu ertragen ist, keine Beschäftigung zu haben und nicht täglichen Pflichten nachgehen zu können. Mein Vater sägte und spaltete Holz, lernte Holländisch und erledigte Schriftwechsel. Für meine Mutter gab es als einzige Tätigkeit die Korrespondenz. »Vielleicht kommt bei mir wieder etwas Lebenskraft durch, wenn ich im eigenen Haus wieder etwas zu tun bekomme, hier hat man immer nur trübe Gedanken, höchstens Briefe zu schreiben«, so hatte es in einem Brief meiner Mutter an mich geheißen.

Meine Eltern hatten sich um den Kauf eines Hauses bemüht. Nachdem sich mehrere Projekte zerschlagen hatten, gelang es, von der alten Baronin Heemstra das unweit Amerongen gelegene Haus Doorn zu erwerben. Jetzt gab es für meine Eltern vielerlei zu planen und zu bedenken. Die Gräfin Keller konnte mir von ihnen berichten: »Die Wohnungsangelegenheit, die ja nun glücklicherweise in feste Bahnen geleitet ist, beschäftigt sie sehr und zieht die Gedanken mehr von den traurigen Dingen ab.«

So war denn auch in den Unterhaltungen meiner Eltern mit mir viel von dem bevorstehenden Umzug die Rede; er war für den Mai des Jahres in Aussicht genommen. Über Politik wurde so gut wie nicht gesprochen. Es war auffallend, wie sehr mein Vater dieses Thema umging. Eine Beobachtung, die zu dieser Zeit auch andere Gesprächspartner von ihm gemacht haben. Wir redeten von unseren persönlichen Nöten und dem Schicksal der Familienangehörigen und Freunde. Schon dafür hatte der Tag kaum genug Stunden. Ich war überglücklich, sehen zu können, wie wohl es meinen Eltern tat, mit ihrer Tochter zusammen sein zu dürfen. Es fiel auch anderen auf, wie sie auflebten. Selbst noch nach meiner Abreise notierte die Gräfin Keller in ihrem Tagebuch: »Die gute Wirkung des Besuchs der Herzogin Viktoria Luise hielt in einer Weise an, wie wir es alle nicht für möglich gehalten haben.«

Nach diesem ersten Besuch in Amerongen bin ich in der Folgezeit oft nach Doorn gefahren. Schon ein Vierteljahr später unternahm ich, dieses Mal in Begleitung meines Mannes, wieder eine Fahrt zu den Eltern. Bei meinem Eintreffen wurde mir ein Vermerk des Leibarztes Dr. Haehner über den Krankheitszustand meiner Mutter übergeben:

»Eure Königliche Hoheit bitte ich untertänigst nach Verabredung mit Ihrer Majestät mit kurzen Worten über den jetzigen Zustand unterrichten zu dürfen. Ihre Majestät hatte vorgestern einen Anfall von Herzkrampf, der nun dank der angewandten Gegenmittel im Abklingen ist. Wegen der solchem Anfall folgenden Mattigkeit und Schwäche bleibt strenge Ruhe und Schonung zunächst geboten. Deswegen hat Ihre Majestät vorläufig noch das Bett hüten müssen und wird auch auf mein dringendes Anraten Eure Königliche Hoheit im Bett begrüßen. Die Folgen des Anfalls sind noch nicht ganz überwunden, die Herzkraft ist zwar gebessert, jedoch besteht noch eine vermehrte Kurzatmigkeit. Eure

Königliche Hoheit bitte ich deswegen untertänigst, Ihre Majestät möglichst wenig sprechen zu lassen, sondern mehr selber zu erzählen, auch mit schonender Überredung zu einer besseren Nahrungsaufnahme veranlassen zu wollen.«

Dr. Haehner schloß mit dem Satz: »Ich hoffe, daß, wenn nicht unvorhergesehene Störungen eintreten, die Besserung gute Fortschritte machen wird, zumal die Freude über den Besuch Eurer Königlichen Hoheit aufs beste dabei unterstützt.«

Der Bericht des Arztes trug das Datum vom 15. Juli 1920. Drei Tage danach traf unsere Familie mit dem plötzlichen Tod meines Bruders Joachim ein schwerer Schlag. Joachim hatte sich erschossen. Wir hatten besorgt die Schwierigkeiten, mit denen er sich auseinandersetzen mußte und eine sich bei ihm bemerkbar machende wachsende Unruhe gesehen. Daß er sich das Leben nehmen würde, darauf waren wir nicht vorbereitet. Joachim, der mir in unserer Jugend so nahe gestanden hatte, war ein begeisterter Offizier gewesen. Wiederholt hatte er sich, zuletzt als Husaren-Rittmeister, durch seine Tapferkeit ausgezeichnet. Während des Krieges hatte er die damals siebzehnjährige Prinzessin Marie Auguste von Anhalt geheiratet. Die Ehe war leider wenig glücklich. Als der Zusammenbruch kam, wurde mein Bruder, der außerordentlich sensibel war, besonders schwer in Mitleidenschaft gezogen, weil er bei sich zu Hause weder Ruhe noch Halt fand. So traf in seinen persönlichen Verhältnissen viel Unglückliches zusammen. Unser Bruder Oskar hat sich seiner in dieser Zeit oft angenommen und zu helfen versucht. Aber die Ehe brach auseinander, und Joachim verzweifelte. Er fuhr nach Doorn, in der Hoffnung, sich bei seiner Mutter, deren besondere Liebe ihm, dem jüngsten Sohn, immer gegolten hatte, auszusprechen. Joachim brachte es dann aber nicht über sich, der kranken Mutter seine große Not zu offenbaren. Er kehrte alsbald nach Potsdam zurück, wo er in Bornstedt eine landwirtschaftliche Tätigkeit ausgeübt hatte, und legte Hand an sich.

Bei meinem Eintreffen in Doorn lag Joachims Besuch erst wenige Tage zurück. Um so überraschender brach die Nachricht von seinem Tode über uns herein. Wir fürchteten sehr um meine Mutter und beschlossen, ihr den Tod als Unglücksfall darzustellen. Die schwere Aufgabe, ihr die Trauerbotschaft zu übermitteln, übernahm mein Vater. Er litt selbst schwer unter dem Verlust, aber er dachte in rührender Weise nur an seine Frau. Meine Mutter nahm die Todesnachricht mit beklemmender Gefaßtheit entgegen, mit der bewundernswerten ruhigen Haltung, die sie nun schon wiederholt gezeigt hatte, wenn sie von Schicksalsschlägen getroffen wurde. Doch es gab keinen Zweifel daran, wie schwer sie der Schmerz mitnahm.

Meine Mutter hat den Tod ihres Sohnes nicht verwunden. Ihr Zustand verschlechterte sich zusehends. Mitte November erreichte uns in Österreich eine Meldung aus Doorn, die das Schlimmste befürchten ließ. Ein Bote brachte sie uns in die Berge, wo wir uns zur Gamspirsch aufhielten. Mein Mann und ich brachen sofort ab, eilten nach Gmunden, jagten mit dem Auto über die Grenze nach Freilassing, um dort einen Schnellzug nehmen zu können. Die Angst fuhr mit uns. Wir trafen unsere Mutter in einem erbarmungswürdigen Zustand an und durchlebten eine schwere Zeit. Die apathische Schwäche der armen Kranken, ohne helfen zu können, mit ansehen zu müssen, zerriß mir fast das Herz. Schrecklich waren die Nächte, vor allem, wenn keine stark wirkenden Mittel gegeben worden waren. Dann war sie unruhig und sprach im Schlaf; sie redete mit ihren Kindern, sehr oft mit ihrem Ältesten, zumeist aber mit Joachim. Was sie sagte, war oft überraschend, beinahe hellsehend. In einer Nacht, als mein Bruder August Wilhelm bei ihr wachte, verabschiedete sie sich, im Schlaf sprechend, von uns Kindern. Erschüttert erzählte uns Auwi, was er mit angehört hatte. Manchmal trat eine leichte Besserung ein, die Atemnot ließ etwas nach, und die Anfälle von Herzschwäche wiederholten sich nicht so schnell. Aber bald hatten wir wieder die größten Ängste auszustehen.

Ich blieb einen Monat am Krankenbett meiner Mutter. Erst zu Weihnachten fuhr ich zurück zu meinem Mann, der früher als ich hatte heimfahren müssen, und den Kindern. August Wilhelm blieb, bis mein Bruder Wilhelm kam, der dann von Adalbert und Oskar abgelöst wurde. Danach sollte Eitel Fritz kommen. So wechselten wir Kinder uns bei der Mutter ab. Im Januar 1921 fuhr ich wieder nach Doorn. Darüber, wie ich meine Mutter antraf, schrieb ich meiner Großtante Baden:

»Hier ist alles so traurig und namenlos wehmütig. Bei meiner Rückkehr fand ich doch eine große Veränderung vor, die Schwäche hat sehr zugenommen. Zeitweise schlief sie viel. Leider ist jetzt seit einigen Tagen eine furchtbare Unruhe eingetreten, wobei sie manchmal stundenlang laut ruft und schreit. Es ist kaum zu ertragen, so verzweifelt ist man, ihr nicht helfen zu können. Oskar und ich sind immer da und machen Umschläge oder versuchen, sie zu trösten und zu beruhigen. Aber es nützt nichts. Was ist das für ein Leben! Eigentlich nur so halb

im Dämmerzustand, etwas essen, dann schlafen, meist in großer Unruhe. Die wirklich klaren Augenblicke werden immer kürzer.«

Auch dieses Mal blieb ich wieder fünf Wochen. Es waren lange
Wochen. Nicht etwa, weil die Pflege mich körperlich und seelisch angriff,
sondern weil meine eigene Familie mich nun schon so lange Zeit hatte
entbehren müssen. Im September 1919 war unser Sohn Christian geboren. Vier Kinder verlangten in Gmunden nach ihrer Mutter. Aber auch
die Trennung von meinem Mann fiel mir sehr schwer. Wie ich für ihn
empfand, schrieb ich damals von Doorn aus, als ich mich bei meiner
Großtante Baden für ihr Gedenken zu unserem Verlobungstag bedankte: »Durch unsagbar schwere Zeiten sind wir hindurchgegangen und gehen wir noch weiter, aber gerade darum ist es so wunderschön geworden. Was mein geliebter Mann mir in diesen Zeiten, in all den schweren Jahren war, kann ich in Worten nicht ausdrücken, nur immer wieder
Gott danken. Jeden Tag und jede Stunde, wo ich nicht mit ihm zusammen sein kann, fehlt er mir.«

Im April begab ich mich wieder auf die Reise nach Doorn. In Nürnberg mußte ich Station machen. Vor einer Litfaßsäule fiel mir eine An-
sammlung von Passanten auf. Unwillkürlich wanderte mein Blick zu
den Anschlägen. Ich erstarrte. Ein Extrablatt verkündete die Nachricht
von dem Tod der Kaiserin. Am frühen Morgen dieses Tages, des 11.
April, war meine Mutter gestorben.

In Doorn empfing mich mein Bruder Wilhelm; er war als erster eingetroffen. Dann sah ich meinen Vater und meinen Bruder Adalbert.
Sie beide hatten in der Todesstunde bei unserer Mutter sein können.
Ruhig und sanft, ohne Schmerz und Todeskampf war sie heimgegangen.
Der Blick meines Vaters war schmerzhaft leer. Ein Anflug von Scheu
und Verlegenheit lag über seiner Erscheinung. Ich glaube, er wünschte
nicht, daß die Umwelt ihm die schreckliche Verzweiflung ansah, die sich
seiner bemächtigt hatte. Er war allein, ganz allein. Er hatte Heimat,
Land und Krone eingebüßt, geblieben war ihm die treue Lebensgefährtin,
seine Lebenskameradin in mehr als 40 Jahren, in guten und bösen Tagen,
sie, die so schwer am Heimweh nach der deutschen Erde, nach ihrem
Volk getragen hatte und dennoch stets danach suchte, ihrem Mann Trost
geben zu können. Nun hatte er auch sie verloren.

Es war der Wunsch meiner Mutter gewesen, nicht in der Fremde
ruhen zu müssen. »Ich will einmal in der Heimat schlafen«, hatte sie gesagt. Von meinem Vater forderte das einen schweren Verzicht. Nie

würde er am Grabe seiner Frau stehen können. Doch er folgte ihrem Wunsch. Verhandlungen mit der Regierung in Berlin wurden aufgenommen. Man verlangte von uns, daß der Sonderzug, mit dem die Kaiserin überführt würde, nur bei Nachtzeit und ohne jede vorherige Ankündigung fahren solle. Solche Unzugänglichkeit wich schnell verständnisvollem Entgegenkommen. Als letzte Ruhestätte wurde der beim Neuen Palais gelegene »Antikentempel« gewählt. Er war einst von Friedrich dem Großen gebaut, der ihn für sich selbst als Ruhestätte vorgesehen hatte. Von ihm ist der Ausspruch überliefert: »Wenn ich dort sein werde, werde ich Ruhe haben!«

Die Stunde des Abschieds war gekommen. Wir versammelten uns zu einer letzten Andacht an dem mit der Standarte der preußischen Königin umkleideten Sarg. Nur wenige Trauergäste waren geladen. Unter ihnen die Grafen Bentinck, Graf Golz aus Arnheim, der Regierungspräsident von Utrecht und die Bürgermeister der Gemeinden Amerongen, Doorn und Leersum. Die Nacht war schon hereingebrochen, als sich der Trauerzug in Bewegung setzte, der dem Sarg zu dem nahegelegenen Bahnhof Maarn das Geleit gab. Mein Vater hatte die Stunde bestimmt; er wollte auf diesem letzten gemeinsamen Weg mit seiner Frau sein Leid ungestört tragen dürfen. Ehrfürchtige Stille lag über der Straße, die der Trauerzug nahm. In tiefem Schweigen säumte die Bevölkerung den Weg. Nur die Hufschläge der Pferde waren zu hören; mir war, als wären es die Schläge einer Uhr, die unerbittlich den Ablauf der Zeit ins Bewußtsein prägten.

Im Zug verweilten wir ein letztes Mal bei unserer Mutter. Adalbert und Oskar blieben. Sie sollten den Sarg in die Heimat begleiten. Der Kaiser, der Kronprinz, mein Mann und ich fuhren zurück nach Doorn. Auch ich hätte gern meine Mutter auf ihrer letzten Fahrt begleitet. Meine Geschwister hatten mich gebeten, in Doorn bei unserem Vater zu bleiben und in diesen Tagen um ihn zu sein. So fuhr ich nicht mit nach Potsdam und habe meinem Vater, soweit das möglich war, Beistand geleistet.

In der Frühe des 18. April setzte sich der aus drei dunkelgrünen Wagen des ehemaligen Hofzuges gebildete Sonderzug in Bewegung. Die holländischen Stationen, die er passierte, zeigten Trauerfahnen und waren mit Tannengrün ausgeschmückt. Viele Tausende Holländer standen entlang der Bahnlinie. Mit ihrer Anwesenheit gab die Bevölkerung ihrer der kaiserlichen Dulderin entgegengebrachten Achtung Ausdruck.

Bei Elten überquerte der Zug die deutsche Grenze und hielt. Der Bürgermeister legte einen Kranz am Sarge nieder. Die Aufschrift der Schleife lautete: »Von den Bewohnern Eltens, der ersten deutschen Gemeinde, gewidmet.« Hier, in dem kleinen Grenzort, begann eine Fahrt, wie sie Deutschland nur einmal gesehen hat. Eine Tote kehrte heim, ihre Fahrt führte sie 600 km durch deutsche Lande, und auf dem ganzen langen Weg bildete die Bevölkerung ein einziges Spalier. Niemand hatte sie dazu befohlen, niemand gerufen. Landestrauer, spontan, ohne Weisung. »Die Kaiserin kommt!«, erscholl es überall dem Zuge voraus. Die schwarz-weiß-roten Fahnen aus glücklicherer Zeit wurden herausgeholt und mit schwarz umflort; sie grüßten den Zug von Ort zu Ort. Von Emmerich bis Potsdam begleitete das Geläut der Glocken die Heimreise der toten Kaiserin, und von der Grenze bis zur letzten Ruhestätte standen Abertausende Spalier entlang den Schienen, über die der Sarg der verehrten Fürstin dahinglitt. Wo immer der Zug hielt, in Emmerich, Oberhausen, Hamm, Bielefeld, Bückeburg, Hannover, Braunschweig, Magdeburg und in den unzähligen Orten, die er ohne Halt durchfuhr, warteten Hunderte und Tausende in Trauerkleidung, um Abschied zu nehmen, Kirchenchöre sangen, Musikkorps spielten Choräle. Auf dem Lande trat die Bevölkerung an die Bahndämme heran, auf denen der Zug entlangrollte. Bäuerinnen sanken in die Knie, Gebete wurden gesprochen, entblößte Häupter senkten sich.

Ein Volk trauerte um seine geliebte Kaiserin.

Mit abgeblendetem Licht lief der Zug in Wildpark ein. Die Mitglieder unserer Familie, unter ihnen meine Brüder Eitel Fritz und August Wilhelm, und alle, die meiner Mutter persönlich nahegestanden, hatten sich hier versammelt. Nacheinander traten sie an den Sarg. Hofprediger Dryander sprach ein Gebet. Er hatte auch in Doorn die Andacht gehalten und unserer Mutter das Geleit in die Heimat gegeben. Dann übernahmen Offiziere der beiden Regimenter der Kaiserin, der Pasewalker Kürassiere und des schleswig-holsteinischen Infanterie-Regiments Nr. 86, die Totenwache während der Nacht. Am nächsten Morgen fand die Beisetzung statt. Von Wildpark aus bewegte sich der Trauerzug zum Neuen Palais und zum »Antikentempel«. Dem Bericht der Gräfin Keller entnehme ich die nachfolgende Schilderung:

»Von den Offizieren der Leibregimenter wurde der Sarg aus dem Zuge gehoben und unter Vortritt der Träger der Insignien zum Königlichen Wagen getragen. Die ehemaligen Offiziere des Kürassier-Regiments Königin, die die Pferde des Leichenwagens zu führen hatten, ergriffen die Zügel. Die Träger der Insignien traten vor den Wagen, die zur Begleitung kommandierten Generaladjudanten, Generale à la suite und Flügeladjutanten zur Rechten und Linken. Vier Ritter des Hohen Ordens vom Schwarzen Adler übernahmen die Zipfel des über den Leichenwagen ausgebreiteten Tuches. Unter dem Glockengeläut der Friedenskirche setzte sich der Zug feierlich in Bewegung. Er wurde eröffnet durch die Geistlichkeit. Es folgten Offiziersabordnungen der Leibregimenter Ihrer Majestät. Hinter dem Leichenwagen schritten Prinz Eitel Friedrich und die Frau Kronprinzessin. Ihnen folgten die übrigen nächsten Familienmitglieder, dann alle deutschen Fürsten, die Ritter vom Schwarzen Adler-Orden, die Gefolge des Kaisers und der heimgegangenen Kaiserin, die Königlichen Kammerherren, die anderen Würdenträger, die ehemaligen Beamten der verschiedenen Hofbehörden und viele Abordnungen.

Unübersehbar war die dichtgedrängte Menge der Trauernden, die den Weg der Toten säumten. Weit mehr als 200 000, fast eine viertel Million waren zur Beisetzung erschienen. Andächtige Stille lag über der riesigen Menschenmasse. Kein lautes Wort, kein Lärm, kein Gedränge. Schier unübersehbar war das Blütenmeer der Kränze und Trauergebinde, die um den efeuumrankten Rundbau des »Antikentempels« niedergelegt worden waren. Nachdem der Sarg im Mausoleum vor dem Altar niedergesetzt war, übernahmen meine Brüder mit gezogenem Degen die Totenwache. Dryander hielt die Trauerpredigt. Er schloß mit dem Wort: »Die in Tränen säen, werden mit Freuden ernten.«

Mehrere Wochen waren vergangen. Gemeinsam mit meinem Bruder Wilhelm und meinem Mann hatte ich unserem Vater zur Seite gestanden. Da war es auch mir vergönnt, an den Sarkophag der Mutter zu treten. In der Frühe eines Montagmorgens, der Tag wollte gerade erwachen, ging ich zum »Antikentempel«, begleitet von meinem Bruder Oskar und seiner Frau. Ungestört konnte ich Zwiesprache mit der lieben Mutter halten.

Der Tod der Kaiserin hatte eine große Leere hinterlassen. »Sie fehlt mir furchtbar«, schrieb mir mein Vater, »nichts kann sie ersetzen! Oft sitze ich still an ihrem Bett und spreche im Geist mit ihr! Vielleicht ist sie da? Ihre Bilder stärken das Herbe des Verlustes.« In Doorn war es einsam geworden.

Der kleine Kreis, der die Kaiserin umgeben hatte, löste sich auf. Nur General v. Gontard und der junge Hauptmann v. Ilsemann waren noch beim Kaiser. In aller Deutlichkeit empfand er die Einsamkeit des Exils. Weder die Liebe seiner Kinder und Enkel, noch die vielen Beweise der Treue und Anhänglichkeit, die ihm die Post täglich ins Haus trug, vermochten darüber hinwegzutäuschen. Sie konnten ihm auch die Augen vor der bitteren Erkenntnis nicht verschließen, daß sich im deutschen Volk die Meinung immer mehr verbreitete, er, der Kaiser, habe seine Armee im Stich gelassen. Die unwahre Behauptung von der »Flucht« des Kaisers war sicherlich der infamste und zugleich durchschlagendste der gegen meinen Vater gerichteten Vorwürfe; sie traf ihn schmerzhaft in seiner Ehre. Er wartete darauf, daß der Mann, der ihm den Rat, die Krone niederzulegen und das Heer zu verlassen, gegeben hatte, sich vor der Öffentlichkeit hierzu bekennen würde. Er wartete vergeblich. Hindenburg schwieg. Selbst in den Kriegserinnerungen des Feldmarschalls, die entscheidend auf die öffentliche Meinung wirken mußten, fand sich kein Wort.

Nicht nur mein Vater, auch andere Persönlichkeiten, die mit den Vorgängen von Spa vertraut waren, warteten darauf, daß der Feldmarschall den um sich greifenden Mißdeutungen mit einer Richtigstellung Einhalt gebieten und sich über seine eigene Verantwortung vor dem deutschen Volk äußern würde. Als das Bekenntnis ausblieb, ergriffen die Generale Marschall, Plessen und Graf Schulenburg die Initiative, um eine Klarstellung herbeizuführen. Bei ihren Bemühungen fanden sie die Unterstützung des Oberverwaltungsgerichtsrats am Preußischen Oberverwaltungsgericht und langjährigen Reichstagsabgeordneten Graf Westarp. Der Jurist Westarp machte sich an die Arbeit, ein Protokoll über die Vorgänge im Großen Hauptquartier am 9. November 1918 zu erstellen. Sehr bald ergab sich, daß dies kein leichtes Unterfangen war. Westarp vermerkte: »Die Krise entstand an der Frage, ob und in welcher Form Hindenburg ausdrücklich dem Kaiser den Rat gegeben habe, abzudanken und nach Holland zu gehen.« Die Aussage der Generale, Hindenburg hätte dem Kaiser diesen Rat gegeben, fand beim Feldmarschall heftigen Widerspruch. Er legte einen Gegenentwurf vor, »in dem er jeden Hinweis auf den Rat oder Zwang zur Abdankung fortließ«.

Zwischen den Augenzeugen, Hindenburg und Westarp, entwickelte sich eine lebhafte Diskussion. Man stellte fest, daß der Feldmarschall doch unzweifelhaft in Spa dem Kaiser eröffnet habe, daß er dessen Sicherheit nicht mehr gewährleisten könne. Hindenburg erwiderte in einer Denkschrift vom April 1919, das sei nicht zutreffend, könne auch gar nicht stimmen. Er argumentierte: »Ich habe niemals erklärt, daß ich die Sicherheit für die nächste Nacht nicht verbürgen könne; lag doch die Sorge für den unmittelbaren Schutz der Allerhöchsten Person gar nicht in meinen Händen, sondern in denen der beiden Kommandanten des Großen Hauptquartiers.« Für die Beteiligten hieß dieser Hinweis: Nicht er, der Feldmarschall, sondern ein Offizier im Range eines Majors sei letztlich für die Sicherheit des Obersten Kriegsherrn verantwortlich gewesen, und deshalb könne er, Hindenburg, einen solchen Rat auch nicht gegeben haben.

In einem Schreiben an Westarp vom Mai 1919 bestritt Hindenburg ganz entschieden, daß General Groener oder er selbst dem Kaiser »den Übertritt nach Holland vorgeschlagen habe«.

Die Generale wurden angesichts solcher Äußerungen ungehalten. Schulenburg schrieb am 1. Juni an Westarp:

»Ich bin der Ansicht, daß der Feldmarschall hier offen zugeben muß, Seiner Majestät die sofortige Abreise nach Holland angeraten zu haben. . . . Seine Majestät ist noch heute der Ansicht, daß der am 9. November 1918 eingeschlagene Weg der richtige war. Tiefbekümmert ist er allerdings, daß Hindenburg jetzt leugnet, ihm den Rat zu diesem Weg gegeben zu haben und daß die Wahrheit über diese Vorgänge am 9. November noch immer nicht bekannt ist.«

In einem Schreiben an Generaloberst Plessen wurde Schulenburg noch deutlicher:

»Immer wieder hat Seine Majestät an Eure Exzellenz und mich die dringende Bitte richten lassen, die Wahrheit über den 9. November zu veröffentlichen. Diese Bitte unseres teuren Herrn ist uns heilig. Euer Exzellenz, Marschall und ich sind über die Ereignisse an diesem dunkelsten Tag deutsch-preußischer Geschichte in keinem Zweifel mehr, und wir wissen, daß Seiner Majestät mit der Bekanntgabe der nackten, von verschiedenen Zeugen bestätigten Tatsachen sehr wesentlich gedient ist. Ich bin der Ansicht, daß wir nunmehr unser Protokoll so abschließen, wie wir es vor unserem Gewissen verantworten können. In vollster Loyalität haben wir es dem Feldmarschall zugesandt und seinen Wünschen auf Abänderung in vieler Hinsicht Rechnung getragen. Diese Loyalität kann aber nicht so weit gehen, daß wir eine Wahrheit, die für Seine Majestät wichtig ist, und die wir kennen, verschweigen oder abschwächen.«

Graf Schulenburg fuhr fort:

»Auch ich wünsche jede nur erdenkliche Rücksicht auf den Feldmarschall. Diese Rücksicht darf aber nicht so weit gehen, daß die OHL. uns vorschreibt, was wir mit unserem Namen vertreten sollen, und daß unser Protokoll an einzelnen Stellen nicht mehr die Darstellung der nackten Tatsachen ist, sondern zu einer Verteidigung und Rechtfertigung der OHL. übergeht.«

Bei solcher Haltung des Feldmarschalls kann man verstehen, daß der Jurist Westarp seine Aufgabe, dessen Widerstreben zu überwinden, als »schwierig und schmerzlich« bezeichnete. In seinen Gesprächen mit den beteiligten Generalen war, wie er vermerkt, deutlich »ein Unterton des Mißtrauens in die Glaubwürdigkeit Hindenburgs und seine Bereitwilligkeit angeklungen, für den Kaiser einzutreten und die auf ihn fallende Verantwortung zu übernehmen.« Erneut wandte sich Westarp an Hindenburg. Darauf legte ihm Hindenburg in einer eigenhändig geschriebenen Antwort dar, daß er schon um die Jahreswende 1918/19 oft erwogen habe, ob es zweckmäßig wäre, eine Äußerung über die Vorgänge in Spa durch die Presse veröffentlichen zu lassen. Er sei aber damals der Ansicht gewesen, »daß es nicht ratsam wäre, die Sache wiederaufzurühren, nachdem die Gemüter gerade anfingen, sich darüber zu beruhigen.« Hindenburg verlangte von Westarp nun eine Prüfung, ob die »allerhöchste Umgebung Seiner Majestät am Abend des 9. November mit der Abreise nach Holland einverstanden gewesen wäre«. Das war eine Frage von recht sekundärer Bedeutung, da Hindenburgs Rat seiner überragenden Stellung wegen den Ausschlag gegeben und zudem wesentlich früher erfolgt, d. h. vorangegangen war. Was Hindenburg mit seinem Schreiben beabsichtigte, ergab sich aus seiner Schlußfolgerung: »Ist diese Feststellung erfolgt, dann bin ich gern bereit, den mir tatsächlich zukommenden Teil der Verantwortung für die Handlungsweise Seiner Majestät auf mich zu nehmen.«

Alle Bemühungen des Grafen Westarp und der Generale vermochten Hindenburg nicht zu bewegen, seine tatsächliche Mitwirkung bei der Entscheidung von Spa in Worte zu fassen. Das einzig greifbare Ergebnis war eine von ihm im August 1920 veröffentlichte Erklärung. Sie lautete:

»Seine Majestät der Kaiser und König ist nicht fahnenflüchtig geworden. Diese Verleumdung weise ich mit Entrüstung zurück! Der Kaiser ist von uns gegangen, weil ihn sein Volk verlassen hatte. Der Heldentod an der Spitze des Heeres war unmöglich, weil gerade der Waffenstillstand abgeschlossen wurde. Ein Verbleiben Seiner Majestät hätte

den Ausbruch des Bürgerkrieges und den Wiederbeginn der Feindseligkeiten nach außen zur Folge gehabt. Beides wollte der unglückliche
Herrscher dem Vaterland ersparen. Es ist leicht, dem toten Löwen
einen Fußtritt zu versetzen! v. Hindenburg
Generalfeldmarschall.«

Das waren zwar markige Worte — aber wieder fehlte die notwendige Ergänzung des Tatbestandes. Wieder kein Wort über die eigene Be-
teiligung und Verantwortung Hindenburgs.

Die Verbitterung des Kaisers und der in die Vorgänge Eingeweih-
ten wuchs. Ich teilte ihre Gefühle und Ansichten und empfand zutiefst
mit meinem Vater. Für uns war es schrecklich, sehen zu müssen, wie mit
dem Schimpf einer sogenannten Flucht sein Ansehen buchstäblich durch
den Dreck gezogen wurde, während der Mann, der den Kaiser zu der
kritisierten Handlungsweise veranlaßt hatte, der die Hauptverantwor-
tung trug, schwieg.

Noch zwei Jahre mußten ins Land gehen, ehe der Feldmarschall sich
deutlicher äußerte. »Principiis obsta!«, sagte der Römer Ovid. Er hatte
Recht: Man soll den Anfängen wehren! Ein schlichtes Bekenntnis zu
dem wahren Sachverhalt, um die Jahreswende 1918/19 von Feldmarschall Hindenburg abgegeben, wäre notwendig gewesen. Da es über
Jahre hinweg unausgesprochen blieb, hatte das Gift der Unwahrheit
Zeit, tief und nachhaltig in die Meinung weiter Teile unseres Volkes
einzudringen.

Am 28. Juli 1922 schrieb der Feldmarschall an seinen einstigen
Obersten Kriegsherrn:

»Für den Euerer Majestät am unseligen 9. November auf Grund des
einstimmigen Vorschlages sämtlicher befugten Berater gefaßten Entschluß, ins Ausland zu gehen, trage ich die Verantwortung.

Wie ich bereits früher näher begründet habe, drohte ernstlich die
Gefahr, daß Euere Majestät über kurz oder lang von Meuterern aufgehoben und dem inneren oder äußeren Feinde ausgeliefert würde. Solche
Schmach und Schande mußte dem Vaterlande unter allen Umständen
erspart werden! Aus diesem Grunde habe ich im Vortrag am 9. November nachmittags in unser aller Namen den Übertritt nach Holland,
den ich damals für einen vorübergehenden hielt, als äußersten Ausweg
empfohlen. Noch heute bin ich der Ansicht, daß dieser Vorschlag der
richtige war.

Euerer Majestät bitte ich am Schluß dieser Darlegung ehrerbietigst
nochmals versichern zu dürfen, daß ich mein Leben lang in unbegrenz-

ter Treue zu meinem Kaiser, König und Herrn gestanden habe und stehen werde und daher auch immer und überall die Mitverantwortung für den Entschluß am 9. November zu tragen gewillt bin.«

Das Schreiben meines Vaters, mit dem er Hindenburg geantwortet hat, spiegelt die Enttäuschung über das langjährige Schweigen des Marschalls wider. Die Beweggründe der Abreise, schrieb mein Vater, seien »nunmehr endlich« geklärt worden. Er habe schwer unter den Mißdeutungen und Beschimpfungen gelitten, sie aber schweigend ertragen, »in der Hoffnung, die Stunde sei nicht fern, wo die beteiligten Persönlichkeiten sich aus eigener Entschließung bewogen fühlen würden, vor aller Welt zu bekunden, daß der Entschluß zur Abreise Mir gegen Meine innere Überzeugung von Meinen verantwortlichen militärischen und politischen Ratgebern abgenötigt worden ist«.

Die Enttäuschung über die Haltung Hindenburgs hat zu einer Entfremdung zwischen ihm und maßgeblichen nationalen Kreisen geführt. In der Öffentlichkeit hielt man allerdings mit Kritik zurück. Auch Graf Westarp unterstützte diese Zurückhaltung. Man vertrat damals die Auffassung: Solange Hindenburg an der Spitze des Heeres stand, das den Spartakismus niederhielt, wäre es nicht zu verantworten, daß militärische und nationale Kreise seine Autorität angriffen. Aber auch nach seiner Verabschiedung im Juli 1919 galt der Name des Feldherrn Hindenburg als eines der wenigen nationalen Besitztümer, das durch Kritik zu entwerten man so weit als irgend möglich vermeiden mußte. Heute, da ich diese Erinnerungen niederschreibe, sind die damaligen Erwägungen allein schon durch den Lauf der Zeit überholt. Doch abgesehen davon glaube ich, es meinem Vater schuldig zu sein, zu sagen, was wirklich war. Diejenigen, die meine Ausführungen über den Feldmarschall bedauern, bitte ich um Verständnis. Seine unsterblichen Verdienste als Heerführer können durch die Verstrickungen des 9. November 1918 nicht verdunkelt werden. Das schrieb mein Vater dem Marschall, als er ihm auf dessen endliches Bekenntnis antwortete. Und so denke auch ich.

In der Einsamkeit seines Exils tat mein Vater einen Schritt, der jedes Verständnis erwarten durfte: er entschloß sich, wieder zu heiraten. Unter persönlichen Gesichtspunkten betrachtet, lag in dem Gedanken, daß der Verbannte in seiner Einsamkeit einen Menschen brauchte, der dauernd bei ihm verweilte, nichts Außergewöhnliches. Mir fiel es allerdings sehr schwer, mir vorzustellen, daß der Platz unserer Mutter von einer anderen Frau eingenommen werden sollte.

In Deutschland wurde die Frage der Wiederverheiratung lebhaft erörtert. Hier und da klang auch Kritik auf. Das Bild der heimgegangenen
verehrten Landesmutter schien eine Nachfolge undenkbar zu machen.
Für meinen Vater hat es dieses Problem nicht gegeben. Die Liebe zu seiner treuen Lebensgefährtin war unwandelbar. Niemand konnte sie ihm
ersetzen, niemand ihr Andenken in den Hintergrund treten lassen. Zu
Lebzeiten unserer Mutter hatte er ihr tragisches Schicksal mit dem der
Königin Luise nach dem Zusammenbruch Preußens von 1807 verglichen;
es lag nahe, daß er jetzt den Vergleich fortsetzte. Er erinnerte daran,
daß auch Friedrich Wilhelm III. nach dem Tode der geliebten und verehrten Königin eine neue Ehe eingegangen war.

Die Vermählung meines Vaters mit der Prinzessin Hermine von
Schoenaich-Carolath fand im November 1922 statt. Die Prinzessin war
ebenfalls verwitwet; sie stammte aus dem Hause Reuß Ältere Linie. Der
für die Hochzeit gewählte Rahmen war betont dezent, und nur wenige
Gäste waren geladen. Nach der kirchlichen und standesamtlichen Trauung wurden die Glückwünsche entgegengenommen, dann ein Frühstück, sonst nichts. Zu den Gästen zählten meine Brüder Wilhelm, Eitel
Fritz und Adalbert sowie Margarethe von Hessen, die Schwester meines
Vaters, und sein Bruder Heinrich.

Ich selbst habe nicht teilgenommen. Ich konnte mich nicht dazu durch-
ringen. Die Erinnerung an die Leidenszeit meiner Mutter war in mir
noch zu wach. Ich bat meinen Vater um Verständnis für mein Fernbleiben und habe es auch gefunden.

Prinzessin Hermine hatte mir vor der Heirat geschrieben. »Ich weiß
und verstehe, wie schmerzlich die Verlobung des Kaisers seine Kinder
berührt hat, besonders im Hinblick auf die geliebte und unvergeßliche
Kaiserin«, hieß es in ihrem Brief. »Ich bin Ihnen allen fast ganz fremd,
was die Situation naturgemäß erschwert. Ich möchte Sie nun, gnädigste
Herzogin, bitten, mir das Vertrauen schenken zu wollen, daß ich alles
dransetzen werde, um dem Kaiser sein unsagbar schweres einsames Leben tragen zu helfen und ihm und seinem armen zerrissenen Herzen
wieder etwas Sonnenschein zu bringen. In Pietät und Ehrfurcht werde
ich das Andenken der unersetzlichen teuren Kaiserin hochhalten und
die durch den Heimgang der edlen Kaiserin doppelt innigen und nötigen Bande zwischen Vater und Kindern respektieren.«

In meiner Antwort an die Prinzessin sagte ich, wie es mir ums Herz
war. Ich schrieb: »Die Mitteilung, daß Sie verstehen, wie namenlos
schwer uns der Gedanke einer Wiederverheiratung unseres Vaters wird,

erleichtert mir dieses Schreiben. Sie wissen, verehrteste Cousine, wie nah ich mich mit meinem Vater gestanden habe und wie schwer sein Schicksal auf mir gelastet hat. Möchten seine Wünsche für diesen neuen Lebensabschnitt in Erfüllung gehen. Daß ich noch lange Zeit gebrauchen werde, um mich an diesen Gedanken zu gewöhnen, werden Sie, verehrteste Cousine, verstehen und zu würdigen wissen, da die namenlos schweren Stunden, die wir in Doorn mit der geliebten Mama durchgemacht haben, noch zu frisch in Erinnerung stehen.«

Prinzessin Hermine erwies sich als eine kluge und belesene Frau, die dazu über ein gutes Maß Tatkraft verfügte. Mit ihrem Einzug in Doorn hatte das Dasein für meinen Vater eine neue Form erhalten. Er und Prinzessin Hermine haben sich ausgezeichnet verstanden. Auch wir Kinder fanden mit der Zeit ein Verhältnis zu der zweiten Frau unseres Vaters. Sie erleichterte die Annäherung, indem sie von sich aus und von vornherein auf die Anrede »Mutter« verzichtete.

Mein Bruder Wilhelm war schon früh davon überzeugt, daß Prinzessin Hermine die Gaben besäße, die in Doorn aufkommende Atmosphäre der Abkapselung zum Weichen zu bringen. Aus seinen Briefen an mich hatte die Sorge herausgeklungen, daß sich unser Vater zusehends mehr gegen die Umwelt abschlösse. »Wie wird es nur auf die Dauer in Doorn werden? Ich kann es mir gar nicht recht vorstellen!« Der Kronprinz war sehr bald der Ansicht gewesen, daß unser Vater eine neue Ehe eingehen müsse. »Es müßte nur die Richtige sich finden, und das ist so schwer.« Im Sommer 1923 schrieb er mir sehr zufrieden, wie gut sich schon jetzt die Anwesenheit von Prinzessin Hermine ausgewirkt hätte. Er meinte: »Ich muß ehrlich sagen, sie will nur das beste.«

Mein Bruder hatte zuvor sehr darunter gelitten, daß auch er davon in Mitleidenschaft gezogen wurde, daß unser Vater sich gegen die Umwelt verschloß. »Es ist ja so schwer, ihm etwas zu sein«, klagte Wilhelm. Die langen Jahre der Abgeschiedenheit in seinem Exil auf der kleinen holländischen Insel Wieringen machen verständlich, daß er besonders mitfühlend, aber auch außerordentlich sensibel geworden war. Ich hatte ihn im Dezember 1920 auf Wieringen besucht. Es war damals der dritte Winter, den er auf dem einsamen kahlen Eiland verbringen mußte. Kaum ein Baum oder ein Strauch, nur Wind. Deprimierend! Zutiefst hat mich das Leid meines Bruders bewegt.

Ich habe jedoch auch bewundert, wie er dies Leben ertragen hat. Sicher hat ihm dabei das herzliche Einvernehmen mit den Inselbewohnern geholfen: sie liebten ihn und waren stolz, ihn in ihrer Mitte zu haben. Nicht ohne Staunen vernahm ich, daß er beim Dorfschmied arbeitete. Er wußte mir zu erzählen, daß ein amerikanischer Journalist dem Schmied für ein vom Kronprinzen geschmiedetes Hufeisen 25 Gulden geboten hatte. »Da wundert sich die Welt, wenn unsereinen der Größenwahn befällt«, meinte mein Bruder zu mir. »Früher sammelten sie die von mir fortgeworfenen Zigarettenstummel auf, jetzt zahlt ein Snob für ein Stück Eisen, das ich unter dem Hammer gehabt habe, solch einen Preis.« Die Rede war typisch für meinen Bruder Wilhelm. Er hatte den Humor nicht verloren, obwohl die Zukunft für ihn im dunkeln lag und er nicht wußte, welches Schicksal auf ihn wartete.

Trotz seiner völligen Abgeschiedenheit beurteilte er die deutschen Verhältnisse realistisch, ohne Illusionen. Er benutzte die ihm zudiktierte Muße, die Gegebenheiten und Möglichkeiten seiner persönlichen Existenz von Grund auf zu überdenken. Ich glaube, ein Resultat dieser inneren Einkehr war der Entschluß, sein Leben in Zukunft unabhängiger von dem seines Vaters zu gestalten als in der Vergangenheit. Er schrieb damals: »Der häufig vorkommende Fall, daß Vater und Sohn völlig verschieden an Charakter, Temperament und Wesensart sind, scheint mir, soweit ich den Kaiser und soweit ich mich selbst kenne und zu beurteilen vermag, auch auf uns Geltung zu haben.« In der Tat wichen die Ansichten des Kronprinzen in wichtigen Fragen von denen des Kaisers ab. Das lag meiner Meinung nach aber schon daran, daß beide in so unterschiedlichen Lebensabschnitten dem Schicksal der Verbannung ausgesetzt waren. Fast 31 Jahre lang hatte mein Vater Verantwortung und Last der Krone getragen gehabt, und die Katastrophen- und Unwetterjahre des letzten Dezenniums seiner Regierung hatten ihre Spuren hinterlassen. Er war ein alter Mann geworden. Sein Sohn dagegen stand mit knapp 40 Jahren auf der Höhe seines Lebens.

Bezeichnend für die Anschauungen meines Bruders sind einige Sätze, die ich in einem Brief fand, den er mir von Wieringen gesandt hatte. Er schrieb: »Ob die Tage der Monarchie überhaupt wiederkommen, wer will das sagen. Aber solange man in der Heimat leben kann und für sein Vaterland arbeiten, so kann man schon glücklich sein. Eine Krone ist nicht das einzig Erstrebenswerte. Eigener Herr auf eigenem Grund und Boden zu sein, bedeutet auch sehr viel. Den Glauben an eine bessere Zukunft für unser Vaterland wollen wir uns nicht rauben lassen, wir Deutsche sind doch ein durch und durch tüchtiges, intelligentes, arbeitsames Volk.«

Im Oktober 1923 erhielt ich von Wieringen die überraschende Nachricht: »Hoffe bestimmt, daß mein Exil nun bald zu Ende geht.« Vierzehn Tage später kehrte mein Bruder nach fünf Jahren Verbannung in die Heimat zurück. Ich verrate kein Geheimnis, wenn ich sage, daß die Erlaubnis zur Heimkehr Stresemann zu danken ist. Schon im Herbst 1921 hatte er meinen Bruder auf Wieringen besucht. Seitdem war auf verschiedenen Wegen auf eine Beendigung des Exils hingearbeitet worden. Nachdem Stresemann im August 1923 Reichskanzler geworden war, ging das Vorhaben schnell seiner Verwirklichung entgegen. Im Oktober beschloß das Reichskabinett die Einwilligung zur Rückkehr zu geben. Der Beschluß fand auch die Billigung von Reichspräsident Ebert. Mein Bruder hatte ihm durch seinen Adjutanten v. Müldner den Wunsch, wieder in die Heimat kommen zu dürfen, übermitteln lassen. Ebert erklärte: »Ich habe nichts gegen seine Rückkehr.«

Die Rückkehr meines Bruders führte zu einer Kontroverse zwischen ihm und meinem Vater. Der Kronprinz hatte alle Vorbereitungen unter strenger Geheimhaltung getroffen. Er hatte befürchtet, die holländische Regierung könnte die Ausreise verweigern und mein Vater politische Einwände erheben. Als der Kaiser den Abschiedsbrief seines Sohnes erhielt und von der bereits erfolgten Abreise erfuhr, war er konsterniert. Die Gefühle von Vater und Sohn spiegeln sich in ihren Mitteilungen an mich. Mein Vater schrieb: »Daß Wilhelm bei Frau und Kindern ist, freut mich für ihn; der Moment war falsch gewählt, das geben die meisten jetzt offen zu. Daß ich über seine Pläne total im dunkeln gelassen wurde, hat mich tief verletzt.« Es folgten noch einige Bemerkungen über Stresemann, dessen Plänen der Kaiser mißtraute. Seine Aversion gegen ihn datierte aus der Zeit, da dieser Stimmung für Bülow als Nachfolger Bethmann Hollwegs gemacht hatte. Mein Bruder wiederum ließ mich in einem Brief wissen: »Aus Doorn habe ich lange Zeit nichts mehr gehört. Man ist dort immer noch verstimmt darüber, daß ich wieder nach Deutschland zurückgekehrt bin. Was man sich dabei eigentlich denkt, ist mir nicht ganz klar, denn ich hatte jedenfalls keine Absichten, meinen Lebensabend dort zu beschließen.«

11. Kapitel

GLÜCKLICHE JAHRE

Die Wiederheirat meines Vaters und die Heimkehr meines Bruders bedeuteten für unsere Familie irgendwie das Ende der unmittelbaren Nachkriegszeit. Daß eine Zeitwende eintrat, daran erinnerte uns auch der Tod, der die alte Generation der Häuser Hohenzollern und Hannover hinwegraffte.

Im April des Jahres 1923 starb meine Großtante Luise. Die greise Großherzoginwitwe war von uns als Patriarchin unseres Hauses verehrt worden. Mit ihrem Heimgang verließ uns die letzte Repräsentantin der großen alten Zeit. Als Tochter des derzeitigen Prinzen Wilhelm von Preußen war sie noch zur Regierungszeit meines Ururgroßvaters, Friedrich Wilhelms III., geboren. Ein Schimmer des Glanzes der Reichsgründung hatte sie bis an ihr Lebensende umgeben. Ihr Gemahl, Großherzog Friedrich I. von Baden, hatte ruhmreichen Anteil an der Gründung des Deutschen Kaiserreiches genommen. Er war es gewesen, der an dem historischen 18. Januar 1871 bei der Kaiserproklamation in der Spiegelgalerie des Schlosses von Versailles das Hoch auf Kaiser Wilhelm I. ausgebracht hatte. Mit unnachahmlicher Würde hatte die Großherzogin den Zusammenbruch des Kaiserreiches getragen. Mit ihr wurde die letzte Gestalt, in der sich noch eine der glanzvollsten und ruhmreichsten Epochen deutscher Geschichte verkörpert hatte, zu Grabe getragen.

Auch der Tod des alten Herzogs von Cumberland traf nicht allein seine Familie, die sich in schmerzlichem Leid an seiner Bahre vereinte. Wie er gelebt hatte, war er gestorben — fern seiner Heimat. Er war seit vielen Jahrzehnten Mittelpunkt einer Familie und einer Gefolgschaft gewesen, deren Leben und Denken von dem schicksalhaften Jahr 1866 bestimmt wurde. Mit ihm war der letzte Angehörige des Welfenhauses, der noch im Königreich geboren und aufgewachsen war, dahingegangen. 57 Jahre waren vergangen, seit er als Kronprinz seine Vaterstadt an der Leine verlassen hatte. Untadelig in seiner Haltung, wahrhaft königlich in seiner Gesinnung, hat er das ihm von der Geschichte auferlegte Los getragen. Die Worte meines Vaters, die er uns zum Tode des alten Herzogs nach Gmunden sandte, legen Zeugnis ab von der Achtung, die der Hohenzoller vor dem Welfen empfand: »Ich werde sein Andenken treu bewahren, als eines echten, vornehmen, kerndeutschen Mannes und Fürsten.«

Es war eine merkwürdige Fügung, daß seit den Revolutionswirren eine dritte und vierte Generation der hannoverschen Familie im österreichischen Refugium lebte. Auch der neue Chef des Hauses Hannover residierte in Gmunden. Aber es trat ein grundlegender Wandel ein. Er ergab sich aus den Zeitumständen und aus der Lebensweise meines Mannes. Der Charakter der Hofhaltung im alten Sinne schwand mehr und mehr, und unsere Familie führte das Leben von Privatleuten. Und da wir bewußt diesen Weg beschritten, mußte Gmunden für uns zu einer köstlichen Oase werden. Ich sage nicht zuviel: das Land um den Traunsee wurde meine zweite Heimat. Hier fand ich ein Familienglück, wie es vollkommener nicht sein kann. Zwar gab es erhebliche finanzielle Probleme, die uns sehr zusetzten und nur durch große Opfer, wie den Verkauf des Kronschmucks und der als »Welfenschatz« weltbekannten Reliquien gemeistert werden konnten; aber trotz all der Schwierigkeiten, mit denen wir zu kämpfen hatten, muß ich feststellen, daß ich damals in Gmunden die schönste Zeit meines Lebens verlebte.

Die Villa »Weinberg«, die wir bezogen, hatte früher dem Grafen Schmidegg gehört. Von ihm hatte sie mein Schwiegervater erworben; sie diente als Wohnung der Herren seines Gefolges. Die Villa war ein altes Bauernhaus gewesen, das ursprünglich zur Herrschaft Mühlwang zählte. Wie alt das Gebäude tatsächlich war, stellte mein Mann fest, als er bei den Bauarbeiten, die wir vor dem Einzug vornahmen, auf eine Decke mit gotischer Holzbalkenschnitzerei stieß. Mit Liebe und Sorgfalt hat er die Herrichtung des Hauses für unsere Zwecke und die Einrichtung der Räume entworfen und durchgeführt. Der Teil des Gebäudes, der einstmals Pferdestall gewesen war, wurde zum großen Salon umgebaut, von dem man in den Garten hinausgehen konnte. Die Innenausstattung bewerkstelligten wir mit Möbelstücken aus Braunschweig und aus dem Gmundener Schloß. Es entstand eine Wohnung, wie wir sie uns gemütlicher gar nicht vorstellen konnten. In keinem Schloß der Welt, dachten wir, hätten wir diese unbeschreiblich schöne Atmosphäre des Geborgenseins im Schoße der Familie finden können.

Auch mit dem Garten gab sich mein Mann große Mühe. Blumen und Latschen wurden von den Bergen geholt und ein Gebirgsgarten angelegt, der sich wirklich sehen lassen konnte. Bänke in der Sonne und im Schatten wurden errichtet, von denen man einen bezaubernden Blick über den Traunsee und auf das ihn im Halbrund umschließende Alpenvorland, auf den Traunstein und das Höllengebirge hatte.

Wenige Tage nach unserem Einzug in die Villa »Weinberg« ist unser Sohn Christian geboren worden. Schwere Zeiten hatten wir durchlebt, und so ist wohl auch selten ein Kind mit solcher Dankbarkeit, Liebe und Freude begrüßt worden wie er. Fast möchte es mir scheinen, als hätte er, der heute unweit Gmunden lebt, auch nirgends anderswo seinen Wohnsitz nehmen können. Auch Welf Heinrich, unser Jüngster, kam hier, im März 1923, zur Welt.

Für die Kinder war Gmunden ein Paradies. Wir waren überglücklich, daß sie in der wundervollen Alpenwelt aufwachsen konnten und daß die grauenhaften Zeiten des Hungers vorüber waren, unter denen unsere Ältesten zu leiden gehabt hatten. Sie hatten weder Schokolade noch Apfelsinen gekannt. Erst jetzt kamen sie mit jenen Naschwerken in Berührung, die bekannterweise Kinderherzen erfreuen. Sehr glücklich waren wir auch, daß wir ausgezeichnete Kräfte, denen wir volles Vertrauen schenken konnten, für die Pflege, Erziehung und Unterrichtung der Kinder fanden. Da waren Fräulein Häberle, Frau Liebich, Fräulein Rostalsky, Fräulein Pöschel und Fräulein v. Helmolt. Sie sind in ihrem Dienst an ihren Zöglingen aufgegangen. Hervorragend als Lehrer und Erzieher war Dr. Oppermann aus Hameln. Dieser befähigte Pädagoge hat über viele Jahre hinweg den Weg unserer Kinder begleitet.

Der Lieblingsaufenthalt der Kinder war der Garten. Sehr bald waren sie auch im ganzen Traunseegebiet zu Hause. Wir unternahmen mit ihnen Wanderungen am See und in die Berge, der Rucksack mit Proviant wurde aufgeschnallt und, wo immer es gefiel, Rast gemacht. Ein anderes Mal ging es mit dem Jagdwagen über Land. Sonntags und an den Feiertagen fuhren wir mit den Kindern zum Schloß; die Jungen zumeist mit weißen oder blauen Matrosenanzügen ausstaffiert, Friederike im Sonntagskleid. Die Augen meiner Schwiegereltern leuchteten hellauf, wenn unsere Kinderschar vergnügt und lachend vom Wagen sprang und ihnen entgegeneilte. Meine Schwägerin Olga, die ebenfalls im Schloß wohnte, wurde von den Kindern sehr geliebt. Sie konnte wundervoll mit ihnen umgehen und machte, wie man so sagt, alles mit. Auch meine Schwiegermutter beschäftigte sich sehr mit ihren Enkeln. Sie war so jung geblieben und hat noch im hohen Alter die Kinder mit einem kleinen Leiterwagen vom Schloß zu uns heruntergefahren. Waren Ferien, dann kamen die Kinder der Verwandten aus Baden und Mecklenburg zu uns, und unser Anwesen glich einem großen Tummelplatz.

Ich vermag nicht zu sagen, welche Jahreszeit die schönste war. Ich liebte sie alle. Im Sommer und Herbst hielten wir uns wochenlang in Hubertihaus auf. Zähle ich all die Zeit zusammen, die ich in diesem Jagdhaus gelebt habe, seit ich es kurz nach meiner Hochzeit zum ersten Mal betreten hatte, so sind es Jahre. Der herrliche Wald, die saftiggrü-

nen Wiesen, der türkisschimmernde Almsee, die verschlungenen Pirschwege und die Wallibachhütte — das steht mir seit damals zu jeder Stunde, gleich wo ich mich aufgehalten habe, vor Augen, als sei ich nur für
einige Minuten von dort fortgegangen.

Die Berge waren ein großartiges Erlebnis. Ich hatte sie bis dahin
ja gar nicht gekannt. Gewiß, ich war in der Schweiz gewesen, war auch
Ski gelaufen, aber in der Bergwelt leben, das war etwas ganz Neues.
Und dazu noch in dieser himmlischen Gegend, die man nicht zu Unrecht
ein herrliches Kleinod der Alpenwelt preist. Wir unternahmen lange
Skitouren, mein Mann lehrte mich das Bergsteigen, und meist begleitete
ich ihn auch zur Jagd. Er war passionierter Jäger. Die Pirsch in der
Bergwelt übt einen ganz eigenartigen Reiz aus, der mich völlig in seinen Bann zog. Hirsch, Gams, Auerhahn oder Schnepfe, sie gehörten zu
unserer Welt. Wie oft stiegen wir stundenlang in der Frühe, um den
Auerhahn anzuspringen; der Hahn ritt ab, und wir zogen heim. Und im
Frühling der Schnepfenstrich, wenn der Schnepfenstern am Himmel
stand und der Lockruf der Schnepfe ertönte. Bei der Gamspirsch am
Traunstein erlebten wir viele Male das überwältigende Schauspiel, über
den Nebel zu steigen, fernab von allen Menschen. War ein guter Hirsch
zur Strecke gebracht, wurde unser alter treuer Nordmeyer von der Hütte
geholt, der ihn dann mit den Ponys, kleinen Rumänen und später Haf-
lingern, herunterschaffte. Vor der Hütte stand erwartungsvoll der Kammerdiener Haupt, um zu gratulieren.

Die Welt, in der wir damals lebten, war, gemessen an der vergangener Tage, recht klein, aber wir fühlten uns in ihr wohl. Hier waren
wir zu Hause. Mit der Bevölkerung waren wir aufs engste verbunden;
diejenigen, die uns im Haushalt zur Hand gingen, etwa die Familie
Putz oder Frau Stadler, gehörten zur Familie. Bis auf den heutigen Tag
blieben diese innigen persönlichen Bande mit Gmunden bestehen.

Anfang der zwanziger Jahre schwebten die Verhandlungen um die
Auseinandersetzung mit dem Staat Braunschweig wegen des herzoglichen Vermögens. Eine Reihe von Schwierigkeiten war zu überwinden,
ehe es zu einer Regelung kam. Zu dem Landbesitz, den wir dann Ende
1925 zurückerhielten, gehörte auch Schloß Blankenburg. Es lag nahe,
daß wir es wieder für uns einrichteten. Im gewissen Sinne war es während unserer braunschweigischen Zeit für uns die Hauptwohnung gewesen. Das »Kleine Schloß« in Blankenburg, das wir bewohnt hatten,
war ungleich wohnlicher als das Residenzschloß in Braunschweig. Ein

Barockbau, der um 1725 von Herzog Ludwig Rudolf, aus dem Hause Braunschweig-Wolfenbüttel, und seiner Gemahlin Christine Luise als Gartenhaus im fürstlichen Lustgarten errichtet worden war. Das Harzstädtchen Blankenburg hatte unter dem den Musen und dem Frohsinn zugeneigten Herzogspaar eine glanzvolle Zeit gehabt. Sie waren die Großeltern der Kaiserin Maria Theresia, und es wurde berichtet, daß diese in ihrer Kindheit in Blankenburg gewesen war. Noch zu unserer Zeit hingen im Schloß Bilder von Maria Theresia und den österreichischen Kaisern; sie gaben Kunde von einer engeren Beziehung zwischen dem Wiener Hof und Blankenburg.

Als wir unseren Blankenburger Besitz wieder zugesprochen erhielten, war das »Kleine Schloß« bewohnt. Wir entschieden uns daher, sehr zu meinem Leidwesen, in das eigentliche Schloß zu ziehen. Wieder einmal galt es umzubauen, wieder einmal ordnete mein Mann alles mit fabelhafter Umsicht und Verständnis. Und auch hier trafen wir wieder, wie einst im Braunschweiger Schloß, auf die Spuren Herzog Wilhelms, des Junggesellen. Er hatte Blankenburg im eigentlichen Sinne nicht bewohnt und sich nur zur Jagd hier aufgehalten. Mit einem Wort: wieder gab es viel umzugestalten. Das dauerte seine Zeit. Ein Raum nach dem anderen kam an die Reihe. Unter der kundigen Leitung von Professor Pfeifer wurde das Schloß schließlich sehr wohnlich. Und wie in Gmunden der Pferdestall zum Salon geworden war, so verwandelten sich im herzoglichen Schloß von Blankenburg die weitläufigen Küchen- und Abwaschräume in gemütliche Wohnzimmer. Auch ein paar kleinere Anbauten wurden vorgenommen, und wenn auch nicht alles ganz stilecht errichtet wurde, als Ganzes betrachtet blieb der Charakter des Bauwerkes gewahrt, und es unterschied sich darin wohltuend vom Umbau einiger anderer Schlösser, deren eines mein Vater immer als »doll gewordene Gotik« apostrophiert hat.

Zum zweiten Mal hielten wir Einzug in Blankenburg. Etwas mehr als 10 Jahre waren vergangen, seit wir im Mai 1914 als junges Herzogspaar dort empfangen worden waren, mit Ehrenkompanie, reitenden Gendarmen, festlichen Ansprachen, Mädchenchören, Männergesangvereinen. Jetzt gab es keine Nationalhymne, keinen Präsentiermarsch, kein Sängerhoch und kein »Gut Heil« der Turnerschaft. Wir haben es auch nicht vermißt, denn wir fanden etwas, das uns weit mehr bedeutete: die aufrichtige Freude der Blankenburger über unsere Wiederkehr. Diese Haltung der Einwohnerschaft war für uns keine Überraschung. In den vergangenen Jahren war die enge Verbindung zu Blankenburg nie abgerissen, unzählige Beweise treuer Anhänglichkeit hatten wir von dort entgegennehmen können.

Unser Verhältnis zur Bevölkerung war ein ganz anderes als das in Gmunden, sicher nicht so familiär. Der Unterschied ergab sich schon aus dem Volkscharakter. Die alteingesessenen Harzer sind ein ganz eigenes Volk, in manchem schwerfällig, in anderem aufbrausend, Fremden gegenüber zurückhaltend, kurzum nicht eben leicht im Umgang. Um so mehr habe ich mich stets gefreut, wie sie sich zu meinem Mann stellten. Er hatte ihr uneingeschränktes Vertrauen. Obgleich er noch verhältnismäßig jung war, haftete den Beziehungen der Bevölkerung zu ihm ein patriarchalischer Zug an. Aus der Stadt und aus dem Dorfe kam man zu ihm, wenn irgendwo der Schuh drückte oder etwas nicht in Ordnung war; man sprach sich aus, holte sich Rat. Jedermann wußte, daß er beim Herzog Gehör finden, daß er Zeit für ihn haben würde. Ein schöneres Vertrauensverhältnis ist kaum denkbar. Ich glaube, mein Mann hatte die Anlage zu dieser verständnisvollen Umgangsart von seinem Vater. Es gab da viel Ähnlichkeit.

Selbst mit den sprichwörtlich schwierigen Harzer Holzfällern gab es ein vorzügliches Auskommen. Da sich mein Mann intensiv um den Forst kümmerte, hatte er mit ihnen viel zusammen zu arbeiten. Er brachte seine eigenen forstwirtschaftlichen Ideen mit, die stark von den bisher angewandten Methoden abwichen. Er plante nicht vom grünen Tisch aus, sondern besprach alles draußen mit den Förstern und Waldarbeitern. Er scheute sich nicht, selbst mit Hand anzulegen, etwa wenn er den Arbeitern zeigte, wie man im Gebirge die Abwasser leitet, wie man Waldbäche in ihren Bögen befestigt.

Damit, daß wir das Blankenburger Schloß bezogen, hatten wir Gmunden keineswegs aufgegeben. Wir wechselten in den folgenden Jahren zwischen beiden Wohnsitzen, wie es die Umstände gerade mit sich brachten. Unsere beiden ältesten Söhne gaben wir nach Hameln, wo sie das Gymnasium besuchten. Sie wohnten bei ihrem Lehrer Dr. Oppermann, dem »Prinzenerzieher«, wie er in der Rattenfängerstadt genannt wurde. Der Plan, unsere Söhne Ernst August und Georg Wilhelm eine öffentliche Schule besuchen zu lassen, war uns zunächst etwas fremd gewesen. Das galt gleichermaßen für die Anregung Dr. Oppermanns, daß beide während der Ferien ausgedehnte Wanderungen durch das hannoversche Land machen sollten. Unsere Bedenken wichen vor der Überlegung, daß dies in der Tat für die beiden Ältesten eine ausgezeichnete Möglichkeit war, ihre Heimat, das Land ihrer Väter wirklich kennenzulernen. So konnte denn Dr. Oppermann mit den beiden Jungen quer durchs Land wandern, zumeist ohne groß an die Glocke zu hängen, wer sie waren; oft besuchten sie jedoch auch Bekannte und Freunde und sprachen bei Getreuen des Hauses vor. Ein Brief, den ich damals aus Leveste vom Freiherrn Knigge erhielt, ist eines der vielen Zeichen, die uns sehr bald die Richtigkeit des Oppermannschen Planes bestätigten. Da hieß es:

»Gestern abend 8 Uhr trafen zu unserer größten Freude die lieben Prinzen hier ein, sehr vergnügt, frisch und munter. Sie kamen von Celle und aus der Heide, waren in Lüneburg, Kloster Lüne, Soltau und auch in Hamburg und Helgoland gewesen und hatten viel gesehen. Heute mittag fahren die Kleinen leider schon wieder weiter nach Wunstorf zu Wangenheims, wollen Sonntag zum Steinhuder Meer und dann weiter. Sie genießen diese Reise mit vollen Zügen, es ist zu reizend, zu sehen, wie natürlich die Prinzen sich benehmen.... Ganz famos ist Oppermann mit den Kindern, freundlich, lieb und auch wieder ganz bestimmt, wo es sich um das Wohlergehen handelt. Es ist ein sehr glücklicher Gedanke gewesen, durch diese Sommerfahrten die Prinzen mit ihrer wahren Heimat bekannt zu machen und sie hoffentlich lieben zu lehren. Wenn wir auch nicht mit der großartigen Gebirgswelt Oberösterreichs konkurrieren können, schön und lieblich ist es doch auch hier, und es ist eben in erster Linie unsere liebe Heimat. Hoffentlich haben wir die Freude, im nächsten Jahr die Prinzen wieder hier zu sehen.... Noch schlafen die Kleinen, es ist erst 7 Uhr, nachher werden wir einen kleinen Spaziergang zu dem Denkmal des Herzogs Magnus Torquatus machen, der an dieser Stelle im Jahre 1373 im Kampfe mit dem Grafen von Schaumburg fiel. Es wurde 1865 vom König Georg errichtet und unserer Obhut übergeben.«

Es war mir sehr schwergefallen, mich von den Jungen trennen zu müssen. Nur langsam konnte ich mich hieran gewöhnen. Ernst August schien der Trennung resoluter entgegenzusehen als Georg Wilhelm, dem es unverkennbar Kummer bereitete, die Familie verlassen zu müssen. Er war ja noch sehr jung, aber das war es nicht allein. Ihn schmerzte, daß er die jüngeren Geschwister verlassen mußte. Er hatte die warmherzige, gütige Art seines Vaters, hatte eine wunderbare Gabe mit anderen Kindern umzugehen, suchte stets auszugleichen und für andere einzutreten, wenn er glaubte, es sei Unrecht geschehen. Oft habe ich das Bild vor mir gesehen, das Friederike und er boten, wenn sie als kleine

Kinder ausgegangen waren und unsere Tochter etwas gelangweilt ihren Puppenwagen vor sich herschob. Sie machte sich nicht sonderlich viel aus Puppen, und sobald die beiden Geschwister glaubten, sie wären unbeobachtet, übernahm Georg Wilhelm den Wagen. Er war der Ansicht, das sei besser für die Puppen, da Friederike nicht richtig mit ihnen umginge.

Unsere beiden Ältesten blieben einige Jahre in Hameln; dann gaben wir sie nach Salem. Dort hatte Prinz Max von Baden eine Internatsschule ins Leben gerufen, die auch sein Sohn Berthold besuchte. Salem war einmal Kloster gewesen, eine Gründung der Zisterzienser. Anfang des vorigen Jahrhunderts wurde die Abtei säkularisiert. Aus dem Münster wurde eine Pfarrkirche und aus dem Konvent- und Abteibau ein Schloß, das jeweils den nachgeborenen Mitgliedern der badischen Familie zur Verfügung stand. Auch Max von Baden hat in Salem gewohnt. 1919, nach der Unterzeichnung des Versailler Vertrages, faßte er mit dem Pädagogen Kurt Hahn den Entschluß, im Schloß eine Schule zu errichten. Ihr Erziehungsziel wurde hoch gesteckt. »Wer seinem Volke helfen will, muß die Kraft des Denkens mit dem Willen zur Tat vereinen«, setzte Prinz Max, dem griechischen Denker Plato folgend, der Salemer Erziehungsarbeit ihr Leitmotiv. Das entsprach ganz dem Leitgedanken, dem er auch in seinem eigenen Leben gefolgt war: »Der Wert einer Überzeugung liegt nicht in der Klarheit, mit der sie verkündet wird, sondern in der Standhaftigkeit, mit der sie verteidigt wird.«

In Kurt Hahn hatte mein Schwager Max einen kongenialen Mitarbeiter gefunden. Hahn, der während des Krieges als englischer Lektor in der Zentralstelle für Auslandsdienst und später in der Militärischen Abteilung des Auswärtigen Amtes tätig gewesen war, gelang es, die Salemer Schule zu einem Begriff in der pädagogischen Welt zu machen. In Salem wurden nicht nur hohe Anforderungen an Intellekt und Körper gestellt, der »Geist von Salem« wendet sich an den Charakter. Das »Fair play« steht weit im Vordergrund. Aufrichtigkeit, Bescheidenheit, Hilfsbereitschaft werden von den Schülern verlangt. Gehörte in den ersten Jahren jeder zweite Schüler dem Adel an, so hat sich dieser Prozentsatz zusehends verschoben. Heute ist es nur noch jeder zehnte. Jeder zehnte Schüler kommt auch aus dem Ausland; ein Beweis dafür, wie weit der Ruf der Schule hinausgeht. Viele bedeutende Persönlichkeiten sind Salemer Schüler gewesen. Unter ihnen auch der Gemahl der englischen Königin, Prinz Philip. Und auch ihr Sohn Charles, der englische Thronfolger, wurde der Salemer Zweigschule Gordonstoun anvertraut.

Schon bevor unsere Jungen nach Salem gingen, war ich häufig dort zu Besuch bei den Verwandten gewesen. Es war Salem, wo ich meine Großtante Luise zum letzten Male gesehen habe. Das Schicksal meines Schwagers Max, wie er wegen der Ereignisse vom November 1918 verleumdet und gehaßt wurde, ging mir sehr nahe. Ich wußte, wie sehr er verkannt und wie ihm Unrecht getan wurde. Mein Mann und ich haben mit ihm gefühlt und ebenso mit ihm gelitten. Sehr qualvoll war für mich die Erkenntnis, daß mein Vater schwerste Vorwürfe gegen ihn erhob und es kategorisch ablehnte, irgendein Argument zugunsten des Prinzen auch nur zu erörtern. Mein Vater trug ihm nicht nur nach, daß er ohne seine ausdrückliche Weisung die Abdankung angekündigt hatte. Am schärfsten verurteilte er, daß Prinz Max am 9. November nicht nur seinen Thronverzicht als deutscher Kaiser sondern auch als König von Preußen publiziert hatte. In jenen furchtbaren Stunden in Spa, als sich alles in meinem Vater dagegen wehrte, daß er die Armee, seine Armee, verlassen sollte, hatte er sich einen Gedanken des Grafen Schulenburg zu eigen gemacht, der ihm vorgeschlagen hatte, als Kaiser, aber nicht als preußischer König abzudanken. Das erschien meinem Vater als ein Notweg aus seinem schweren inneren Ringen. Sofort hatte er den Gedanken Schulenburgs aufgenommen und entschieden: »Ich bin und bleibe König von Preußen und als solcher bei meinen Truppen!« Durch die Erklärung des Reichskanzlers sah sich mein Vater auch in dieser Beziehung vor vollendete Tatsachen gestellt. Er fühlte sich verraten.

Zugunsten von Prinz Max ließ sich sagen, daß ihm, als er am Vormittag des 9. November aus Spa die Nachricht von der bevorstehenden Abdankung erhielt, der Gedanke, daß der Verzicht die preußische Krone nicht betreffen sollte, schwerlich kommen konnte. Tatsächlich ist diese Frage auch im Großen Hauptquartier selbst erstmals am frühen Nachmittag zur Sprache gekommen. Zum anderen lag sie außerhalb der staatsrechtlichen Gegebenheiten, da nach der Reichsverfassung der König von Preußen Deutscher Kaiser war. Es wäre eine Trennung der Krone des Reiches von der Preußens erforderlich gewesen. Graf Westarp, der im übrigen zu den entschiedensten Gegnern Max von Badens gezählt hat, kommentierte das mit den Worten: »Dazu hätte eine Änderung der Reichsverfassung, also die Zustimmung des Bundesrates und des Reichstages, sowie des preußischen Staatsministeriums gehört.« Dafür wäre im reißenden Strom der Revolution weder Zeit noch Gelegenheit gewesen. Selbst wenn jemand in Berlin an eine solche Möglichkeit gedacht hätte, es wäre lediglich eine akademische Frage gewesen.

Mein Vater sah die Dinge anders. Für ihn blieb das Faktum bestehen, daß ein preußischer General, der zudem noch ein Standesgenosse war, eigenmächtig die Abdankung seines Königs und Kaisers verkündet hatte. Für eine andere Auffassung war bei ihm kein Raum. Er hat mir seinen Standpunkt auseinandergesetzt. Ich versuchte, ihm zu zeigen, daß Max von Baden ihm stets ergeben war. Er hat dem keinen Glauben geschenkt. Sehr deutlich hat mich mein Vater zu Beginn der zwanziger Jahre wissen lassen, wie sehr er mißbilligte, daß ich mit Max von Baden weiterhin auf gutem Fuße stand. Er schrieb mir u. a.: »Zu meinem Erstaunen hörte ich von verschiedenen Seiten, Du seist auch bei Max in Salem gewesen. Die Leute sowohl in Baden wie bei uns zu Haus sind darüber sehr betrübt und verstehen Dein Verhalten nicht. ... Du als meine Tochter mußt soviel Taktgefühl besitzen, mit ihm nicht mehr zu verkehren. Ich bitte Dich daher, den Verkehr zu unterlassen. Er könnte, unter der Annahme ich billige ihn, mich in ein falsches Licht setzen.«

Die Einstellung meines Vaters schmerzte mich tief. Natürlich verstand ich ihn voll und ganz. Ich kannte aber auch das integere Denken Max von Badens. Deshalb habe ich meine Beziehungen trotz des Hinweises meines Vaters nicht abgebrochen. Ich hielt mich dazu um so mehr berechtigt, weil ich überzeugt war, daß mit dem nötigen Abstand von allen Geschehnissen Prinz Max von Baden einmal vor der Geschichte Gerechtigkeit widerfahren würde.

Auch mein Bruder Wilhelm hat Max von Baden schroff ablehnend gegenübergestanden. Ich unternahm einen Versuch, irgendwie zu vermitteln. Es war ein hoffnungsloser Fehlschlag. Die Ablehnung des Prinzen Max war im Offizierskorps weit verbreitet. Zu einer offenen Brüskierung kam es bei der Beisetzung meiner Großtante Luise in Karlsruhe. Ich hatte davon gehört, daß man allgemein den Prinzen schneiden wollte. Ein Gespräch mit der Kronprinzessin ergab, daß sie das genausowenig billigte wie ich. Sie und die Fürstin Hatzfeld waren auch sogleich bereit zu vermitteln und hatten damit auch bei den Fürsten Erfolg. Zum Eklat kam es trotzdem, da Generaloberst Plessen dem Prinzen die Hand verweigerte und ihm ostentativ den Rücken zuwandte. Der Vorfall wurde weit und breit besprochen, und zumeist konnte man hören: »Ja, der fabelhafte Plessen, der hat wunderbar gehandelt.«

Prinz Max stand vor einer Mauer der Ablehnung. Diejenigen, die unvoreingenommen waren, konnte man zählen. Zu ihnen gehörten wohl mein Onkel Heinrich und der Großherzog von Mecklenburg. Letzterer, der zuvor ebenfalls ein energischer Gegner der Abdankung des Kaisers gewesen war, studierte das Aktenmaterial und bemühte sich seitdem, wenn auch genauso vergeblich wie ich, um eine Verständigung. Als die Offiziersvereinigung eines Kürassier-Regiments, der er angehörte, die Aufnahme des Prinzen Max, ohne ihm Gelegenheit zu einer persönlichen Darlegung gegeben zu haben, ablehnte, trat er aus.

Bei meinen Aufenthalten in Salem sah ich das Buch entstehen, das Max von Baden zu seiner Rechtfertigung gemeinsam mit Hahn vorbereitete. Seine »Erinnerungen und Dokumente« erschienen nach gründlicher Quellenarbeit 1927 in der Deutschen Verlags-Anstalt. Ich habe gesehen, wie mein Schwager Max sich in der Aufgabe verzehrte, seine Ehre zu verteidigen, wie er unter den ihm angetanen Ehrenkränkungen litt, wie seine Kräfte nachließen und Krankheit sein Handeln mehr und mehr lähmte. 1929, im Alter von 62 Jahren, ist Prinz Max gestorben. Sein Schicksal war im wahrsten Sinne des Wortes tragisch. Er hatte mit der Kanzlerschaft eine Aufgabe übernommen gehabt, von der er wußte, daß sie der Aufopferung seiner Person gleichkam. Max von Baden hat sich für sein Vaterland geopfert.

12. Kapitel

KRISENZEITEN

Wenn man Rückschau auf ein langes, an Ereignissen reiches Leben hält, so glaubt man, Abschnitte und Trennungslinien zu erkennen, und sieht in ihnen geschichtliche Logik oder Zwangsläufigkeit. Man sollte da Zurückhaltung üben und keine Gesetzmäßigkeiten vermuten, wo sie nicht sind, wo nur der Zufall waltete, wenngleich ihm symbolische Bedeutung zukommen mag. Solcherweise symbolhaft scheint mir zu sein, daß in dem Augenblick, da der letzte Kanzler des Kaiserreiches starb, der Todeskampf der Republik einsetzte.

Ende 1929 löste der New Yorker Börsenkrach die weltweite Wirtschaftskrise aus, die auch Deutschland in ihren Strudel hineinzog. Das sich unter den Lasten des Versailler Vertrages quälende Land wurde von der Weltwirtschaftskrise am stärksten in Mitleidenschaft gezogen. Die industrielle Produktion ging zurück, und die Einkommen sanken. Anstieg dagegen die Zahl der Arbeitslosen. Bald waren mehrere Millionen ohne Arbeitsplatz; viele Millionen Deutsche konnten sich nicht mehr durch Arbeit ernähren. Die Staatskasse mußte einspringen, und es dauerte nicht lange, bis sie vor dem Ruin stand. Die Reparationsforderungen der Alliierten taten das ihrige, um die Wirtschaftskatastrophe komplett zu machen. Der Kampf der Millionen um das tägliche Brot führte zu einer bis dahin unbekannten Radikalisierung der Massen. Der politische Streit wurde auf der Straße ausgetragen; das Parlament, der Reichstag, war hilf- und kraftlos; das Bürgertum, das man gemeinhin als die Basis der Weimarer Republik angesehen hatte, verlor durch Selbstzersplitterung in zahllose Parteien und Parteigrüppchen jedes Gewicht.

Mein Vater schrieb mir damals: »Der politische Idiotismus feiert im armen Vaterlande wahre Orgien!« Er stöhnte: »Vom Ausland her dies Chaos ansehen zu müssen, ist fürchterlich!« Die Vorgänge in Deutschland beschäftigten ihn unablässig, nicht, daß er danach drängte, dort selbst eingreifen zu können. Diesem Gedanken hatte er ein für allemal entsagt, wenngleich in ihm die Vorstellung wachblieb, daß er hierzu legitimiert sei. Oberdomprediger D. Dochring hat bemerkt, »aus dem Landesvater wurde ein Hausvater.« Das Wort faßt das Selbstverständnis meines Vaters nicht exakt. Zutreffend ist die Feststellung Doehrings: »Sein Herz schlug nach wie vor mit seiner ganzen Glut für seine Deutschen.« Bei meinen Besuchen in Doorn habe ich das immer aufs neue bestätigt gefunden. Nach Doorn bin ich jedes Jahr gefahren, zumeist im Januar zum Geburtstag, gelegentlich auch im Sommer. Oft hat mich mein Mann begleitet, und dann und wann nahmen wir unsere

Kinder mit. 1927 feierten wir in Doorn im größeren Kreis das 50jährige Militärjubiläum des Kaisers.

Mit nicht nachlassendem Interesse verfolgte mein Vater das Geschehen in Deutschland. Seine Informationen erhielt er von Besuchern, aus brieflichen Mitteilungen, vor allem aus der Presse. In welcher Weise er die Nachrichten verarbeitete, veranschaulicht eine Aufzeichnung Doehrings: »Seine Kunst, Zeitung zu lesen, ließ der Hausherr von Doorn allabendlich seiner Umgebung zugute kommen. Nach dem Essen saß man zwanglos im Rauchzimmer. Vor dem Kaiser lagen nicht nur Ausschnitte aus den Tageszeitungen des In- und Auslandes, die er selbst gefertigt hatte, sondern auch eine von seiner Hand entworfene stichwortartige Übersicht, in der die Gesamtheit der Nachrichten programmartig nach den verschiedenen Materien von ihm geordnet war. Der Plauderton, in dem er dann vortrug, ging bald in eine höchst angeregte Unterhaltung über, jedoch nie in ein wässeriges Palaver; man wußte allerseits, Niveau zu halten. Da nun häufig anerkannte Gelehrte zu Gast waren, ergab es sich von selbst, daß fernab von jedem trockenen akademischen Ton Höhen erreicht wurden, die die Stunden im Fluge vergehen ließen.«

Der Bericht fährt fort: »Ich habe viele solcher Abende erlebt, an denen ernsthafte Probleme durch Rede und Gegenrede verhandelt wurden, und habe mich immer wieder gefragt, wie wohl die Fabel aufgekommen sein mag, daß der Kaiser keinen Widerspruch vertragen könne. Gewiß, mit Redensarten war er nicht umzustimmen, mit Gründen durchaus. Wiederholt bin ich Zeuge gewesen, daß er am nächsten Morgen das Gespräch, das sich gegen seine Meinung gewandt hatte, wieder aufnahm, um unumwunden zuzugeben, daß bei nächtlichem Nachdenken er sich dem Gewicht der wider seine Auffassung vorgebrachten Argumente vollends habe öffnen müssen.«

Als die Krise in Deutschland offensichtlich ihrem Höhepunkt entgegeneilte, wurde mein Vater durch seine zweite Frau eingehend über das Geschehen unterrichtet. Prinzessin Hermine hielt sich längere Zeit in Berlin auf, wo sie im Kaiser-Wilhelm-Palais wohnte und Kontakte zu Persönlichkeiten aus Politik und Wirtschaft unterhielt. Es ist gesagt worden, mein Vater hätte damals der Errichtung einer Diktatur das Wort geredet. Dazu ist zu bemerken, daß er der Meinung war, auch Deutschland sei jetzt reif für einen starken Mann, und nur ein solcher könne die Rettung bringen. Eine Meinung, die damals weit verbreitet war. Im übrigen waren die seit März 1930 amtierenden Präsidialkabinette schon eine Art diktatorischer Regierung, wenn auch ohne den starken Mann.

Die Not der Zeit hatte auch meine Brüder auf den Plan gerufen. Eitel Fritz, August Wilhelm und Oskar schlossen sich, wie auch der älteste Sohn meines Bruders Wilhelm, dem »Stahlhelm« an. Dieser Frontsoldatenbund, dessen Angehörige Ordnung und Disziplin als ihr Lebenselement verstanden, griff in zunehmendem Maße in das politische Geschehen ein. Meine Brüder traten als einfache »Stahlhelm«-Männer bei, marschierten in Reih und Glied. Eitel Fritz unterstand eine Zeitlang seinem früheren Flügelmann vom 1. Garderegiment. Auch mein Bruder Wilhelm wandte sich dem »Stahlhelm« zu, wenn er sich auch längere Zeit zurückhielt. Er hatte Stresemann zugesagt, sich nicht politisch zu betätigen. Mit dessen Tod fühlte er sich dieses Versprechens entbunden.

Den aufkommenden Nationalsozialismus, der bald gewaltigen Zustrom fand und zur größten Partei anschwoll, sahen wir im großen und ganzen so, wie Millionen andere aus allen Schichten unseres Volkes. Nach all dem Furchtbaren, das seit damals geschehen ist, sollte man ein paar Worte darüber sagen, wie sich die nationalsozialistische Bewegung zu jener Zeit darstellte. Es läßt sich wohl nicht besser sagen als mit den Worten, die ein radikaler Neigungen so unverdächtiger Politiker, wie es Theodor Heuss gewesen, 1932 gefunden hat. Er war damals demokratischer Reichstagsabgeordneter und Dozent an der Hochschule für Politik. Hitler, schrieb er, der als Freiwilliger von 1914 »tapfer, unverdrossen, gläubig« im Felde gedient hatte, beeindruckte. Niemand könne, formulierte Heuss, »der Unverdrossenheit des Mannes die Anerkennung versagen, der, von der Festung entlassen, sorgfältig, zäh, bewußt aus den Scherben ein neues Gefäß zu fügen unternahm und verstand. ... Er ist stolz auf das, was daraus geworden ist, und er hat Grund dazu. ... Man spürt, etwa wenn Hitler über Entwicklungsgeschichte von Volk und Staat spricht, die gutgläubige Aufklärungsabsicht einer pädagogischen Darreichung«. Der Beobachter Heuss meinte: »Sei's drum, daß dies und jenes Stück davon falsch, vielleicht Unsinn. Hier ist doch ein Wille, der nicht handeln und bandeln, der siegen will.«

Theodor Heuss hat in späteren Jahren, als ihm diese Äußerungen einmal vorgehalten wurden, seine Kritiker mit der Replik abgefertigt, er sei in seinem Vaterhaus so gut erzogen worden, daß er die verbrecherischen Auswüchse, die später der nationalsozialistische Staat gezeitigt hat, überhaupt nicht für möglich gehalten habe. Wie Heuss erging es vielen anderen, auch vielen Männern des 20. Juli 1944. Auch sie hatten einst die nationalsozialistische Bewegung anders gesehen und beurteilt als zu der Zeit, da sie ihr Leben in die Schanze schlugen, um ihr Vaterland durch die Beseitigung Hitlers zu retten.

Kein Geringerer als Generaloberst Beck war es, der den Wahlsieg der NSDAP vom 14. September 1930 im Manöverquartier begeistert gefeiert hat. Von Generalmajor Henning v. Tresckow ist überliefert, daß er sich 1929 als Leutnant im Potsdamer Infanterie-Regiment 9 bei einem Vortrag nachdrücklich für nationalsozialistische Programmforderungen einsetzte. Als 1930 die Leutnants Scheringer, Ludin und Wendt wegen ihrer Beziehungen zur NSDAP vor dem Reichsgericht standen, schrieb der nachmalige Generalmajor Stieff: »Was sie sagen, kann man leider nur unterschreiben.« Er hoffte auf die »nicht aufzuhaltende wahre nationale Bewegung« und vermerkte: »Jedenfalls ist die Erbitterung hier riesengroß.« Und Oberst Graf Stauffenberg hat, wie berichtet wird, zu der Zeit, da er in Bamberg stand, im Nationalsozialismus eine »echte Volkserhebung« gesehen, die er mit den Befreiungskriegen verglich. Begeistert habe er sich 1933 in Uniform an die Spitze eines Umzuges gesetzt, mit dem die Bevölkerung der Stadt die Machtübernahme feierte.

Wie damals der Nationalsozialismus aufgefaßt wurde, dafür stehen auch Ausführungen, die Vizeadmiral Heye, der als Wehrbeauftragter des Bundestages weithin bekannt wurde, ein Sohn des Generalobersten Heye, in einem Brief an General v. Schleicher schrieb: »Ich bin weit entfernt, mir von einem Nazi-Staat alles Heil des Landes zu versprechen, ich glaube aber, daß das Hinneigen gerade vielleicht von jüngeren Offizieren, die noch größere Ideale als den Kampf um den Brotkorb haben . . . ., daß diese Offiziere nicht um des Programms willen zu den Nazis hinneigen, sondern weil sie hier eine aktive Kraft zu erkennen glauben, die sich einem Niedergang des Reiches entgegenstemmt.« —

Die Not unseres Volkes und das Versagen der politischen Ordnung waren die Ursache dafür, daß unsere Familie politisch nicht abseits stehenblieb, sondern sich engagiert hat. Gewiß nahmen wir dabei irgendwie eine Sonderstellung ein, doch wie in jeder anderen Familie gab es auch bei uns unterschiedliche Ansichten. Wir waren weder eine Phalanx noch ein patriarchalischer Clan.

Die erste Berührung mit Hitler hatte mein Bruder Wilhelm gehabt. Es war wohl 1926. Hitler suchte ihn damals in Cecilienhof auf. Mein

Bruder war nicht überrascht, von Hitler zu hören, daß dieser die Wiedererrichtung der Monarchie als das staatspolitische Ziel seiner Arbeit betrachte. Er wußte, daß Hitler sich beim Novemberputsch von 1923 sehr nachdrücklich als Monarchist bekannt hatte. Gleichwohl zeigte ihm der Kronprinz die kalte Schulter. »Es stimmt, daß ich einmal Kaiser werden sollte«, sagte er zu Hitler. »Aber jetzt bin ich Privatmann und habe nur Verpflichtungen meinem Hause gegenüber. Wie Sie sehen, trage ich einen Tweedanzug mit Knickerbockern.«

Auch mit meinem Vater hat Hitler Kontakt aufzunehmen versucht. Göring meldete sich in Doorn an. Als bekannter Fliegeroffizier des ersten Weltkrieges und Träger des Ordens »Pour le mérite« sah Hitler in ihm einen geeigneten Fürsprecher. Der Vorstoß verlief für ihn enttäuschend. Der Kaiser verhielt sich betont reserviert und zeigte sich außerdem verärgert, weil Göring in seiner reichlich spontanen Art mit den höfischen Umgangsformen kollidierte.

Im ersten Jahre der großen Krise, 1930, sagte mir mein Bruder Oskar in einem Brief: »Über die Nazis kann man nicht in wenigen Worten schreiben, sie sind sehr wertvoll, das bisherige Programm abänderungsbedürftig.« So ungefähr dachten meine Brüder, und da das Programm keine Änderung erfuhr, sondern im Gegenteil zunehmend radikaler praktiziert wurde, und da zudem der Parteiegoismus wachsend zutage trat, blieb die Reserve. Sie begrüßten die von der Bewegung ausgehende nationale Aufrüttelung, doch sie wurden keine Nationalsozialisten. Mit einer Ausnahme.

Unter uns Geschwistern war August Wilhelm der Schöngeist gewesen. Ein ausgesprochener Ästhet, der Kunst, Wissenschaft und Musik liebte, mit zahlreichen Professoren verkehrte, mit mehreren jüdischen Familien sehr eng befreundet war und in Wannsee einen reizenden Kreis geistig sehr hochstehender Persönlichkeiten um sich hatte. Er war es, der Max Reinhardt, den avantgardistischen Regisseur des »Deutschen Theaters«, in die Gesellschaft einführte. Ich selbst hatte erlebt, mit welcher Hingabe er einen Theaterabend im Schloß Bellevue arrangierte, bei dem Reinhardt »Minna von Barnhelm« in seiner damals als revolutionär empfundenen Auffassung zeigen konnte. Wir kannten August Wilhelm nur als einen Menschen, der stets für das Schöne besonders empfänglich war und hierfür lebte. Mit um so größerer Überraschung sahen wir Geschwister, wie er, der eigentlich der Zivilist unter den Brüdern, der keine Natur war, die Freude am Marschieren empfand, sich der Politik zuwandte und in ihr aufging, wie er den schwärmerischen Idealismus, den wir von jeher an ihm kannten, für sie einsetzte, und selbst die oft recht rauhen Manieren seiner Kameraden ertrug. Seine Lyrik wurde politisch, und sein neues Lebenselement die Kameradschaft in dem von einem gemeinsamen Willen getragenen Kampfverband. Als ich vor kurzem das Heuss-Buch »Hitlers Weg«, das mit fotografischer Genauigkeit die nationalsozialistische Bewegung der ersten dreißiger Jahre festhält, in der Hand hatte und las, wie der unbestechliche Politologe damals das Bild der SA beschrieben hat — »Aufzüge, Umzüge, von frischen jungen Menschen in guter Haltung« —, meinte ich die Worte meines Bruders Auwi wieder zu hören, mit denen er von seinen Kameraden gesprochen hat.

Die Nachrichten, die mir August Wilhelm übermittelte, enthielten Passagen wie die nachfolgende, die noch aus den Jahren stammt, da er dem »Stahlhelm« angehörte: »Die Stahlhelmtage waren herrlich. Solche Erhebung! Hatte reizende Einquartierung, 15 Mann. Nacht und Morgenkaffee. Waren 2 Stunden marschierend, 9 stehend am Sonntag unterwegs. Alexander (der Sohn meines Bruders) stand 4 Stunden im Stadion beim prachtvollen Zapfenstreich, 2200 Fahnen, etwa 100 000 Zuschauer und 7 Stunden am Sonntag ohne Verpflegung! Die Bevölkerung war auch zu nett in ihrer Begeisterung.«

Fasziniert von dem Volksgemeinschaftsgedanken schloß sich August Wilhelm dem Nationalsozialismus an. Er hielt Reden und Vorträge, reiste von Versammlung zu Versammlung, steckte Prügel und Polizeimaßnahmen ein, opferte sein Vermögen. Das Leben, das er führte, läßt ein Brief erkennen, den ich 1932 von ihm erhielt: »Nun habe ich doch Deinen Geburtstag verpaßt, weil ich am Samstag plötzlich nach Hamburg, am Sonntag nach Königsberg mußte. Verzeih! Nachträglich allerinnigste Wünsche, wann hätte man sie mehr gebraucht als jetzt!! Meine Winzigkeiten folgen anbei, ich brauche jeden Pfennig für Notleidende unserer Bewegung, deren Heer täglich anschwillt.«

August Wilhelms politische Rolle führte zu Konflikten mit unserer Familie. Ich selbst habe in manchem anders gedacht als er. Anläßlich einer Kontroverse schrieb er mir nach Gmunden: »Du weißt, daß ich ›Pikagen und Nachtragen‹ immer albern gefunden habe und über Politik nach unserem Übereinkommen vor Jahren auch nie mit Euch streite, da wir bei unseren verschiedenen Auffassungen uns doch nur auseinanderstreiten würden, was ich, da ich immer und jetzt erst recht alles daransetze, die Familie zusammenzuhalten, für ebenso zwecklos wie übler Folgen schwer halte. Wir wollen Geschwister bleiben in einer Zeit, wo tausend Kräfte am Werke sind, um Trennungsmauern aufzurichten. Da mache ich auf jeden Fall nicht mit!«

Welches Spannungsfeld sich in unserer Familie ergab, veranschaulicht ein Bericht, den mir August Wilhelm im April 1932 über Hintergründe bei der Reichspräsidentenwahl gesandt hat. Darin hieß es:

»Die Sache war so. 1. Phase: Wilhelm wollte sich aufstellen lassen, seine Reichswehr-Freunde hatten ihm Mut gemacht. Mit Hitler als Reichskanzler, Brüning Außenminister, Hugenberg Wirtschaft. It was a quite impossible plan, er fiel nach einer Woche. Dann tauchten Gedanken um Oskar auf, von Hugenberg und Stahlhelm, was Hitler, der gegen jede fürstliche Kandidatur vernünftigerweise war, ablehnte, schließlich sagte, obwohl er mit mir nicht gesprochen habe, wisse er, daß ich es ablehnen würde, aber der einzigste sei, der dann in Frage käme, aber das würde viele Stimmen der Bewegung kosten, die nie durch ›abgezogene Hindenburgstimmen‹ ersetzt werden könnten. Darauf großes Geschrei bei Hugenberg und Seldte, ich sei als Nazi untragbar. Schwups hörte der Monarchismus auf. Damit war die Frage begraben, besonders da wir herausfanden, daß der Alte (gemeint ist Hindenburg) doch kandidieren werde, selbst wenn eine Kompanie von Preußenprinzen aufmarschierte!! — Dann haben ein paar abenteuerliche Leute, unter ihnen ein H. v. Ostau, früher Bühnenleiter in Berlin und jetzt ganz unbedeutender kleiner Nazi-Ortsgruppenleiter, in letzter Minute Wilhelm aufgefordert, ohne Hugenberg oder Hitler zu fragen, ja nicht mal den Stahlhelm, er solle — 2 Tage vor Schluß — kandidieren und zogen mit einem Brief von ihm nach Doorn. Du kannst Dir die Freude dort denken!«

Es ist bekannt, daß mein Vater den Plan einer Kandidatur des Kronprinzen für das Amt des Reichspräsidenten mißbilligt hat. Mein Bruder Wilhelm fiel deswegen in Doorn nicht in Ungnade. Das widerfuhr August Wilhelm. Er schrieb mir im November 1932 aus Rom: »Also noch flog ich nicht raus. Man drohte mir unter Verbot jeglicher Betätigung für die Bewegung, daß man meinen Austritt erzwingen würde, falls ich mich weiter einsetzte. Man wollte mich auf $^1/_2$ Jahr nach den Kanarischen Inseln verschicken. Deshalb ging ich hierher.« Mein Bruder fuhr fort: »Es kann jetzt heiter für uns werden, denn Schleicher wird, ganz anders noch wie Papen, uns verfolgen, Gnade dem armen Volke! Ich fahre bald zurück, ganz gleich, ob es ›genehm‹ ist oder nicht.«

Über den 30. Januar 1933 berichtete mir August Wilhelm brieflich einige interessante Details. Er schickte einen Satz vorweg, der an meine persönliche Adresse gerichtet war: »You warned me so often, I should be disappointed, I knew I would not« — »Du hast mich so oft gewarnt, ich würde enttäuscht werden. Ich wußte, ich würde es nicht sein.« Dann schrieb er: »I can't risk writing all that happened. The night 29./30. I. was terrible, because Mr. Kreeper tried to frighten A. H. out of his wits and pretended that he would prevent the ›Uebernahme‹ by the troops from Potsdam (they never got the order!) and he had planned to march off the Old Man to East-Prussia (as a sort of prisoner) and to grab this position for himself. I warned them — also P. — since 1½ years — he very nearly succeeded. We had to get hold of his successor (Bl. . .berg), who was to be imprisoned and the Old Man's son took him quickly to his father's home where the oath was taken and all arranged in half an hour . . . You can't imagine, what a difficult position. A. H. has with Hugi u.s.w., but he has good nerves and is very pleased with all we could — till now — change.«

Unter Auflösung der Pseudonyme würde ich diesen Text so übersetzen: »Ich kann es nicht riskieren, alles, was geschehen ist, zu schreiben. Die Nacht vom 29. zum 30. Januar war schrecklich, weil Schleicher versuchte, Hitler in Panik zu versetzen, und vorgab, daß er die Regierungsübernahme mit der Reichswehr von Potsdam aus (sie haben diesen Befehl nie erhalten!) verhindern werde; er hatte geplant, Hindenburg (als eine Art Gefangenen) nach Ostpreußen zu verbringen und nach dessen Stellung für sich selbst zu greifen. Ich habe sie gewarnt, auch unseren Bruder Wilhelm, seit 1½ Jahren — nun hätte Schleicher beinahe sein Ziel erreicht. Wir mußten seines Nachfolgers (als Reichswehrminister) habhaft werden (Blomberg), der verhaftet werden sollte, und der Sohn Hindenburgs brachte ihn schnell ins Reichspräsidentenpalais, wo er vereidigt wurde; das alles wurde in einer halben Stunde erledigt... Du kannst Dir nicht vorstellen, welch schwierige Position Hitler mit Hugenberg usw. hat, aber er hat gute Nerven und ist sehr zufrieden mit allem, was wir bis jetzt ändern konnten.«

Die politischen Meinungsverschiedenheiten wurden mit dem Jahr 1933 nicht eben geringer. Meine Brüder, meinte August Wilhelm, begegneten ihm sehr argwöhnisch, aber, so schrieb er an mich: »I dont take the slightest notion of all their opinions but just march on« — »Ich nehme nicht die leiseste Notiz von all ihren Meinungen sondern gehe meinen Weg weiter.« Weitaus schlimmer erging es ihm mit meinem Vater. Über einen Besuch in Doorn schrieb er: »He treated me, as if I did not exist!«

270

Also: Unser Vater behandelte ihn, als wenn er überhaupt nicht vorhanden wäre. Mein Bruder fuhr in seiner Schilderung fort: »Unfortunately I lifted my right arm a little quite unintentionly out of custom, and was snapped at terribly.« Zu deutsch: »Unglücklicherweise hob ich meinen rechten Arm ein wenig, ganz unbeabsichtigt, aus Gewohnheit, und wurde fürchterlich angefahren.«

August Wilhelm wurde Landtagsabgeordneter, Mitglied des Reichstages und in den neu gegründeten Preußischen Staatsrat berufen. Er begeisterte sich am »fabelhaften Tempo«, mit dem der nationale Aufbau vorangebracht wurde und sorgte sich, daß der Reichskanzler körperlich durchhalten würde. Er schrieb: »Endlich ist der arme Hitler auf kurzen Urlaub nach Süddeutschland, er kommt ja hier überhaupt nicht mehr raus, weil die Leute ihm so entsetzlich nachlaufen.« Gleichwohl gab es bereits Anzeichen dafür, wie prekär die Stellung meines Bruders in der NSDAP war.

Der erste Grund lag in seiner Herkunft. Theodor Heuss hatte schon 1932 sehr treffend bemerkt, daß der Anschluß einiger Prinzen an die NSDAP »keineswegs allen aktiven Parteigenossen erwünscht« war. Er schrieb: »Man ist sich heute ziemlich darüber klar, daß jene über Reklamekonto gebucht werden und nicht zur Stammeinlage gehören.« Die sehr konservativen Ansichten seiner Brüder, die brüske Abweisung, die Hitler durch den Kaiser erfuhr, abfällige Bemerkungen des Kronprinzen über die nationalsozialistischen Führer, wie »Demagogen« oder »kleine Spießer«, sehr kritische öffentliche Äußerungen meines Neffen Wilhelm, des ältesten Kronprinzensohnes, und vieles mehr blieben der nationalsozialistischen Führung weder verborgen noch ließen sie diese unbeeindruckt. Schon sehr frühzeitig klagte August Wilhelm: »Das erschüttert meine Stellung in der Bewegung und macht nur böses Blut gegen die Familie. Gerade was ich vermeiden wollte. Ich habe oft genug gewarnt, aber sie wollen eben ›1914‹ spielen.«

Ein weiterer Grund lag darin, daß er mit der Rassenpolitik nicht übereinstimmte. Er war mit vielen jüdischen Familien befreundet gewesen. Das führte zu Konflikten mit der Parteilinie. Er versuchte zu helfen, wo er nur helfen konnte. Vielen hat er es ermöglicht, ins rettende Ausland zu gelangen. Überhaupt hat es ihm innerlich schwer zugesetzt, daß er gewahr werden mußte, wie ein Stein nach dem anderen aus dem Gebäude seiner Ideale herausgebrochen wurde, nicht zuletzt in kirchlicher Beziehung. Er war fromm und hat nie ein Hehl daraus gemacht.

271

Bei der sogenannten Röhm-Revolte stand er bereits auf der Abschußliste. Göring verhinderte seine Verhaftung; er soll damals gesagt haben: »Hände weg!« Doch von nun an war August Wilhelm nur noch ein Aushängeschild für Hitler. Bei Staatsbesuchen ausländischer Monarchen oder Staatsmänner wurde er geladen. Eine andere Rolle dachte man ihm nicht mehr zu. Es fiel ihm schwer, seine Enttäuschung über die politische Entwicklung zuzugeben. Ich habe ihm wohl von den Geschwistern am wenigsten ablehnend gegenübergestanden. Er hatte zu mir, wie seine Briefe zeigen, sehr viel Vertrauen und sich auch, nach anfänglichem Zögern, oft bei mir ausgesprochen. Doch auch mir gegenüber blieb er, als er das Desaster seines Idealismus erleben mußte, verschlossen.

Nach dem Zusammenbruch wurde er gefangengesetzt. Durch 34 Gefängnisse und Lager mußte er gehen, wurde in ein Straflager eingewiesen, um schließlich mit der Begründung, es läge ein Irrtum vor, wieder herausgeholt zu werden. Fast 4 Jahre lang war er eingesperrt. Er hat furchtbar gelitten. Aber er ertrug alles »Gott vertrauend, in gutem Gewissen«, wie er mir in den wenigen Zeilen, die ihm zu schreiben erlaubt waren, mitteilte. Die Leiden der Haft- und Lagerzeit machten ihn zu einem vom Tode gezeichneten Mann. Ich habe ihn noch in Stuttgart im Krankenhaus besuchen können. Als ich wieder zu Haus war, erhielt ich einen Dankesbrief. August Wilhelm hatte ihn einer Schwester angesagt, er selbst war zum Schreiben schon zu schwach. Ich las: »Du weißt, wie ich mich gefreut habe, daß Du hier warst. Seitdem ist es weiter bergab gegangen. Du mußt alle sehr grüßen.« Der Brief datierte vom 22. März 1949. Wenige Tage später ist mein Bruder gestorben. Ein Freund hatte ihm als Arzt am Totenbette zur Seite stehen können. Ihn bat mein Bruder, mit ihm zu beten. »Ich werde nie vergessen, mit welcher Inbrunst er das ›Vaterunser‹ sprach«, schrieb mir der Arzt. »Es war der letzte Abend, als er mich noch einmal darum bat, und wir miteinander die Hände falteten zu dem Vers von Matthias Claudius:

>So legt Euch denn, Ihr Brüder,
in Gottes Namen nieder;
kalt ist der Abendhauch.
Verschon uns, Gott, mit Strafen
und laß uns ruhig schlafen,
und unsern kranken Nachbar auch.‹«

Gmunden.
Rückkehr von der Jagd.

Die Villa »Weinberg«.

Doorn:
Spaziergang mit dem Vater.

Beim 50jährigen Militärjubi-
läum des Kaisers: Von links
Herzog Ernst August, Prinz
Heinrich v. Preußen, Herzogin
Viktoria Luise, Feldmarschall
v. Mackensen.

Blankenburg 1944. Das Herzogpaar mit seinen Söhnen. Von links Ernst August, Welf Heinrich, Georg Wilhelm, Christian.

Prinzessin Friederike und Kronprinz Paul von Griechenland als Verlobte.

Ich bin Hitler zum ersten Mal 1933 begegnet. Er hatte meinen Mann und mich zu einem Gespräch nach Berlin eingeladen. Daraus, daß Herr v. Ribbentrop, der zu jener Zeit außenpolitischer Berater Hitlers gewesen ist, die Einladung veranlaßt hatte, läßt sich schon ersehen, welchem Zweck das Gespräch dienen sollte. Es ging um das deutsch-englische Verhältnis. Hitler zeigte sich außerordentlich höflich, betont freundlich und sehr korrekt. Mein Mann hat ihm in längeren Ausführungen seinen Standpunkt dargelegt. Die Quintessenz seiner Darlegungen war, daß er eine Verständigung mit England für das Fundament deutscher Außenpolitik hielte, und daß eine deutsch-englische Annäherung einer sehr sorgfältigen und behutsamen Vorbereitung bedürfe. England müsse von sich aus zu der Überzeugung gelangen, daß ein Zusammengehen mit dem Reich in seinem Interesse liege. Ein Ausgleich mit England sei nicht zuletzt eine psychologische Frage. Die Engländer, sagte mein Mann, seien nüchterne Rechner, Realisten, die sich allein nach ihren Interessen orientierten. Weltanschauliche Sentiments vermöchten sie nicht zu überzeugen, nur »facts«, sonst nichts.

Mein Mann warnte in diesem Zusammenhang vor dem Chauvinismus, der sich in Deutschland sehr laut zu Wort meldete, und nannte auch einige typische Beispiele. Dann ergriff er die Gelegenheit, seine Meinung zu dem zu sagen, was man damals über Pläne für eine Neugliederung des Reiches hörte. Er war nie ein Freund der Kleinstaaterei, doch andererseits ein entschiedener Gegner des Zentralismus, der Gleichmacherei. Er war davon überzeugt, daß das Reich auf seinen Stämmen aufbauen müsse. Diese Gedanken hat mein Mann Hitler vorgestellt, nicht ohne auch spezielle Hinweise auf Fragen aus dem hannoverschen und braunschweigischen Raum zu geben. Der Reichskanzler erwies sich als aufmerksamer Zuhörer. Er hielt uns dann seinerseits einen Vortrag über seine Anschauungen zu den angesprochenen Problemen. Uns fiel auf, daß er alles sehr wenig präzise erörterte und mehr ein allgemeines Bild zu geben schien für Menschen, die nicht ganz orientiert waren. Schließlich bat er meinen Mann, seine Möglichkeiten für eine Verständigung mit England einzusetzen. Als wir Hitler verließen, dachten wir, vielleicht hat er doch dies oder jenes angenommen. Mein Mann, der in solchen Dingen stets skeptischer war als ich, bemerkte dazu »hoffentlich«.

Ich bin Hitler in den folgenden Jahren noch einige Male begegnet. Er nahm auch über Ribbentrop mehrfach Verbindung zu uns auf. Zu einem so ausführlichen Gespräch wie 1933 ist es nicht wieder gekommen. Mein Mann und ich haben sehr intensiv für eine Annäherung zwischen England und Deutschland gewirkt. Besonders mein Mann hat sich sehr eingesetzt, denn ihn verfolgte die Vorstellung, daß, wenn es nicht zu einer wirklichen Verständigung zwischen den beiden Ländern käme, ein neuer Krieg à la longue unvermeidlich wäre. Wir beide waren in England, als es um das Flottenabkommen ging. Wir waren bei König Georg V. zu Gast und führten weitere Gespräche, so mit dem Prince of Wales und Premierminister MacDonald. Eduard war sehr offen und auch sehr aufgeschlossen. Ich hatte von ihm den Eindruck, daß er bemüht war, sich umfassend zu informieren, und im übrigen Deutschland mit weniger Vorurteil begegnete, als man das sonst üblicherweise drüben tat. Prinz Axel von Dänemark, wie König Georg ein Vetter meines Mannes, hatte uns zum Prince of Wales begleitet; er sekundierte meinem Mann.

Unser Gespräch mit Ramsay MacDonald fand in Chequers, dem Landsitz der englischen Premierminister, statt. MacDonald war ein Selfmademan. Er stammte aus einem kleinen schottischen Bauern- und Fischerdorf, aus einer »Fischerhütte«, wie er sagte. Ich dachte, als ich ihm so gegenübersaß, er sieht eigentlich wie ein Professor aus, aber gar nicht trocken, im Gegenteil recht temperamentvoll und um Bonmots nicht eben verlegen. Seine Art, wie er oft nur mit kurzen Fragen oder Bemerkungen, die nur aus wenigen Worten, einem halben Satz bestanden, das Gespräch führte, imponierte mir. Ich hatte das Gefühl, da saß ein Mann, der nicht nur gründliche Kenntnisse hatte, sondern auch genau wußte, wo die neuralgischen Punkte lagen. Zu dem eigentlichen Gegenstand unseres Gesprächs sagte der Premier, er sei zu einer Verständigung mit Deutschland absolut bereit. Der Gedanke, mit einem deutsch-englischen Abkommen einer allgemeinen Rüstungsbegrenzung näherzukommen, schien für ihn dominierend zu sein. Aber auch der Anbahnung einer Freundschaft zwischen den beiden Völkern war er sehr zugeneigt.

In Chequers begegneten wir auch dem damaligen Luftfahrtminister Lord Londonderry. Er war der Typ des großen, hageren englischen Aristokraten, bedächtig und freimütig im Gespräch zugleich. Gegenüber Deutschland verhielt er sich sehr reserviert. Wir luden ihn zu einem Besuch ein, aber er winkte höflich ab, er müsse Rücksicht auf sein Amt nehmen. Es waren kaum ein bis zwei Jahre vergangen, da haben wir Lord Londonderry häufiger in Deutschland gesehen, auch mit seiner Familie. Inzwischen gehörte er nicht mehr dem Kabinett an. Er war zu einem begeisterten Anhänger einer deutsch-englischen Freundschaft geworden und bemühte sich, die Probleme des deutschen Volkes kennenzulernen.

Mit dem damals abgeschlossenen Flottenabkommen mit England legte sich das Reich von sich aus eine Beschränkung seiner Seestreitkräfte im Verhältnis 35 zu 100 zur englischen Flotte auf. Der Vertrag schien von deutscher Seite eine Versöhnungspolitik durch »facts« einzuleiten, wie sie mein Mann Hitler nahegelegt hatte. Ich wage nicht zu sagen, daß hier ein Resultat unserer Bemühungen zutage getreten war. Damals haben wir es geglaubt. Nach allem, was wir seitdem wissen, läßt sich nicht einmal mehr mit Sicherheit sagen, ob es Hitler ernst mit der Verständigung gewesen ist. Gepflegt hat er die sich anbahnenden freundschaftlichen Beziehungen keineswegs, im Gegenteil, er hat sie in der Folgezeit Belastungen ausgesetzt, die davon zeugten, daß er weder die Mentalität noch die Interessenlage Englands richtig eingeschätzt hat, Belastungen, die zum Bruch führen mußten und geführt haben. Von Ribbentrop glaube ich sagen zu können, daß für ihn die deutsch-englische Versöhnung damals nicht eine Angelegenheit der Taktik sondern der Überzeugung gewesen ist. Wir haben ihn in dieser Zeit öfter gesehen. Er stammte aus Blankenburg, und schon daher gab es mancherlei Beziehungen.

Sieht man von den Berührungen ab, die sich aus unserem Engagement bei der Herbeiführung einer Aussöhnung mit England ergaben, so beruhten unsere Begegnungen mit den maßgebenden Männern des Dritten Reiches überwiegend auf dem Zufall, trafen wir mit ihnen bei gesellschaftlichen Anlässen zusammen. Goebbels lernte ich als einen Homo novus kennen, der größte Sorgfalt auf eine kultivierte Attitüde und perfekte Umgangsformen verwandte. Das stellte ich fest, als wir ihn bei Ribbentrop gesehen haben. Bei anderer Gelegenheit, bei einer zufälligen Begegnung in Heiligendamm, nahm er sich die Zeit, uns einen ausführlichen Vortrag über einige aktuelle Fragen zu halten. Was er sagte, war für uns sehr interessant. Er sprach mit einer solchen Hingabe, daß wir hätten meinen können, unsere Unterrichtung sei seine vornehmste Aufgabe. Später, als er ironietriefend verkündete, daß Könige und Prinzen in Deutschland nur noch in Märchen und Operetten vorkämen, fragten wir uns, ob es wirklich ein und dieselbe Person war, die das sagte. Aber da gab es schon ganz andere Dinge, über die man den Kopf schütteln mußte. Frau Goebbels habe ich eine Zeitlang sehr häufig gesehen, als sie sich in demselben Sanatorium aufhielt wie mein Mann. Wir haben oft zusammengesessen. Ich fand sie recht sympathisch, ihre Kinder waren entzückend. Die schnell aufeinanderfolgenden Geburten waren an ihrer Gesundheit aber nicht spurlos vorübergegangen.

Sehr zufällig war die Begegnung, die ich mit Himmler gehabt habe. Hätte ich nicht gewußt, daß da der oberste Führer der SS neben mir saß, hätte er nicht seine silberbestickte Uniform getragen, ich hätte ihn für einen Schulmeister aus der alten Zeit gehalten. Ein auf der Nase hochstehender Kneifer und das Thema, über das er kenntnisreich dozierte, bekräftigten diesen Eindruck. Er sprach mit mir über altes bäuerliches Brauchtum und verfügte, wie ich da hörte, über erstaunliche Detailkenntnisse. Ich ergriff die Gelegenheit beim Schopf, ihm zu sagen, wie sehr ich von dem Schicksal jener niedersächsischen Bauern betroffen war, die ihre jahrhundertealten Höfe verlassen sollten, um Platz für die Vergrößerung von Truppenübungsplätzen zu machen. Mein Mann hatte sich damals sehr für die Erhaltung dieser Höfe, die Träger und Zeugen alter bäuerlicher Kultur waren, eingesetzt. Ich dachte, es wäre sinnvoll, Himmler, der sich offiziell der Pflege des Ahnenerbes angenommen hatte, für die Vorfälle in der Lüneburger Heide zu interessieren. Doch er winkte ab; die militärischen Belange seien vorrangig, da müßten die Höfe weichen.

Bei uns in Gmunden lernte ich Göring kennen. Er kam unangemeldet, war einfach da. Göring erzählte sehr viel; vieles davon war uns neu. Eigentlich bestritt er die Unterhaltung allein. Wir waren über den Besuch recht überrascht und fragten uns, worauf das wohl hinaus solle. Das nächste Mal bin ich ihm in der englischen Botschaft begegnet, bei einem Empfang. Der Abend begann außerordentlich peinlich, denn Göring kam zu spät. Der englische Botschafter, Sir Eric Phipps, wartete und wartete. Von Göring war nichts zu hören und zu sehen. Man konnte es dem Botschafter anmerken, wie seine Verärgerung wuchs. Schließlich bat er, ohne noch länger auf den prominenten Gast zu warten, zu Tisch. Als Göring erschien, hatte er eine Verspätung von fast zwei Stunden. Er erzählte, daß er mit Hitler telefoniert hätte, der sich in Venedig aufhielt, wo er sich mit Mussolini traf.

An diesem Abend habe ich mit Göring ein langes Gespräch geführt. Dabei ging es um die Auseinandersetzungen mit den evangelischen Kirchen. D. Marahrens, der hannoversche Landesbischof, den ich sehr geschätzt habe, hatte mir die Schwierigkeiten geschildert, denen die Kirche begegnete. Ich hatte in Göring einen aufmerksamen Zuhörer.

Er war sehr aufgeschlossen und hat sich, wie ich später von Bischof Marahrens erfuhr, auch einiger Punkte, über die ich Klage geführt hatte, angenommen und teilweise auch Abhilfe geschaffen. Ich hatte Göring mit meinem Gespräch sehr lange mit Beschlag belegt, so daß ich es für richtig hielt, den Gastgeber deswegen um Verzeihung zu bitten. Der Botschafter war nach wie vor pikiert über das verspätete Erscheinen seines Gastes, zeigte aber Verständnis für die Länge meines Gesprächs und meinte, als wisse er, um welche Art Unterhaltung es sich gehandelt hatte, für derartige Erörterungen biete sich der neutrale Boden einer Botschaft von selbst an. Einige Zeit später trat der Landesbischof erneut an mich heran und unterrichtete mich über neue Ärgernisse. D. Marahrens bat mich, noch einmal mit Göring zu sprechen. Ich habe es sogleich getan. Diesmal konnte ich mit ihm sogar unter vier Augen sprechen. Göring war wieder sehr verständnisvoll, aber irgendwie war er auch zurückhaltend. Ich hatte mir vorgenommen, zu klaren Ergebnissen zu kommen; das mißlang. Er wich aus und begann zu meditieren: Was ist Gott, was ist die Kirche, was ist dies und was ist das? Mein Vorstoß war gescheitert. Die Zusammenhänge habe ich erst später erfahren. Göring hatte wegen seines Eintretens für Belange der evangelischen Kirche erhebliche Schwierigkeiten gehabt und war auch wohl nicht immer auf Gegenliebe gestoßen.

Ich habe Göring dann erst anläßlich der Olympiade im August 1936 wiedergesprochen, bei einem von ihm veranstalteten Gartenfest. Er gab sich ausgelassen wie ein großer Junge und genoß es sichtlich, wie viel internationale Prominenz sich bei ihm eingefunden hatte. Frau Göring war charmant und liebenswürdig, wie sie uns übrigens stets außerordentlich zuvorkommend begegnet ist. Überhaupt trug die Familie Göring eine bemerkenswerte Selbständigkeit zur Schau. Görings Bruder Albert war ein ausgesprochener Gegner des Nationalsozialismus. Bezeichnend ist ein Vorfall, der in der Staatsoper seinen Ausgang nahm: Görings Schwester Olga traf mit meiner Schwägerin Cecilie zusammen; sie machte einen tiefen Hofknicks und küßte der Kronprinzessin die Hand. Von dritter Seite hierauf angesprochen, entgegnete sie: »Warum sollte ich mich genieren, in der Öffentlichkeit das zu tun, was ich privat tue?« Hitler stellte Göring bereits am nächsten Tag zur Rede und hielt ihm das Verhalten seiner Schwester vor. Göring antwortete: »Meine Schwester kann tun, was ihr beliebt.«

An jenem Abend saß eine Zeitlang »Putzi« Hanfstaengl, der Auslandspressechef Hitlers, neben mir. Er war mit meinem Bruder August

Wilhelm befreundet. Es war das letzte Mal, daß ich ihn gesehen habe, bevor er ins Ausland geflohen ist. Hanfstaengl, Sohn eines bekannten Münchener Kunstverlegers, hatte Hitler in der Kampfzeit sehr unterstützt, hatte ihm im In- und Ausland manche Tür geöffnet. Jetzt zeigte er sich sehr skeptisch und besorgt. Auch andere der Anwesenden äußerten sich in ähnlicher Weise, so laut und ungeniert, daß ich es einige Male tatsächlich mit der Angst bekam. Dezenter in der Form, wenn auch nicht weniger scharf, waren einige knappe Bemerkungen, die Generaloberst Frhr. v. Fritsch zu mir machte. Er war während des ersten Weltkrieges Generalstabsoffizier bei meinem Bruder Eitel Fritz in der 1. Garde-Division gewesen. Ich hatte ihn bei meiner Schwägerin Cecilie kennengelernt. Seine streng konservative und monarchistische Einstellung war mir schon seit damals bekannt. —

Die Olympischen Spiele, in der Großartigkeit ihrer Veranstaltung und vor allem der sportlichen Leistungen, haben mich unbeschreiblich beeindruckt. Phantastisch! Aber anstrengend war es, wenn man alles miterleben wollte, und ich gestehe, ich war darauf erpicht. Ich war immer auf den Beinen. Als der deutschen Staffel beim 4x100-m-Lauf der Frauen das Malheur passierte, daß beim letzten Wechsel der Stab zu Boden fiel und sie einen bereits sicheren Weltrekord verlor, habe ich vor Verzweiflung beinahe geweint. Nachdem sich meine Erregung etwas gelegt hatte, wurde mir bewußt, daß ich, wie viele der Zuschauer um mich herum, in die Knie gegangen war, als das Unglück geschah. So sehr hatten mich die Kämpfe in ihren Bann gezogen. Rund dreißig Jahre sind seitdem vergangen, und dennoch will es mir scheinen, als hätte ich die Sportler und ihre Leistungen gerade erst erlebt. Jesse Owens, der einer Maschine gleich lief und wie eine Feder sprang, den schneidigen Fünfkampfsieger Handrick, oder Tilly Fleischer beim Speerwerfen, und last not least unsere Reiter. Die herrliche Dressur von Oberleutnant Pollay; dann Oberleutnant v. Wangenheim, der trotz Schlüsselbeinbruchs, den er sich beim Sturz zuzog, weiterritt und mit Hauptmann Stubbendorf und Rittmeister Lippert die »Military« gewann. Ein Heldenstück, das auch der polnische Rittmeister Kawecki vollbrachte, der trotz mehrerer Rippenbrüche nicht aufgab. Nicht zuletzt die aufregenden Stichkämpfe beim Großen Jagdspringen im »Preis der Nationen«, in dem Kurt Hasse sich die Goldmedaille erwarb, knapp vor dem rumänischen Oberleutnant Rang und dem ungarischen Rittmeister v. Platthy; und die Sieger in der »Military«-Mannschaftswertung: neben Hasse Rittmeister Brandt und Hauptmann v. Barnekow.

Noch schöner als die Olympischen Spiele in Berlin fand ich die vorhergegangene Winterolympiade in Garmisch-Partenkirchen. War in der Reichshauptstadt alles groß aufgezogen, so hatten die Winterspiele ihre ganz besondere Note, jedenfalls empfand ich das so. Sie waren in keiner Weise pompös veranstaltet, ganz ohne die riesigen Schaustellungen, denen man in Berlin begegnete. In Garmisch-Partenkirchen war alles wunderbar ursprünglich. Ich erlebte eine große Kameradschaft der Sportler; Ausländer und Deutsche, Aktive und Zuschauer, Fremde und Einheimische, sie alle bildeten ein Ganzes. Man gehörte irgendwie zusammen. Das war das Gefühl, welches überall herrschte, ob an der Schanze, auf den Pisten, dem Eis oder abends in den Bräus, in denen man sich in urgemütlicher Runde traf. Auch bei den Olympischen Winterspielen, die für uns Deutsche vom Ruhm unserer Christl Cranz überstrahlt waren, war ich den ganzen Tag draußen, nichts wollte ich versäumen. Nur einen Tag haben wir unterbrochen, wir fuhren zur Zugspitze hinauf und liefen Ski.

Während unseres Aufenthaltes in Garmisch-Partenkirchen trat ein Ereignis ein, das uns unvermittelt zum Bewußtsein brachte, wie die Zeit dahineilt, und daß wir nicht mehr die Jüngsten waren. Ein Brief des Prinzen Paul von Griechenland traf ein, in dem er um die Hand unserer Tochter anhielt. Mein Mann und ich waren völlig überrascht. Ja, aus Kindern werden Leute, kam es uns in den Sinn.

Der Weg, den unsere Kinder genommen hatten, war unterschiedlich. Die beiden Ältesten hatten in Salem das Abitur abgelegt. Sie erlebten dort noch die Eingriffe von nationalsozialistischer Seite, die Verhaftung Kurt Hahns im März 1933, den Versuch, die Schule gleichzuschalten, wie man das damals nannte. Wir waren über diese Vorgänge empört. Mein Vater schrieb dazu aus Doorn: »Die Sache mit Eurer Schule ist ja jammervoll! Wie konnten die Behörden so einen Blödsinn machen! Ich fürchte, dort geht man schweren Zeiten mit scharfen Auseinandersetzungen entgegen.« Nach Abschluß der Schulzeit begann Ernst August mit dem Studium, Georg Wilhelm trat in die Reichswehr ein, er wollte Offizier werden. Die beiden Jüngeren, Christian und Welf Heinrich, besuchten eine Hermann-Lietz-Schule, und zwar auf Schloß Ettersburg bei Weimar. Der Leiter der Schule, Franz Windweh, war uns sehr empfohlen worden. Ich habe die Jungen oft dort besucht und konnte feststellen, daß wir mit der Schule eine gute Wahl getroffen hatten.

Friederike war bei uns in Blankenburg, wo sie auch konfirmiert wurde. 1934 gaben wir sie nach England in das Internat North Foreland Lodge in der Grafschaft Kent. Im folgenden Jahr kam sie nach Florenz in das College von Miß Edith May, das vornehmlich von Amerikanerinnen besucht wurde. Die Leiterin hatte gegen die Aufnahme einige Bedenken. Sie sagte zu meinem Mann: »Meine Schule ist an sich nicht für Prinzessinnen bestimmt. Es geht hier ausgesprochen demokratisch zu. Alle Schülerinnen werden gleich behandelt, machen ihre Betten selbst und nennen sich beim Vornamen. Eine Ausnahme können wir nicht machen.« Mein Mann versicherte der besorgten Pädagogin lachend, anders hätten wir uns das auch gar nicht vorgestellt.

In Florenz lebten zwei meiner griechischen Cousinen, Töchter König Konstantins und der Königin Sophie, der Schwester meines Vaters. Irene, die Jüngere, war damals noch unverheiratet; sie vermählte sich erst 1939 mit dem Prinzen Haimon von Savoyen-Aosta. Helene war mit König Carol II. von Rumänien verheiratet gewesen; sie hatte sich, vor allem wegen dessen Affäre mit Madame Lupescu, scheiden lassen. Die beiden Schwestern bewohnten in Florenz die Villa »Sparta«. Gelegentlich erhielten sie Besuch von ihrem Bruder Paul, der sich zumeist in England aufhielt, wo auch sein Bruder, König Georg II., lebte, seit 1924 in Griechenland die Republik ausgerufen worden war.

Hier in der Villa »Sparta« traf Friederike ihren »Onkel« Paul wieder. Sie verstanden sich sofort ausgezeichnet, obgleich unsere gerade siebzehnjährige Tochter wohl noch nicht weiter dachte, als daß ihr der Prinz eben gut gefiel. Er dagegen hatte bereits Feuer gefangen und, wie er uns später gestand, den Entschluß gefaßt: die oder keine! Es war die Zeit, da Griechenland gerade einmal wieder die Staatsform wechselte. Der Gegenspieler der griechischen Monarchie, Venizelos, mußte das Land verlassen, und im November 1935 erklärte sich die griechische Bevölkerung in einer Volksabstimmung für die Wiedereinführung der Monarchie. König Georg kehrte auf seinen Thron zurück. Und da er selbst keine Nachkommenschaft hatte, wurde sein Bruder Paul Kronprinz.

Die Wende in Griechenland gab Prinz Paul den letzten Anstoß, seine persönlichen Pläne ins offizielle Fahrwasser zu bringen. So entschloß er sich im Januar 1936, bei uns einen Vorstoß zu machen. Sieht man von der Überraschung ab, wäre zu sagen, daß wir ihn gern mochten. Er war groß und stattlich, stellte etwas dar, und wir schätzten an ihm seine vernünftigen Ansichten, die uns, wenn wir uns dann und wann einmal gesehen hatten, etwa bei einem Besuch mit seiner Mutter und seinen Schwestern in Blankenburg, aufgefallen waren. Paul war rund sechzehn Jahre älter als Friederike, zudem waren sie, auch von der dänischen Seite her, nahe verwandt; da war uns der Gedanke an die Möglichkeit einer Heirat gar nicht gekommen. Wir haben uns daher auch nicht schnell entschlossen. Überhaupt waren wir keineswegs irgendwie emsig damit, unsere Tochter unter die Haube zu bringen, sie etwa in der Verwandtschaft und Gesellschaft herumzuzeigen, wie das vielfach geschieht.

Paul kam zur Olympiade nach Berlin als Repräsentant Griechenlands. Da trafen sich die beiden wieder. Er besuchte uns in Blankenburg. Die Sache wurde ernsthafter, wie wir sahen. Dann kam Paul für ein paar Tage nach Gmunden. Die Verlobung lag sozusagen in der Luft. Sie machten Autofahrten und Spaziergänge. Einmal kamen sie zurück und waren verlobt. Paul schilderte es reizend und humorvoll: »Wir gingen da ein entzückendes Tal entlang, das plötzlich endete, es kam ein Felsen, und der Weg hörte auf. Da faßte ich den Entschluß, es zu sagen. Wäre das Tal länger gewesen, dann wären wir weitergegangen und weitergegangen und weitergegangen und wer weiß ...«

Das war im Frühjahr 1937. Die Hochzeit fand im Januar des folgenden Jahres in Athen statt. Unsere Reise dorthin war des Winterwetters wegen wenig angenehm. Es herrschte strenger Frost, und wir glaubten, im Zuge zu erfrieren; die Heizung war ausgefallen, alles war zugefroren und vereist. Nicht minder frostig war der politische Wind, der von Berlin herüberwehte. Hitler verlangte, daß bei den Hochzeitsfeierlichkeiten die deutschen Nationalhymnen, also neben dem Deutschlandlied auch das Horst-Wessel-Lied, intoniert und die Hakenkreuzfahne gezeigt würde. Meinem Mann paßte das nicht. Er meinte, das stehe uns nicht zu, denn wir seien kein regierendes Haus. Er sagte: »Dafür sind wir ihm nun gerade wieder gut genug.« Nachdem der Herzog sich so wenig für das Anliegen der Reichsregierung erwärmt hatte, beschritt man dort den diplomatischen Amtsweg Berlin-Athen.

Wie bei meiner Eheschließung war auch jetzt formell das Einverständnis des englischen Königs erbeten worden. In den Hofberichten der englischen Presse wurde hierüber vermerkt: »Assent to marriage of German Princess: The King held a Privy Council at Sandringham on Sunday night. It is understood that he gave his formal assent to the marriage of Princess Frederika of Hanover to Crown Prince Paul of Greece« — »Zustimmung zur Heirat einer deutschen Prinzessin: Der

König hielt Sonntag abend in Sandringham einen Geheimen Staatsrat ab. Es verlautet, daß er seine formelle Zustimmung zur Vermählung von Prinzessin Friederike von Hannover mit Kronprinz Paul von Griechenland gab.« Anwesend beim »Privy Council« waren die Herzöge von Gloucester und Kent, sowie der Earl of Athlone und Sir Eric Miéville.

Sehr einverstanden mit der Heirat war König Georg von Griechenland. Er war glücklich über die Wahl seines Bruders. In der Zeit, da Georg bei uns in Potsdam beim 1. Garderegiment gestanden, hatte man davon geflüstert, daß er vielleicht der Mann für mich wäre. Nun also heiratete sein Bruder meine Tochter. Doch noch ein Wort zu König Georg: Er war ein grundanständiger Charakter; bei seinen Kameraden in Potsdam war er außerordentlich beliebt. Er hatte es damals nicht leicht, da er wenig Geld von zu Hause erhielt und sich kolossal einschränken mußte. Bei uns im Neuen Palais ging er ein und aus. Wir alle sahen ihn gern. Das Schicksal, das dann auf ihn zukam, war nicht eben leicht. Sein Großvater ermordet, sein Vater und er selbst 1917 zum Thronverzicht gezwungen, dann, nach dem frühen Tod seines jüngeren Bruders, König Alexanders I., wieder Thronbesteigung des Vaters für zwei Jahre. Wiederum Abdankung. Nun bestieg Georg selbst den Thron, auch nur für etwas mehr als ein Jahr. Dann mußte auch er ins Exil gehen, um 1935 wiedergeholt zu werden. — Aus dem frischen Gardeleutnant war ein verbitterter Mann geworden. Wir hatten uns in den dazwischenliegenden Jahren mehrfach gesehen, auch in England. Als wir uns 1938 wiedertrafen, sagte er mir während einer gemeinsamen Autofahrt: »Es ist jammervoll, man lernt im Leben so viel, daß man keinem Menschen mehr traut.«

Die Hochzeit des Kronprinzen löste in Griechenland einen Freudentaumel aus. Mit dem Simplon-Orient-Express war Friederike in Griechenland eingetroffen und in der Grenzstadt Eidomeni feierlich von einer Regierungsdelegation unter Führung von Ministerpräsident Metaxas begrüßt worden. Stürmische Freudenkundgebungen der Bevölkerung schlugen ihr entgegen. »Kalos orissati!« — »Sei uns willkommen!« Am Hochzeitstag blieb der mit acht Schimmeln bespannte prächtige Galawagen der Krone in der begeisterten Menge stecken. Der Hochzeitszug mußte zu Fuß fortgesetzt werden, was auch nicht gerade einfach war, und nur mit Mühe gelang es, einen Weg zur Kathedrale, der »Metropolis«, zu bahnen. Der Erzbischof von Athen mit dreißig Bischöfen kam dem Hochzeitszug entgegen. Die Trauung fand nach griechisch-orthodoxem Ritus statt. Einer der Trauzeugen war der Sohn des Prinzen Andreas von Griechenland und der Prinzessin Alice von Battenberg, der sechzehnjährige Philipp, der mir damals nicht weniger charmant vorkam als später als englischer Prinzgemahl.

Meine Gedanken wanderten zurück zu meiner eigenen Hochzeit, zu jenen aufregenden und glücklichen Tagen in Berlin. Fünfundzwanzig Jahre waren vergangen. Was hatten sie uns alles gebracht gehabt. Vieles ging mir durch den Kopf; die fremde Umgebung, aber auch die Gäste, Träger der großen Namen der europäischen Fürstenhäuser, gaben hierfür Anlaß genug. Ein Gedanke kam mir nicht: Wie bei meiner Hochzeit so stand die Welt auch bei der Vermählung meiner Tochter wieder ein Jahr vor dem Ausbruch eines Weltkrieges, wie 1913 so auch 1938.

Im November war ich wieder in Griechenland. Meine Tochter brachte ihr erstes Kind zur Welt: Sophia. Nun war ich Großmutter! Der Urgroßvater aus Doorn telegrafierte mir nach Athen: »Innigst Dank für lieben ausführlichen Brief und Photos. Gott Dank, daß alles gut verlief und weiter gut geht. Entzückend Friederikes Bild mit Baby, glücklich es zu besitzen, sag ihr meinen Dank für rührende Worte. Glücksegenswünsche für das prachtvolle Baby. Hoffentlich der Herr Papa den Umständen entsprechend auch wohl. Der beglückte, stolze Urgroßpapa.«

Mein Vater gab den Anlaß zu dem nächsten Familienfest. Am 27. Januar 1939 feierten wir seinen 80. Geburtstag. Der Kaiser war überglücklich, daß sich eine große Gesellschaft zu seinen Ehren um ihn versammelt hatte. Viele seiner Freunde waren bereits gestorben, und manch General, der ihm persönlich nahegestanden, zur großen Armee abberufen worden. Die Ereignisse in Deutschland hatten ein übriges getan, die Aufmerksamkeit in andere Richtung zu lenken als nach Doorn. Meinem Vater war das nicht verborgen geblieben. Er klagte nicht, aber dann und wann war doch ein Wort hierüber gefallen. Da hieß es etwa in einem Gruß, den er mir sandte: »Wir hatten neulich sehr netten und interessanten Besuch seitens des Königs von Spanien, der sehr herzlich und anhänglich in alter Treue — heute bei uns so selten — einem das Herz warm machte.«

Unter den Gästen, die sich eingefunden hatten, waren Rupprecht von Bayern, Großherzog Friedrich Franz von Mecklenburg, der Markgraf von Meißen, Großfürst Wladimir von Rußland, Kronprinz Paul von Griechenland. Natürlich waren die Kinder und Enkel erschienen. Prinz Bernhard überbrachte die Glückwünsche der Königin von Holland. Unter den alten Getreuen, die gekommen waren, befand sich Feldmarschall v. Mackensen. Über zehn Jahre waren nun schon wieder vergangen, seit ich ihm das letzte Mal in Doorn begegnet war anläßlich des 50jährigen Militärjubiläums meines Vaters. Das Bild wurde wieder in mir wach, wie damals der Kaiser und sein Feldmarschall zusammengesessen und — wie es Veteranen überall zu tun pflegen — alte Erinnerungen aufgefrischt hatten. Eine besondere Freude bereitete es meinem Vater, daß der König und die Königin von England seiner zu seinem Geburtstag gedachten. Ihre Glückwünsche bedeuteten einen Schlußstrich unter die offizielle Ignorierung des deutschen Kaisers, die der englische Hof seit 1914 geübt hatte.

Es war ein glanzvolles Fest, mit Galatafel, Gratulationscour und Ball. Mein Vater hatte die Gala der Leib-Garde-Husaren angelegt. Mir fiel ein, das war dieselbe Uniform, in der ihn Georg Schöbel in seinem Gemälde »Hofball im Königlichen Schloß« dargestellt hatte. Das war nicht die einzige Erinnerung, die an die großen Hoffeste von einst wachgerufen wurde, wenn auch die Parterreräume von Haus Doorn eine ungleich bescheidenere Kulisse abgaben als einst der »Weiße Saal«. Aber es war auch zugleich das unwiderruflich letzte Mal, daß bei einem Fest des Hauses Hohenzollern der Glanz vergangener Tage wiederauferstand. Überhaupt war es das letzte Zusammensein der kaiserlichen Familie. Noch im selben Jahr brach der 2. Weltkrieg aus. An seinem Ende war auch das Bild unserer Familie von Grund auf verändert.

13. Kapitel

WIEDER KRIEG!

Als 1938 das Münchener Abkommen den drohenden Krieg abgewendet zu haben schien, hatte mein Vater an Queen Mary, die Witwe König Georgs V., geschrieben und seiner Freude darüber Ausdruck gegeben, daß es dem englischen Premierminister gelungen sei, den Frieden zu wahren. Sie hatte verstanden, was mein Vater empfand, und vermerkte: »Armer Wilhelm, er muß entsetzt gewesen sein bei dem Gedanken, es könnte zu einem neuen Krieg zwischen unseren beiden Ländern kommen.« Auch mein Mann und ich hatten mit wachsender Unruhe die politische Entwicklung verfolgt. Die Hoffnung der ersten dreißiger Jahre, daß es gelingen werde, dem deutschen Volk nach der Zeit des Verfalls und der Not eine bessere Zukunft zu sichern, wurde mehr und mehr von der Sorge, die uns Hitlers Politik aufnötigte, verdrängt. Oft hatte ich an eine Erkenntnis Max von Badens gedacht, der einmal sagte, »daß unsere politischen Machtfaktoren in einem gewissen Zustand der öffentlichen Erregung nicht mehr in der Lage sind, an eigenen wohldurchdachten und erprobten Einsichten festzuhalten, sondern sich hauptsächlich von Gefühlen des Ärgers oder des Prestiges leiten lassen.« 1939 wurden die Grundsätze, die bis dahin als Pole der deutschen Außenpolitik gegolten hatten, auf den Kopf gestellt. Man paktierte mit der Sowjetunion und reizte England bis zum äußersten.

Mit Entsetzen sahen wir, wie leichtfertig die Chance der deutschenglischen Verständigung aufs Spiel gesetzt worden war. Mein Mann versuchte zu warnen, das Schlimmste zu verhüten. Er wies auf die Fehleinschätzungen der englischen Mentalität und Stärke hin; daß die Politik des »appeasement« nicht als Mangel an Härte und Entschlossenheit gedeutet werden dürfe. Er bot der Reichsregierung seine Dienste für eine Vermittlung an. Das geschah ganz spontan, niemand hatte ihm dazu geraten; aber es wollte auch niemand auf seinen Rat hören, noch auf sein Angebot eingehen. Er erhielt nicht einmal eine Antwort.

Dann kam es zum Krieg. Zum zweiten Mal durchlebten wir einen Weltbrand.

Das erste Opfer, das das Haus Hohenzollern brachte, war der Tod des Prinzen Oskar, des ältesten Sohnes meines Bruders Oskar. Er fiel bereits Anfang September 1939 an der Widawka in Polen als Leutnant im Infanterie-Regiment 51. Mein Bruder sandte mir die Nachricht aus dem Westen, wo er seit Kriegsbeginn als Oberst und Kommandeur eines Infanterie-Regiments Dienst tat. Er schrieb mir:

»In fliegender Eile einen innigsten Geburtstagsgruß, welch' ein trauriger Tag für Dich. Gott schütze Dich und die Deinen, mehr kann man

nicht erflehen, wo nun doch alles so gekommen ist, wie ich es Dir vor-
aussagte. Du glaubtest immer noch an die Möglichkeit einer friedlichen
Lösung, ich nie.«

Mein Bruder fuhr dann fort:

»Ich weiß nicht, ob Du weißt, daß mein armer Oskar gefallen ist.
Ich brauche Dir nicht zu sagen, was ich durchmache. Der liebe, gute,
treue Junge. Nun ist er mir vorangegangen. It's too dreadful and for
what!!« — »Es ist zu schrecklich und wofür!!«.

Dann fiel mein Neffe Wilhelm, der älteste Sohn des Kronprinzen.
Als Oberleutnant und Kompaniechef im Infanterie-Regiment 1 wurde
er im Mai 1940 bei Valenciennes in Nordfrankreich so schwer verwun-
det, daß er zwei Tage später seinen Verletzungen erlag. Mehr als sechzig
Prinzen standen zu dieser Zeit im Felde, unter ihnen auch meine
Söhne Ernst August, Georg Wilhelm und Christian. Welf Heinrich, bei
Kriegsausbruch sechzehnjährig, trat erst 1941 bei der Luftwaffe ein.

Der Feldzug im Westen brachte auch meinen Vater unmittelbar mit
dem Kriegsgeschehen in Berührung. Seine Lage war ausgesprochen dif-
fizil. Dem entspricht es, daß sich um die Haltung, die der Kaiser ange-
.sichts dieser Situation eingenommen hat, ein Rankenwerk von Gerüch-
ten und Vermutungen gebildet hat. General v. Dommes, der langjährige Adjutant meines Vaters, hat über die damaligen Vorgänge eine
Aufzeichnung gemacht, die das Datum vom 21. Mai 1940 trägt. Der
General berichtet:

»Für den Fall des Eintritts Hollands in den Krieg hatte Seine Majestät von Anfang an als Richtlinien aufgestellt: 1. daß Er nichts tun
werde, was auch bei böswilligster Auslegung als Flucht hingestellt werden könnte. 2. daß Er nicht die Gastfreundschaft eines Feindes Deutschlands in Anspruch nehmen wolle. Der schnelle Eintritt des Kriegszu-
standes machte es nicht möglich, daß der Kaiser sich zu den deutschen
Truppen begab. Doorn liegt bekanntlich zwischen den beiden holländischen Verteidigungslinien: der Grebbelinie einerseits und der Was-
serlinie andererseits. Die niederländische Regierung hatte Seiner Majestät deshalb mehrfach nahegelegt, im Kriegsfall einen Ort aufzusuchen,
der nicht unmittelbar in der Kampfzone lag. Der Kaiser beschloß nichtsdestoweniger in Doorn zu bleiben.«

General v. Dommes fuhr dann fort:

»Bei Ausbruch der Kriegshandlung am 10. d. M. wurde Seine Majestät mit Ihrer Majestät, der Prinzessin Henriette sowie seiner engeren

Umgebung und einem kleinen Teil des Personals in Doorn interniert. Der größere Teil wurde in Internierungslager in Nord-Holland abgeschoben. Da alle Radioapparate sofort abgegeben werden mußten, war Haus Doorn von der Welt völlig abgeschnitten. Die einzigen Nachrichten, die nach Doorn drangen, sprachen vom Scheitern des deutschen Angriffs in Nord-Frankreich und Belgien und der erfolgreichen Abwehr der Deutschen in Holland. In Doorn erlebte man Fliegerkämpfe und hörte den Gefechtslärm von der Grebbe her. Am Nachmittag des Pfingstsonntags erschien der Bürgermeister von Doorn, Baron Nagell, bei Seiner Majestät mit dem Auftrage, ein Angebot der englischen Regierung zu übermitteln: die englische Regierung böte mit Bezug auf die alten Familienbeziehungen und die Unmöglichkeit, den Wohnsitz im Kampfgebiet aufrechtzuerhalten, Seiner Majestät ein Asyl in England an. — Seine Majestät lehnte selbstverständlich ab.«

Über die weiteren Ereignisse in Doorn hieß es in dem Bericht:

»Am Montag, dem 13. Mai, wurde der Grebbeberg östlich Rhenen nach hartem Kampf von den deutschen Truppen genommen. Damit war der Widerstand des südlichen Teiles der Grebbelinie gebrochen. Die hier stehenden holländischen Truppen zogen sich über Amerongen, Doorn in Richtung Utrecht zurück. Die nachstoßenden deutschen Truppen durchschritten im Laufe des Vormittags Doorn. Der Generalstabsoffizier der in diesem Abschnitt vorgehenden Division, Oberstleutnant v. Zitzewitz, meldete Seiner Majestät im Auftrage des Führers, daß Er mit Seiner Umgebung nunmehr unter den Schutz des Deutschen Reiches trete und daß zunächst die Wehrmacht, später die Geheime Feldpolizei die Wache übernehmen würde.

Die Truppen marschierten zum Angriff auf Utrecht auf. Durch einen Parlamentär wurde Utrecht mit kurzer Frist zur Übergabe aufgefordert. Als der Kommandant ablehnte, begann das Feuer. In die Zeit der ersten Feuervorbereitung hinein kam die Nachricht, daß die holländische Armee die Waffen gestreckt habe und die Feindseligkeiten beendet seien. Die deutschen Truppen wurden daraufhin sogleich über Utrecht in Richtung Amsterdam in Marsch gesetzt. In Doorn blieb ein kleines Kommando (1 Offizier und 18 Mann) für Wach- und Ordnungsdienst. Dieses Kommando wird in einigen Tagen durch ein Kommando von Landesschützen abgelöst werden. Im Laufe des Mittwochs und Donnerstags trafen die außerhalb internierten Angestellten des Haushalts in Doorn wieder ein. Damit nahm das Leben seinen gewohnten Gang. Am Gottesdienst am 19. d. M. nahm das Wachtkommando teil. Seine

Majestät sprach als Einleitung und im Anschluß an eine Doehringsche Predigt zu den jungen Soldaten warme, zu Herzen gehende Worte.«

Als mein Vater das Angebot von Königin Wilhelmina, einen Ort zu wählen, der sicherer sei als Doorn, ablehnte, hatte er geantwortet, daß er »das freundschaftliche Anerbieten aus tiefstem Herzen dankbar« nicht annehmen und dort, wo er nun mal lebe, »seinem Schicksal entgegensehen« wolle. Jetzt lag Doorn im deutschen Herrschaftsbereich, und meinem Vater wurde von seiten der Reichsführung zu verstehen gegeben, daß man einer Rückkehr nach Deutschland keine Hindernisse in den Weg legen werde. Auch dieses Angebot lehnte er ab und blieb.

Das Leben in Doorn veränderte sich insoweit, als der Kaiser wieder von deutschen Soldaten umgeben war. Wie es dabei zuging, zeigt eine Schilderung, die ich aus seiner Umgebung erhielt: »Draußen zogen endlose Kolonnen deutscher Soldaten vorüber, alle fragten nach dem Kaiser, alle Offiziere wollten sich melden, nicht nur alte Frontkämpfer, sondern auch die jungen. ... Die Soldaten drangen bis ins Privatzimmer des Kaisers und ruhten nicht eher, bis ihnen der Kaiser lachend die Hände schüttelte.« Und weiter: »Gestern waren wir alle an der Grebbelinie und legten an den Gräbern der Gefallenen beider Nationen Kränze nieder. Viele Holländer nahmen daran teil; es war sehr feierlich. Anschließend machten wir eine Fahrt durch das zerstörte Gebiet. Viel Elend!«

Es ist nicht schwer, sich die Gefühle vorzustellen, die meinen Vater bewegten, als er die Nachricht vom Waffenstillstand mit Frankreich erhielt, als er hörte, daß im Walde von Compiègne, an derselben Stelle, wo sich im November 1918 die deutschen Unterhändler den feindlichen Bedingungen hatten unterwerfen müssen, die Rollen von Siegern und Besiegten getauscht waren. Tränen standen in den Augen des nun über achtzigjährigen Obersten Kriegsherrn des 1. Weltkrieges. Er war kaum eines Wortes mächtig. Mühsam brachte er einige Sätze über seine Lippen, zu seiner Umgebung gesprochen:

»Ich kann nur sagen: das Telegramm meines Großvaters an seine Frau: ›Welch eine Wendung durch Gottes Fügung.‹ Und: der Choral von Leuthen: ›Nun danket alle Gott.‹ «

Das war ein Blick zurück. Doch keinen Moment hatte mein Vater, trotz seines hohen Alters, den Blick für die Probleme der Gegenwart verloren. Der Kampf gegen England bedrückte ihn, und besorgt sah er nach Osten, wie er es in jenem Jahr auch in einem Brief an seinen amerikanischen Jugendfreund Poultney Bigelow zum Ausdruck brachte, als er von der Notwendigkeit schrieb, daß sich »alle Staaten Europas vereinigen sollten, um gemeinsam gegen Sowjetrußland zu kämpfen, weil es bald Europa und die Welt bedrohen werde«.

Im Frühjahr 1941 wurde der nächste Feldzug eröffnet. Der Kriegsschauplatz war dieses Mal der Balkan; der Angriff gegen Jugoslawien und Griechenland gerichtet. Anlaß war ein Staatsstreich gegen die deutschfreundliche Regierung in Belgrad und die Niederlage, die sich die Italiener an ihrer Front in Griechenland holten, wo sie Ende 1940 von Albanien aus eingebrochen waren. Italien hatte auch seinen »Blitzfeldzug« haben wollen. In drei Wochen sollte Griechenland geschlagen sein. Aber über Anfangserfolge kamen die italienischen Truppen nicht hinaus. Nun mußte der deutsche Verbündete rettend einspringen.

Am 6. April 1941 stießen deutsche Verbände von Bulgarien aus nach Griechenland hinein, über Saloniki, am Olymp vorbei, zu den Thermopylen. Die griechische Armee, die so tapfer gegen die Italiener gefochten hatte, wurde zerschlagen, und die bewundernswerte Geschlossenheit, mit der die Hellenen bis dahin den Krieg geführt hatten, zerbrach. Die militärische Unterstützung durch ein englisches Expeditionskorps erwies sich als gänzlich unzureichend. Gleichwohl war König Georg II. entschlossen, nicht die Waffen zu strecken. Und während die jugoslawische Armee sich der Wehrmacht ergab, erklärte mein Vetter Georg: »Die Ehre Griechenlands und das Schicksal des griechischen Volkes schließen jeden Gedanken an Kapitulation aus, deren moralische Katastrophe größer wäre als jedes andere Unglück.« Die Worte waren kaum bekannt geworden, da meldete sich bereits Verrat; ein Minister rief die Truppen auf zu kapitulieren. In seiner Verzeiflung schoß sich Ministerpräsident Korytzis eine Kugel in den Kopf. Über das weitere Geschehen hieß es in einer Darstellung:

»Drei Tage lang sucht der König vergeblich nach einem neuen Ministerpräsidenten. Keiner hat den Mut, seinen Namen mit dem traurigsten Kapitel der modernen griechischen Geschichte zu verbinden. Das ist der Vorteil eines Politikers gegenüber dem König: Er kann zur Übernahme der Veranwortung ein ›Nein‹ sagen und versuchen, seinen guten Namen zu behalten. Ein Monarch kann das nicht. Er darf keinen noch halbvollen Becher zur Seite schieben, er muß auch den letzten bitteren Tropfen trinken.«

Alle Last der Entscheidung lag auf den Schultern König Georgs: »Er ist König, Premier, Außenminister und Kriegsminister in einer Person. Aus dem Gesicht des Monarchen ist die Farbe gewichen. Die Hände zittern, wenn sie eine Teeschale halten. Seit Tagen hat Georg nicht mehr geschlafen. Und doch bringt er den moralischen Mut auf, eine Aufforderung der Deutschen zur Einstellung des Kampfes abzulehnen, um nach Möglichkeit Rückzug und Abtransport der britischen Truppen zu decken. Auch in dieser verzweiflungsvollen Lage ist ihm die jahrhundertealte griechische Gastfreundschaft heilig. Wieder bekennt er sich im Namen des Landes zu einer ›Entscheidung der Ehre‹. Am 21. April endlich erklärte sich Tsouderos zur Übernahme der Ministerpräsidentschaft bereit. Zeit seines politischen Lebens hat dieser Mann kein Hehl aus seiner antimonarchistischen Einstellung gemacht. Nun aber schreibt er in sein Tagebuch: ›Nur ein einziger unter all jenen, die gleich Schatten um mich sind, bleibt wirklich, konsequent, tief aufrichtig und entschlossen, seine Pflicht bis ans Ende zu tun: Der König.‹«

Die Thermopylen fielen, die englischen Truppen zogen sich zurück und wurden eingeschifft, bald wehte die Hakenkreuzfahne auf der Akropolis. Voll banger Sorge warteten wir auf eine Nachricht von unserer Tochter Friederike. Vergeblich. Wir hörten nichts. Was war mit ihr geschehen? Was mit unserem Schwiegersohn und unseren Enkelkindern Sophia und dem noch nicht einmal einjährigen Konstantin? Ihr Schicksal lag für uns in völligem Dunkel.

Während wir um unsere Tochter und ihre Familie bangten, erhielt ich aus Doorn von General v. Dommes die alarmierende Meldung, daß der Gesundheitszustand meines Vaters zu größter Besorgnis Anlaß gab. Ich beschloß, sofort abzureisen. Zum Glück verfügte ich noch über eine Einreiseerlaubnis, die mir für eine im März geplante, dann aber aufgegebene Reise erteilt worden war. Die Bahnfahrt, auf der mich meine Kammerfrau Holzheuer begleitete, war mit vielen Schwierigkeiten verbunden, sie kam mir wie eine Ewigkeit vor. Nicht nur, weil ich nicht schnell genug an das Krankenlager meines Vaters kommen konnte. Der Zug bewegte sich nur langsam nach Westen. Auffallend viele Transporte hielten ihn auf. Von Bentheim an war alles völlig unsicher. Man deutete mir an, daß abends alle Züge überhaupt ganz zum Stehen kommen würden. So geschah es auch. In Hengelo blieben wir liegen. Ich rief in Doorn an. Nach langem Warten kam der Arzt ans Telefon. Er beruhigte mich, veranlaßte auch, daß ein Auto gesandt wurde, um mich abzuholen.

Noch einmal vergingen Stunden schrecklichen Wartens, dann kam das Auto. In rasender Fahrt ging es nach Doorn, auf den mir nun schon seit zwei Jahrzehnten bekannten Straßen, durch die vertraut gewordenen Dörfer und Städtchen, vorbei an den Schlössern der Bentincks. Amerongen lag im Morgengrauen. Die schönen Buchenwälder tauchten auf, durch die ich so oft mit meinem Vater gegangen war. Und immer wieder trat die Frage an mich heran: Ist es das letzte Mal, daß ich zu ihm fahre? Das Torgebäude von Haus Doorn kam in Sicht. Mein Vater hatte es im holländischen Stil errichten lassen; wir Geschwister und andere Gäste hatten dort immer gewohnt, weil das Haus selbst nicht genügend Raum bot.

Auf meine besorgte Frage, ob ich noch rechtzeitig gekommen sei, erhielt ich von den Herren der Umgebung meines Vaters die Auskunft, es sei eine kleine Besserung eingetreten, aber die Schwäche wäre groß. Im Augenblick schliefe der Kaiser; im Laufe des Vormittags dürfe ich auf kurze Zeit zu ihm. Ich erkundigte mich, ob ich meinen Mann herbitten solle. Man meinte, das wäre sicherlich ratsam.

Ich wartete auf den Bescheid, daß ich meinen Vater sehen dürfe. Als er kam, ging ich mit schwerem Herzen den Weg durch den Park zum Haupthaus, über die Brücke, die über die Gracht führte. Auf dem Wasser schwammen die kleinen Wildenten, die mein Vater sonst jeden Morgen fütterte. Ganz verlassen kamen sie mir vor. Im Haus begrüßte mich meine Stiefmutter; sie war gefaßt und niedergeschlagen zugleich.

Ich betrat das Zimmer meines Vaters. Still lag er da. Seine erste Frage an mich war: »Hast Du Nachricht von Friederike?« Ihr Bild stand neben seinem Bett; er hat sie sehr geliebt. Er sah mich fast flehentlich an, so als habe er nur auf mein Kommen gewartet, um etwas über ihr Schicksal zu erfahren. Ich wußte doch auch nichts. Aber ich brachte es nicht über mich, ihm das zu sagen. Ich antwortete: »Ja, es geht ihr gut.« Er war wie erlöst von einer schweren Sorge und legte sich zurück. »Gott sei Dank«, hörte ich ihn sagen. Die Spannung wich aus seinen ernsten Zügen, er schloß die Augen und atmete ruhig. Ich blieb unbeweglich sitzen, mein Vater schlief.

Die leichte Besserung in seinem Befinden hielt an. Die Ärzte meinten, es könne sein, daß er noch Wochen Zeit habe, ehe er abberufen werde. Mein Mann, der inzwischen gemeinsam mit August Wilhelm eingetroffen war, fuhr daher wieder ab, wie alle anderen auch. Es wäre auch kaum möglich gewesen, sie für längere Zeit in Doorn zu beköstigen; die Ernährungsverhältnisse waren zu schwierig. Nur Prinz Louis Ferdinand und ich blieben. Mein Neffe war in dieser Zeit ein großer Trost für seinen Großvater. Es hatte schon immer ein gutes Verhältnis zwischen beiden bestanden. Es gab vieles, was mein Vater sehr an ihm geschätzt hat. Nicht ohne Rührung sah ich, wie tief Louis Ferdinant den unerbittlich bevorstehenden Abschied von seinem Großvater empfand, wie ihn die Größe dieses Sterbens bewegte. Ich bin ihm in dieser Zeit, da wir beide meinen Vater umsorgten, sehr nahegekommen. Das gemeinsam getragene Leid knüpfte ein Band innigen Sichverstehens, bis auf den heutigen Tag.

In den Augenblicken, da mein Vater mit mir sprach, beschäftigte ihn das Weltgeschehen. Er wollte orientiert werden, bat um diese oder jene Auskunft. Seine Gedanken schweiften immer wieder nach England. Er fragte mich: »Werden wir noch England angreifen?« Dann sagte er zu mir mit großen Ernst: »Sollte das wirklich geschehen — und wir siegen sollten —, müssen wir England sofort die Hand ausstrecken, und wir müssen zusammengehen. Ohne England kann Deutschland nicht bestehen.« Seine Augen blickten wie in weite Fernen, sie schienen zu fragen: Was wird aus unserem Deutschland?

Die Besserung, die sich im Befinden meines Vaters eingestellt hatte, gab mir eine kleine Hoffnung, daß seine sonst so starke Natur noch einmal helfen würde. Es war ganz anders bestimmt. Ganz plötzlich wurde ich ins Haus gerufen. Als ich das Zimmer betrat, sah ich, daß sich schon die Schatten des Todes auszubreiten begannen. Ich setze mich an die rechte Seite meines Vaters und ergriff seine liebe Hand. Er öffnete die Augen. Sprechen konnte er nicht mehr. Aber ich sah, daß er mich erkannt hatte.

Stunde um Stunde saß ich an meines Vaters Bett, mit Prinzessin Hermine und Louis Ferdinand. Über dem Bett hing das wunderbare Bild meiner Mutter von Lenbach. Ich wußte, meine Eltern würden nun bald wieder vereint sein. Die Nacht verging. Am späten Vormittag des nächsten Tages trat der Tod ein. Draußen blühte der schöne Garten, den mein Vater selbst geschaffen hatte, in seinem leuchtendsten Blütenschmuck, so, als wolle er einen letzten Gruß senden. Louis Ferdinand und ich standen am Totenbett und nahmen Abschied. Wir hielten uns die Hände und dankten, daß wir in diesen Stunden zugegen sein durften.

Ich hielt die erste Totenwache in der kommenden Nacht. Noch einmal konnte ich mit meinem Vater allein sein. Erinnerungen kamen, hielten an, zogen wieder vorüber, viele deutlich und zum Greifen nahe, andere wie im Nebel. Mein Vater war dem allen entrückt. Unsagbarer Friede lag auf seinen Zügen. Wie im Leben, so war er auch im Sterben ergeben in Gottes Willen gewesen. Ein wahrhaft erfülltes Leben war zu Gott heimgegangen.

Während ich Wache hielt, öffnete sich ganz leise die Tür. Ein Diener trat behutsam herein, sorgsam jedes Geräusch vermeidend. Er sprach kein Wort. Dann nahm er Haltung an, wie einst in Reih und Glied beim 1. Garderegiment, wenn sein Kaiser die Front abschritt. So nahm er Abschied von seinem Herrn. — Die zweite Hälfte der Nacht übernahm Louis Ferdinand die Totenwache. Als er mich ablöste, umarmte er mich voller Teilnahme. Er wußte, was mir diese Stunden bedeutet hatten.

Die Verfügungen, die mein Vater für den Fall seines Ablebens getroffen hatte, waren mir bis dahin nicht bekannt gewesen. Ich hatte auch nicht gewußt, welche ausdrücklichen Bestimmungen er für seine Beisetzung niedergelegt hatte. Sie stammten aus dem Jahre 1933, und er hat keine Veranlassung gesehen, sie zu ändern. Ihr Wortlaut war:

»An den Minister des Königlichen Hauses

Doorn, 25. 12. 1933,
am ersten Weihnachtstage

Codizill zu Meinem letzten Willen

Sollte Gottes Ratschluß mich aus dieser Welt abberufen zu einer Zeit, da in Deutschland das Kaisertum noch nicht wieder erstanden, d. h. eine nicht monarchische Staatsform noch vorhanden ist, so ist es mein fester Wille, da ich im Exil in Doorn zur ewigen Ruhe eingehe, auch in Doorn provisorisch beigesetzt zu werden.

An der Stelle dem Hause gegenüber, wo vor den Rhododendrons meine Büste steht, soll vor ihr der Sarg unter dem vom Bildhauer Betzner entworfenen, von mir genehmigten Sarkophag aufgestellt werden unter einem zum Schutz gegen das Wetter von Betzner zu entwerfenden Baldachin. Blumenbeete leuchtender Farben-Cinerarien, Salvia sollen es umgeben. Die Feier schlicht, einfach, still, würdig. Keine Deputationen von zu Hause. Keine Hakenkreuzfahnen. Keine Kränze. Dasselbe gilt für I.M. im Falle ihres Heimganges in Doorn. Sterbe ich in Potsdam, so sollen meine Gebeine in dem oben genannten Sarkophag im Mausoleum am Neuen Palais beigesetzt werden, derart, daß er zwischen den beiden Kaiserinnen zu stehen kommt. Militärische Feier, keine Hakenkreuzfahnen, keine Trauerrede. Gesang, Gebet.

gez. Wilhelm I.R.«

Man hätte meinen sollen, niemand wäre auf den Gedanken gekommen, dem Toten die Ruhe zu nehmen, die er sich für seine Beisetzung gewünscht hatte. Das war ein Irrtum. Hitler bestand darauf, den Kaiser mit einem Staatsbegräbnis in Potsdam beizusetzen. Wie Churchill sich 1940 des Kaisers erinnert hatte und ihn gern in England gesehen hätte, wünschte nun Hitler, den toten Kaiser für sich in Anspruch nehmen zu können. Sicher nicht zu Unrecht stellte mein Neffe Louis Ferdinand fest: »Er wollte diese Gelegenheit dazu benutzen, sich hinter dem Sarge des deutschen Kaisers vor dem deutschen Volke und der Welt als dessen Nachfolger zu legitimieren.« Ohne Zweifel haben ihn bei seinem Entschluß die Berichte über das Begräbnis des Prinzen Wilhelm mit beeinflußt. Mein gefallener Neffe war 1940 im »Antikentempel«, an der Seite meiner Mutter beigesetzt worden. Zehntausende hatten ihm das Geleit gegeben. Es war eine eindrucksvolle Kundgebung, nicht nur der Beliebtheit, der sich Prinz Wilhelm erfreut hatte, sondern auch der Anhänglichkeit und Verehrung für das Haus Hohenzollern. Das war die Kulisse, die Hitler für seine Zwecke in Anspruch nehmen wollte.

Es war nicht leicht für den Kronprinzen, dem die Aufgabe der Unterhandlungen mit der Reichskanzlei zufiel, dem letzten Willen unseres Vaters Respekt zu verschaffen. Nachdem Hitler mit seinem Plan nicht durchgedrungen war, ordnete er an, daß die Beisetzung amtlicherseits mit einer »kühlen Wahrung des äußeren Anstandes« zu behandeln sei. Jetzt wies Dr. Goebbels die Presse an, nur an untergeordneter Stelle über die Trauerfeierlichkeiten zu berichten. In seiner Zeitung »Das Reich« ließ er dem toten Kaiser nachrufen: »Er schwamm nur immer auf der obersten Schaumkrone der aufgeworfenen Brandungen. Er war in ihrem Schwall nur ein mitgetriebenes Partikel, ein glänzendes, hervorleuchtendes Partikel zwar, aber nicht mehr.« Und voller Hohn hieß es über den Mann, der noch im Tode Hitler widerstanden hatte:

»Sein Weg ist immer der Weg der Anpassung gewesen ... Er rühmte sich auch nach dem aus der Tendenz zur Versöhnung und Unentschiedenheit verlorenen Kriege, daß ›der Weg des Ausgleichs in der inneren wie in der äußeren Politik mein Weg‹ gewesen sei. Dieser und nicht der ›säbelrasselnde‹ drohende Kaiser war der wirkliche Kaiser. Wo aber Versöhnung und Ausgleich die einzigen Leitsätze eines zum Staat Berufenen sind, da öffnen sich allenthalben die Tore für die Anarchie. ›Versöhnung‹ und ›Ausgleich‹ sind schönere Worte für ›Unterwerfung‹. Wilhelm II. hat mit ihnen seine Anpassung an die Tendenzen der Zeit schamhaft verhüllt.«

An einem strahlenden Sonnentag wurde mein Vater beigesetzt. Der Park, durch den sich der Trauerzug bewegte, glich einem einzigen Blütenmeer von Flieder und Rhododendron. Ein Ehrenbataillon der Wehrmacht aus drei Kompanien des Heeres, der Luftwaffe und der Kriegsmarine unter dem Kommando von Oberst v. Gersdorff marschierte auf. Unter den Trauergästen befanden sich Feldmarschall v. Mackensen und General Reinhard, der Führer des »Reichskriegerbundes«, und auch zahlreiche höhere ausländische Offiziere aus neutralen oder mit Deutschland verbündeten Staaten. Der Reichsstatthalter von Holland, Dr. Seyß-Inquart, vertrat Hitler. Die Wehrmacht war durch Generaloberst Haase, General der Flieger Christiansen, Admiral Densch und Admiral Canaris, letzterer für den Chef des Oberkommandos der Wehrmacht, repräsentiert. Von meinen Söhnen konnten nur Ernst August und Welf Heinrich kommen, Ernst August auch nur unter abenteuerlichen Umständen, nacheinander Flugzeug, Auto und Bahn benutzend. Georg Wilhelm und Christian lagen mit ihrer Truppe in Polen, sie waren nicht zu erreichen.

Der Trauerzug bewegte sich vom Trauerhaus zu der kleinen Kapelle im Park, in der der Sarkophag stehen sollte, bis er in die nach den Weisungen meines Vaters zu bauende Grabstätte übergeführt werden konnte. An der Spitze des Zuges schritten General Graf v. d. Goltz mit dem Feldmarschallstab des Kaisers und Oberst Graf v. Moltke mit dem Ordenskissen. Ihnen folgte Hofprediger D. Doehring. Unter Trommelwirbel und der Retraite wurde der Sarg beigesetzt, Ehrensalven erdröhnten. Mit den Klängen des Yorckschen Marsches marschierte das Ehrenbataillon ab.

Vieles wäre über diesen Tag zu sagen, an dem der letzte deutsche Kaiser zur ewigen Ruhe getragen wurde. Ich will mich auf das beschränken, was mir persönlich besonders lebendig in der Erinnerung geblieben ist. D. Doehring, der meinem Vater über Jahrzehnte hinweg Seelsorger und treuer Freund gewesen ist, sprach so ergreifend, wie ich es in meinem Leben sonst kaum erlebt habe. Aus jedem seiner Worte hörte man den Schmerz über den Verlust, der ihn selbst getroffen hatte. Und nie werde ich vergessen, wie der greise Feldmarschall v. Mackensen die kleine Kapelle betrat, an der Schwelle langsam den Marschallstab zu einer letzten Ehrenerweisung erhob, und schließlich vor dem Sarg seines Obersten Kriegsherrn in die Knie fiel, jede Hilfeleistung zurückwies, und sich, seinen Säbel als Stütze nehmend, mühsam wieder aufrichtete.

Nicht schließen kann ich, ohne der Anteilnahme von seiten der Holländer zu gedenken. Sie litten unter der Besetzung durch eine feindliche Macht, sie hatten keine guten Gefühle mehr für uns Deutsche. Aber sie waren dennoch gekommen, um von dem deutschen Kaiser, der so lange in ihrer Mitte gelebt hatte, Abschied zu nehmen. Selbst in der deutschen Presse wurde erwähnt, daß die Beisetzung unter großer Anteilnahme der Bevölkerung von Doorn stattgefunden habe. Aber was sagte das schon aus. Ich habe ihre Tränen gesehen! Tränen für einen Fremden, den sie lieben und verehren gelernt hatten. Als ich in den folgenden Tagen im Ort Doorn war, kamen sie aus ihren Häusern heraus, traten auf mich zu und drückten mir voller Mitgefühl die Hand. Einfache Menschen, die wußten, was sie und ich verloren hatten.

Der 4. Juni 1941 war der Tag, an dem mein Vater gestorben ist. Zweieinhalb Wochen später ließ Hitler in Rußland einmarschieren. Ich sorgte mich um meine drei Ältesten. Alle drei waren Kavallerie-Offiziere, hatten beim selben Regiment, den Lüneburger Reitern gestanden. Jetzt zogen sie im deutschen Heerbann gen Osten. Und wie ich 1914 auf Post von meinem Mann gewartet hatte, so bangte ich nun um Nachrichten von meinen Söhnen. Oft erhielten wir nur kurze Lebenszeichen. Kamen ausführlichere Berichte, dann erlebten wir alles im Geiste mit ihnen. Da lasen wir in einem Feldpostbrief unseres Sohnes Christian:

»Es kam der Moment, wo wir wieder zum Angriff antraten. Ihr glaubt gar nicht, was das für ein fabelhaftes Gefühl ist, wenn man mit seinem Zuge in der Bereitstellung liegt und nach der Uhr sieht. Noch 10 Minuten, noch 5 Minuten, noch 3 Minuten, und dann tritt man an. Wir haben erst die Wälder, dann südlich der großen Straße, die bei St. Bischof über den Dnjepr geht, angegriffen. Schwere Waldgefechte gegen diese furchtbaren Baumschützen und Stellungen, die waren erst auf ganz nahe Entfernungen erkannt. Dabei kamen wir an dieselbe Stelle, wo ich am Tage vorher mit meinem Stoßtrupp gewesen bin, und wir machten Gefangene, die uns sagten, daß wir an dem Tag alles durcheinander gebracht hätten. Es ging dann immer weiter. Überall hatte sich der Russe verschanzt und leistete zähen Widerstand. Er machte dann immer Gegenangriffe und deckte uns mit seiner Artillerie ein. Wir sollten schon nach den ersten Angriffen abgelöst werden, aber die Infanterie, die uns ablösen sollte, war noch nicht herangekommen. So blieben wir weitere 5 Tage eingesetzt. Es wurde wirklich das Letzte von den Leuten verlangt. Täglich immer Angriffe von 6 km Länge, erst bei der Gluthitze, dann bei dem Regen, nachts in der Nässe und dem Dreck draußen liegen, dauernd wach sein und mit neuen Gegenangriffen rechnen. Die Verpflegung kam oft nicht heran. Ich habe nicht für möglich gehalten, was der Mensch aushalten kann. Leider haben wir auch Verluste gehabt. Unser Regiment hat bei diesen Kämpfen 400 Mann verloren, 11 Offiziere. Leider hat auch Georg Wilhelms ehemalige Schwadron schwere Verluste gehabt. Nun sind wir abgelöst, und man hat 2 Infanterie-Regimenter in unserem Regimentsabschnitt eingesetzt. Wir sollen 8 Tage Ruhe haben. Ich habe in diesen letzten Tagen sehr viel an Euch gedacht. Habe manchmal gedacht, ich käme nicht wieder aus dem Hexenkessel heraus. Ich habe einen Streifschuß an den Stahlhelm bekommen, einen durch das Gasmaskenband, und zweimal hat man mir den Karabiner aus der Hand geschossen. Also verzeiht, wenn ich Euch so wenig geschrieben habe.«

An anderer Stelle schrieb Christian:

»An diesem Tag sollte der Angriff auf die Wälder durchgeführt werden, und ich sollte mit meinem Zuge als kampfkräftige Gefechtsaufklärung vorfühlen, wo sich die russischen Sicherungen befänden. Ich zog nun los mit meinem Zuge. Es gelang uns, an einer Stelle durch die feindliche Infanterielinie durchzubrechen und weiter vorzustoßen, bis wir hinter der feindlichen Infanterie waren. Wir kamen an einer Masse gut ausgebauter Stellungen vorbei, die aber noch nicht besetzt waren, wahrscheinlich Ausweichstellungen für die vorn eingesetzte Infanterie. Wir sind dann immer weiter gepirscht, durch dickstes Dickicht, niemals auf einer Schneise entlang, wie ein Rudel Rotwild. Bei jedem Halt bildeten wir einen Igel und legten nach jeder Seite ein Maschinengewehr. Plötzlich sahen wir durch die Bäume ein paar Pferde und ein paar Russen herumlaufen. Wir stürzten uns auf sie, die z. T. sich ergaben. Die ersten Gefangenen waren gemacht. Wir waren in eine Protzenstellung eingebrochen. Leider hatte ich einen Schwerverwundeten. Wir hatten gerade unsere Maschinengewehre zur Sicherung wieder eingesetzt, als es von allen Seiten zu knallen anfing. Wir befanden uns neben der Geschützstellung einer schweren Minenwerferbatterie, die mit 60 Mann besetzt war. Nun galt es entweder oder, und wir warfen Handgranaten und stürmten. Ich sehe noch, wie ich aus dem Busch sprang, und ein Russe aus 20 m Entfernung auf mich schoß. Er traf aber nur meinen Karabiner, den ich gerade in Anschlag bringen wollte —.«

Mein Sohn Georg Wilhelm befand sich bei der Panzergruppe 2, als Generalstabsoffizier bei deren Befehlshaber Generaloberst Guderian.

Er kämpfte bei Smolensk, Kiew und Orel. Auch mein Ältester, Ernst August, gehörte einer Panzergruppe an und war Ordonnanzoffizier bei Generaloberst Hoepner.

Der schreckliche Winter 1941/42 kam. Der Angriff unserer Armeen blieb im Schlamm Rußlands stecken, Frost und Schnee ließen ihn dann erstarren. Christian schrieb:

»Haben wieder ein paar dolle Tage hinter uns. Haben versucht, W. zu verteidigen mit Leuten von Schlächterei-Kompanie und Bäckerei-Kompanie und ein paar Paks. Feind kam mit Panzern, Kavallerie und allem, was dazu gehört, und wir wurden wieder eingeschlossen. Der Russe fuhr mit Panzern in unserer Stadt spazieren und drang von allen Seiten ein. Es war ein dolles Geschieße. Wir mußten uns dann den Weg freikämpfen, alles, was einen Karabiner hatte, vorne weg, und hinter uns die Fahrzeuge, so haben wir uns durchgeschlagen. Nun sitzen wir im nächsten Dorf. Man kann nur sagen: auf ein Neues. Aber wir hoffen, daß jetzt bald Unterstützung herankommt.«

In einem anderen Brief hieß es:

»Es ist ein Wunder, daß wir herausgekommen sind. Unser Panjedorf wurde von russischen Panzern mit aufgesessener Infanterie überrascht. Die Panzer fuhren aus allen Rohren schießend in den Ort und sperrten sofort alle Ausgänge. Dann stürzte sich die Infanterie mit Hurra auf die einzelnen Häuser. Unser Haus lag etwas abseits. Plötzlich kamen drei Panzer auf uns zugefahren, umstellten es und schossen von allen Seiten hinein. Wir alle auf dem Boden mit der Pistole in der Hand. Da sagte der Chef »Karten nehmen und einzeln durchschlagen«. Wir sind dann durchgelaufen, sie haben ganz anständig hinter uns hergeschossen. Aber wir sind durchgekommen. Wir mußten dann bei 32 Grad Kälte 40 km zum Teil zu Fuß, zum Teil mit Ochsenschlitten zurücklegen.«

Die Winterkatastrophe veranlaßte Hitler, Sündenböcke zu suchen. Auch der Chef Georg Wilhelms, Guderian, wurde seines Kommandos enthoben. Wir schätzten ihn sehr, und mein Sohn ging für ihn durchs Feuer. Als wir hörten, daß er zurückgeschickt wäre, sagte mein Mann: »Wir gehen zu ihm!« So geschah es. Wir empfanden mit ihm, dem hervorragenden Truppenführer, der sich so ruhmreich bewährt hatte, und nun zu Hause sitzen mußte, nur weil er Hitler die Wahrheit über die militärische Lage vorgestellt hatte.

Was Guderian uns sagte, war wenig ermutigend. Er hatte im Führerhauptquartier Hitler in einem mehrstündigen Vortrag geschildert, wie es an der Front stand, und dargelegt, welche operativen Konsequenzen seiner Meinung nach hieraus gezogen werden müßten. Er hatte geglaubt, Hitler würde auf die Ansichten eines fronterfahrenen Generals eingehen, sie zumindest ausführlich erörtern. Guderian empfahl, die Truppe in geeignete Winterstellungen zurückzunehmen. Hitler herrschte ihn an: »Sie müssen sich in den Boden einkrallen und jeden Quadratmeter Boden verteidigen!« Der General entgegnete, die Entscheidung bedeute den Übergang zum Stellungskrieg in ungeeignetem Gelände, sie würde große Verluste an Menschenleben fordern, ohne daß ein militärischer Vorteil erreicht würde. Wörtlich sagte er: »Wir werden die Blüte unseres Offizier- und Unteroffizierskorps und den für beide geeigneten Ersatz opfern, und dieses Opfer wird ohne Nutzen sein und außerdem unersetzlich.« Hitler hielt ihm entgegen. »Ich weiß, daß Sie sich sehr eingesetzt haben und viel bei der Truppe waren. Ich erkenne das an. Aber Sie stehen den Ereignissen zu nahe. Sie lassen sich zu sehr von den Leiden der Soldaten beeindrucken. Sie haben zuviel Mitleid mit den Soldaten. Sie sollten sich mehr absetzen. Glauben Sie mir, aus der Entfernung sieht man die Dinge schärfer.«

Der General ließ nicht locker: »Selbstverständlich ist es meine Pflicht, die Leiden meiner Soldaten zu mildern, so gut ich kann. Das ist aber schwer, wenn die Männer jetzt noch immer keine Winterbekleidung haben und die Infanterie großenteils in Drillichhosen herumläuft. Stiefel, Wäsche, Handschuhe, Kopfschützer fehlen entweder ganz oder befinden sich in trostloser Verfassung.« Wie von der Tarantel gestochen sei Hitler aufgebraust, erzählte uns Guderian. »Das ist nicht wahr!«, habe er ihn angeschrien.

Am 26. Dezember 1941, sechs Tage nach seinem Vortrag, war Guderian in die sogenannte Führerreserve abgeschoben worden. Als er Hitler nach seinem Vortrag verlassen hatte, hatte er noch gehört, wie dieser zu Feldmarschall Keitel sagte: »Diesen Mann habe ich nicht überzeugt.«

Guderian ist verübelt worden, daß er sich später wieder zur Verfügung gestellt hat. Er war Soldat durch und durch und hat es für seine selbstverständliche Pflicht gehalten, seinem Vaterland, wann immer er konnte, als Soldat zu dienen. Wie er dachte, hat er später einmal mit den Worten bekannt:

»In schwerer Zeit sandte mir ein Prinz meines Königshauses ein Bildchen Friedrichs des Großen, auf welches er die Worte geschrieben hatte, die der große König einst in der Gefahr des eigenen Unterganges an seinen Freund, den Marquis d'Argens gerichtet hatte: ›Nichts wird das Innere meiner Seele ändern, und ich werde meinen geraden Weg gehen und tun, was ich für nützlich und ehrenvoll halte.‹ Das kleine Bild ging verloren, aber die Königlichen Worte blieben mir im Gedächtnis haften und bildeten die Richtschnur meines Handelns.« —

Hitlers Einstellung zum alten Deutschland und zu denen, die es in seinen Augen noch repräsentierten, trat immer unverhüllter zutage. Es war Haß, abgrundtiefer Haß. Als er noch am Anfang seiner Karriere stand, beim November-Putsch 1923 in München, hatte er zu dem bayerischen Generalstaatskommissar v. Kahr gesagt, als dieser von ihm wissen wollte, wie er zur Monarchie stehe: »Für mich ist der heutige Tag der Beginn einer Abrechnung, die wiedergutmachen soll, was vor fünf Jahren verbrochen worden ist. Ich will vor allem wiedergutmachen das Unrecht, das vor fünf Jahren eine Horde gemeiner Verbrecher am hochseligen Vater seiner Majestät des Königs verübt hat.« Wie derselbe Mann dachte, als er sich auf der Höhe seines Erfolges angekommen glaubte, hat Dr. Henry Picker in seinen Aufzeichnungen der Tischgespräche Hitlers im Führerhauptquartier festgehalten. Am 5. 7. 1942 notierte er folgende Ausführungen Hitlers: »Kaum jemand sei ja so maßlos dumm wie ein König.« Gerade die Fürsten seien in der deutschen Geschichte immer wieder das Ferment der Zersplitterung gewesen. »Daß unsere Sozialdemokraten dieses Ferment deutscher Zersplitterung beseitigt hätten, habe er ihnen durch Zahlung ihrer Pensionen — u. a. an Severing — gedankt. Es hieße ihr geschichtliches Verdienst verschleudern, wolle man der Hohenzollern-›Brut‹ jetzt — z. B. als Offiziere in der Wehrmacht — wieder Einfluß einräumen.«

Wir haben diese haßerfüllte Auslassung Hitlers damals nicht gekannt. Wir wußten auch nicht, daß er seinen Befehl zur Entlassung der Angehörigen ehemals regierender Häuser aus der Wehrmacht mit den Worten begleitet hatte: »Das Dritte Reich kann auf fürstliche Vaterlandsverteidiger verzichten.« Ein erstes Anzeichen hatten wir erhalten, als meinem Bruder Oskar sein Infanterie-Regiment genommen wurde. Das war Anfang 1940. Aber Hitler hielt es damals noch für geboten, seine Maßnahme insoweit zu bemänteln, als er meinen Bruder zum Generalmajor beförderte und ihn »zu besonderer Verwendung« stellte. Zwei Jahre später wurde er verabschiedet.

Das war 1942, das Jahr, in dem mein Bruder Eitel Fritz in Potsdam starb. Hitler verbot, daß dieser tapfere Soldat mit militärischen Ehren zu Grabe getragen würde. Schamlos. Ihm, der einst in der Schlacht von

St. Quentin beim Sturmangriff dem Tambour die Trommel fortgenommen und sie selbst geschlagen hatte, um sein Regiment mitzureißen,
verweigerte Hitler das letzte Trommelrühren am Grabe. Die treuen
Kriegskameraden meines Bruders, die in der Wehrmacht standen, unter ihnen bekannte Generale des 2. Weltkrieges, durften nur in Zivil
zur Beisetzung kommen. Der Geistliche, der Eitel Fritz die Aussegnung
gab, übernahm die Aufgabe, des alten Soldaten zu gedenken. Er sagte:
»Ein preußischer Prinz, ein preußischer General, ein preußischer Divi-
sions-Kommandeur, ausgezeichnet nicht nur mit dem Pour le mérite,
sondern auch mit der Liebe seiner Offiziere und Soldaten, hat den Weg
ins ewige Vaterland angetreten. Zu den jungen Hohenzollern, die in
diesem Kriege dem Vaterland ihr Leben zum Opfer gebracht haben,
hat sich ein alter ins Grab gelegt. Er hat erfüllt, was er gelobt: Semper
talis!«

Der erste von meinen Söhnen, der von Hitlers Entlassungsbefehl
getroffen wurde, war Welf Heinrich. Im Mai 1941 war er als Offiziers-
anwärter bei der Luftwaffe eingetreten. Unmittelbar bevor er zum
Kriegsschullehrgang gehen sollte, im Oktober desselben Jahres, wurde
ihm von seinem Kommandeur eröffnet, daß er trotz seiner sehr guten
Qualifikationen nicht Offizier werden könne. Er bat, ihn dann wenigstens zum fliegenden Personal zu versetzen. Auch das untersagte die
entsprechende Verfügung. Es vergingen einige Tage, dann traf ein Fern-
schreiben mit der Anweisung ein, er sei sofort zu entlassen. Sein Kommandeur sagte, es läge nichts gegen ihn vor, über den eigentlichen
Grund der Entlassung könne er nicht sprechen. Mein Sohn packte seine
Sachen. Als er ging, standen seine Kameraden Spalier und salutierten.
In seinem Wehrpaß war der Vermerk eingetragen: »Aus dem Wehr-
dienst entlassen.« Voller Verzweiflung traf Welf Heinrich bei uns in
Blankenburg ein. Er konnte nicht begreifen, daß er zu Hause sitzen
sollte, während alle anderen an der Front kämpften und jeder Mann
dort gebraucht wurde.

Wir unterrichteten die anderen Söhne von dem Vorgefallenen.
Christian antwortete: »Eben bekomme ich Euren Brief mit der Nachricht von Welfis Entlassung. Das ist für den armen Welfi ein furchtba-
rer Schlag und trifft uns Brüder genauso wie ihn und Euch. Nun ist
das Gewitter heruntergebrochen, was immer schon drohend am Himmel stand. Aber wir wissen jetzt wenigstens, woran wir sind.«

Er teilte uns mit, welche Erfahrungen er selbst inzwischen hatte
machen müssen. »Ich will es Euch jetzt ruhig schreiben. Mich hatte da-

mals mein Kommandeur zum Ritterkreuz eingereicht, was natürlich abgelehnt wurde.« Abgelehnt, weil ein Prinz unseres Hauses nicht so sichtbar wegen Tapferkeit ausgezeichnet werden sollte. Christian schrieb: »Aber so haben sie wenigstens gesehen, daß wir, wenn es darauf ankommt, genau wie jeder andere Soldat unser Leben einsetzen.« Er fügte hinzu: »Wir werden auf jedem Posten, wo man uns hinstellt, auch wenn es in der Ersatz-Abteilung ist oder im Zivilleben, unsere Pflicht tun.«

Mein Mann und ich bemühten uns, Klarheit zu schaffen. Er schrieb an Hitler und bat um Aufklärung. Keine Antwort. Er schrieb im gleichen Sinne an Göring. Keine Antwort. Ich schrieb u. a. an Frau v. Ribbentrop. Sie antwortete, aber sie konnte keine exakte Auskunft geben. Ich teilte ihr daraufhin mit: »Wir haben im Verlauf dieser Monate keine Antwort von den offiziellen Stellen oder Klärung erhalten. Es genügen uns aber die nicht authentischen Nachrichten, daß in Zukunft keine jungen Fürstensöhne aus den ehemals regierenden Häusern die Ehre haben dürfen, ihrem Vaterlande zu dienen. — Alle Kommentare hierzu erübrigen sich von selbst.«

Kurz danach erhielt ich eine Mitteilung über ein Gespräch des Landgrafen Philipp von Hessen mit Hitler. Mein Vetter Philipp war mit Prinzessin Mafalda von Italien, einer Tochter Victor Emanuels II., verheiratet, und Hitler hatte ihn häufig mit diplomatischen Missionen bei seinem Schwiegervater oder bei Mussolini betraut. Prinz Philipp schrieb: »Ich war am 21. 2. zum Vortrag beim Führer im H. Qu. und hatte im Anschluß daran die Gelegenheit, ihn unter vier Augen zu sprechen. Im Verlaufe der Unterhaltung kam ich auf die gewisse Frage zu sprechen. Ich sagte ganz offen, daß ich gehört hätte, daß ein Erlaß existieren solle, wonach Prinzen nicht mehr in die Armee eintreten dürften, und ich mir daher wegen meiner Jungen große Sorge machte. Er antwortete mir darauf etwa so: Einen Erlaß in dieser Form gibt es nicht, und Ihre Söhne können selbstverständlich jederzeit Offizier werden. Ich muß es aber ablehnen, daß die Söhne der fürstlichen Häuser in die Armee eintreten, die sich durch Worte oder Handlungen gegen den NS-Staat oder mich stellen.«

Anfang 1943 wurde Christian aus der Armee entlassen. Im Dezember desselben Jahres erging ein entsprechender Erlaß für Ernst August. Unser Sohn Georg Wilhelm, der wie sein Bruder Christian aktiver Offizier war, mußte im Januar 1944 aus dem Heer ausscheiden. So waren unsere Jungen wieder zu Haus. Und wenn ich sie zusammen mit ihrem Vater sah, bei Tisch oder im Schloßhof, dann habe ich mehr als einmal den Kopf schütteln müssen. Ein General, ein Major, zwei Rittmeister, ein Fahnenjunker — — a. D., und das mitten im Kriege!

Von unserer Tochter Friederike hatten wir zunächst nichts gehört, bis wir erste Nachrichten über die damalige schwedische Kronprinzessin, die spätere Königin Louise, eine Prinzessin von Battenberg, erhielten. Sie hat sich rührend dafür eingesetzt, daß unsere Tochter Verbindung mit uns hatte. Auf diese Weise erfuhren wir von der abenteuerlichen Flucht Friederikes, unseres Schwiegersohns und ihrer zwei Kinder aus Griechenland über Kreta nach Ägypten. Von dort waren sie nach Südafrika übergesiedelt, wo ihnen Ministerpräsident Smuts Zuflucht bot. Eine der ersten Nachrichten über ihren dortigen Aufenthalt erhielten wir im November 1941, ausgerechnet aus Rußland und dazu noch in italienischer Sprache. Christian hatte von seinem Chef eine Ausgabe des »Corriere della Sera« bekommen, die eine Notiz mit der Überschrift enthielt: »Brand in der Residenz des griechischen Ex-Königs.« Unser Schreck war nicht gering. Gott sei Dank war aber, wie wir lasen, niemand zu Schaden gekommen. Es dauerte einige Wochen, ehe wir von Friederike selbst, wieder via Stockholm, einen ausführlichen Bericht erhielten. Erst jetzt waren wir beruhigt.

In ihrem Brief gab unsere Tochter auch Schilderungen ihrer Lebensumstände und ihrer Ansichten. Ich möchte hier einige Stellen wiedergeben. Sie schrieb: »Das Gefühl, kein Zuhause zu haben, ist ganz entsetzlich, besonders wenn man Kinder hat und wenn man so glücklich gewesen ist wie wir. Das einzig Gute, das dieser Krieg an sich hat, ist, daß er lehrt, uns nicht zuviel an materielle Dinge zu hängen, da man sie von einem Tag auf den anderen verlieren kann.«

Weiter hieß es: »Das Klima hier ist sehr gut. Wir sind ungefähr auf der gleichen Höhe wie Griechenland, nur auf der anderen Seite natürlich. Die Vegetation ist sehr ähnlich. Nur die Farben sind so viel schöner zu Haus wie hier. Ich werde nie mehr woanders leben können wie in Griechenland, und Palo auch nicht. Ich glaube, niemand hat für unser Land so eine Passion wie wir.«

Und schließlich lasen wir: »Wie immer es ausgehen wird, wir alle müssen den Mut finden, von vorne wieder anzufangen. Wir alle müssen unsere alten Freunde wiederfinden, einerlei auf welcher Seite sie waren, denn unsere persönlichen Freunde ändern sich nie, und sie sind die einzigen Brücken, die wir haben, um den Haß und das Verbittert-

sein überbrücken zu können und die Länder wieder einander näher-
bringen können.«

Da Ägypten als Domizil für die griechische Exilregierung gewählt
wurde, war unsere Tochter häufig von ihrem Mann getrennt. Allein
mit den Kindern in einem völlig fremden Land war sicher kein leichtes Los. Friederike schrieb uns dazu: »Der Abschied von Palo war geradezu entsetzlich, wie Ihr Euch gut vorstellen könnt. Ich wollte unbedingt mit, aber Palo und Georgy, beide bestanden darauf, daß, da die
Kinder natürlich nicht mitgingen, ich bleiben müßte, besonders, da sie
noch so klein sind. Es ist grausam, wenn man denkt, daß nach allem,
was wir zusammen durchgemacht haben, wir uns doch noch trennen
mußten. Wer weiß, wann wir uns wiedersehen werden. Vier Wochen
waren sie unterwegs, und vier Wochen habe ich keine Ahnung gehabt,
ob sie noch existierten oder nicht.«

Ich befand mich in Gedanken immer bei Friederike. Unendlich dankbar war ich Louise von Schweden, daß sie uns fortwährend Mitteilungen von unserer Tochter zugehen ließ. Im September 1944 hieß es in
einem Brief:

»Liebe Sissy! Heute kann ich Euch gute Nachrichten geben, die nur
1 Monat alt sind. Friederike war von Herzen erleichtert und dankbar
über meine Mitteilung, daß es Euch allen gut ginge. Sie war so ängstlich. Es geht ihr, Palo und den Kindern gut. Hofft von Herzen, alle in
der Familie werden an Leib und Seele gesund bleiben. Es wird überall
soviel zu tun geben, wenn der Krieg vorbei ist, daß alle, die ihren klugen Verstand und ihren Mut behalten können, so nötig sein werden,
um die Welt wieder aufzubauen. Sie glaubt, daß der Krieg nur eine
Etappe in einer riesigen Umwälzung ist, die über die Welt gekommen
ist und schon lange vor dem Kriege angefangen hat und noch lange
weitergehen wird. Trotz aller Leiden und Haß fühlt sie bestimmt, daß,
wenn alle sich unendlich bemühen, man doch wieder zusammenkom-
men kann. Leiden wird uns vereinen, wenn nichts anderes, und aus
Leiden kommt Liebe. Ist voller Zuversicht für die Zukunft Europas. Sie
denkt immer so viel an ihren Vater. Sie schickt unendlich viel Liebe an
Euch alle und hofft, daß es nicht zu lange dauern wird, bis sie Euch
wiedersehen wird — es muß einem Mutterherzen gut tun, in dieser maßlos schweren Zeit die schöne junge Zuversicht.«

Im Herbst 1944 mußte die Wehrmacht Griechenland Schritt für
Schritt räumen; der Vormarsch der Sowjets auf dem Balkan zwang dazu. Am 12. Oktober wurde Athen geräumt. Die griechische Exilregie-

rung kehrte zurück. Dem König, dem Kronprinzen und allen Angehörigen des Königshauses aber verweigerte die englische Regierung die Rückkehr. Sie paktierte und taktierte mit den kommunistischen Partisanen und wollte deren antimonarchistische Gefühle nicht verletzen. Als die englischen und griechischen Truppen im Hafen von Alexandria nach Griechenland in See stachen, standen Kronprinz Paul und Friederike an der Pier. Sie waren verzweifelt. Hitler hatte sie vertrieben, Churchill verwehrte ihnen die Heimkehr.

14. Kapitel

ZUSAMMENBRUCH

Wir standen im sechsten Kriegsjahr. Der Tod hielt schreckliche Ernte. Nicht nur an den Fronten, nicht nur unter denen, die Hitler und seine Politik ablehnten, auch unter der Bevölkerung der Städte und Dörfer, die von dem unmenschlichen Bombenkrieg zermalmt wurden. Deutschland versank in Schutt und Asche. Mir war es, als wenn sich die Mächte dieser Erde verschworen hätten, die Welt, in der ich aufgewachsen und gelebt hatte, zu vernichten. Braunschweig wurde zerstört. In Königsberg fielen das königliche Schloß und die Altstadt der Kriegsfurie zum Opfer. Aus Salem schrieb mir mein Neffe Berthold: »Heute mittag kam ich von Karlsruhe zurück, wo ich auf den Trümmern des Ruinenfeldes des Residenzschlosses stand und all der schönen Gebäude, die das Schloß umrahmt h a b e n ! Sogar die Bäume des Schloßplatzes haben gebrannt.«

Aus Potsdam meldete mein Bruder Oskar: »Gestern haben sie bei einem schweren Tagesangriff auf Berlin unser geliebtes Schloß getroffen. So ist nun auch dieses Stück geliebter Heimat verwüstet worden. Nun sind in Berlin fast alle Stätten vernichtet oder schwer mitgenommen, mit denen unsere Kindheits- und Jugenderinnerungen besonders verbunden waren — Schloß, Altes Kaiser-Palais, Kronprinzen-Palais, Niederländisches Palais, Monbijou, Bellevue. Erschüttert ging ich von der Schloßbrücke zwischen Spree und der ehemaligen Kommandantur (gegenüber vom Zeughaus) nach dem Werderschen Markt, die Französische Straße entlang über den Gendarmen-Markt, Mauerstraße, Kaiserhof, Wilhelmsplatz, Leipziger Straße, Potsdamer Platz — alles Trümmer! Zum Teil sind die Straßen so verändert, daß man sich kaum noch zurechtfindet.«

In dieser schrecklichen Zeit wanderten meine Gedanken oft nach Doorn, zu dem schlichten Mausoleum, unter den schönen alten Bäumen, in dem mein Vater die letzte Ruhe gefunden hatte. Herr v. Ilsemann, der Haus Doorn verwaltete, erriet, was mich bewegte. In einem Brief von ihm las ich:

»Eben komme ich von der Kapelle zurück, wo ich wunschgemäß für Euer Königliche Hoheit rosa und lila Rhododendren am Sarge des Kaisers niederlegte, die ich zuvor im Auguste-Viktoria-Garten gepflückt hatte. Es war so friedlich und still zwischen den bunten Rhododendren, aus denen heraus eine Nachtigall ihr ewig schönes Lied ertönen ließ. Auch die Weiß- und Rotdorne sowie Goldregenbüsche, welche den Platz umgeben, sind augenblicklich in vollem Blütenschmuck.

Immer wieder gerade in dieser Jahreszeit versteht man, daß der Kaiser sich einen so friedlichen Ort als letzte Ruhestätte aussuchte; hier kann man den Lärm und das grausige Geschehen der fürchterlichen Kriegszeit vorübergehend wirklich vergessen.«

Ilsemann fuhr fort: »In der Orangerie steht das so erinnerungsreiche Bild der Hochzeitstafel Euer Königlichen Hoheiten, das ich mir oft anschaue. Was hat sich seit jenem historischen Tage alles ereignet, wie anders sieht die Welt heute aus!«

Dann schrieb er: »Was hat das vergangene Jahr an Sorgen und Kummer gebracht! Bei den katastrophalen Folgen der fürchterlichen Angriffe vor allem auf Berlin haben meine Frau und ich manchmal an Euer Königliche Hoheit gedacht, und zwischen den Zeilen des gnädigen Briefes lese ich, wie tief das Leid über alles Geschehene bei Euer Königlichen Hoheit Wurzel geschlagen hat. Daß dem Kaiser dieses Erleben erspart blieb, ist wirklich eine Gnade Gottes! Wie oft habe ich das letzthin denken müssen.« —

Als der letzte Kriegswinter herankam, griff die Gestapo nach unserem ältesten Sohn. Polizeibeamte erschienen bei uns in Blankenburg auf dem Schloß. Sie hatten den Auftrag, Ernst August abzuholen. Wir waren wie vom Schlag getroffen. Unsere Frage nach dem Grund blieb unbeantwortet. Ich half meinem Sohn, seine Sachen packen. Er sprach kein Wort, so erregt war er. Dann fuhren sie mit ihm ab. Wohin? Wir wußten nichts. Wir setzten alles in Bewegung, um das Schicksal unseres Sohnes zu klären. Man sagte uns, er sei nach Braunschweig gebracht. Später gab man die Auskunft, er befinde sich in Berlin, in einem Hotel.

Sobald wir gehört hatten, daß unser Sohn nach Berlin gebracht wäre, machte ich mich nach dort auf. Mein Mann befand sich sehr schlecht, die Folge einer Magenoperation. Er konnte nicht fahren. Georg Wilhelm begleitete mich. Die Fahrt war grauenhaft, allein schon der ständigen Bombenangriffe wegen. Ich lief in Berlin von Dienststelle zu Dienststelle, um Näheres über Ernst August in Erfahrung zu bringen. In einem dieser Büros gab es einen Zusammenstoß, als ein Beamter die Aktentasche Georg Wilhelms gewahr wurde. Er fuhr ihn an: »Stellen Sie die Tasche sofort weg!« Mir war, als käme nun der Ruf: »Hände hoch!« Georg Wilhelm entgegnete ganz ruhig: »Meine Waffe habe ich unten abgegeben.« Selbstverständlich suchte ich auch meinen Bruder August Wilhelm auf und bat ihn zu versuchen, unserem Sohn und uns zu helfen.

Unsere Bemühungen erbrachten insoweit einen ersten Erfolg, als Ernst August schreiben durfte. Es war ein merkwürdiger Brief, den wir erhielten. Er war von der Gestapo zensiert und dabei hatte man mehrere Sätze mit breitem Stift ausgelöscht. Wir waren aber froh, eine Nachricht zu haben. Ernst August schrieb: »Die erste Gelegenheit, wo ich schreiben darf, benutze ich, um Euch zur Beruhigung diese kurzen Zeilen zu senden . . . Warum ich hier bin, darf ich Euch natürlich nicht schreiben, aber ich wurde eingehend vernommen. . . Zermartert Euch bitte nicht zu sehr den Kopf, denn Ihr könnt einfach nicht darauf kommen. Irgendwelche Nachfragen und Erkundigungen bzw. Briefe an mich dürft Ihr richten an die Dienststelle Berlin W 50, Meineckestr. 10, Zimmer 70. Dort wurde ich auch vernommen . . . «

Schließlich erhielt ich eine Sprecherlaubnis. Klopfenden Herzens begab ich mich zur Gestapo. Am Eingang war Kontrolle, ich mußte meinen Ausweis vorlegen. Die Gestapoleute, denen mein Blick begegnete, jagten mir Schauder ein. Um so frappierter war ich, als der Beamte, der meine Papiere kontrollierte, ganz leise sagte: »Ihre Mutter war eine gute Frau.« Ich glaubte zu träumen, so unwirklich war das. Ich wußte nicht recht, hatte er das wirklich gesagt, oder war es eine Sinnestäuschung, spielte mir meine Erregung einen bösen Streich? Ich wagte kaum aufzublicken. Aber als ich langsam meinen Kopf hob und mein Gegenüber ansah, wußte ich, obgleich seine Haltung unverändert streng und abweisend war, daß ich mich nicht verhört hatte. Die Beamten, mit denen ich dann zu verhandeln hatte, waren geschniegelt und gestriegelt, geckenhaft eklige Kerls. Mir war klar, daß ich bei ihnen nichts für die Freilassung meines Sohnes bewirken konnte, aber ich bemühte mich, ihnen verständlich zu machen, daß Ernst August wegen einer noch nicht verheilten schweren Wunde unbedingt Sauerstoff benötige, also an die Luft kommen müsse.

Das Wiedersehen mit meinem Sohn war kurz. Er sah sehr mitgenommen aus. Wir konnten nur wenig sprechen, da die Unterhaltung von einem Beamten überwacht wurde. Und viel Zeit hatte man uns auch nicht zugestanden. Schon bald führte man Ernst August wieder ab. Was ich als Mutter dabei empfand, brauche ich kaum zu schildern.

Es war eine furchtbare Zeit. Mich drückte ja nicht allein die Tatsache der Verhaftung meines Sohnes. Genauso quälend war, daß wir nicht wußten, warum er gefangengesetzt war und was man mit ihm vorhatte. Am schlimmsten war wohl für mich die Vorstellung, daß er den ständigen schweren Luftangriffen in seiner Gefängniszelle in der Prinz-Albrecht-Straße gänzlich schutzlos ausgesetzt war.

Ich habe alles nur Menschenmögliche getan, um meinem Sohn zu helfen. Auf einer meiner Fahrten nach Berlin geriet ich auf der Autobahn in einen Fliegerangriff. Ich dachte, meine letzte Stunde wäre gekommen. Immer wieder mußten wir anhalten und uns auf die Erde werfen. Um mich herum Geschoßgarben und detonierende Bomben. In Flammen stehende Autos wiesen Fackeln gleich den Weg zur leidgeprüften Reichshauptstadt. In Berlin lief ich weiter von Stelle zu Stelle, versuchte auch meinen Sohn sehen zu können. Ich durfte zwar ein Paket für ihn abgeben, aber die Sprecherlaubnis wurde verweigert. Dafür händigte man mir einen Zettel aus, auf den Ernst August hastig die Worte geschrieben hatte: »Danke Euch tausendmal, darf leider nicht selbst heraufkommen. Alles Gute und innigste Grüße Euer Euch liebender Ernst August.«

Im Treppenhaus des Gestapogebäudes begegnete ich einem Häftling, den mein Mann und ich aus der Zeit kannten, da er Regierungspräsident in Hannover gewesen war. Er hatte sich damals bei Göring für die Rückgabe der Domäne Calenberg an uns eingesetzt. Es war Rudolf Diels, der einst selbst Chef der politischen Polizei in Preußen gewesen, dann von Himmler und Heydrich verdrängt und aus Berlin abgeschoben worden war. Diels sagte im Vorbeigehen zu mir: »Ich gehe jetzt rauf.« Mehr konnte er nicht sagen. Es sollte soviel heißen wie: ich werde jetzt vernommen. Welche weitere Bedeutung der Hinweis haben konnte, war mir nicht bewußt, denn ich hatte zu dieser Zeit noch keine Ahnung davon, daß die Festnahme unseres Sohnes mit dem Fall Diels im Zusammenhang stand. Beide waren, wie wir später erfuhren, denunziert worden, weil sie bei einem Gespräch sich kritisch über die Politik Hitlers geäußert hatten.

Mein Bruder August Wilhelm hat sich während der Haftzeit meines Sohnes in rührender Weise um ihn gekümmert; dankbar hatte er es empfunden, daß »Onkel Auwi« ihm Gebäck, Tabakwaren, Bücher, ja selbst ein kleines Adventsbäumchen hatte zukommen lassen. Mein Bruder hatte sich aber vor allem rückhaltlos für die Freilassung unseres Sohnes eingesetzt. Anfang Dezember hatte ich von ihm die erste hoffnungsvolle, verschlüsselte Nachricht erhalten:

»Gestern mittag war ich wieder bei dem mir befreundeten Arzt, der erlaubt hat, daß sein Patient täglich etwas an die frische Luft darf, was ihn sicher erfrischen und stärken wird und die Geduldsprobe erleichtern. Er war wieder sehr nett und vertrauenerweckend, und ich bin sehr dankbar, den Patienten in seiner Obhut zu wissen. Ich bin auch sehr beruhigt, nachdem ich die Krankheitsursache weiß und hoffe bestimmt auf baldige Besserung. Mehr läßt sich zur Zeit nicht sagen, und ich kann das in mich gesetzte Vertrauen nur anerkennen, muß es aber dabei bewenden lassen. Es liegt wohl an der allgemeinen Disposition, daß ein so kleiner Anlaß heutzutage einen Menschen gleich so intensiv packt.«

Wenige Tage vor Weihnachten wurde Ernst August aus der Gestapo-Haft entlassen. Ich konnte ihn in Berlin selbst in Empfang nehmen. Zurück in Blankenburg, schrieb ich an August Wilhelm: »Zwar bin ich noch nicht recht zur Besinnung gekommen seit meiner Rückkehr, aber ich muß Dir doch gleich schreiben, denn das Herz ist so voller Dank, und wenn auch auf dem Papier es nie so klingen kann, Du weißt, daß Deine alte Schwester in unendlicher Liebe und Dankbarkeit Deiner gedenkt, was Du für meinen Jungen getan hast und mir in den schwersten Zeiten des Bangens und Wartens ein Trost warst, denn ich konnte ja nicht immer dort sein, und allein zu wissen, daß Du ab und zu nachschauen gingst, war eine Entlastung der dauernden Gedanken, die suchend und fragend immer wieder sich um das eine drehten. Der letzte Tag war noch eine starke Nervenanspannung für mich, dann kam die erlösende Nachricht, und ich durfte es ihm selbst sagen, das war wohl das Schönste, was einer Mutter aufgetragen wurde. Wenn ich nun zurückschaue, so hat Dein Eintreten sicher so viel beigetragen, die Zeit des schweren Wartens abzukürzen, besonders durch Deinen Brief an den Reichsführer und Dein Telegramm. Dafür möchten wir so unendlich danken, denn wir hätten ja dazu keine Möglichkeit gehabt.«

Als Ernst August von der Gestapo festgenommen worden war, hatte ich geglaubt, das erschütternde Schicksal meiner hessischen Verwandten würde nun auch uns treffen. Seit September 1943 waren Prinz Philipp von Hessen und seine Gemahlin wie vom Erdboden verschwunden. Philipp war von einer Fahrt ins Führerhauptquartier, wohin er gebeten worden war, nicht zurückgekehrt; die Spur Mafaldas verlor sich in Rom. Ihr beider Aufenthalt lag völlig im dunkeln. Niemand wußte, wo sie waren.

Ein wahrhaft erschütterndes Schicksal hat diese Familie zu erdulden gehabt. Selten wohl hat eine Frau so unsagbar schweres Leid ertragen müssen wie die alte Landgräfin Margarethe von Hessen, die Schwester meines Vaters. Ihre beiden ältesten Söhne fielen im 1. Weltkrieg, Prinz Friedrich Wilhelm 1916 bei den Kämpfen in der Dobrudscha, er war Ulanen-Offizier gewesen, Prinz Maximilian 1914 als Leutnant im Darmstädter Leib-Dragoner-Regiment im Westen. Im zweiten Weltkrieg fiel ihr Sohn Christoph als Luftwaffenoffizier 1943 in den Apenninen. Er hinterließ eine Frau mit fünf Kindern. Als er starb, erwartete seine Gemahlin, die Prinzessin Sophia von Griechenland, eine Schwester des Herzogs von Edinburgh, gerade ihre dritte Tochter. Sie hat ihren Vater nicht mehr gesehen. Bei den Luftangriffen auf Frankfurt verlor die Landgräfin im Januar 1944 ihre Schwiegertochter Marie Alexandra, die Gemahlin ihres Sohnes Wolfgang. Sie war die Tochter Max von Badens. Marie Alexandra hatte im Kriegseinsatz gestanden. Wir wollten es gar nicht glauben, daß sie, die so glücklich und heiter in Salem und in Gmunden um uns gewesen war, nun nicht mehr da sein sollte. »Sie starb mitten in ihrer Arbeit«, schrieb mir mein Vetter Wolfgang. »Ich habe sie selbst geborgen und weiß daher, daß sie nicht gelitten hat.«

Im September 1943 mußte es meine Tante Margarethe erleben, daß ihre Schwiegertochter Mafalda und ihr Sohn Philipp unter dem Zugriff Hitlers verschwanden. Prinzessin Mafalda hatte sich Ende August zur Beisetzung ihres Schwagers, König Boris, nach Sofia begeben. Königin Joanna von Bulgarien war ihre Schwester. Wegen der in Italien ausgebrochenen Staatskrise drängte es sie zurück nach Rom, wo sich ihre Kinder befanden. Bekanntlich war in den letzten Tagen des Juli Mussolini gestürzt und verhaftet worden, und König Victor Emanuel hatte Marschall Badoglio mit der Regierungsführung beauftragt. Der Abfall Italiens vom bisherigen Bündnis mit Deutschland lag in der Luft, war nur noch eine Frage von einigen Wochen. Unmittelbar nach ihrer Rückkehr wurde Mafalda vom Sicherheitsdienst der SS mit einem fingierten Telefongespräch, nach dem ihr Mann sie in Deutschland erwartete, über die Reichsgrenze gelockt und verhaftet. Ihre unglücklichen Kinder blieben allein zurück. Der Vatikan nahm sich ihrer an, bis schließlich ihre Großmutter, die Landgräfin Margarethe, sie in ihre Obhut nehmen konnte. Prinzessin Mafalda wurde in das Konzentrationslager Buchenwald eingeliefert. Sie wurde dort unter falschem Namen geführt, damit niemand etwas über ihren Verbleib erfuhr. Und sie selbst wußte nicht das geringste von ihren Kindern und ihrem Mann. Prinz Philipp war im August ins Führerhauptquartier »Wolfsschanze« in Ostpreußen beordert worden. Hitler hielt ihn zunächst unter einem

Vorwand als Gast fest. Dann »ließ er ihn eines Abends, nachdem er in der allabendlichen Teestunde noch mit ihm freundschaftlich geplaudert hatte, verhaften und in ein KZ verbringen.« So die Schilderung des Staatssekretärs in der Reichskanzlei, Dr. Meissner.

Mein Vetter Philipp und seine Frau waren der schandbaren Sippenhaft zum Opfer gefallen, die Hitler zu einem Instrument seiner Politik gemacht hatte. Aber es ging auch noch um etwas anderes. Aufschluß hierüber geben die Aufzeichnungen, die Goebbels in bezug auf die Vorgänge in Italien gemacht hat. Er plädierte dafür, die deutschen Fürsten nunmehr zu enteignen. Am liebsten hätte er sie allesamt in einem Konzentrationslager gesehen, wenn nicht gar am Galgen. In einer Ministerkonferenz kommentierte er die italienischen Ereignisse auch noch unter einem anderen Gesichtspunkt. Er erklärte, jetzt zeige es sich, wie richtig es gewesen sei, daß Hitler 1934 auch das Amt des Reichspräsidenten übernommen habe, »so daß kein unheilvoller Dualismus in der Staatsführung entstehen konnte, wie er jetzt in Italien die Katastrophe ermöglicht habe. Es seien damals viele — unter ihnen aufrechte Deutsche wie Hans Grimm — dafür eingetreten, eine legitime Persönlichkeit wie z. B. den Kronprinzen, mit dem Amt des Reichspräsidenten zu betrauen.« Goebbels exemplifizierte: »Hätten wir diesem Ansinnen damals nachgegeben, wären die Dinge wahrscheinlich ganz ähnlich gelaufen wie in Italien. Schon nach Stalingrad hätte sich der betreffende Reichspräsident den Führer kommen lassen und ihm gesagt: ›Herr Hitler, Sie haben sich zwar bisher große Verdienste um das Reich erworben, aber nun gehen Sie bitte . . . ‹«

Prinzessin Mafalda, eine reizende zarte Frau, hat in Buchenwald Schreckliches durchmachen müssen. Sie trug ihr Los wie eine Heldin. Am 26. August 1944 bombardierten alliierte Kampfflugzeuge Buchenwald. In einem offenen Splittergraben, unter freiem Himmel, mußte sie das Bombardement über sich ergehen lassen. Sie wurde schwer verletzt und verschüttet. Ein Arm mußte amputiert werden. Am folgenden Tag erlag sie ihren Verwundungen. Italienische Gefangene, die die Tochter ihres Königs erkannt hatten, merkten sich ihr Grab und setzten später, als sie befreit wurden, ein schlichtes Holzkreuz darauf, in das sie den Namen der Toten geschnitzt hatten. So konnte die Familie erfahren, wo der Leidensweg der Prinzessin geendet hatte.

Prinz Philipp war vom Führerhauptquartier aus nach Berlin in das Gestapo-Gefängnis in der Prinz-Albrecht-Straße gebracht worden. Von dort aus wurde er in das Konzentrationslager Flossenbürg in der Oberpfalz eingeliefert, um nahezu zwanzig Monate in Einzelhaft gehalten zu werden. Im April 1945 transportierte man ihn nach Dachau, wo die Gestapo prominente Häftlinge sammelte, unter ihnen der frühere österreichische Bundeskanzler Dr. Schuschnigg, Generaloberst Halder, General v. Falkenhausen, Hjalmar Schacht, der ehemalige französische Ministerpräsident Léon Blum, Weihbischof Neuhäusler und auch Prinz Friedrich Leopold von Preußen. Beim Heranrücken der amerikanischen Truppen wollte man die Häftlinge, insgesamt eine Gruppe von 136 Personen, in die Alpen verschleppen. Man gelangte mit ihnen bis ins oberste Pustertal. Eine Einheit der Wehrmacht befreite sie aus den Händen der SS. Für Philipp von Hessen aber war die Freiheit noch nicht angebrochen. Er war Oberpräsident der Provinz Hessen-Nassau gewesen. Grund genug für die Amerikaner, ihn festzuhalten. Der Leidensweg, der ihn auf Befehl Hitlers über »Prinz-Albrecht-Straße« — Flossenbürg — Dachau geführt hatte, ging — nun unter US-Befehl — weiter durch zwanzig Gefängnisse und Internierungslager. Erst 1948 gewann er die Freiheit wieder. Es war am Neujahrstag.

Anfang April 1945 standen die Amerikaner vor Blankenburg. Der Harz wurde vom Oberkommando der Wehrmacht zur Festung erklärt. Seine Verteidigung übernahm die 11. Armee. US-Truppen stießen am Nordrand des Gebirges und zwischen Harz und Thüringer Wald Richtung Magdeburg und Elbe vor. Ein Kessel entstand; wir waren eingeschlossen. Um uns tobte die Schlacht. Zur Verstärkung unserer Truppen wurde die Division »Potsdam« herangeführt. Unsere Soldaten kämpften mit bewundernswertem Mut. Sie wußten genau wie wir alle, daß nicht nur der Krieg verloren, sondern auch der Sinn dieser letzten Kämpfe gegen die westlichen Alliierten zweifelhaft war, in einem Augenblick, wo es allein darauf ankam, im Osten gegen die Russen zu halten. Sie folgten ihren Befehlen.

Die Stadt Blankenburg lag unter Artilleriebeschuß. Auch aus der Luft wurde das einst so friedliche Harzstädtchen angegriffen. Ein Lazarett wurde getroffen. Wir übernahmen die Verwundeten. Es war ein trauriger Zug, der sich langsam zum Schloß heraufbewegte. Wer nur eben kriechen konnte, mußte zu Fuß gehen; Fahrzeuge für den Verwundetentransport waren kaum vorhanden. Auch aus der Kampflinie wurden die Verwundeten zu uns gebracht. Ich half, die Schwerverwundeten vom Wagen herunternehmen. Sie befanden sich in einem erbarmungswürdigen Zustand.

Das hoch über der Stadt gelegene Schloß glich nun einem Ameisenhaufen. Ein Getümmel, wie in einer Schutzburg des Mittelalters. Außer den Flüchtlingen hatten nun fast hundert Familien aus dem Ort und der Umgebung bei uns Schutz gesucht. Auch französische Kriegsgefangene waren gekommen. Sie hatten in der Nachbarschaft und auch bei uns gearbeitet. Gerüchtweise verlautete, daß man die Absicht hegte, sie beim Herannahen der feindlichen Armeen zu verschleppen und zu töten. Mein Mann hatte ihnen sagen lassen, daß sie im Ernstfall bei uns Zuflucht finden könnten. Als dann die ersten Vorbereitungen für ihren Abtransport bekannt wurden, kamen sie zu uns herauf. Wir versteckten sie in den Kellern. Ihre Unteroffiziere übergaben meinem Mann die Testamente, die ihre Kameraden verfaßt hatten. Ich höre noch, wie er zu ihnen sagte, er freue sich über ihr Vertrauen, er wolle die Schriftstücke auch aufbewahren, doch er glaube, sie, die Gefangenen, kämen alle eher hier heil heraus als wir.

Bei den Fliegerangriffen halfen die Franzosen, die alten Leute, Kranke und Kinder in die Keller hinunter- und heraufzutragen. Sie waren immer hilfsbereit. Wegen der vielen Verwundeten wollte mein Mann die Fahne der Genfer Konvention, das »Rote Kreuz«, hissen lassen. Ein fanatischer Militärarzt widersetzte sich dem. »Das werde ich nie dulden«, verkündete er. »Das sieht so aus, als wenn Ihr Schloß geschützt werden soll!«

In den Kellergewölben des Schlosses lagerten unersetzliche Kunstschätze. Dr. Kurt Seeleke, der Braunschweiger Denkmalspfleger, hatte sie aus den Kirchen Braunschweigs und dem Herzog-Ulrich-Museum vor den Bomben gerettet. Da waren van Dycks, Jordaens', Ruisdaels, Rubens', Steens, auch Vermeers »Mädchen mit dem Weinglas«, Rembrandts »Gewitterlandschaft«, Holbeins »Bildnis des Kaufmanns Kale«. Kustos Seeleke war verzweifelt, daß diese Schätze, die er nur mit größter Mühe aus Braunschweig gerettet hatte, nun doch noch der Vernichtung ausgesetzt sein sollten. Er machte einen Vorstoß beim Kampfkommandanten, die Stadt Blankenburg wegen ihrer Lazarette und der Kunstschätze zu räumen. Er wußte, daß er seinen Kopf riskierte. Der auf dem Marktplatz errichtete Galgen redete seine eigene Sprache. Es kam zu einer erregten Auseinandersetzung mit dem Kommandanten. Dr. Seeleke glaubte, es sei alles verloren. Doch wenig später kam der General zu uns aufs Schloß gefahren. Das Ergebnis seiner kurzen Besichtigung war: das Schloß wurde nicht in die Kampflinie einbezogen, wurde nicht verteidigt.

Als der feindliche Angriff auf Stadt und Schloß Blankenburg anrollte, und der Beschuß durch Artillerie und Tiefflieger seinen Höhepunkt erreichte, haben wir mit Hilfe eines Bettlakens eine behelfsmäßige Rote-Kreuz-Fahne im Schloßhof ausgelegt, ohne uns weiter um das ergangene Verbot zu kümmern. Es war anders nicht mehr zu verantworten.

Zwischen zwei Fliegerangriffen lief ich zu einer benachbarten Wirtschaft, um Lebensmittel zu holen. Plötzlich wurde ich ein merkwürdiges Geräusch gewahr, das ich noch nie gehört hatte. Ich blieb stehen und bog einige Zweige zur Seite, um zu sehen, was es sein mochte. Ich erblickte eine Kolonne Russen, Gefangene, die sich nur mühsam fortschleppten. Sie wurden von SS-Wachen durch den Wald getrieben. Ein Schuß fiel, dann mehrere. Ich sah Gefangene zusammenbrechen. Grauenhaft! Unaussprechlicher Ekel erfaßte mich.

Die amerikanischen Truppen drangen weiter vor, der Kessel wurde enger. Am 20. April erfolgte die Gefangennahme des Oberkommandos der 11. Armee. Auch Blankenburg fiel. Wild und wahllos um sich schießend kamen die Amerikaner zum Schloß herauf. So wie man sich gemeinhin Cowboys in Texas vorstellt. Doch das war nur die eine Seite. Ihre Kommandanten benahmen sich absolut korrekt. Die Mannschaften standen ihnen hierin kaum nach.

Die erste drängende Frage, die sich nach der Besetzung ergab, war die der Versprengten und einiger SS-Männer und Hitlerjungen, die einzeln oder in Gruppen, wie Freischärler, auf eigene Faust noch gegen die amerikanischen Truppen Widerstand leisteten. Das bewaldete und schluchtenreiche Harzer Mittelgebirge bot ihnen ein geeignetes Operationsgebiet. US-Offiziere wurden deswegen bei meinem Mann vorstellig. Sie legten dar, welche Gefahren sich aus dem Partisanenkrieg ergeben würden. Allein schon die Verpflegung der Widerständler aus den Dörfern und Höfen würde zwangsläufig zu Repressalien gegen die Zivilbevölkerung führen. Mein Mann war sofort bereit, alles zu tun, um die drohende Gefahr abzuwenden. Er fragte, ob die Freischärler, wenn sie die Waffen niederlegten, wie reguläre Soldaten behandelt, also in Kriegsgefangenschaft gebracht und weder erschossen noch bestraft würden. Nachdem ihm dies zugesichert war, sagte er zu, mit Hilfe seiner Förster Verbindung zu den Widerständlern aufzunehmen. Die Amerikaner hoben für ihn zu diesem Zweck das allgemein angeordnete drastische Ausgehverbot auf, und mein Mann ging ans Werk. Zunächst suchte er alle unsere Förster auf und erbat ihre Mithilfe bei dieser nicht gerade ungefährlichen Aktion. Dann bemühten sie sich, die sich versteckt haltenden Kämpfer zur Aufgabe der sinnlosen »Werwolf«-Tätigkeit zu veranlassen. Tag für Tag waren mein Mann und meine Söhne unterwegs. Das Ergebnis ihrer Mühen war, daß sehr schnell Ruhe einkehrte und, von einigen wenigen Ausnahmen abgesehen, in unserem Gebiet weitere Opfer nicht mehr zu beklagen waren.

Die Amerikaner waren kaum einmarschiert, da fuhren Engländer bei uns vor, unter ihnen ein General. Ihr Interesse galt einer Anzahl Kisten, die auf Anordnung des Auswärtigen Amtes auf dem Schloß abgeladen und in Kellerräumen untergestellt worden waren. Uns war bedeutet worden, daß es sich um ausgelagertes Aktenmaterial handele, das man auf verschiedene Schlösser verteile. Genaueres wußten wir nicht, insbesondere nicht über den Inhalt der Kisten. Das wußten aber, wie wir zu unserem Erstaunen vernahmen, die Engländer. Der General bemerkte, bei den Akten handele es sich um Abschriften, deren Originale wieder woanders deponiert worden seien. Er erklärte die Kisten für beschlagnahmt, er würde sie abholen lassen.

An einem der nächsten Tage — mein Mann war wieder wegen der »Befriedungs«-Aktion unterwegs — meldete mir der Diener zwei Amerikaner. Ich sagte, mein Mann ist nicht da, und meine Söhne sind auch fort, da erübrigt es sich wohl, daß sie mich sehen wollen. Er kam zurück, die beiden Soldaten bestünden darauf, mit mir zu sprechen. Ich ging also zu ihnen. Sie waren sehr unterschiedlich in ihrem Äußeren. Der eine groß und stattlich; der andere klein und wenig vorteilhaft aussehend. Der Kleine begann sofort das Gespräch: »Wir wissen, daß Sie Akten in Ihrem Keller haben.« Ich entgegnete: »Ihre Bundesgenossen, die Engländer, waren hier und haben das ebenfalls festgestellt. Sie haben alles beschlagnahmt und werden es abholen.« Daraufhin meinte mein Gesprächspartner: »Das ist uns völlig einerlei, was die Engländer da gemacht haben. Wir sind Amerikaner, und wir haben die Sachen zu übernehmen.« Er setzte hinzu: »Wir transportieren alles sofort ab.«

Der Schlüssel zu dem Keller, in dem die Kisten lagerten, befand sich bei einem älteren Herrn in der Stadt. Die beiden Amerikaner forderten mich auf, in ihrem Jeep mit dorthin zu fahren. Ich entgegnete ihnen: »Entschuldigen Sie, das werde ich nicht tun. Wenn Sie meinen, daß ich Sie begleiten soll, dann gehen wir zu Fuß.« Wir gingen. Auf dem Weg sagte der Größere der beiden: »Ich war dabei, als Ihr Bruder August Wilhelm festgenommen wurde.« Ich war nicht wenig überrascht und hörte nun, wie man ihn bei Frankfurt verhaftet hatte. Zu meiner nicht geringen Überraschung fuhr mein Gesprächspartner fort: »Ich kenne auch Ihren ältesten Bruder, ich habe mit ihm Golf gespielt.« Ich fragte: »Wieso, etwa in England?« Er antwortete: »Nein, in Wannsee. Ich stamme aus Glienicke, bin da geboren und auch von Pfarrer Bassange konfirmiert.« Ich bemerkte: »Ja, also, wenn Sie da aufgewachsen sind, dann können wir vielleicht auch deutsch sprechen.« So unterhielten wir uns nun weiter in unserer deutschen Muttersprache. Er erzählte, daß er direkt hinter Cecilienhof gewohnt hatte. Ich kannte das Viertel natürlich sehr gut. Die Familien Mendelssohn und andere hatten dort ihre schönen Villen gehabt bis hinauf zur Villa des alten Prinzen Alexander von Preußen.

Als wir wieder auf dem Schloß anlangten, traf gerade auch mein Mann mit unserem Sohn Georg Wilhelm ein. Ich erklärte ihnen, welches Anliegen die Amerikaner hätten. Georg Wilhelm sagte leise zu mir, er müsse mich unbedingt allein sprechen. Er fragte mich, wer der große Amerikaner sei. Ich sagte, daß er keinen Namen genannt hätte, aber aus Potsdam stamme und nach seinen Andeutungen wohl jüdischer Abstammung wäre. Mein Sohn fand, der Amerikaner habe eine so frappante Ähnlichkeit mit einem Kameraden, mit dem er in Torgau zusammen gestanden hatte, daß er meinen möchte, er müsse ein Zwillingsbruder sein. Er hat den Amerikaner dann darauf angesprochen und gefragt, ob da eine Verwandtschaft mit seinem Kameraden Frhr. v. Thüngen sei. Der Amerikaner antwortete: »Ja, meine Mutter ist eine geborene Thüngen. Ich hätte es nicht nötig gehabt zu gehen. Da aber meine Eltern auswanderten, bin ich mitgegangen.«

Die beiden Amerikaner ließen Lastwagen kommen. Stück für Stück wurden die Kisten aufgeladen. Unter den Fahrern befanden sich Neger. Ich hatte noch nie einen Neger mit Stahlhelm gesehen. Der erste Eindruck war recht merkwürdig. Dann hat man sich ja an diesen Anblick gewöhnt. Die Schwarzen waren freundlich und gutmütig. Zu unseren Leuten sagten sie: »Wir Sklaven, Ihr jetzt Sklaven!« Eine einfache Formel. — Nach einigen Tagen kamen die Engländer wieder, um die Aktenkisten abzutransportieren. Mein Mann konnte nur auf die leeren Kellerräume verweisen und sagen, daß ihre Alliierten das Werk schon besorgt hätten. Es gab recht lange Gesichter.

Zu meinen Erinnerungen an die Zeit der US-Besatzung zählt auch jenes Unternehmen, das durch meine Tochter Friederike ausgelöst worden war. Sie hatte über das amerikanische Hauptquartier Nachforschungen über unseren Verbleib angestellt. Verschiedene Trupps waren daraufhin in Marsch gesetzt worden, und einer nach dem anderen traf bei uns ein. Wir hatten den Eindruck, als wenn sie — typisch amerikanisch — ein Wettrennen, eine Art »Sternfahrt«, veranstalteten, wer von ihnen uns zuerst aufspürte. Mit großem Getöse stürmten die ersten zu uns herein. Wir wußten nicht, wie uns geschah. Es sah aus wie ein Überfall. Dann drückte man uns einen Zettel in die Hand: »Hier lesen Sie das alles durch, Ihre Tochter erkundigt sich nach Ihnen!« Wir gaben die gewünschte Auskunft über unser Ergehen. Dann stürzten sie wieder zu ihrem Jeep, und ab ging's in rasender Fahrt. Nach ein paar Stunden kamen die Nächsten angebraust. Wieder dieselbe Frage. Doch welche Enttäuschung: »Sie waren nicht die Ersten.«

Die amerikanische Besatzung hat sich ausgezeichnet geführt. Die Kommandeure haben viel Verständnis für die Bevölkerung gezeigt. Sie transportierten Kranke, die das Krankenhaus aufsuchen mußten, stellten Nahrungsmittel zur Verfügung, gaben Schutz gegen Überfälle plündernder Fremdarbeiter, halfen, wo es nötig und möglich war. Bei den Engländern, die sie ablösten, war das anders. Es war für alle ein merklicher Rückschlag. Besonders der Colonel, der im Raum Blankenburg den Befehl führte, benahm sich bemerkenswert schlecht. Er stellte den Herrn und Sieger heraus, schikanierte die Bevölkerung, wo er nur konnte. Er erschien auch bei uns im Schloßhof. Die Reitpeitsche in der Hand, befahl er meinem Mann und mir, uns in seinem Dienstzimmer zu melden. Dort ließ er uns, während er sich wichtig in seinem Stuhl räkelte, vor dem Schreibtisch stehen, um meinen Mann anzufahren: »Ich kann Sie sofort erschießen lassen! Sie haben Waffen versteckt!« Es ist sicherlich keine geläufige Vorstellung, daß ein Colonel der englischen Armee einen Prinzen von Großbritannien und Irland erschießen läßt. Heute kann man über die Situation nur lächelnd den Kopf schütteln. Damals war uns anders zumute. Mein Mann versuchte, dem Obersten klarzumachen, daß er nur das getan habe, was die Amerikaner angeordnet hatten. Wir hatten ihnen alle unsere Waffen abliefern müssen, und die US-Soldaten hatten sie in einem Zimmer auf dem Schloß eingesperrt. Den Schlüssel hatten sie mit zur Kommandantur genommen. Unwirsch unterbrach der Colonel immer wieder meinen Mann. Als er das Verhör beendete, geschah das nicht ohne den Hinweis, daß die Sache nicht zu Ende sei. Wir haben allerdings nichts wieder davon gehört. Er hat sicher auch von Anbeginn gewußt, daß wir im Recht waren und er keine Handhabe gegen uns hatte.

In keinem Vergleich zu dem Benehmen dieses Obersten stand das der regionalen Militärbehörden in Hannover, die mit uns Verbindung aufnahmen. Die Offiziere, die von dort kamen, waren korrekt und freundlich, wenngleich auch sie den Handschlag verweigerten. »No fraternization!« Mein Mann, dessen ritterlichem Denken es entsprach, auch dem Feind die Hand nicht zu verweigern, war wie wir alle davon zunächst merklich betroffen. Einige Jahre später ließen sich in Hannover zwei Engländer bei mir melden. Als sie mir gegenübertraten, wußte ich, daß ich sie schon einmal gesehen hatte. Ich erfuhr, daß sie in Blankenburg bei uns gewesen waren. Sie sagten, sie hätten etwas auf dem Herzen, möchten etwas abbitten. Wie sie damals mit ihrem Chef auf Schloß Blankenburg gewesen seien, hätten sie gesehen, wie dieser uns die Hand verweigerte. Es wäre für sie unfaßlich gewesen, aber er hätte sich eben an seine Befehle gehalten. Sie hätten sich geschämt, zu derartigem Benehmen gezwungen gewesen zu sein.

Von Hannover erhielten wir den Hinweis, es wäre zweckmäßig für uns, Blankenburg zu verlassen. Man sagte nicht, daß der Russe käme. Daß die Westalliierten auf der Potsdamer Konferenz Stalin weite, von ihren Truppen eroberte Gebiete ausgeliefert hatten, zu denen auch der Ostharz gehörte, war nicht bekanntgegeben worden. Aber es gab Gerüchte, die von einer Vorverlegung der sowjetischen Besatzungsgrenze nach Westen sprachen. So genügte der Rat, um uns die drohende Gefahr zur Gewißheit werden zu lassen.

Mein Mann verständigte unsere Nachbarn von dem, was wir gehört hatten. Er fuhr auch nach Roßla, wo sich Prinzessin Hermine aufhielt. Nach dem Tode meines Vaters war sie wieder auf ihren Besitz Saabor in Schlesien zurückgekehrt. Im großen Flüchtlingsstrom gelangte sie Anfang 1945 zu ihrer Schwester Ida, die mit Fürst Christoph Martin zu Stolberg-Roßla verheiratet war, auf deren dem Kyffhäuser gegenüberelegenes Anwesen. Prinzessin Hermine schenkte der Nachricht, die mein Mann überbrachte, keinen Glauben. Das dortige Gebiet war von amerikanischen Truppen besetzt, deren Besatzungszone sich zu dieser Zeit über Halle und Leipzig hinaus bis an die Elbe erstreckte. Mein Mann sagte zu ihr: »Du darfst hier nicht bleiben, es ist ausgeschlossen, du mußt fort.« Sie erwiderte: »Die Russen werden nicht kommen. Das wird nie passieren. Im übrigen würden die Amerikaner es schon sagen, wenn es anders wird.« Mein Mann drang auf eine Abreise: »Du mußt doch bedenken, wer du bist; du darfst doch nicht in die

Hände der Russen fallen.« Ihre Antwort war: »Ich habe mir nichts vorzuwerfen. Ich bleibe hier.«

Die Russen kamen. Die Amerikaner hatten nicht gewarnt. Prinzessin Hermine wurde von russischer Militärpolizei verhaftet. Nach langer Zeit tauchte sie in Frankfurt an der Oder wieder auf. Dort lebte sie in einem Haus am Stadtrand, bewacht von sowjetischem Militär. Im August 1947 ist Prinzessin Hermine gestorben. »Ein plötzlicher Herzschlag erlöste sie aus Ungewißheit und tiefem seelischem Leid«, hieß es in dem Nachruf ihres Sohnes Prinz Ferdinand von Schoenaich-Carolath. »Die Erfüllung ihres Herzenswunsches, ihre geliebte Heimat wiederzusehen und bei ihren Kindern sein zu können, erlebte sie nicht mehr.«

Wie Prinzessin Hermine haben auch viele andere falsche Vorstellungen von der Haltung der Westalliierten gegenüber den Sowjets gehabt. Niemand hielt es für wahrscheinlich, daß die Regierungen der USA und Englands von ihren Armeen erobertes Territorium den Sowjets ausliefern würden. Auch Stalin selbst nicht! Dieses bisher streng gehütete Geheimnis haben vor kurzem veröffentlichte Dokumente der Potsdamer Konferenz offenbart. Auch in Blankenburg glaubte man nicht so recht an eine Auslieferung der Stadt an die Russen. Dennoch machte sich mancher auf den Weg, und es wären wohl noch mehrere gegangen, hätten wohl noch mehrere ihre Habe mitgenommen, wenn der örtliche Kommandant nicht auch hierbei schikanöse Schwierigkeiten bereitet hätte.

Wir packten also. Das war keine leichte Arbeit, denn auf Blankenburg befand sich auch zahlreiches Gut, das mein Mann, um es vor den Bomben zu schützen, nach hier hatte auslagern lassen, so aus Schloß Herrenhausen. Auf einmal ließ sich das alles gar nicht bewältigen. Unsere Wagen fuhren mehrere Male. Teilweise transportierten sie unersetzliche Werte an Kunstgegenständen. Das war auch der Grund, warum die englische Besatzungsbehörde in Hannover einen Begleitschutz durch sogenannte »Scouts« stellte.

Unser Ziel war die Marienburg. Zunächst nahmen die Wagen bei ihrem Hin und Her den Weg auf den normalen Verkehrsstraßen am Nordrand des Harzes. Aber eines Tages standen wir vor russischen Schildern. Die Sowjets waren da! Da mußten wir über den Oberharz fahren und versuchen, von Tanne herunter Blankenburg zu erreichen. Bei dem miserablen Zustand, in dem sich Straßen und Wagen befanden, glich das einem Abenteuer. Immer lag man fest, und ein Fahrzeug mußte eine Steigung heraufgezogen werden. Und dabei brannte uns die

Zeit unter den Nägeln. Wir hörten, der Russe stünde schon in Thale, also knapp 10 km vor Blankenburg. Dann besetzten die Russen auch Blankenburg. Wir hatten längst nicht alles retten können. Den Rest mußten wir aufgeben. Schluß.

15. Kapitel

AUF DER MARIENBURG

Bei unserem Abschied von Blankenburg war mein Mann unser aller Halt. Ich wußte, wie bitter schwer er sich von seinem Wald trennte, den er mit so großer Liebe bewirtschaftet hatte, gerade nun, da die Früchte seiner Arbeit heranwuchsen. Doch immer wieder betonte er, wieviel besser wir es im Vergleich zu Millionen anderer Flüchtlinge hätten, da wir immer noch ein eigenes Heim besäßen und uns auch unsere Kinder erhalten geblieben wären. Trotz des schmerzlichen Verlustes unseres geliebten Blankenburg sah er es als eine wohlgemeinte Fügung an, daß wir nicht in die Fremde gehen mußten, sondern in das Land seiner Väter zurückkehrten.

Mit dem Umzug zur Marienburg stand wieder einmal die Aufgabe vor uns, ein neues Domizil bewohnbar zu machen — wie einst in Rathenow, wie das Braunschweiger Residenzschloß, wie in Gmunden die Villa »Weinberg« und wie Schloß Blankenburg. Was auf der Marienburg an Problemen auf uns zukam, übertraf jedoch alles Bisherige. Das lag allein schon daran, daß es in der ersten Nachkriegszeit an jeglichem Material fehlte. Das Schloß war im vorigen Jahrhundert nach einem Entwurf des Baumeisters Conrad Wilhelm Haase im spätgotischen Burgstil erbaut worden. Ihren Namen trägt die Burg nach der Königin Marie von Hannover, der das Grundstück und die zur Errichtung des Schlosses erforderlichen Mittel von ihrem Gemahl, König Georg V., geschenkt worden waren. Der Bau des Schlosses, das der Königin als »erquicklicher Sommersitz« hatte dienen sollen, wurde 1857 begonnen, aber nicht ganz vollendet. Die unglücklichen Ereignisse des Jahres 1866 traten dazwischen. Zwar diente es für kurze Zeit Königin Marie als vorübergehender Aufenthaltsort. Seit 1867 war es jedoch unbewohnt geblieben. Nur der Kastellan lebte dort. Für die königstreuen Hannoveraner bedeutete die Marienburg in den folgenden Jahrzehnten ein Zentrum traditioneller Erinnerung.

Mein Mann und ich hatten die Marienburg gelegentlich besucht, im Sommer, für ein paar Tage. Wir hatten uns hierfür zwei Zimmer zurechtmachen lassen. Das war alles. Nun mußte sie als Dauerwohnung hergerichtet werden. Wie eh und je machte sich mein Mann ans Planen und Einrichten. Zunächst erst einmal behelfsmäßig. Die kleine Küche wurde in Betrieb genommen und auf einem winzigen Herd gekocht. Ich habe mich immer gewundert, wie man mit solch einer Miniaturausgabe das Essen für unsere ganze Familie, für Gäste und Flüchtlinge, die zu uns kamen, bereiten konnte. Es ging. Kanonenöfen wurden zur Beheizung aufgestellt. Wie überall, so ragten auch bei uns die Ofenrohre zum Fenster hinaus. Die Beleuchtung bestand in vielen Zimmern aus Kerzen. Elektrisches Licht war nur in begrenztem Umfang gelegt worden. Wir trösteten uns damit, daß die Stromversorgung sowieso zumeist abgeschaltet war. Wir ertrugen das alles gern. Wir waren nicht den Sowjets in die Hände gefallen. Das war die Hauptsache.

Für uns selbst wurde nur ein Teil der Burg eingerichtet. Die große Zahl der Räume bewohnten Flüchtlinge. Das Gebäude glich einem Heerlager. Dieser Charakter wurde noch durch die drohenden Überfälle von Banden früherer polnischer Zwangsarbeiter unterstrichen. — Aus der Umgebung, aus Rössing, Nordstemmen, Heyersum, bis nach Wülfingen hin, kamen Landleute, die darin wetteiferten, uns mit dem Notwendigsten zu versehen. Ihnen haben wir es zu verdanken, daß wir über die ersten schwierigen Zeiten überhaupt hinwegkamen. Ich werde diese treuen Helfer nie vergessen. — Mit der Zeit verließen die Flüchtlingsfamilien die Burg und zogen nach Hannover oder ließen sich in den Dörfern der Umgebung nieder. Ganz allmählich haben wir ein Zimmer nach dem anderen besser ausgestalten können. Mein Mann sortierte unter unserem Besitz das aus, was für die Einrichtung geeignet war. Bilder, Gobelins, Porzellane. Und schließlich fühlten wir uns auf der Marienburg zu Hause.

Mein erstes großes, eindrucksvolles Erlebnis nach den Schrecken des Krieges und des Zusammenbruchs war ein Konzert der Berliner Philharmoniker unter der Meisterhand des jungen rumänischen Dirigenten Celibidache. Es fand in Celle statt. Da kein anderer Raum zur Verfügung stand, hatte man kurz entschlossen die große Reithalle des Gestüts zum Konzertsaal bestimmt. Dort, wo sonst die berühmten Celler Hengste zugeritten werden, war das Podium aufgebaut. Die Stühle, denen man ansah, daß sie von überall zusammengetragen waren, standen im Sand der Reitbahn. Bald war dieses für eine Konzertdarbietung absonderliche Arrangement vergessen. Die herrliche Musik nahm uns in ihren Bann und trug uns fort. Wie sehr hatten wir nach ihr gehungert. Sie riß uns aus dem trüben Alltag hinauf in die Sphären des Reinen und Schönen. Es war wie eine Erlösung.

Als mein Mann und ich zurückfuhren, still in die dunkle Nacht hinein, trafen sich unsere Gedanken in der Dankbarkeit für diese Offenbarung der Musik. Erinnerungen kamen aus jener Zeit, da uns die Nähe der Kunst etwas Selbstverständliches gewesen war. Ich dachte an Furtwängler und Karajan. Deutlich stand Enrico Caruso wieder vor mir, wie einst, als ich seinen herrlichen Tenor bei den Konzerten im Neuen Palais hörte. Dort hatte ich auch Geraldine Farrar, die gefeierte Sopranistin der Berliner Hofoper, erlebt. Ich sah Lotte Lehmann, der ich in Gmunden am Hof meiner Schwiegereltern und in Salzburg begegnet war. Welch wunderbares Fluidum war von den Festspielen dort ausgegangen! Ich hörte wieder das Pfitzner-Quartett, das so oft bei uns in Gmunden gewesen war, und auch das virtuose Klavierspiel Professor Burmeisters. Und Bayreuth! Richard Wagner! Wie auf Flügeln schwebten die Darbietungen der schönen Musen, die ich erleben durfte, an mir vorbei. Die phänomenale Anna Pawlowa, deren zu höchster Vollendung gediehene Ballettkunst ich in Braunschweig hatte bewundern können. Das »Ballet Russe« mit der Karsawina und Wazlaw Nischinskij, das ich zusammen mit meinem Vater in Berlin sah. Ein wundersamer bunter Reigen erhabener Schönheit geleitete meinen Mann und mich auf dieser Fahrt zur Marienburg. Celibidache und die Philharmoniker hatten uns weit mehr gegeben als nur ein Konzert. —

Langsam regte sich wieder das Leben. Die Lähmung, die unser Volk nach dem Inferno des Zusammenbruchs befallen hatte, wich Schritt für Schritt. Erste Ansätze einer Neuordnung wurden erkennbar, und unversehens traten deren Probleme auch an meinen Mann heran. Man sprach davon, ihn mit dem Amt des Oberpräsidenten der Provinz Hannover zu betrauen. Aber dieser Plan blieb nur Fragment. Vieles hätte für meinen Mann dagegengestanden, nicht zuletzt sein Grundsatz, dem er bis zuletzt gefolgt ist, sich nicht in die Parteipolitik zu begeben. Sie war nach seiner Überzeugung nicht der Boden, auf dem er, der Chef des Hauses Hannover, tätig zu werden hatte. Die Verbundenheit des Hauses mit der Bevölkerung ist in einem langen historischen Prozeß gewachsen, sie umschließt Bande zu allen Schichten und Parteien. Mein Mann wollte für alle da sein und dabei nicht durch Rücksichten auf politische Gruppen oder gar Befehle gebunden sein. Als Hinrich Wilhelm Kopf zum Oberpräsidenten der Provinz Hannover ernannt wurde, sagte ihm der englische Gebietskommissar, Brigadier Lingham: »Die Forderungen, die ich an Sie zu stellen habe, werden Ihnen wahrscheinlich teilweise widerwärtig (›distasteful‹) sein. Aber ich erwarte, daß meine Befehle ausgeführt werden.« Das wäre kein Amt für meinen Mann gewesen.

Der Sozialdemokrat Kopf fand bald ein vertrauensvolles Verhältnis zu meinem Mann. Das gilt auch für maßgebliche Persönlichkeiten der anderen politischen Gruppen, wenn man von den Kommunisten absieht, die damals von den westlichen Besatzungsmächten noch als regierungsfähig betrachtet wurden. Heinrich Hellwege und Dr. Seebohm gehörten zu denen, die sich gern mit meinem Mann aussprachen. Aber er blieb unabhängig. Kopf kam und unterbreitete ihm den Plan, unter Einbeziehung der Länder Braunschweig, Lippe-Detmold, Oldenburg und Schaumburg-Lippe einen neuen Staat zu schaffen. Mein Mann war dagegen. Er ließ sich dabei nicht von dynastischen Überlegungen leiten. Er wünschte einfach nicht, daß unter der Militärregierung eine staatliche Neuordnung durchgeführt würde, durch die einzelne Länder ihre seit Hunderten von Jahren bestehende Selbständigkeit einbüßten. Das Land Hannover hatte einst durch die Hand des Siegers seine Existenz verloren; er war dagegen, daß sich das nun — und noch dazu von Hannover ausgehend — wiederholte. Man könnte sagen, daß war wenig fortschrittlich gedacht. Das mag zutreffen. Der Grundzug im Denken meines Mannes war eben Loyalität. Kopf bat ihn, seinen Plan nach England weiterzuleiten. Er willigte ein, setzte aber sogleich hinzu, daß er auch seine abweichende Ansicht mitgeben werde.

Wir haben Kopf geschätzt. Er, den man den »roten Welfen« nannte, imponierte durch seine pragmatische, von starrer Parteidoktrin weit entfernte Art des Regierens. Daß wir in einzelnen Fragen oft anderer Meinung waren als er, hat dem kaum Abbruch getan. In seiner urwüchsigen Art, einer mit Bauernschläue, um nicht zu sagen Pfiffigkeit gepaarten Bonhomie, mit seinem Talent, die Grenzen des Möglichen und Erreichbaren zu erkennen, sahen wir in ihm einen guten Regierungschef. Nicht vergessen möchte ich seinen Humor und seine Lust am Frotzeln. Einmal saß ich neben ihm auf einem traditionellen Schützenfest. Er hatte eine Puppe erstanden, wie sie üblicherweise bei solcher Gelegenheit als Schießprämie angeboten werden, einen knallroten kleinen Teufel. Kopf fragte, ob er sie mir dedizieren dürfe. Ich schlug das aus: »Das wundert mich sehr, Herr Ministerpräsident, das ist doch I h r e Farbe!« Er entfernte sich und kehrte mit einer Trachtenpuppe zurück. »Ist d i e recht«, fragte er, »schwarz-weiß?!«. »Ja«, entgegnete ich, »schwarz-weiß«. Und indem ich auf das Trachtenhütchen wies, sagte ich: »Aber auch grün. Grün als die Hoffnung, daß es wiederkehren möge.« Kopf stutzte. Dann verschwand er aufs neue. Als er nun wiederkam, brachte er mir Blumen — gelb und weiß. »Der Landesmutter«, sagte er.

Während wir auf dem Gebiet der Parteipolitik Zurückhaltung übten, widmeten wir uns den sozialen Belangen. Wir sahen hierin eine

Verpflichtung. In dieser Arbeit erhielt unser Leben wieder Zweck und Sinn. Die drückenden Sorgen waren damals der Flüchtlingsstrom und die Demontage. Es schien keinen Lichtblick zu geben. Mein Mann hörte in jener Zeit einen Vortrag von Professor Wagemann, dem früheren Präsidenten des Statistischen Reichsamtes. Der Nationalökonom verkündete eine Theorie, die vielen als absurd erschien, daß nämlich das Anwachsen der Bevölkerung durch den Zustrom der Millionen aus Mittel- und Ostdeutschland sich in Zukunft durchaus positiv auswirken könne, er wage sogar zu sagen, daß hierdurch eine für Westdeutschland geradezu optimale Bevölkerungsdichte entstehen könne. Wir haben diese Theorie, die sich in späteren Jahren in Gestalt des Wirtschaftswunders in einem solch unwahrscheinlichen Maße als richtig erweisen sollte, wiederholt erörtert. Wir meinten, das mag theoretisch schon zutreffen, aber wenn die Demontage der deutschen Industrie Tausende und aber Tausende von Arbeitsplätzen zerstört, während gleichzeitig die Flüchtlingsbewegung aus dem Osten anhält, was soll dann werden? Arbeitet diese furchtbare Not nicht dem Kommunismus in die Hände?

Mein Mann setzte alle seine Möglichkeiten ein, um der Demontage entgegenzuwirken. So bemühte er sich u. a. um die Erhaltung der früheren Reichswerke in Salzgitter, unterstützte die Anstrengungen, die von Dr.-Ing. Rheinländer und Dr. Strickrodt zur Rettung des Werkes unternommen wurden. Wiederholt wurde er in den Jahren 1947 bis 1950 beim englischen Hochkommissar und bei dessen Beauftragten vorstellig, um das Unternehmen zu erhalten und die Not im Salzgittergebiet zu mildern. Im Frühsommer 1950 gelang es, den Griechenland zugesprochenen Hochofen vor der Demontage zu bewahren. Nach langwierigen Verhandlungen erteilten die Hochkommissare ihre Einwilligung zu einem Kompensationsvertrag mit der griechischen Regierung, der Salzgitter den Hochofen gegen Lieferung anderer Wirtschaftsgüter beließ. Weitere Bemühungen führten dazu, daß Demontagegut, das schon in Hamburg zur Verschiffung lagerte, zurückgekauft werden konnte. 1951 trat man an mich heran. Jetzt ging es um eine Vermittlung in Athen. Rund 100 000 Tonnen Demontagegüter, die sich bereits in Griechenland befanden, sollten zurückerworben werden. Wir haben uns sofort dafür eingesetzt. Schon im Herbst desselben Jahres konnten die Verhandlungen mit dem griechischen Ministerpräsidenten zu einem erfolgreichen Ende geführt werden.

In der Folgezeit stand der Wiederaufbau der Hüttenwerke zur Debatte. In Begleitung von Direktor Frei, der mir aus meiner sozialen Arbeit bekannt war, suchte uns die bekannte amerikanische Schriftstellerin Freda Utley auf der Marienburg auf. Zwei Bücher, die sie gerade veröffentlicht hatte, standen im Mittelpunkt einer weltweiten Diskussion. In ihrem Werk »The China Story«, dessen deutsche Ausgabe unter dem Titel »Drama China« erschienen war, hatte sie die katastrophale Ostasienpolitik der USA aufgedeckt, von der General MacArthur gesagt hatte: »Es war der größte Fehler in hundert Jahren pazifischer Politik, die Kommunisten in China zur Macht kommen zu lassen. Dafür werden wir hundert Jahre lang zu bezahlen haben.« Eine prophetische Voraussage, wie wir heute wissen. Im amerikanischen Senat war die Bedeutung des China-Buches Freda Utleys mit Emile Zolas historischem »J'accuse!« verglichen worden. Ihre profunden Kenntnisse stammten nicht zuletzt aus den Jahren, in denen sie als Korrespondentin des »News Chronicle« in China gewesen war. 1948/49 hatte sie ein Auftrag von »Reader's Digest« und der »Foundation for Foreign Affairs« ins geteilte Nachkriegsdeutschland geführt. Ihre Erkenntnisse hatte sie in dem Buch »Kostspielige Rache« — »The high Cost of Vengeance« — niedergelegt. Sie wollte, wie sie sagte, »das amerikanische Volk darüber aufklären, was in seinem Namen und meist ohne sein Wissen einer besiegten Nation angetan worden ist.«

Nicht ohne berechtigten Stolz wies Freda Utley bei ihrem Besuch auf der Marienburg darauf hin, daß seit dem Erscheinen ihres Deutschland-Buches eine radikale Änderung in der Einstellung der USA zu den Deutschen eingetreten sei. In der speziellen Frage der Hüttenwerke in Salzgitter setzte sie sich gemeinsam mit amerikanischen Freunden in Washington bei Mitgliedern des Senats für die Genehmigung des Wiederaufbaus über den Europäischen Wirtschaftsrat, die OEEC, ein. Wir waren beeindruckt von den wirtschaftlichen und wirtschaftspolitischen Kenntnissen der Amerikanerin. Selbstverständlich stellte mein Mann die von ihm erbetene Unterstützung zur Verfügung.

Frau Utley war eine interessante Frau. Sie stammte aus einer bekannten sozialistischen Familie Englands. Ihr Vater war Sekretär der »Fabian Society« und ein Freund Bernard Shaws und des Ehepaares Webb gewesen. Ihr Lehrer war Bertrand Russell. Verheiratet war sie mit einem russischen Diplomaten. Als dieser 1936 einer der Stalinschen »Säuberungen« zum Opfer fiel, floh sie mit ihrem Sohn aus Rußland. Das Erleben in Rußland bestimmte ihren weiteren Lebensweg. Sie hatte das Wesen des Kommunismus erkannt. Ein bemerkenswertes Frauenschicksal.

Die unbeschreibliche Not im Zonenrandgebiet beschäftigte uns in vielerlei Hinsicht. Nicht nur, daß wir uns für die Erhaltung der Arbeitsplätze einsetzten, wie in Salzgitter oder, um ein anderes Beispiel zu nennen, bei den Blaupunkt-Werken, wo mein Mann es erreichen konnte, daß die bereits beschlossene Verlegung des Werkes Hildesheim in den Südwesten nicht stattfand. Die Verhältnisse im Raum Salzgitter gaben auch den Anstoß zu einem Sozialwerk, das genannt zu werden verdient. Ich hatte den ganzen Jammer der Bevölkerung dieses Gebietes gesehen und miterlebt. Keine Arbeit, kein Essen. Verzweifelte Männer, ausgezehrte Mütter, hohlwangige Kinder. Hier m u ß t e geholfen werden. Der Gedanke entstand, die Kinder aus dem Elend herauszuholen und sich körperlich und seelisch erholen zu lassen. Erfahrungen des Jugenddorfes Limmer und Überlegungen der Alfelder Architektin Anneliese Peck veranlaßten meinen Mann und mich, ein Sozialwerk ins Leben zu rufen, das diese Aufgabe übernehmen sollte: die Kinderfreiplatzspende. Daß dabei auch an Kinder aus Berlin, das zu jener Zeit besonders schwer zu leiden hatte, gedacht wurde, ergab sich von selbst. Ein Aufruf des »Niedersächsischen Frauenbundes« wurde erlassen: »Mütter helft den Müttern — Helft unserer Kinderfreiplatzspende — Öffnet Euren Familienkreis für Kinder aus Berlin und dem Salzgittergebiet — Öffnet unseren Kindern Eure Häuser und Eure mütterlichen Herzen!«

Dem anlaufenden Sozialwerk wurde in dem eingetragenen Verein »Niedersächsische Kinderfreiplatzspende« feste Gestalt gegeben. In seiner Satzung wurde der Vereinszweck wie folgt festgelegt:

»Die Niedersächsische Kinderfreiplatzspende e. V. ist gegründet worden, um deutschen Kindern aus Großstädten und Industriebezirken alljährlich auf dem Lande und in der Kleinstadt die notwendige kostenlose Erholungszeit zu verschaffen. Sie stellt hierdurch die Verbindung zwischen Stadt und Land her, sie entlastet die städtische Mutter und schafft dieser die Aussicht, während der Wachstumszeit dem Kinde einen gesundheitlichen Neuaufbau zu ermöglichen.«

Für den Vorstand der Kinderfreiplatzspende stellten sich Landrat Dr. Neddenriep, Frau Martha Hoepfner, Bauer Ernst Ostermann aus Ohlendorf, Frau Agnes v. Grone-Westerbrak und Bundesminister Dr. Seebohm, letzterer als 2. Vorsitzender, zur Verfügung. Ich selbst übernahm den 1. Vorsitz. Mein Mann hatte das so gewünscht, und ich war sehr damit einverstanden. Ich wollte nicht als sogenannte Protektorin über den Dingen schweben, sondern selbst mit anfassen. Fräulein Peck, in deren Hand die Geschäftsführung gelegt wurde, hat mich dabei ausgezeichnet unterstützt. Ihr ganzes Denken galt nur der Sorge für die Kinder.

Ich fuhr durchs Land und warb, oft von Hof zu Hof fahrend, Freiplätze, hielt Vorträge und interessierte Spender für die Aufbringung der notwendigen Geldmittel. Viele tausend Kilometer bin ich in jedem Jahr gefahren. Überall fand ich Hilfsbereitschaft. Im Land Hadeln, in der Lüneburger Heide, der Wesermarsch, im Kreis Diepholz, der Grafschaft Bentheim, in Südhannover — kurz in ganz Niedersachsen. Nicht zuletzt die Bauern an der Zonengrenze, etwa im Kreise Lüchow-Dannenberg, waren es, die sich besonders aufgeschlossen zeigten. Sie kannten die Not aus der Nähe. Es geschah auch, daß ich vor einem Bauernhaus stand, das ich auf Grund einer Empfehlung aufsuchen wollte, und mich fragte, darf ich da überhaupt hineingehen, der Bauer ist doch gefallen, oder die Bäuerin hat ihre Söhne verloren. Und dann sagten mir diese Frauen: Schicken Sie auch mir bitte Kinder, auch ich möchte mithelfen.

Es war ein beglückendes Gefühl, für die notleidenden Kinder schaffen zu können und zu sehen, wie viele Helfer es in allen Landesteilen gab. Viele der Kinder, die uns vom Hauptjugendamt Berlin, von Sozialämtern, Wohlfahrtsverbänden und anderen karitativen Organisationen anvertraut wurden, hatten bemitleidenswerte Schicksale zu tragen. Die Papiere, in denen einige wenige Aufzeichnungen über die Lebensumstände, aus denen die Kinder kamen, stichwortartig festgehalten wurden, waren Dokumente der sozialen Not jener Epoche. Da las man: »Vater gefallen, Mutter lebt mit 6 Kindern von Sozialunterstützung« — »Vater seit 3 Jahren erwerbslos« — »Ehe geschieden, Vater zahlt monatlich 18 Mark Unterhalt je Kind« — »Mutter lebt mit 4 Kindern in Westdeutschland, Vater arbeitet im Osten und kann nur Ostgeld senden« — »Vater verschollen, Mutter ernährt 5 Kinder als Fräserin« — »Familie mit 9 Kindern lebt mit einer Unterstützung von 59 DM wöchentlich.«

Eine Jahresstatistik über die häuslichen Verhältnisse der Kinder ergab:

24,5 % die Väter gefallen, vermißt oder verschleppt
36,1 % die Väter arbeitslos
 8,6 % Flüchtlinge
16,3 % aus kinderreichen Familien
14,5 % gesundheitliche Gesichtspunkte maßgebend.

Eröffnung der Kinderfreiplatzspende in Bad Nenndorf.
Im Grenzdurchgangslager Friedland (links neben Herzogin Viktoria Luise K. Adenauer).

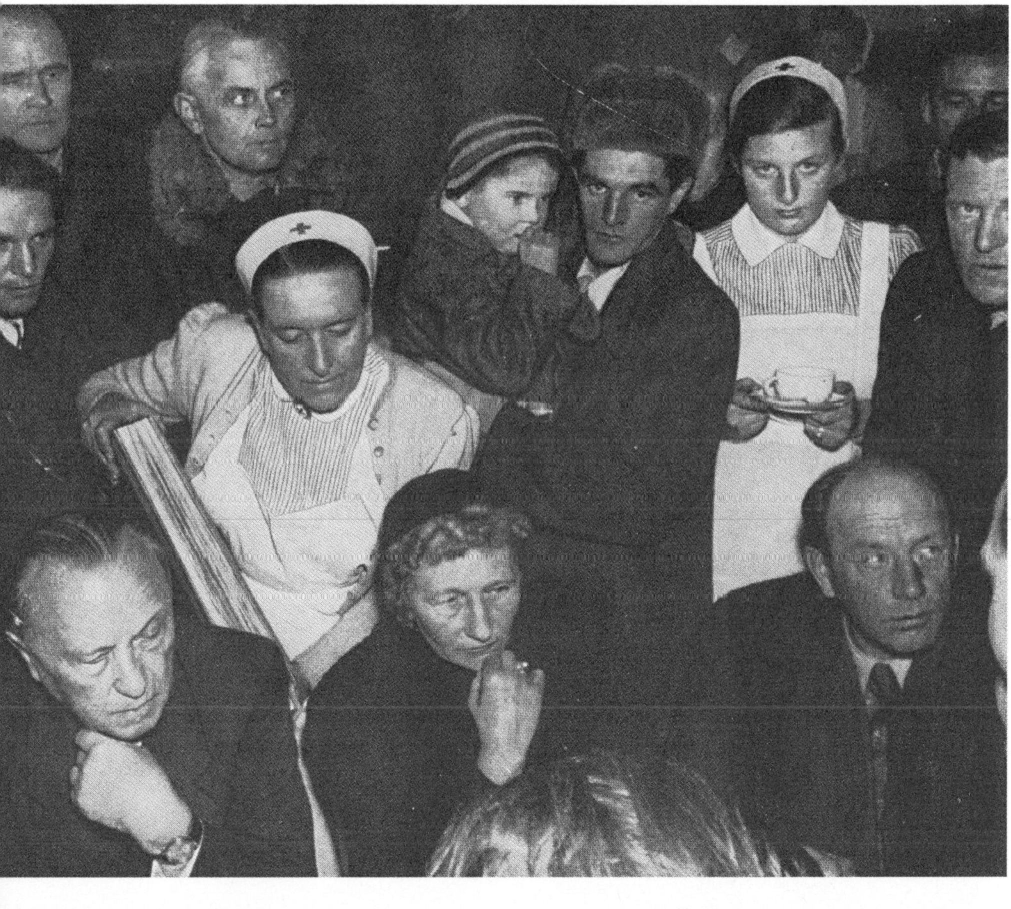

Ankunft in Berlin zur Feier des 100. Geburtstages des Kaisers mit Prinz Louis Ferdinand und Prinzessin Kira von Preußen.

Im Kreis der hannoverschen Schützen.

»Tag der Bundeswehr« (rechts Minister Dr. Hofmeister).

Mit Albert Schweitzer
in Günsbach.

Zum 80. Geburtstag bei Ina Seidel.

Auf der Marienburg. Von links Landesbischof D. Lilje, Otto von Habsburg.

Unsere Zeit ist schnellebig. Wer denkt noch an die Not der ersten Nachkriegsjahre! Doch ich erinnere mich, in welcher Verfassung sich die Kleinen befanden, wenn sie bei uns eintrafen. Nach ihrem Aufenthalt auf den Höfen oder in den Freizeitlagern Rodendorf und Wernershöhe, bei kräftiger Ernährung, Spiel, Sport und frohen Erlebnissen in Familie und Kameradschaft, glaubte man kaum, noch dieselben Kinder vor sich zu haben. Strahlend standen die Jungen und Mädel dann beim Abschied um mich. Frisch und braungebrannt waren sie von den Höfen in der Heide, aus dem Harz, dem Weserbergland, aus dem Oldenburger Land, von der Küste, oder wo immer sie gewesen sein mochten, zurückgekehrt. Ihr Gepäck vermochten sie kaum zu tragen, so viel war ihnen mit auf die Reise gegeben worden an Essen und Geschenken, und manch einer war von Kopf bis Fuß neu eingekleidet. Ein großes Erzählen hub an, von Pferden, Enten, Treckern, Booten und Wanderungen, von einer Welt, die sie bisher kaum dem Hörensagen nach gekannt hatten. Welch schöne Genugtuung war es, die Kinder so gesund und munter den Weg nach Hause antreten lassen zu können.

Das Werk der Kinderfreiplatzspende gedieh so gut, daß nach der Zeit des Anlaufs allein in den beiden Jahren 1952 und 1953 mehr als 180 000 Ferientage vermittelt werden konnten. Ein bemerkenswertes Ergebnis für eine freiwillige Hilfsaktion. Es drängt mich daher, noch einmal all den ungenannten Helfern zu danken, ohne deren Unterstützung das Werk nicht hätte gelingen können. Aber wie könnte ich sie alle nennen? Ihre Zahl ist Legion. Ich möchte es mir jedoch nicht versagen, einiger Persönlichkeiten und Institutionen Erwähnung zu tun. Hervorragend haben u. a. die Landfrauenvereine mitgewirkt, die Arbeiterwohlfahrt, Soldaten-, Kriegsbeschädigten- und Heimkehrerverbände, ländliche Reitervereine, Kreise der evangelischen Kirche und des Roten Kreuzes, sowie die Caritas. Aus der Wirtschaft kam finanzielle Unterstützung. Bedeutende Namen wie Dr.-Ing. Carl Deilmann, VW-Chef Professor Nordhoff, Christian Kuhlemann, Carl Heimbs, Generaldirektor Dr. Wolfgang Bode, Karl Benscheidt wären neben vielen anderen zu erwähnen. Ausländische Hilfe wurde uns aus Schweden von der Gräfin Hamilton, von Arne Torgensen und seinen Mitarbeitern von der »Norwegischen Europa-Hilfe« und Miß Stevenson, die als »Engel von Uelzen« bekannt wurde, vom »Save the Children Fund«, zuteil.

Bei diesem großen Hilfswerk gab es keine Schranken der Nationalität, Partei oder Konfession. Der damalige Bundesminister Heinrich Hellwege unterstützte mich so gut wie der sozialdemokratische Oberbürgermeister der Stadt Hannover, Wilhelm Weber. Zu Beginn einer unserer Besprechungen sagte Weber, mit dem ausgezeichnet zu arbeiten war, zu mir: »So, Frau Herzogin, nun setzen Sie sich wieder neben Ihren roten Oberbürgermeister, und dann sprechen wir über unsere Kinder.« In Bonn erhielt ich zuerst Hilfe von Jakob Kaiser, dem Minister für gesamtdeutsche Fragen. Er war persönlich sehr liebenswürdig, wirkte jedoch etwas streng, fast puritanisch. Was er mir zusagte, hat er peinlich genau gehalten. Das ist im übrigen auch von Dr. Thedieck, dem Staatssekretär im Ministerium Kaiser, zu sagen.

Großes Interesse an der Kinderfreiplatzspende nahm die Gemahlin des damaligen Bundespräsidenten, Elly Heuss-Knapp. Während ich Theodor Heuss mehrere Male begegnet bin, habe ich sie leider nur das eine Mal gesehen, als wir uns in Bonn, in der Villa »Hammerschmidt«, über mein Sozialwerk berieten. Ihr Vater war der bekannte Straßburger Agrarhistoriker und Nationalökonom Georg Friedrich Knapp. Mein Bruder August Wilhelm, der in Straßburg studierte, hatte gelegentlich von ihm und seiner interessanten Geldwerttheorie erzählt. Die Mutter von Frau Heuss entstammte einem alten georgischen Adelsgeschlecht. Elly Heuss-Knapp war eine überaus liebenswerte Frau, dazu hochbegabt und an den Vorgängen des öffentlichen Lebens rege interessiert. Heuss hatte sie bei ihrem gemeinsamen Lehrer Friedrich Naumann kennengelernt. Sie verkörperte keineswegs den Typ der politischen Frau. »Alles Doktrinäre liegt ihrem Naturell fern«, sagte Theodor Heuss von ihr, »aber vor einer unmittelbaren und fordernden Aufgabe entzündet sich Pflichtsinn und Eifer. ... Das rasche und sichere Eingreifen, das um fremde Schicksale auch mit Wagemut Sichkümmern, entspricht ihrer Natur.« Das von ihr betreute Müttergenesungswerk war eine solche Aufgabe.

Eine unsagbar anrührende Mütterlichkeit ging von ihr aus. Fast ergreifend war die sich dem Besucher spontan offenbarende Harmonie ihrer Ehe. »Du mußt der Frau Herzogin das kleine Bild zeigen, das da oben im Zimmer hängt. Es ist ein Bild des Braunschweiger Doms, dort bin ich doch getauft worden.« Theodor Heuss holte es herbei. Erinnerungen wurden ausgetauscht. Es war, als wenn man in ein Knäuel hineingreift und gleich hundert Fäden in der Hand hat. Heuss schrieb mir im übrigen handschriftlich, ganz im guten alten Stil. Ich empfand es als bemerkenswert, daß er sich das nicht nehmen ließ. Vor meinem Besuch hatte mir Frau Heuss mitgeteilt, sie sei mit einer Gelbsucht noch nicht ganz fertig geworden. »Bisher liege ich den meisten Teil des Tages fest,

aber man kann doch sagen, daß die Genesung langsam fortschreitet.«
Ich sah, daß die Krankheit sie noch nicht verlassen hatte. Ein Vierteljahr später wurde sie aus ihrem segensreichen Wirken abberufen. —

Hervorheben muß ich die Arbeit, die Bundesminister Dr. Seebohm
für die Kinderfreiplatzspende geleistet hat. Er stand immer zur Verfügung, war immer da, wenn er gebraucht wurde. Ich habe mich nicht
nur einmal gefragt, wie er bei seiner notorischen Arbeitsüberlastung das
alles schaffen konnte. Mein Mann und ich waren glücklich, daß er uns
jederzeit helfend zur Seite stand. Im Januar 1953 brachte mein Mann
das in einem Schreiben an ihn zum Ausdruck, in dem es hieß:

»Wenn Sie in so schöner Form des Wirkens meiner Frau gedenken,
und wenn uns beide Freude und Dankbarkeit über die großen Erfolge
dieser sozialen Arbeit erfüllt, dann wissen wir, daß die Leistungen dieses Liebeswerkes nur möglich wurden durch die Treue der Menschen unserer Heimat und durch ihren rastlosen Einsatz in allen Sorgen um das
Gelingen vieler Pläne. Für alle Hilfe, die Sie meiner Frau immer
schenken, danke ich Ihnen und verbinde damit den herzlichen Wunsch,
daß aus dem guten Zusammenwirken der Jugend ein Segen erwachsen möge.

Ich weiß, daß meine Frau sehr glücklich darüber ist, durch die Niedersächsische Kinderfreiplatzspende eine soziale Aufgabe im Lande erfüllen zu können, sie hat sie sich aufgebaut, und dieses Heimatwerk soll
das Werk ihres Lebens sein und auf breitester Basis von der Opferbe-
reitschaft und dem Verantwortungsbewußtsein aller Kräfte, die guten
Willens sind, getragen sein.

Ihnen, lieber Herr Doktor Seebohm, bin ich von Herzen dankbar,
daß Sie meiner Frau immer mit Rat und Tat in der Erfüllung ihrer
Pflichten als Vorsitzende der Niedersächsischen Kinderfreiplatzspende
zur Seite stehen. Möge auch Ihnen diese Arbeit in der Fülle Ihrer vielen Aufgaben Freude schenken!«

Als mein Mann diesen Brief schrieb, war er erst kurze Zeit aus dem
»Friederikenstift« in Hannover zurückgekehrt, wo er eines fortschreitenden Gefäßleidens wegen von Dr. Dercum behandelt wurde. Zur Taufe
unserer Enkelin Marie, der ältesten Tochter unseres Sohnes Ernst August,
war er wieder auf die Marienburg gekommen. Ernst August hatte 1951
Prinzessin Ortrud von Schleswig-Holstein-Sonderburg-Glücksburg geheiratet. Auch Georg Wilhelm war nun schon längere Zeit verheiratet mit der
reizenden Sophia von Griechenland, der Witwe meines gefallenen Vet-

ters Christoph von Hessen. Georg Wilhelm hatte in Wien und Göttingen studiert und bei Professor Kraus mit einer Dissertation über die völkerrechtliche Stellung Deutschlands nach der Kapitulation promoviert. Von Kurt Hahn war ihm danach die Leitung der Salemer Schule angetragen worden. Mehr als zehn Jahre seines gereiften Mannesalters hat er dort der Erziehung der Jugend gewidmet, die anders als zu der Zeit, da er selbst Schüler in Salem gewesen war, mit Skepsis und Zweifeln in den grundlegenden Lebensfragen die Schulpforte betrat. Unser Sohn Christian absolvierte in Hann.-Münden das Studium der Forstwissenschaft, Welf Heinrich, der Jüngste, wurde Jurist.

Unsere Tochter war inzwischen Königin von Griechenland geworden. Ihr Gemahl hatte im April 1947 nach dem Tod seines Bruders den Thron bestiegen. König Georg hatte nur noch eine kurze Zeit in Griechenland leben können. Die verfehlte alliierte Politik gegenüber der kommunistischen Partisanenbewegung hatte in Griechenland zum Bürgerkrieg geführt. Schließlich wurde eine Volksabstimmung durchgeführt, und während die von sowjetischer Seite unterstützte kommunistische »Befreiungsfront«, die EAM, noch mit Waffengewalt um die Macht kämpfte, entschied sich die griechische Bevölkerung im September 1946 für die Monarchie. Im selben Monat waren der König, Kronprinz Paul und Friederike nach Athen zurückgekehrt. Der Bürgerkrieg dauerte bis 1949 an. Dann erst gaben die letzten Aufständischen des Generals Markos auf. Die Beendigung des Bürgerkrieges und die Heilung der durch ihn gerissenen Wunden waren die ersten großen Aufgaben, die sich dem neuen König stellten. Über die Tatkraft, mit der Friederike dabei geholfen hat, brauche ich nichts zu sagen, sie ist weit über die Grenzen Griechenlands hinweg bekannt geworden.

Bevor wir Friederike zum ersten Mal wiedersahen, besuchte uns der Ministerpräsident der Südafrikanischen Union, Jan Christian Smuts, der während ihrer Emigrationszeit in Kapstadt ihr Gastgeber gewesen war. Smuts hatte sich in London aufgehalten und machte einen Abstecher zur Marienburg, um uns von unserer Tochter und unseren griechischen Enkelkindern zu erzählen. Der alte Burengeneral, der im Kriege und in der Politik so manche Schlacht geschlagen hatte, überraschte uns nicht nur mit seinem Besuch, sondern auch mit einem strahlenden Charme, wie man ihm selten begegnet. Er plauderte, als seien wir seit Jahrzehnten miteinander befreundet. Wir wußten, wieviel unsere Tochter ihm in den schweren Jahren ihres Exils zu verdanken gehabt hatte und waren froh, dem Ministerpräsidenten auch unsererseits Dank sagen zu können. In seiner jovialen Art umarmte mich Smuts. »Und das«, sagte er dabei, »ist ein Kuß von Ihrer Tochter.«

Ende Januar 1953 kam König Paul gelegentlich einer Reise nach England zu einem kurzen Besuch auf die Burg. Er sah, wie schlecht es um meinen Mann stand und entschloß sich zu bleiben. Mein Schwiegersohn war mir in den nun folgenden Tagen ein großer Trost. Friederike und er hatten schon geholfen, als sich einige Zeit zuvor bei meinem Mann ein schweres Augenleiden eingestellt hatte. Auf ihren Rat hatten wir den Genfer Spezialisten Professor Franceschetti konsultiert. Eine Operation gelang sehr gut, die zweite war vergeblich und auf einer Seite kam das Augenlicht nicht wieder. Für meinen Mann war das eine furchtbare Prüfung. Er überstand sie bewundernswürdig, verlor nicht einmal den Humor. Bei einem Jagdaufenthalt in der Grünau konnte er sogar wieder dem Waidwerk nachgehen. Ich empfand mit ihm, wußte, was es dem alten Jäger bedeutete, als er wieder den ersten Hirsch zur Strecke brachte. Doch schon beim nächsten Aufenthalt am Almsee erlitt mein Mann eine schwere Lungenentzündung. Wir gaben ihn in die ärztliche Obhut von Primar Dr. Freimüller nach Wels. In rührender Liebe pflegten die Schwestern vom »Heiligen Kreuz«, in deren Pflege auch ich mich begeben habe, als ich später wegen eines schweren Skiunfalls vom dortigen Oberarzt Dr. Winetzhammer behandelt wurde. Aus München kam unser langjähriger treuer Arzt Professor Störmer. Bald stellte sich Besserung ein. Doch ganz erholt hat sich mein Mann nicht. Im Herbst 1952 war er noch einmal in unserem geliebten »Hubertihaus«. Wir fühlten, es war ein Abschiednehmen für immer. In den ersten Wochen des folgenden Jahres versagten dann die körperlichen Kräfte.

Mein Mann wußte, daß es dem Ende zuging. Er fragte die ihn betreuende Ärztin, wieviel Tage er noch zu erwarten habe. Er sagte: »Ich habe ein schönes Leben gelebt. Ich werde den letzten Rest meines Lebens tapfer durchstehen.« Mit unbeschreiblicher Gefaßtheit traf er die letzten Anordnungen. Einzeln nahm er Abschied von den Mitgliedern unserer Familie. Und auch von seinen Beratern und allen Bediensteten verabschiedete er sich persönlich und bedankte sich bei jedem einzelnen für die ihm geleisteten Dienste. Telegrafisch verabschiedete sich der Herzog von denen, die ihm besonders nahegestanden hatten. Einer von ihnen war der greise Kronprinz Ruprecht von Bayern. In großer Anhänglichkeit war mein Mann der bayerischen Familie, die ihm einst den Eintritt in die deutsche Armee ermöglicht hatte, sein ganzes Leben lang verbunden gewesen. Er trug mir auf, dem Chef des bayerischen Hauses seine letzten Grüße zu übermitteln mit seinem Dank für die schönsten Jahre seines Soldatenlebens, in München bei den Schweren Reitern. Der letzte Gruß schloß mit den Worten: »Bis zum letzten Atemzug bleibe ich dem Prinzregenten und dem Haus Wittelsbach dankbar!«

Ich stand auch in den letzten Stunden an der Seite meines Mannes. Das Letzte, was er sagte, war: »Jetzt muß ich die letzte Hürde nehmen, aber Gott wird mir helfen!«

Die gelb-weiße Fahne über den Zinnen der Marienburg ging auf halbmast. Meine Welt war zerbrochen. —

In der großen Halle im Hauptturm der Burg wurde der tote Welfenfürst aufgebahrt. Wie von ihm angeordnet, war er mit der Uniform der Braunschweiger Husaren bekleidet. Tausende aus allen Schichten der Bevölkerung kamen, um von dem Toten Abschied zu nehmen. Auch der 86jährige Ludwig Alpers aus Bremervörde, der Treueste der Treuen unter den Anhängern des Welfenhauses, war gekommen. Als er vor seinen toten Fürsten hintrat, konnte man ahnen, daß mit dem Herzog ein Stück deutscher Geschichte zu Grabe getragen wurde.

Der alte Pastor Ostermann, einst Hofprediger in Gmunden, hielt die Trauerandacht. Dann wurde der mit der Fahne des Hauses Hannover bedeckte Sarg, auf dem die Husarenpelzmütze und der Degen meines Mannes niedergelegt waren, hinausgetragen. Zu den Trägern gehörten auch meine vier Söhne. Der Sarg wurde in den Braunschweiger Dom überführt. Am Portal des ehrwürdigen Gotteshauses hatten Deputationen mit leuchtenden Fackeln Aufstellung genommen. Vor der Gruft Heinrichs des Löwen wurde der Sarg aufgebahrt. Mitglieder der braunschweigischen Ritterschaft und braunschweigische Schützen übernahmen die Ehrenwache. Vor dem Katafalk lag als mein letzter Gruß ein Kranz aus Teerosen und Flieder. Landesbischof Erdmann, dem mein Mann sehr zugetan war, hielt die Andacht.

Vom Dom führte der letzte Weg des Herzogs vorbei an Tausenden in ehrfürchtiger Trauer verharrender Braunschweiger nach Hannover. In der alten Haupt- und Residenzstadt der Könige von Hannover läuteten die Glocken, als der Herzog zum letzten Mal Einzug hielt. Der Weg führte zur Marktkirche. Die Dunkelheit war schon eingebrochen, und die Calenberger Ritterschaft, hannoversche Schützen und Angehörige des Welfenbundes geleiteten den Zug mit lodernden Fackeln. Im kerzenerleuchteten Inneren der Kirche wurde der Sarg zum Altar hinaufgetragen.

Am kommenden Tag nahmen die Hannoveraner Abschied. Ein Bericht sagte hierüber:

»Als das Mittagsgeläut vom Turm der Kirche erklingt, stehen Hunderte von Menschen im und vor dem Portal der Marktkirche im frostigen Februarwinde. Dichtgedrängt harren sie stumm und geduldig auf Einlaß, Menschen im Werkkleid oder im Gewand der Trauer. Neben der blauen Arbeitsmütze glänzt der hohe Hut; Frauen und Männer, jung und alt sind gekommen, dem Toten die letzte Ehre zu erweisen.

Nur langsam vollzieht sich der Eintritt in die Kirche. Wortlos läßt ein hochgewachsener Polizeibeamter die Besucher einzeln durch; dann und wann muß er die Arme ausbreiten, und ein leises Lächeln fliegt über seine Züge, als ein kleines Frauchen ungebeugt unter seiner Achsel hindurchgeht.

Die Kondolenzlisten in der Vorhalle zeigen schon Tausende von Namenseintragungen, einer gibt dem anderen das Schreibzeug in die Hand, dann treten die Menschen in das hohe feierliche Kirchenschiff. Von der Orgelempore und den Seitenwänden hängen die Flaggentücher der welfischen Hausfahne nieder, deren Bilder und Insignien in ein Jahrtausend deutscher und niedersächsischer Geschichte zurückweisen.

Nur Fuß vor Fuß rückt die Kette der Besucher vor, im rechten Seitenschiff nähern sie sich der Aufbahrung, vorüber an der großen Zahl von Kränzen, deren Schleifen gekrönte Insignien oder Farben, Zeichen und Grußworte von treuverbundenen Organisationen tragen.

Reglos harren zu beiden Seiten des Sarges die Ehrenwachen, je vier Schützen und vier Mitglieder der Ritterschaften. Leiser Zugwind läßt dann und wann die vier alten Reiterstandarten der Hannoverschen Armee sich rühren.

Vor den gelb-weiß geschmückten Kränzen der Angehörigen liegen die Kränze des Bundespräsidenten, der Bundesregierung, des Niedersächsischen Ministerpräsidenten und der Landesregierung mit den Farben des Bundes.

Langsam bewegt sich der endlose Zug vorüber. Manche treten aus der Reihe, falten die Hände und neigen den Kopf zu einem stillen Gebet. Und dann verharren sie noch auf den Sitzplätzen, versunken in Anblick und Andacht dieser Stunde. Kleines Reisegepäck zu ihren Füßen verrät, daß sie von draußen gekommen sind, irgendwoher aus dem weiten Niedersachsenlande, um stillen Abschied von einem wahrhaften Edelmann und Fürsten zu nehmen.

Bis in die Dunkelheit des Abends defilierten die Menschen am Sarg des Herzogs vorüber. Als um 21 Uhr die Kirche geschlossen wurde, mochten es Zehntausende gewesen sein.«

Mein Mann hatte als letzte Ruhestätte den Berggarten in Herrenhausen bestimmt. Er hatte zu mir gesagt: »Ich will in Gottes schöner Natur liegen, und Kinder sollen um mein Grab spielen.« Der 6. Februar 1953 war der Tag, an dem mein Mann seinen Weg dorthin antrat.

Dichtes Schneetreiben umhüllte die Marktkirche. Regungslos, Kopf an Kopf, umstand eine trauernde Menge das Gotteshaus, da nicht alle Einlaß hatten finden können. Doch es war Vorsorge getroffen, daß auch sie die Trauerfeier mit der ergreifenden Rede von Landesbischof Lilje mitanhören konnten. Noch einmal möchte ich einem Bericht das Wort geben:

»Am seitlichen Portal warteten vor dem mit rotem Samt ausgeschlagenen Trauerwagen sechs Schimmel in Paradegeschirr, in Ruhe gehalten von Bereitern und Begleitern zu Fuß, in der traditionellen roten königlich-hannoverschen Uniform. Ein Vorreiter mit schwarzem, goldbetreßten Dreispitz wird den Trauerzug anführen. Wie durch einen Schleier der Unwirklichkeit sieht man dieses Bild einer vergangenen Zeit noch einmal zum Leben erweckt, um Abschied zu nehmen von dem letzten regierenden deutschen Fürsten.

Jetzt läuten dunkel die Glocken, das Seitenportal öffnet sich, und der Sarg wird herausgetragen. Als er auf dem Wagen steht, bedeckt mit der Welfenfahne, teilen sich plötzlich die Wolken, und einen Augenblick lang glänzt ein Sonnenstrahl auf der Kirche und auf der gelb-weißen Fahne. Gleich darauf schneit es wieder, dicht und still.

Der Vorreiter setzt sich in Bewegung, ihm folgen die Adelsmarschälle in roter und schwarzer Uniform mit dem Ordenskissen. Ihnen folgen die sechs Schimmel, welche den Wagen ziehen. Zu jeder Seite die Träger, Angehörige ländlicher Reitervereine, in langen schwarzen Pelerinen. Hinter dem Sarg gehen die Söhne des Herzogs, König Paul von Griechenland, der Abgesandte der Königin von England, viele deutsche und ausländische Fürstlichkeiten und Abordnungen. Die tiefverschleierte Herzogin-Witwe folgt mit ihren beiden Schwiegertöchtern sowie den Schwestern des Herzogs, Prinzessin Olga von Hannover und Großherzogin Alexandra von Mecklenburg, in mehreren Wagen, eskortiert von Gmundener Förstern in ihrer heimatlichen Bergtracht.

Eintausend Schützen mit ihren Fahnen, ländliche Reitervereine und viele Abordnungen mit ihren Standarten bilden einen kilometerlangen Trauerzug, der sich durch die Altstadt, über den Königsworther Platz, durch die Herrenhäuser Allee bis zum Berggarten bewegte. Zum ersten Mal, seit vor hundert Jahren, 1851, König Ernst August von Hannover beigesetzt wurde, war das Königstor zum Berggarten wieder geöffnet, um einen Welfenfürsten einzulassen.«

Jäger bliesen das Halali. Abschied für immer. Nicht für mich. Mir blieb die tröstliche Gewißheit, daß ich dereinst an der Seite meines Mannes ruhen kann. —

16. KAPITEL

LEBENDIGE VERGANGENHEIT

Ein neuer Abschnitt meines Lebens begann. Der Letzte.

Im Jahr nach dem Tode meines Mannes zwangen mich die verän-
derten Verhältnisse in unserer Familie, die Kinderfreiplatzspende aufzugeben. Aus kleinsten Anfängen entstanden, war sie zu einem großen, gut
arbeitenden Sozialwerk angewachsen. Wieder zwei Jahre später nötigten
mich die gleichen Umstände, die Marienburg zu verlassen. Wehen Herzens trennte ich mich von dem Platz, an dem für mich die Erinnerungen
der letzten Jahre des Zusammenseins mit meinem Mann hingen.

Wieder einmal mußte ich umziehen. Wieder einmal mußte ein Haus
neu gerichtet werden. Doch wie anders war es als einst. Die sorgende
und ordnende Hand meines Mannes fehlte überall. Was immer ich
überlegte, alle Gedanken führten zu ihm, tausend Dinge, die er einstmals bedacht und geplant hatte, traten wieder vor mich hin. Ich war
verzweifelt.

Einziger Trost war mir die Liebe, mit der ich in Braunschweig, wohin ich mich nun wandte, aufgenommen wurde. Das Residenzschloß, in
das wir bei unserem Regierungsantritt eingezogen waren, stand nur
noch als Ruine. Dieses Mal zog ich in ein Privathaus ein, dessen Eigentümerin, Frau Margarete Haar, glücklich war, mir eine Bleibe bieten zu
können. Zum ersten Mal in meinem Leben wohnte ich jetzt, wenn man
von den wenigen Monaten der Übergangzeit in Rathenow absieht, zur
Miete. Die Eigentümerin, die mit mir empfand, überließ mir das Haus
auf Lebenszeit. So bin ich nach Braunschweig zurückgekehrt. Carl
Heimbs, ein braunschweiger Patriarch und Ehrenbürger seiner Vaterstadt, begrüßte mich mit den Worten:

»Ich möchte der Herzogin von Braunschweig einen herzlichen Will-
kommensgruß sagen. Königliche Hoheit dürfen überzeugt sein, daß die
Herzen aller Braunschweiger Eurer Königlichen Hoheit zufliegen. Die
Freude wird allgemein sein, und ich habe den innigsten Wunsch, daß
Eure Königliche Hoheit sich im geliebten Braunschweig bald wieder
einleben werden und sich recht wohl bei uns fühlen.«

Carl Heimbs fügte seinem Willkommensgruß einen Satz bei, der mir
zum Wegweiser wurde, als ich daran ging, die neue Situation meines
Lebens zu überdenken. Er sagte:

»Die Lage Braunschweigs ist so günstig, daß von hier aus alle Plätze
leicht erreicht werden können, welche Eurer Königlichen Hoheit lieb
und wert sind. Ich glaube, daß dieser Gedanke das Einleben leichter
machen wird.«

Nach einigen Wochen des tastenden Suchens und der Selbstprüfung fand ich mich wieder zurecht. Ich wußte: meine Lebensumstände sind neu — meine Aufgaben aber die alten.

Erneut begab ich mich an die Arbeit. Wenn ich über diesen letzten Abschnitt meines Daseins berichte, muß ich zuvor der Männer Erwähnung tun, die mir, da ich nun für mich allein stand, zur Stütze meines Lebens und meiner Arbeit wurden. Es sind Carl Heimbs, der Senior der braunschweigischen Wirtschaft — Justizminister a. D. Dr. Werner Hofmeister — Dr. habil. Hans Merkel, Präsident des Deutschen Anwaltsvereins — und mein Verleger, Leonhard Schlüter, Inhaber der Göttinger Verlagsanstalt. Mit Wehmut und Dankbarkeit gedenke ich an dieser Stelle des allzufrüh verstorbenen Bundesministers Dr.-Ing. Hans-Christoph Seebohm, dessen treue Hilfe mich zwei Jahrzehnte lang geleitet hat.

Hatte ich meine Organisation der Kinderfreiplatzspende aufgeben müssen, so gab es mir innere Zufriedenheit, daß ich sehen konnte, wie der Gedanke selbst sich ausbreitete und in anderen Institutionen und Verbänden fortlebte und weiter Früchte trug. Auch der unter meiner Schirmherrschaft stehende »Herzogin-Viktoria-Luise-Bund« nahm sich dieser Aufgabe an. Der Bund, der, wie es in seiner Satzung heißt, keine politischen Ziele verfolgt, bezweckt »die Pflege des niedersächsischen Heimatgedankens, die Fürsorge für die heranwachsende Jugend und für alle Schichten der notleidenden Bevölkerung«. Er genießt meine volle Unterstützung. So kann ich weiter daran mitwirken, daß Kinder, Waisen, Alte, Notleidende und Bedürftige betreut, Spendenaktionen für die Sowjetzone veranstaltet, überhaupt überall dort geholfen wird, wo menschliche Not sich offenbart.

Von Anfang an, seit die grauenvolle Vertreibung der Deutschen aus dem Osten begann, habe ich versucht, den bedauernswerten Opfern zu helfen. Seit der ungeheure Flüchtlingsstrom 1945 unser Land erreichte, seit ich diese Menschen in ihrer unsagbaren Not gesehen hatte, bar jeder Habe, in dürftiger Kleidung, hungernd, ohne feste Bleibe, hatte mich ihr Bild nicht mehr zur Ruhe kommen lassen. Ich half Quartiere vermitteln, Massenunterkünfte improvisieren, Nahrungsmittel, Medikamente und Kleidung beschaffen. Wir selbst haben so viele Flüchtlinge aufgenommen, daß die Marienburg bis unters Dach gedrängt voll Menschen war. Mein Mann und ich lenkten die Aufmerksamkeit maßgebender Engländer auf das schreckliche Geschehen, das sich an der Demarkationslinie ereignete. Mit ihnen habe ich dort gestanden, sah in die angsterfüllten, gepeinigten Gesichter der Flüchtlinge. Schüsse der

Rotarmisten peitschten auf, vergewaltigte Frauen brachen in Weinkrämpfen zusammen, Kinder flehten um ein Stück Brot. Das Herz wollte stillstehen beim Anblick dieses Grauens. Kreidebleich, keines Wortes mächtig, standen meine englischen Begleiter da. Fassungslos. An der niedersächsischen Zonengrenze erlebten sie ihr Damaskus, erkannten, wie falsch ihre Vorstellungen von ihren sowjetischen Verbündeten gewesen waren.

In Friedland wurde ein Flüchtlingslager errichtet, aus dem Nichts und zwangsläufig zunächst primitiv. Gerufen von der Not und von der Verantwortung gegenüber dieser Not stellten sich ungezählte Frauen, Mädchen und Männer als Helfer zur Verfügung. Ihnen reihte ich mich ein. Ich hatte keinen offiziellen Auftrag, wußte nur, wo ich in dieser Zeit hingehörte. Am Schlagbaum Besenhausen nahm ich die Flüchtlinge mit in Empfang, ging mit ihnen durch die Lagergassen und in die vollgepferchten Nissenhütten hinein, führte sie zur Kleiderausgabe und half beim Zureichen von Suppe und Brot. Ich fragte den Mann, der aus russischer Kriegsgefangenschaft heimkehrte, womit ihm zu helfen sei, sprach der Mutter, die von Heimat und Haus vertrieben war, Mut zu, tröstete das Kind, das wie Treibholz von der Flut der Unmenschlichkeit angespült war. Das Schicksal dieser geschlagenen, verjagten, heimatlosen Menschen ließ mich nicht los. Ich teilte die Sorgen und Mühen der Männer und Frauen, die sich den Kopf zermarterten, um stärkere und wirksamere Hilfe für die immer neuen Transporte von Vertriebenen und Heimkehrern zu schaffen. Im Lande suchte und fand ich bei Freunden und Bekannten weitere Hilfe. Auch im Ausland. Geld- und Bekleidungsspenden kamen. Und wie glücklich war ich, als es gelungen war, ein Schwedenhaus als Kindergarten zu erhalten.

In Friedland habe ich erlebt, was denen, die aus der Hölle der Gefangenschaft kamen oder ihrer Heimat beraubt waren, die Kirche bedeutete. Ich meinte zu sehen, wie im Angesicht des ungeheuren menschlichen Leids die Trennung der Konfessionen gegenstandslos und wieviel wichtiger es war, an diesem Ort die Einheit im Glauben und die Verbundenheit in der christlichen Nächstenliebe sichtbar zu machen. So habe ich mich denn auch für die Errichtung der katholischen Heimkehrerkirche eingesetzt, habe für sie Geldmittel, Steine und sogar Zement als Spenden beschafft. Enges Denken ließ mich damals wissen, daß eine evangelische Christin solches besser nicht tun sollte. Ich habe entgegnet: Mein Vater hat mich gelehrt, und mein Mann hat mich darin bestärkt, daß ich für alle da zu sein habe, ohne Unterschied des Glaubens.

Als in den ersten Januartagen des Jahres 1954 der große Schub der entlassenen Kriegsgefangenen aus den russischen Lagern eintraf, begegnete ich in Friedland Bundeskanzler Adenauer. Ich hatte ihn zuvor nicht gesehen und kein persönliches Urteil. Ich hatte von der sprichwörtlichen Kälte des »Alten« gehört. Sicher war er ein Politiker mit nüchternem, kalten Verstand. Wie anders sollten auch seine Erfolge als Staatsmann zu erklären sein. Mich hat die Bescheidenheit, mit der er den Heimkehrern gegenübertrat, beeindruckt, die Würde, die in der Einfachheit seines Benehmens zum Ausdruck gelangte. Auch die übervollen Dankesworte, die ihm von den Überlebenden der russischen Schreckenslager gesagt wurden, änderten nichts an seiner schlichten Bescheidenheit. Er malte ihnen auch keine rosigen Bilder von der Zukunft, die sie erwartete. Keine Übertreibung. Man mußte es ihm glauben, als er die Heimkehrer mit den Worten ansprach: »Ich sage Euch, daß dieser Tag, diese Stunde hier eine der schönsten Stunden ist während der Jahre der Bürde meiner Kanzlerschaft.« — Adenauer zeigte sich im übrigen als ein Mann der alten Schule. Wenige Tage nach unserer Begegnung erhielt ich von ihm ein Schreiben. Darin hieß es:

»Es war mir eine besondere Freude, zusammen mit Ihnen am vergangenen Samstag in Friedland den Heimkehrertransport begrüßen zu können. Durch die Unterhaltung mit den Heimgekehrten bis zur letzten Minute vor Abfahrt des Zuges und den dadurch notwendig gewordenen eiligen Aufbruch war ich zu meinem großen Bedauern nicht mehr in der Lage, mich von Ihnen in Ruhe zu verabschieden. Ich darf dies hiermit nachholen.«

Über zwei Millionen Flüchtlinge, Vertriebene, Aussiedler und Heimkehrer sind in dem großen Strom durch Friedland gezogen. Nicht ohne Rührung las ich in den Tagen, da das Lager auf ein zwanzigjähriges Bestehen zurückblickte, in einem Brief, den einer der Lagerpfarrer von Friedland, Dr. Krahe, an einen Dritten gesandt hatte. Er schrieb:

»Physisch standen wir oft an der Grenze der Kraft. Immer neue Transporte, immer neue Not, immer neues Leid. Wissen Sie noch, wie der Lagerleiter bei der Begrüßung eines Heimkehrertransportes zusammenbrach? Wir sind aber auch seelisch müde, innerlich mürbe geworden. Da gab das Mitsorgen der anderen, die Hilfe unserer Freunde, die treue Bereitschaft von draußen uns immer wieder neue Kraft und neuen Mut. Was hätten wir in Friedland schaffen können ohne unsere Freunde im ganzen Land? Unsere Herzogin stand in der Mitte dieses Freundeskreises.«

Wohl selten haben mich Worte mit größerer Genugtuung erfüllt. Ich wußte: Ich hatte meine Pflicht getan.

Die überwiegende Mehrzahl der Menschen, die im großen Flüchtlingsstrom in den Westen unseres Vaterlandes gelangten, kam aus Preußen. Rund 250 Jahre war es her, da hatte sich ein riesiger Zug in umgekehrter Richtung aufgemacht, von West nach Ost. Im Dezember des Jahres 1700 hatte sich der kurbrandenburgische Hof mit großem Gefolge von Berlin nach Königsberg begeben. In vier Abteilungen bewegten sich die unzähligen Equipagen und Troßwagen, für die nach einem zeitgenössischen Bericht rund 30 000 Pferde vonnöten gewesen waren, langsam ostwärts. Zwölf Tage dauerte die Fahrt. In der letzten Woche des Jahres erreichte man die alte Ordensstadt. Bald verkündeten berittene Herolde, in prächtigen blauen, mit Gold verzierten samtenen Waffenröcken und schwarzen Samthüten mit weißen Federn, der Einwohnerschaft eine Botschaft ihres Souveräns:

»Nachdem es durch die allweise Vorsehung Gottes dahin gediehen, daß das Herzogtum Preußen zu einem Königreiche aufgerichtet und dessen Herr, der durchlauchtigste Herr Friedrich, König in Preußen geworden, so wird solches hiermit männiglich kund gethan, veröffentlicht und ausgerufen: Lang lebe Friedrich, unser allergnädigster König; lang lebe Sophie Charlotte, unsere allergnädigste Königin!«

Am 18. Januar 1701 hatte sich dann im Prunksaal des Königsberger Schlosses in einer glanzvollen Zeremonie Kurfürst Friedrich III. von Brandenburg die preußische Königskrone aufgesetzt. Er krönte sich selbst, zum Zeichen dafür, daß er die Krone nur dem Herrgott und sich, nicht einer fremden Macht verdanke. Zwei und ein halbes Jahrhundert lag das zurück. Ein mächtiges Königreich wuchs empor, wurde anderen Staaten zum Vorbild für Ordnung, Pflicht und Recht, gab dem wiedererstandenen Deutschen Reich sein Fundament, ging in ihm auf, um schließlich unter seinen Trümmern begraben zu werden. Der Alliierte Kontrollrat beschloß die Auflösung des preußischen Staates. Das Dekret trug die Unterschriften der Generale Clay, Koenig, Robertson und des Marschalls Sokolowski.

Eine Fügung des Schicksals wollte es, daß mit dem Untergang Preußens auch der Besitz des Hauses Hohenzollern, das diesen ruhmreichen Staat geschaffen hatte, unterging. Das Vermögen des Hauses hatte zum größten Teil in Liegenschaften bestanden. Oels, Cadinen, Rominten, Cecilienhof und wie alle die vertrauten Plätze hießen — verloren, die Angehörigen unseres Hauses fern ihrer Heimstätte. In einem Ruck-sack befand sich die ganze Habe, mit der mein Bruder Oskar Mitte April 1945 Potsdam verlassen hatte. Mein Neffe Louis Ferdinand machte sich von Cadinen aus mit einem Schlittentreck auf den Weg. Seine Fahrt führte über das Haff. Er war der Letzte, dem das noch gelang. Eine halbe Stunde später schnitten die Russen auch diesen Fluchtweg ab. Wie von selbst stellte sich bei ihm die Erinnerung an den Haffübergang durch einen anderen Hohenzollern ein: »Ich mußte bei mir einen trüben Ver-gleich mit dem Großen Kurfürsten ziehen, der ebenfalls in tiefem Win-ter auf Schlitten über das Kurische Haff gegangen war, jedoch als Sie-ger, nicht als Flüchtling.«

Mit Schlitten, Wagen, Bahn, Fahrrad oder zu Fuß erreichten die Hohenzollern den Westen. Ein großes Suchen begann, bis einer vom anderen wußte, wo er hingelangt war. Erst sechs Jahre waren seit dem letzten Familientreffen in Doorn vergangen. Doch welch eine Wand-lung!

Im Herbst 1948 starb mein Bruder Adalbert. Er hatte seit vielen Jahren sehr zurückgezogen in La Tour de Peilz in der Schweiz gelebt. Im folgenden Jahr erlag August Wilhelm den Leiden seiner Gefängnis-und Lagerzeit. 1951 verließ uns mein ältester Bruder. Wie August Wil-helm war der Kronprinz von der Besatzungsmacht verhaftet worden. Er war Ende 1944 schwer erkrankt und hatte sich im Allgäu zur Kur aufgehalten. Die Gestapo hielt ihn selbst dort unter Überwachung — bis französisches Militär ihre Aufgabe übernahm. Der Kronprinz war nicht Pg. gewesen, hatte unter Hitler weder ein Staatsamt bekleidet noch ein militärisches Kommando geführt. Gleichwohl ließ General Lattre de Tassigny ihn festnehmen und in Lindau inhaftieren. Nach der Entlassung wohnte mein Bruder in einem gemieteten Haus in He-chingen. Ich habe ihn dort jedes Jahr besucht. Mit seiner Gesundheit stand es nicht zum besten. Als ich 1951 von Salem zur Marienburg fuhr, hatte ich, da die Reise unter Zeitdruck stand, davon abgesehen, über Hechingen zu fahren. Während der Fahrt hatte ich plötzlich das Gefühl, ich dürfe nicht weiterfahren, ohne meinen Bruder aufzusuchen. Ich än-derte meine Fahrtroute, traf allerdings meinen Bruder nicht an. Im selben Jahr ist er gestorben. Ich hatte ihn nicht noch einmal sehen kön-nen. Still und zurückgezogen hatte mein Bruder in seinem Miethaus ge-lebt. Er hatte resigniert. Der Kronprinz war kein Louis Bonaparte, fühlte sich zu sehr der Ästhetik verbunden, als daß er sich dem Kampf um die Macht verschworen hätte. So war es einsam um ihn geworden.

Und das Volk, dessen erklärter Liebling er als forscher und schmucker Kronprinz gewesen war, hatte ihn vergessen. Im Offiziersgärtlein auf der Michaels-Bastei der Burg Hohenzollern wurde er beigesetzt. An seinem Grab standen von uns Geschwistern nur noch mein Bruder Oskar und ich.

Oskar und ich waren nun die beiden Letzten von uns Geschwistern, wir, die wir von Kindheit an einander besonders zugetan gewesen waren. In der Schreckenszeit des Zusammenbruchs hatte mir Oskar, der daran zweifelte, daß er das Chaos überleben werde, aus Potsdam geschrieben:

»Und nun lasse ich noch einmal unser ganzes gemeinsames Leben an mir vorüberziehen. Von dem Tage ab, da ich von Mama 5 Pfennig dafür bekam, daß ich Dich 1 Stunde wiegte!! Bis neulich, als ich Euch in Blankenburg besuchte, immer standen wir beide in einem besonderen Verhältnis zueinander. Wir haben uns zwischendurch auch einmal in die Haare gekriegt. Aber das ging schnell vorüber. Geblieben ist nur die große alte Liebe, die Erinnerung an unvorstellbar schöne, frühere Zeiten, an die geliebten Eltern und alles, was uns hoch und heilig war. Und daran, daß Ihr uns vor unserer Verlobung in Braunschweig rührend betreut habt.«

Mein Bruder hatte in der Nachkriegszeit eine schöne Aufgabe, der er sich ganz widmen konnte. Seit 1927 war er in Nachfolge unseres Bruders Eitel Fritz Herrenmeister des Johanniterordens. Nach dem Kriege ergab sich für das Ordenswerk, das der Unterstützung Hilfsbedürftiger und der Krankenpflege gilt, ein großes Betätigungsfeld. Oskar, der den Orden mutig und entschlossen gegen den nationalsozialistischen Versuch, ihn zu zerschlagen, verteidigt hatte, setzte seine Kraft nun für den Wiederaufbau ein. Er vermochte, um ein Wort von Theodor Heuss zu zitieren, die vaterländisch-humanitäre Leistung des Johanniterordens in ihrer Tradition zu wahren und zugleich weiter zu entwickeln. Einfach, wie es seiner Natur entsprach, entgegnete Oskar auf das ihm in reichem Maße gezollte Lob: »Es waren schwerste Zeiten, in denen einen mitunter die Verzweiflung zu überwältigen drohte. Sie wurden überwunden. Der Dank hierfür gilt meiner Erziehung als Soldat, wo Schwierigkeiten, Müdigkeit und persönliche Rücksichten niemals mitsprechen durften.«

An einem strengen Wintertag des Jahres 1958 stand ich wieder an einem offenen Grab im Offiziersgärtlein der Stammburg unseres Hauses auf dem Hohen Zollern. Wir trugen meinen Bruder Oskar zu Grabe. Am 27. Januar, dem Geburtstag unseres Vaters, war er in einer Münchener Klinik gestorben. In der Stadtpfarrkirche von Hechingen wurde mein Bruder aufgebahrt. Ein schlichtes Fahnentuch mit den preußischen Farben und der Herrenmeistermantel der Johanniter bedeckten den Sarg. Auf dem Schwarz-Weiß der Fahne ruhte stumm emporragend eine friderizianische Grenadiermütze des 1. Garderegiments zu Fuß, in das der nun zur Großen Armee Abberufene einmal als junger preußischer Prinz eingetreten war.

Mit Oskar war der letzte meiner Brüder von mir gegangen. Von uns sieben Geschwistern war nur noch ich da.

Am 27. Januar des folgenden Jahres jährte sich der Geburtstag meines Vaters zum hundertsten Male. Mein Neffe Louis Ferdinand, der nach dem Tode des Kronprinzen Chef des Hauses geworden war, hatte unsere Familie zu einer kirchlichen Feierstunde nach Berlin gebeten. Das Wiedersehen mit der geliebten Stadt war bewegend. Wie sehr hatte sich ihr äußeres Bild verändert. Nur schwer konnte ich mich in einigen Gegenden zurechtfinden. Ich stand am Stacheldraht vor dem Brandenburger Tor, und an der Glienicker Brücke sah ich in den anderen Teil Deutschlands hinüber. Traurig, so schien es mir, ragten im Tiergarten die wenigen alten Bäume, die den Sturm des Krieges überlebt hatten, aus dem schütteren jungen Wald heraus. Doch die Berliner waren mir so vertraut wie immer. In den Gesichtern der vielen Tausenden, der Alten und Jungen, die sich zur Begrüßung unserer Familie eingefunden hatten, konnte ich die Freude über unser Kommen lesen. Hochrufe und Jubel erschollen, und nur mit äußerster Mühe konnte uns im Hansaviertel ein Einsatzkommando der Polizei den Weg zur Kaiser-Friedrich-Gedächtniskirche bahnen. Ein überwältigender Empfang wurde uns bereitet. Doch es war nicht der Jubel der Kaiserzeit — es war der Ausdruck einer innigen Wiedersehensfreude, der Freude des Wiedersehens mit einer alten Berliner Familie, der ältesten Berliner Familie. Denn spätestens seit 1451, als Kurfürst Friedrich II. zwischen den beiden Gemeinden Berlin und Cölln ein starkes Schloß errichtete und damit den ersten Schritt zur Gründung der Residenzstadt tat, gilt Berlin als Wohnsitz der Hohenzollern, unter deren Herrschern sich das Fischerdorf Berlin zur Hauptstadt des Deutschen Reiches und zur Weltstadt entwickelte.

Behutsam und taktvoll hatte mein Neffe Louis Ferdinand die Gedenkfeier vorbereitet, auch Sorge getragen, daß sie nicht politisch mißdeutet werden konnte. Ohne Gepränge und Schaustellung sollte meines

Vaters gedacht werden. Die Gedenkstunde in der blumengeschmückten neuen Kaiser-Friedrich-Gedächtniskirche wurde von dem Gemeindepfarrer, D. Schmidt-Clausing, liturgisch eingeleitet. Dann bestieg unser alter Hofprediger Professor Doehring die Kanzel, um Zeugnis für seinen Kaiser abzulegen und Gottes Segen für ihn zu erbitten. Der 80jährige Gottesmann sprach frei. »Ich hasse die Tinte und liebe das Wort, denn ich bin Prediger, nur und gänzlich Prediger«, hatte er einmal bekannt. Ich wußte, er hätte zu der Gedenkpredigt dieses Tages auch keines Konzeptes bedurft; was er sagte, kam aus dem Herzen. D. Doehring würdigte meinen Vater als einen Mann, der, fern jeder Frömmelei, bewußt aus der Bibel lebte.

Ein Satz der Predigt Doehrings beschäftigte mich ganz besonders. Er lautete: »Er wußte, daß ihm Millionen Herzen in Liebe entgegenschlugen und daß er zugleich auf die greulichste Art und Weise gehaßt wurde. Aber weder das eine noch das andere konnte ihn aus der Fassung bringen. Er war ein Kind Gottes.« Die so völlig entgegengesetzte Einstellung zu meinem Vater war in den Kommentaren zur hundertsten Wiederkehr seines Geburtstages erneut offenbar geworden.

Bemerkenswert waren die Worte, mit denen Professor Walter Hubatsch einen Vortrag zu diesem Gedenktage schloß. Der Historiker zitierte Friedrich den Großen: »Man soll die menschlichen Pläne und Unternehmungen nie nach ihrem Ausgang bemessen.« Mir selbst aber ging an diesem Tag, der der Erinnerung an meinen Vater gewidmet war, immer und immer ein Ausspruch des unvergessenen Reinhold Schneider durch den Sinn: »Das Leben des echten Königs ist ganz und gar ein Opfer.« Das Schicksal des letzten Trägers der deutschen Kaiserkrone und der Krone Preußens steht für die Wahrheit dieser Erkenntnis. —

Dem 100. Geburtstag meines Vaters folgten weitere Jubiläen, die Anlaß zu ernstem und feierlichem Gedenken gaben. 1961 jährte sich zum 900. Male die erste urkundliche Nennung des Hauses Hohenzollern. 1061, zur Zeit Kaiser Heinrichs IV. aus dem Hause der Salier, der nicht nur wegen seines Ganges nach Canossa der Nachwelt bekannt blieb, findet sich in der »Weltchronik« des Mönchs Berthold von Reichenau die früheste Erwähnung unserer Familie. In einer Feier auf der Burg Hohenzollern wurde der 900jährigen Geschichte gedacht. »Suum cuique« und »Nihil sine Deo« — »Jedem das Seine« und »Nichts ohne Gott« — waren die Leitsätze der Hohenzollern. Daran erinnerte mein Neffe Louis Ferdinand. In einer kurzen Gedenkrede sprach er über die Vergangenheit, aber vor allem über das, was uns Nachfahren heute bedrückt. Er sprach von dem Dank, den wir dem Herrgott dafür schulden, daß er unseren Vorfahren gestattet hat, fast ein Jahrtausend an der deutschen Geschichte mitzubauen, aber auch dafür, daß wir heute als freie Menschen im freien Teil unseres Vaterlandes leben und wirken können. Und er schloß: »Möge der Tag kommen, an dem mit Gottes Hilfe und durch weitschauende Staatsmänner unser Volk auf friedlichem Wege wieder zusammenfinden darf.«

Wieder ein Jahr später jährte sich zum 250. Male der Geburtstag Friedrichs des Großen. Viele Gäste fanden sich zu einer Ehrung des Preußenkönigs auf der Burg Hohenzollern ein. Ich sah Werner Beumelburg, den Frankfurter Oberbürgermeister Dr. Bockelmann, D. Dr. Eugen Gerstenmaier, Landesbischof D. Haug, Staatssekretär Herwarth v. Bittenfeld, Bundeskanzler Kiesinger, Bundesminister v. Merkatz, Professor Eduard Spranger, Dr. Schütz vom »Kuratorium Unteilbares Deutschland«, Vertreter der Landsmannschaften und viele andere Träger bekannter Namen. Offiziere der Bundeswehr stellten am Adlertor, an den Burgportalen und am Sarkophag des Königs die Ehrenwache. In der Feierstunde im Grafensaal der Burg würdigte Professor Hans Rothfels in einem Vortrag Friedrich den Großen und seinen Staat, erinnerte daran, wie bitterernst es diesem Monarchen war, dem »allgemeinen Wohl« und dem Wohl eines jeden einzelnen Bürgers zu dienen.

Bei diesen Gedenkfeiern wurde mir recht deutlich, daß ich die Letzte aus der deutschen Kaiserfamilie bin. 1959 hatte mir Prinz Louis Ferdinand in Berlin gesagt: »Daß Du hier warst, war die Hauptsache.« Ich verstand, was mein Neffe damit zum Ausdruck bringen wollte: »Du hast hier eine Aufgabe!«

Dieser Aufgabe habe ich mich dann auch voll angenommen. Ich verstehe sie als meine Mitwirkung an der Pflege der Tradition. Während der Jahre, da man glaubte, daß Staat und Gesellschaft unseres Volkes allein aus dem Kalkül leben können, habe ich mich immer aufs neue gefragt, wie die Verkünder solch intellektueller Meinung eine der elementaren Lehren der Völkergeschichte übersehen konnten, die ein großer deutscher Historiker in die Worte faßte: »Ein Volk, das seine Vergangenheit nicht ehrt, hat auch keine Zukunft.« Ganz besonders für den militärischen Bereich ist die Wahrung der historischen Werte ein Lebenselement. Eine Armee ohne Tradition ist keine Armee. Selbst die großen Revolutionsarmeen der neueren Geschichte, die der französischen Revolution und die der Sowjets, haben sich dieser Einsicht nicht verschlossen.

Für meinen Teil bin ich jeder Aufforderung, an der Traditionspflege mitzuwirken, nachgekommen, nicht zuletzt bei unserer neuen Bundeswehr und beim Bundesgrenzschutz wie bei den Traditionsverbänden der alten Armee. Es ist eine Freude für mich, wenn ich, etwa am »Tag des Heeres«, die frischen Gesichter der jungen Soldaten sehe oder bei einem Traditionstreffen alten Bekannten begegne, die einst noch meinem Vater gedient haben. Im Kreis der ergrauten Soldaten erwachen die Erinnerungen an die Kaiserzeit und die ruhmreiche Geschichte stolzer Regimenter. Zahlreich sind die Traditionsverbände, zu denen ich engen Kontakt halte. Unter ihnen der »Semper-talis-Bund«, die Vereinigung des 1. Garderegiments zu Fuß und der Gardes du Corps, natürlich die Leibhusaren, die bayerischen 1. Schweren Reiter, das Infanterie-Regiment Nr. 92, das Husaren-Regiment Nr. 17 und die braunschweigische Batterie des niedersächsischen Feldartillerie-Regiments Nr. 46, das ostpreußische Jäger-Bataillon Graf Yorck v. Wartenburg und die Goslarer Jäger. Immer wieder erfahre ich, wie tief in den Herzen dieser Männer die Verehrung für meinen Vater wurzelt, ihren einstigen obersten Kriegsherrn, so, wie es kürzlich bei einer Ansprache im Kreis der ehemaligen Offiziere des Königs-Infanterie-Regiments Nr. 145 erklang:

»Seit Jahren ruht Seine Majestät im fernen Doorn im ewigen Schlaf. Wir — seine getreuen Königs-Infanteristen — gedenken auch heute und zu dieser Stunde in Ehrfurcht unseres toten Chefs, der unser Regiment zu seinem Leibregiment machte und ihm seinen Namen gab. Wie bei jeder hervorragenden Persönlichkeit ›schwankt auch sein Charakterbild, von der Parteien Gunst und Haß entstellt, in der Geschichte‹. Wir aber, die wir ihm in guten Zeiten zugejubelt und im Kriege bis zum letzten Tage die Treue gehalten haben, wir halten ihm, dem letzten König von Preußen, die Treue, bis uns der Rasen deckt!«

Nicht ohne Rührung höre ich, wie sehr es gedankt wird, daß ich das Andenken an meinen Vater wahren helfe, so, wie es in diesen Worten eines alten Infanteristen zum Ausdruck kam: »Wir übertrugen die Liebe zu unserem Kaiser und König auf sein letztes lebendes Kind, das sollen Sie, Königliche Hoheit, wissen.«

Wenn ich der Traditionspflege Erwähnung tue, dann glaube ich, eine ganz persönliche Bemerkung hinzufügen zu sollen. Als ich 1913 den welfischen Thronerben heiratete, war ich mir bewußt, daß ich mit dem geliebten Mann auch eine neue Heimat gefunden hatte, für die ich mich einzusetzen hatte. Ich habe das vorbehaltlos getan. Nicht wenige haben mir, einer preußischen Prinzessin, das damals verübelt. Sogar im Kreis meiner Brüder fiel gelegentlich das Wort: »Du bist ja ganz Welfin geworden.« Ich habe mich darüber hinweggesetzt. Mein Platz war bei meinem Mann. Wiederum für andere war ich »die Preußin«, und es fehlte nicht an Verdächtigungen. Auch hiervon habe ich mich nicht anfechten lassen. Ich wußte, daß man mich im Lande genug kannte. Eine Äbtissin schrieb mir dazu vor nicht langer Zeit:

»Gott sei Dank gibt es nicht nur in Braunschweig sondern auch in unserm Hannoverland noch viele Getreue, die stets mit Bewunderung und Dankbarkeit empfunden haben, wie sehr Eure Königliche Hoheit in den welfischen Gedanken hineingewachsen und darin verankert sind, wenn ich es kurz so ausdrücken darf. Was für uns von frühester Kindheit an Selbstverständlichkeit war, das haben Eure Königliche Hoheit sich zu eigen gemacht, dafür gekämpft und uns die Treue gehalten, wie wir Ihnen, als der hohen Gemahlin unseres Herzogs. Das wollen wir nie vergessen!«

Es versteht sich von selbst, daß ich an der niedersächsischen Heimatarbeit stark interessiert bin. Daß dieses anerkannt wird, bereitet mir besondere Freude. Und ich gestehe ein, ich habe es gern gehört, als der Vorsitzende des »Heimatbundes Niedersachsen«, Dr. Walther Lampe, auf einem der alljährlichen Marienbergfeste mir die Ovation brachte: »Sie ist unser bestes Stück und gehört mit zum unveräußerlichen Inventar unserer Heimat.«

Unter dem Gesichtspunkt des Heimatgedankens — und keineswegs nur als passionierte Liebhaberin des Reitsports — nehme ich auch regen Anteil an der Arbeit der ländlichen Reitervereine. Niedersachsen ist ein Pferdeland. Das weite Zuchtgebiet Hannover erstreckt sich von den Schlagbäumen Hollands bis zur Zonengrenze und von der Unterelbe bis an die Werra. Oft unter großen persönlichen Opfern haben Bauern und Bauernsöhne die Pferdezucht aufrechterhalten und ausgebaut. Seit dem Wiederaufleben der Reiterbewegung in den ersten Jahren der Nachkriegszeit haben wir uns ihrer angenommen. Wie eng verbunden sich mein Mann ihnen fühlte, mag man daraus ersehen, daß er mich von seinem Sterbelager aus beauftragte, den ländlichen Reitern über den hannoverschen Landwirtschaftsrat Pabst telefonisch seinen letzten Gruß zu übermitteln. Ich weiß, daß hier und da die Frage gestellt wurde, wieso man stunden- und tagelang bei den ländlichen Reitern und ihren Veranstaltungen verbringen, ja, wie man das aushalten könnte. Ich habe einem Frager, der sich an mich selbst wandte, erwidert: »Das Aushalten ist das eine, das andere ist, daß es hier um die Menschen geht und ihre Mühe und Liebe für die Pferde. Das ist für mich Grund genug.« Deshalb halte ich es auch für meine Pflicht, neben den großen Turnieren, die als gesellschaftliche Ereignisse empfunden werden, sei es Nörten-Hardenberg, Verden oder wie die anderen markanten Namen heißen, auch die dörflichen, bescheideneren Veranstaltungen zu besuchen. Dort soll man wissen, daß auch ihre Arbeit Anerkennung verdient und findet.

Zu den Einrichtungen, die auf eine lange Tradition zurückblicken können und denen meine Zuneigung gilt, gehört das Schützenwesen. Bis ins Mittelalter hinein läßt es sich verfolgen, als die Teilnahme an den Schießübungen Bürgerpflicht war und der gemeindlichen Wehrbereitschaft diente. Die hannoverschen Schützen wurden nach einer wechselvollen Geschichte 1838, nachdem zuvor eine neue Schützenordnung erlassen war, privilegiert und durften die Uniform des damaligen königlichen Jägerregiments tragen. Der König selbst übernahm das Protektorat. Eine enge Verbundenheit besteht seitdem zwischen den Schützen und dem Königshaus. Auch mein Mann hat dieses Protektorat geführt, und nach seinem Tode ist es mir übertragen worden. Wie bei den ländlichen Reitern haben wir in der schwierigen Zeit nach dem letzten Kriege auch hier beim Wiederbeginn geholfen. Angesichts des notorischen Mißtrauens der Besatzungsmacht gegenüber jedem Schießgewehr waren nicht wenige Hindernisse zu überwinden. Gelohnt wurde uns unser Eintreten für die Schützen mit einer herzlichen Anhänglichkeit und Verbundenheit, die sich nicht nur bei festlichen Anlässen dokumentiert.

Als sich an einem Septemberabend des Jahres 1962 ein langer Schützenzug mit Fackeln, Fahnen und Standarten formierte und sich, begleitet von vielen Tausenden Hannoveranern, nach dem Alten Rathaus der niedersächsischen Landeshauptstadt bewegte und der Präsident der hannoverschen Schützenvereine, Fritz Raddatz, zu einer Ansprache anhub, an deren Schluß mir ein tosendes dreifaches »Horrido« entgegenschlug, hatte ich siebzig Lebensjahre vollendet. Schöner als inmitten von Angehörigen aller Schichten unseres Volkes hätte ich die Schwelle zu dem neuen Jahrzehnt meines Lebens gar nicht betreten können.

Aus Bonn telegrafierte mir zu diesem Tag Bundespräsident Heinrich Lübke: »Menschen aller Bevölkerungsschichten denken heute in Verehrung an Eure Königliche Hoheit. Sie genießen Hochachtung und Zuneigung, weil Sie immer bemüht waren, Not zu lindern und nach Kräften zu helfen. Mit Ihrer tatkräftigen karitativen Arbeit und mit Ihrer ständigen Bereitschaft, an Gemeinschaftsaufgaben mitzuwirken, sind Sie vielen ein Vorbild. Mit meinen Glückwünschen für Ihren Geburtstag verbinde ich meine guten Wünsche für Ihr persönliches Wohlergehen.«

Aus der persönlichen Anerkennung und Sympathie, die mir an diesem Tag begegnete, erkannte ich, daß ich auf dem Platz, der mir mit meiner Geburt zugewiesen wurde, meine Pflicht hatte tun können, und **wie** dankbar ich sein mußte, eine solche Aufgabe vom Schicksal übertragen bekommen zu haben. In diesem Sinne antwortete ich dem Bundespräsidenten:

»Ihre Glückwünsche zu meinem 70. Geburtstage, für die ich Ihnen herzlich danke, haben mich deshalb so tief bewegt, weil sie über alles Politische hinweg das Menschliche sichtbar machen und weil die geschichtliche Kontinuität, die so lange vergessen oder sogar verleugnet war, wiederhergestellt ist. Darüber freue ich mich als Tochter des letzten Kaisers ganz besonders, da wir doch alle als Glieder desselben Volkes gemeinsam leben und wirken. Ihnen, Herr Bundespräsident, wünsche ich für Ihr hohes und schweres Amt Gottes Segen.«

Wenn man im achten Jahrzehnt des Lebens steht, neigt man dazu, der Erinnerung einen besonders lieben Platz einzuräumen. Ich bin da keine Ausnahme. Oft wandern meine Gedanken zurück in die Vergangenheit. Und häufig treffe ich Menschen, mit denen ich Erinnerungen austauschen kann. Vergessenes wird wieder lebendig, Ernstes und Heiteres.

Zu den vielen lustigen Begebenheiten, die bei solchem Zusammensein wieder aufleben, gehört jene von den Leutnants und dem Prinzeßchen, die mir Frhr. v. Bothmer, ein alter Königs-Infanterist, wieder ins Gedächtnis rief und die ich hier an Stelle vieler anderer erwähnen möchte. Diese reizende Geschichte ereignete sich in Lothringen, um die Jahrhundertwende. Wir bewohnten, während mein Vater in Metz zur Besichtigung weilte, das unweit der Stadt gelegene Schloß Urville. Eine Infanterie-Kompanie wurde zum Wachdienst beordert. »Wie oft haben Sie, Frau Herzogin, uns arme Wachleutnants in tödliche Verlegenheit versetzt«, plauderte der Troupier. »Ich erinnere mich, wie es Ihnen einen köstlichen Spaß zu machen schien, die Wache heraustreten zu lassen und dies in Form eines Überfalles, indem Sie ganz überraschend hinter irgendeinem Versteck oder Gebüsch hervorsprangen. ›Wache raus! — Achtung, präsentiert das Gewehr! Trommelwirbel!‹ Aber alles kam zu spät und unser Prinzeßchen war lachend grüßend schon vorüber. Der Wachleutnant stellte Extraposten aus, die das Prinzeßchen beobachten mußten. Aber alles war vergeblich, sie überlistete uns doch immer wieder. Da sannen wir auf Rache«, fuhr Bothmer fort. »Erinnern Sie sich noch, Frau Herzogin, wie der Leutnant Zimmermann, der heutige

Generalleutnant, Ihnen abends, als wir zur kaiserlichen Tafel befohlen waren, einen großen Strauß Maiglöckchen überreichte? Er hatte sie in einem Blumenladen besorgt, da es zu dieser Zeit in den Wäldern keine Maiglöckchen gab. Sie fragten entzückt: ›Wo haben Sie nur diese herrlichen Maiblumen her?‹ Zimmermann antwortete: ›Die haben wir hier für Königliche Hoheit in den Wäldern gepflückt.‹ Tags darauf fragten Frau Herzogin Zimmermann: ›Ich habe mit meiner Hofdame die ganzen Wälder abgesucht und nicht eine Maiblume gefunden.‹ Zimmermann meinte: ›Ja, da haben Königliche Hoheit eben nicht die richtigen Stellen gefunden.‹ Und Sie haben, Frau Herzogin, dann weitergesucht und nichts gefunden. Aber der gute Zimmermann war nun unter Druck, daß ihm am Ende befohlen würde, die Stellen zu zeigen, wo er die Maiglöckchen gefunden hat.«

Jugenderinnerungen sind es auch, die mich persönlich mit der von mir so bewunderten Ina Seidel verbinden. Die unsagbare Schlichtheit und Bescheidenheit der Dichterin, die mir immer wieder zum Erlebnis werden, läßt sie mit mir über tausend kleine Dinge aus der Jugendzeit sprechen, über das alte Braunschweig, Berlin und Potsdam. Ina Seidel, die in der welfischen Herzogsstadt aufwuchs, besaß in Berlin zwei Onkel, die beiden Brüder ihres Vaters. Einer von ihnen, Paul Seidel, war Dirigent der Kunstsammlungen in den königlichen Schlössern und Direktor des Hohenzollern-Museums, ein Kunstgelehrter von Rang. Er war oft bei uns im Neuen Palais zu Gast und für mich in meiner Kindheit eine geheimnisvolle Figur, da seine Besuche nicht selten unter dem Mantel der Verschwiegenheit stattfanden. Professor Seidel war dann zu meiner Mutter gebeten, um, etwa in der Weihnachtszeit oder vor dem Geburtstag meines Vaters, meine Mutter bei der Wahl ihrer Geschenke zu beraten. Er wohnte nahe dem Marmorpalais, im Neuen Garten am Heiligen See. Ina Seidel war häufig hier zu Besuch. Meine Brüder und ich gehörten damals, wie sie einmal schrieb, zu den Gestalten, die sie lebhaft beschäftigten, »in einer Zeit, da Prinzen und Prinzessinnen noch für die kindliche Phantasie von märchenhaftem Licht umflossen waren«. Von der herrlichen Kinderzeit erzählten wir wieder, als ich die greise Dichterin anläßlich ihres 80. Geburtstages in ihrem gemütlichen, versteckt auf der Ludwigshöh bei Starnberg liegenden Heim besuchen konnte.

Doch Berlin und Potsdam waren für sie nicht nur Orte sonniger Ferienerlebnisse. Sie, die in ihrer Jugendzeit in Braunschweig, Marburg und München gelebt hatte, legte das Bekenntnis ab:

»Preußen war mir ein sehr ferner, fast abstrakter Begriff. Erst als ich, wenig über 20 Jahre alt, nach Berlin kam, um hier meine dritte Heimat zu finden, wurde mir auch Preußen zum eindringlichen und nicht immer leichten Erlebnis. Aber durch dieses Erlebnis — durch Preußen erst lernte ich Deutschland bewußt verstehen.«

Erinnerungen an meinen Vater beherrschten das Gespräch mit Otto Hahn, der auch zu den Persönlichkeiten zählte, die mich ermutigten, meinen Lebensbericht zu schreiben. Als junger Physiker am Kaiser-Wilhelm-Institut für Chemie in Berlin-Dahlem ist er ihm begegnet. Er hatte ihm bei einer Institutsbesichtigung einige radioaktive Präparate zu demonstrieren. Belustigt schilderte mir der Nobelpreisträger, wie damals ein Flügeladjutant den Experimentierraum zuvor inspiziert und voller Entsetzen erklärt hatte: »Ausgeschlossen, wir können Majestät nicht in ein völlig dunkles Zimmer schicken!« Der Kaiser aber, erzählte Professor Hahn, »hatte nicht die geringste Hemmung, und alles entwickelte sich programmgemäß.« Es war wohltuend für mich, mit welcher Anerkennung der bedeutende Wissenschaftler von meinem Vater und der Förderung, die er den wissenschaftlichen, künstlerischen und kulturellen Belangen zuteil werden ließ, sprach. Ohne das Interesse, das mein Vater von Anfang an an der Kaiser-Wilhelm-Gesellschaft nahm, sagte mir Otto Hahn, »wäre es unmöglich gewesen, die Geldmittel für unser Institut und für die in schneller Folge entstehenden anderen Institute zu erhalten. Ich weiß ja auch, daß der Kaiser dieses Interesse an den Forschungsinstituten bis zum Ende seines Lebens behalten hat.«

Die schwere Zeit nach dem ersten Weltkrieg stand wieder vor mir, als ich Albert Schweitzer besuchte. Wir waren uns zum ersten Mal in Salem bei Max von Baden begegnet. Mein Schwager, der sich sehr für die Arbeit des Roten Kreuzes eingesetzt hat, beratschlagte mit Dr. Schweitzer über Probleme der Freilassung der Kriegsgefangenen und Internierten. Gemeinsam besuchten wir das ehrwürdige schöne Münster, und mein Mann bat Schweitzer, auf der Orgel zu spielen. Es wurde ein unvergeßliches Erlebnis. Die Kunst des Orgelspiels lag ihm im Blut. Viele Jahre waren seit jener Begegnung vergangen, seit langem schon umgab der Glanz der Legende den Theologen, Arzt und Träger des Friedensnobelpreises, da begegneten wir uns wieder. In Günzbach, im Elsaß. Es war am ersten Adventssonntag 1959. Ich kam von Braunschweig; Carl Heimbs begleitete mich. Wir fuhren an der Hohkönigsburg vorbei. Ein halbes

Jahrhundert war es her, daß ich mit meinen Eltern an einem wunderschönen Maientag dort oben gewesen war und in das blühende elsässische Land hinuntergeschaut hatte. Nicht weit hinter Colmar hielten wir vor dem elterlichen Haus Schweitzers. Schwester Mathilde Kottmann empfing uns. Wie wir sahen, hatten sich viele Besucher eingefunden. Albert Schweitzer und ich machten einen Spaziergang, wanderten einen stillen Weg hinauf. In dieser großen Ruhe ungestört mit ihm den Gedanken nachgehen, fragen und antworten zu können, schien mir gleich einer Offenbarung der Natur, eher ein Osterspaziergang denn Advent. Wir sprachen von Sorgen und Hoffnungen. Eine unaussprechliche Güte ging von meinem Begleiter aus. Sein Urteil über Menschen und Dinge war abgeklärt und von hoher Warte. Wir sprachen über die zerrissene Welt. Er sagte: »Nur der Geist kann den Ausgleich bringen. Der Geist des Ausgleichs muß von einem Volk zum anderen getragen werden.« Wir sprachen auch von dem geteilten deutschen Vaterland. Er glaubte an eine Wiedervereinigung. »Ihr kommt wieder zusammen, habt nur Geduld.« Wir dachten auch an die alte Zeit zurück. »Ich sehe Sie noch mit Ihrer lieben Mutter an einem Fenster im Hauptpostgebäude zu Straßburg sitzen, als Zuschauer einer Parade«, meinte er. »Ich selber kam dort auf dem Gang zur Universität durch und hatte natürlich keine Ahnung von dem Stattfinden einer Parade. Da blieb ich in der Straße stehen und schaute Sie beide an. Ich hatte ja eine große Verehrung für Ihre Mutter. Ich bewunderte ihr stilles Helfen und Tun in Wohltätigkeit.«

Bevor wir uns mittags zu Tisch setzten, begab sich Albert Schweitzer an das Harmonium und spielte einen Choral. Dann sagten wir ein Gebet. Der Tag verging wie im Fluge. Die Stunde des Abschieds kam. Albert Schweitzer stand vor seinem Haus und winkte uns nach, bis wir seinem Blick entschwanden. Oft erhielt ich Post von ihm aus Lambarene. Als er mir zu meinem 70. Geburtstag schrieb, gedachte er auch unseres gemeinsamen Tages in Günzbach und bemerkte hinzufügend: »Ich kann nur noch selten nach Europa kommen. Die zu tuende Arbeit erlaubt mir nicht, zu reisen, wie ich möchte. Und fast fürchte ich mich vor Europa, wegen der großen Anforderungen, die dort an mich gestellt werden. Ich darf ja kaum in Günzbach weilen, sondern muß reisen und Besuche machen. Ich bin ja so vielen Orten und Menschen für ihre Güte für mein Werk verpflichtet.« — Wir korrespondierten miteinander. Mir kam der Gedanke, Albert Schweitzer zum Weihnachtsfest eine deutsche Tanne in sein Urwaldspital zu senden. Ich hatte mich nicht getäuscht, dieser Gruß aus heimatlichen Wäldern war ihm eine große Freude. Ich nahm gleichen Weihnachtsgruß zu senden. Doch nun ruht der liebe Freund schon in der Erde Afrikas, neben seiner Frau. Ein einfaches Holzkreuz, von ihm selbst gearbeitet, bezeichnet seine letzte Ruhestätte.

Auch mit einem anderen Mann, der, wenn auch aus gänzlich anderem Antrieb, sein Lebenswerk in der Fremde suchte, fühlte ich mich in der Erinnerung an die Vergangenheit verbunden. Es war Felix Graf v. Luckner, der sein Tun und Lassen unter das Motto stellte: »Wer sein Leben nicht gewagt, hat es auch nicht gewonnen!« Es ist bekannt, mit welch großer Skala von Geschichten und Histörchen der alte Fahrensmann aufzuwarten hatte, dessen Weg vom Schiffsjungen, Tellerwäscher, Heilsarmee-Assistenten und Türklinkenputzer zum kaiserlichen Marineoffizier führte. Aber wie leuchteten seine hellen Augen, als er von meinem Vater sprach, von den Nordlandfahrten oder von seiner Zeit auf SMS »Kaiser«, dem Flaggschiff meines Vaters. Episode reihte sich an Episode. Mit Rührung und Dankbarkeit berichtete er auch davon, daß es der Kaiser selbst war, der ihm, dem Weltenbummler »Phylax Lüdicke«, die Laufbahn als aktiver Offizier der Kaiserlichen Marine öffnete und ihm aus seiner Privatschatulle die Ausbildung bezahlte. »Er hatte glücklicherweise nicht nur erfahren, daß ich Fünfmarkstücke verbog, sondern zwischendurch auch einige Menschenleben gerettet hatte. Ich wurde gleichzeitig mit der Übernahme in den aktiven Dienst auf das Jahr 1908 vorpatentiert und gewann so fast drei Jahre für die spätere Beförderung. So was war bei der Kaiserlichen Marine noch nicht vorgekommen!« Doch er wußte noch mehr über das menschliche Verständnis seines Obersten Kriegsherrn zu sagen. In seiner unruhigen Matrosenzeit hatte es eine Episode gegeben, da er sich infolge eines Mißgeschicks krank und abgerissen auf Jamaika befand und SMS »Panther«, das dort vor Anker lag, aufsuchte. »Ich wollte ja nur einmal wieder deutschen Boden unter den Füßen haben und die Muttersprache endlich wieder hören. Ich fühlte mich verlassen, hatte kein Schiff, aber ein gebrochenes Bein und so viel Hunger! Ich wollte mir nur ein wenig neue Hoffnung und neuen Mut bei diesem Besuch an Bord des SMS ›Panther‹ holen. Als ich in meinem jämmerlichen Aufzug an Deck herumhumpelte, sah mich ein Offizier. Mit den Worten: ›Schafft mir dieses Individuum vom Schiff!‹ wies er mich von Bord.« Dieses bittere Erlebnis hat Luckner später einmal meinem Vater erzählt. Er berichtete hierüber: »Die Herren seiner Begleitung waren anscheinend entsetzt, daß ich ausgerechnet von so etwas sprach.« Nachdenklich habe mein Vater zugehört und wenig später ihm auf SMS »Panther« ein Kommando übertragen, als sichtbares Zeichen dafür, daß die Schmach von einst getilgt sei.

Als ich Luckner wieder einmal gegenübersaß, tauschten wir auch unsere Erinnerungen an die letzte Zeit des zweiten Weltkrieges aus. Bei den Fliegern, die in der Nähe von Blankenburg lagen, war der »Seeteufel« gemeinsam mit meinem Mann Gast gewesen, auf Einladung des Kommandeurs, Frhr. v. Biedermann. Luckner hatte an diesem Abend mit dem Mut, der ihn stets auszeichnete, über die wahre Kriegslage und die verhängnisvollen militärischen und politischen Fehler Hitlers gesprochen. Ich sagte ihm nun, wie mein Mann damals um ihn besorgt gewesen wäre. Graf Luckner entgegnete mir: »Warum sollte ich nicht meine Meinung sagen?!« Ein mutiger, christlicher Mann, der dem deutschen Namen in aller Welt Ehre gemacht hat.

In seinem Buch »Aus siebzig Lebensjahren« sagte er über meinen Vater: »Als der Kaiser 1918 die Abdankungsurkunde unterzeichnete und der tapfere Kampf Deutschlands gegen die ganze Welt seinen bitteren Abschluß gefunden hatte, konnte niemand wissen, was es für Deutschland bedeutete, daß die Monarchie unterging. Revolution und Bruderkampf hatten die Herzen und Sinne verwirrt. Ich habe beide Kriege dieses Jahrhunderts miterlebt und damit begonnen, Vergleiche anzustellen. Sicherlich bin ich von meinen Zeitgenossen nicht der einzige, der zu dem gleichen Schluß gekommen ist: »Uns wurde nach 1918 noch mehr zerstört als 1945! Städte kann man wieder aufbauen, und der Nationalsozialismus war zu wenig im deutschen Volke verankert, als daß er gar zu viele Trauernde hinterlassen hätte. ... Ich kann nur sagen, daß zu den Menschen, die ich kannte und verehrte, auch Wilhelm der Zweite gehörte, Deutschlands letzter Kaiser.«

Erinnerungen an die glücklichen Tage meiner Hochzeit bewegten mich, als ich mich an einem Frühlingstage nach Herrenhausen begab, wo ich der englischen Königin begegnen sollte. Zweiundfünfzig Jahre waren vergangen, seit ein englischer Monarch Deutschland besucht hatte. Damals, im Mai 1913, waren mein Mann und ich der Anlaß des Besuches gewesen. Die Bilder von einst tauchten wieder vor mir auf. König Georg, Queen Mary, wie sie feierlich eingeholt wurden, der stürmische Jubel auf den Prachtstraßen Berlins, die farbenfrohe Galatafel, der Fackeltanz im Weißen Saal mit König Georg und Zar Nikolaus, und mein Vater, der glanzvolle, strahlende Mittelpunkt auch dieser Ereignisse. Mit fotografischer Deutlichkeit trat mir alles erneut vor Augen. Was war seitdem nicht alles geschehen! Wie vieles hatte sich allein schon ereignet, seit ich Königin Elisabeth das letzte Mal gesehen hatte! Damals war sie ein kleines Mädchen. Nun stand sie vor mir als eine gereifte Frau, mit unbeschreiblicher Anmut und Würde, eine wahrhaft königliche Erscheinung. »The last time we met it was with Your dear parents and grandparents in London«, sagte ich. Die Königin antwortete: »It is a long time.« Ja, es ist wirklich eine lange Zeit. Generationen sind in diesen Jahrzehnten gegangen und gekommen. Die Einladung nach Herrenhausen hatte mich in Gmunden erreicht, wo ich mich anläßlich der Geburt einer Enkelin, einer Tochter meines Sohnes Christian, aufgehalten hatte. Elisabeth sprach mit mir über meine Enkel in Salem, die Kinder Georg Wilhelms. Sie sagte: »I had such a lovely time at Salem. It was so restful and I enjoyed very much to see Your grandchildren.« Philipp erinnerte mich an Griechenland: »The last time we met was at the lovely wedding in Athens.« Er meinte die Hochzeit meines Enkels Konstantin von Griechenland mit der entzückenden Anne-Marie von Dänemark. Auch an der Hochzeit meiner Tochter hatte er teilgenommen, damals, kurz vor Ausbruch des zweiten Weltkrieges. Beim Abschied im Herrenhäuser Garten sagte ich der englischen Königin: »God bless You.« Ich fühlte, wieviel in diesen Worten mitschwang, an Erinnerung und Hoffnung. —

Betriebsbesichtigung mit Carl Heimbs (im Bild links).

Im Gespräch mit Professor Nordhoff.

Besuch bei Hermann
Schridde in Meißen-
dorf.

In den Bergen.
(Blick auf den Traunsee).

Hochzeit in Athen 1964. 1. Reihe von links: König Frederik und Königin Ingrid v. Dänemark, König Konstantin und Königin Anne-Marie v. Griechenland, Königin-Witwe Friedrike, König Gustav v. Schweden, Herzogin Viktoria Luise. 2. Reihe: König Baudouin v. Belgien, König Hussein v. Jordanien, König Bhumibol v. Thailand, Königin Juliane der Niederlande (verdeckt), Prinz Bernhard der Niederlande, König Olaf v. Norwegen und König Umberto v. Italien.

Am 80. Geburtstag. Von links Königin Sophia v. Spanien, die Herzogin, König Konstantin und Königin Anne-Marie v. Griechenland, Königin-Mutter Friederike. Vorn und links die Urenkel Christina, Felipe, Helena v. Spanien sowie Alexia und Paul v. Griechenland.

Braunschweig 1972: 80. Geburtstag der Herzogin.

17. Kapitel

IM NEUNTEN JAHRZEHNT

Es kam der Tag, an dem ich die Schwelle zum neunten Jahrzehnt meines Lebens überschritt. Er kündigte sich unübersehbar damit an, daß ich von der Presse noch mehr als sonst schon um Interviews gebeten wurde. Ich empfing Journalisten der unterschiedlichsten politischen Couleur. Einer von ihnen, ein weit links angesiedelter, als sehr kritisch bekannter Schriftsteller schloß seine Reportage mit dem freimütigen Bekenntnis: »Ich frage mich, was für ein Horrortyp wohl aus mir geworden wäre, wenn mir mein Vater zur Konfirmation ein Regiment preußischer Leibhusaren hätte schenken können. Dies bedenkend, verlasse ich Stresemannstraße 5 mit Hochachtung.« Für die Beantwortung dieser Frage vermag ich einen Satz aus einer anderen Feder anzufügen, die aus dem gleichen Anlaß schrieb: »Die Geschichte dieser preußischen Prinzessin wurde von Jugend auf von Disziplin geprägt, deren höchste Tugend die Selbstdisziplin ist.« Sie erlernt zu haben, möchte ich anfügen, ist nicht mein Verdienst. Ich danke sie meinem Vaterhaus.

Den Auftakt zur Geburtstagsfeier gaben wieder einmal die hannoverschen Schützen. Am Abend marschierten sie mit klingendem Spiel auf dem Platz zwischen der traditionsreichen Marktkirche und dem Alten Rathaus auf. Warm leuchtete im Schein der Fackeln das Rot der ehrwürdigen Backsteinbauten, die wie durch ein Wunder die schweren Bombardements der Kriegsjahre überlebt hatten. In die Worte, mit denen ich auf die eindrucksvolle Glückwunschadresse erwiderte, schloß ich meinen Dank ein für die treue Verbundenheit, mit der die Schützen in guten und schlechten Zeiten zu ihrem Königshaus und zu mir persönlich gestanden haben.

Den Abschluß der Feiern bildete, um es vorwegzunehmen, ein Fest auf der Burg Hohenzollern, zu dem mein Neffe Louis Ferdinand gebeten hatte. Im sogenannten Grafensaal unserer Stammburg durfte ich ein Konzert mit Professor Dr. Adolf Stauch und dem Tenor Horst Wilhelm erleben und am Abend des folgenden Tages im Glanz von vielen hundert Kerzen der herrlichen Lüster einen großen Ball, zu dem sich die Jugend vieler deutscher Fürstenhäuser eingestellt hatte. Die Jungen waren es auch, die eine weit durch das Land führende Rallye, der mein Name gegeben war, bestritten. Und schließlich fand sich in dem von meinem Neffen so liebevoll arrangierten Programm eine Fahrt in einem eigens zu diesem Zweck wieder unter Dampf gesetzten »Museumszügle«, das mich von Bad Imnau zum »Kaiser-Bahnhof« am Fuße des Hohen Zollern brachte. Von dort ging es, so wie es einst meine Väter gehalten hatten, im offenen Landauer zur Burghöhe hinauf. Und wie in

der alten Zeit war man in großen Scharen von nah und fern herbeige-
kommen, überschüttete mich mit Blumen, Huldigungen und Hochrufen.

An meinem Geburtstag selbst aber war ich in Braunschweig. Auch
hier gab es ein umfangreiches Pensum zu absolvieren. Nachdem sich
schon in aller Herrgottsfrühe die ersten Gratulanten gemeldet hatten,
Brief- und Geschenksendungen sich stapelten und Blumengrüße das
Haus in ein buntes, leuchtendes Farbenmeer verwandelten, begann ich
den Tag mit einer Andacht in der Kapelle der nahe gelegenen Riddags-
häuser Klosterkirche. Hier überbrachte der Landesbischof die Glückwünsche der Landeskirche. Im Herzen der Stadt, im historischen Ge-
wandhaus, schüttelte ich dann wohl zweitausend Hände, während sich
freundliche Helfer und Polizei mühten, den Ansturm der Braunschweiger ordnend einzudämmen und die zu meiner Begrüßung auf dem Altstadtmarkt angetretene Feuerwehrkapelle die Aufgabe übernahm, die
an der Freitreppe auf Einlaß harrende dicht gedrängte Menschenmasse
mit Marschweisen zu unterhalten. Es war ergreifend, wie all die vielen
Bekannten und Unbekannten stundenlang ausharrten, um mir ein
freundliches Wort zu sagen oder auch nur stumm meine Hand zu drük-
ken. Am späten Nachmittag galt es, die Verwandten, Freunde und
Würdenträger, die meiner Einladung zur Geburtstagstafel gefolgt waren, im »Gewandhauskeller« zu empfangen. Als ich in der stimmungs-
vollen Halle, mit ihren alten Gewölben und Wanddekorationen, die
festlich geschmückten Tische und die wohl hundert so vertrauten Gesichter meiner Gäste sah, erschien es mir, als hätte ich das alles wenige Tage
zuvor bereits schon einmal erlebt. Allein, es war eine Täuschung. Die
Bilder der Feier meines 75. Geburtstages waren es, die mir vor Augen
standen. Fünf Jahre lagen dazwischen. Wie schnell läuft im Alter die
Zeit!

Die frohgestimmte Runde wartete auf eine Tischrede oder einen
Trinkspruch, wie es bei solchem Anlaß Brauch ist. Mein Neffe Louis
Ferdinand erhob sich und fand von Herzen kommende Worte. Er rief in
Erinnerung, was mein Vater an jenem unvergeßlichen Maientag im
Jahre 1913 an meiner Hochzeitstafel gesagt, wie er von dem strahlenden
Sonnenlicht gesprochen hatte, das ich, wie er meinte, seiner Familie ge-
bracht hätte und das nun in das welfische Haus einziehen würde. Mein
Sohn Georg Wilhelm dankte dem preußischen Vetter mit einer kleinen
Rede. Mein ältester Sohn war zwar erschienen, er hatte aber abgelehnt,
die Tischrede zu halten oder auch nur einen Toast auf mich auszubrin-
gen. Wohl jedem in der Gästeschar wurde bewußt, was diese betont

zur Schau gestellte Reserve des Chefs des hannoverschen Hauses zu bedeuten hatte. Meine Tochter hatte uns in den dunklen Jahren, als das Kriegsgeschehen sie von uns getrennt und uns in feindliche Lager geworfen hatte, einmal geschrieben: »Wir sind eine Familie, die immer zusammenhält, und das ist doch mehr, als viele andere Menschen sagen können.« Jedoch, mit dem Tode meines lieben Mannes hatte der Zusammenhalt unserer Familie ein jähes Ende gefunden.

Die wenigen Stunden, die mir an meinem Festtag für meinen engsten Familienkreis blieben, habe ich um so mehr genossen. Ich war überglücklich, ihn in meinen Räumen um mich zu sehen: meine Tochter, die Söhne Georg Wilhelm und Christian, meine Schwiegertochter Sophia, und dann die Enkel: Sophia, die heutige Königin von Spanien, König Konstantin mit seiner Gemahlin, und Welf, Georg und Friederike, die nun auch schon stattlich herangewachsenen Kinder Georg Wilhelms. Auch meine hessischen Vettern Philipp und Wolfgang, denen ich im Alter sehr nahegekommen bin, und natürlich Louis Ferdinand. Wer möchte es mir aber verübeln, wenn ich bekenne, daß nichts mein Herz an diesem Tage hat so hoch schlagen lassen wie der Anblick jener frohen Kindergesichter, die mich umgaben. Immer wenn mein Blick zu dem Tisch glitt, der eigens für die Kinder gedeckt war, leuchteten mir ihre strahlenden Augen entgegen. Zwei Jungen und vier Mädchen gehörten zu dieser kleinen Gesellschaft: Caroline, meine zweitjüngste Enkelin, die Urenkelinnen Helena und Christina von Spanien und Alexia von Griechenland, die beiden Kronprinzen Nikolaus und Felipe. Jedes der Kinder, so schien es mir, war bereits eine Persönlichkeit. Wie schade, daß sie so weit entfernt von mir lebten! Es mag theatralisch klingen, doch wenn ich sage, wie gern ich sie alle bei mir behalten haben würde, so ist das keinerlei Übertreibung.

Aus dem Geplauder und den Unterhaltungen stahlen sich meine Gedanken, wie von unsichtbarer Hand geführt, hinaus, wanderten in die Vergangenheit, ließen längst vergangene Familienbilder wieder aufscheinen. Ich glaubte, den Jubel der vor dem Schloß zusammengeströmten Braunschweiger zu hören, der bis in mein Zimmer drang, damals, als ich meinem ersten Sohn, dem vom Fürstenhaus und vom Land so sehnlich gewünschten Thronerben, das Leben geschenkt hatte. Wie viel dunkler hatte die Welt ausgesehen, als meine anderen Kinder deren Licht erblickten! Krieg! Dann das erste Enkelkind. In den Tagen, da in Athen die Geburt bevorstand, war es mein Vater, der mich an den schnellen Lauf der Zeit erinnert hatte. Unglaublich, wie deutlich mir plötzlich einer seiner Sätze wieder ins Bewußtsein trat:»Wie unbeschwert waren die Tage Deiner Kindheit, wo Ihr um Mamas Teetisch herumgetobt seid, staunend an Geburtstagen die Geschenke bewundert habt! Und nun steuerst Du schon auf die Großmama zu!« Wie einst in Braunschweig, so auch in der griechischen Hauptstadt ein Sturm der Begeisterung. Wie unfaßbar schnell hatte sich das Gefüge der Völker und Staaten seit damals schon wieder von Grund auf geändert! Ich dachte: Was mag die Zukunft den lieben Kleinen bringen, an deren beglückendem Anblick ich mich gar nicht genug sattsehen konnte?

Meine Tochter und mein Enkel Konstantin lebten zu dieser Zeit in Rom. Im Exil. Zum zweiten Mal hatte sie dieses Schicksal getroffen. Einmal waren es feindliche Truppen gewesen, die sie vertrieben hatten, nun waren es die aufgewühlten innenpolitischen Verhältnisse. Der Wechsel gehört zur Geschichte des hellenischen Thrones, und zumeist waren es handfeste Kräfte aus dem Ausland, von denen die Veränderungen dirigiert wurden. Daran hatte sich nichts geändert. England allerdings, das sich in der Vergangenheit besonders nachdrücklich der griechischen Angelegenheiten angenommen hatte, war mit dem Verlust seiner Weltmachtstellung auch hier in den Hintergrund getreten und von den Vereinigten Staaten abgelöst worden. Im Kampf um das Mittelmeer kreuzten sich jetzt auf der griechischen Halbinsel ihre und sowjetische Interessen.

Nun ist es gewiß nicht eben leicht, die spezifische Mentalität der Athener Politik ganz zu erfassen. Doch soviel läßt sich sagen, daß ein bunteres Kaleidoskop vielschichtiger und wechselnder Gruppierungen kaum vorstellbar ist. Seit Ministerpräsident Karamanlis, der sich zunehmend heftiger von der Linken und den Kommunisten bekämpft sah, im Jahre 1963 zurückgetreten war, zog die Krise herauf. Gerade in dieser Zeit starb mein Schwiegersohn. Im Alter von 23 Jahren bestieg mein Enkel Konstantin den Thron. Er traf in Papandreou einen Ministerpräsidenten an, der dem Staatsschiff einen gänzlich neuen Kurs geben wollte. Eine Offiziersverschwörung wurde aufgedeckt, die auf den Sturz der Monarchie hinarbeitete. Der Regierungschef selbst versuchte, dem Monarchen die Kontrolle über die Armee zu entwinden. Der junge König widerstand und entschied diese erste Machtprobe für sich. Papandreou trat zurück. Doch er mobilisierte die Straße. Zielscheibe der Agitation wurde nicht zuletzt die Königinmutter. Neben anderem streute man die Verdächtigung aus, sie hätte in Griechenland für Hitler gewirkt. Eine haltlose Behauptung. Wie Friederike tatsächlich gedacht hat, zeigt ein Brief, den sie uns in jener Zeit schrieb: »Sollten wir der Achse beitreten, so würden wir Blutvergießen verhindern, unser Land doch verlieren und unsere Ehre noch dazu, und das freiwillig.« Und: »Ich liebe dieses Volk und dieses Land fanatisch.« Friederikes Patriotismus war für Hitler sogar einer der Gründe, derentwegen er ihre vier Brüder aus der Wehrmacht entfernt hatte. Jedoch, was gilt der Demagogie die Wahrheit? Mit raffinierten Schachzügen und mit Unterstützung der Kommunisten legte Papandreou das Parlament lahm, machte das parlamentarische System für lange Zeit funktionsunfähig. Notwendige Gesetze konnten nicht mehr verabschiedet werden. Streiks wurden organisiert und die Wirtschaft ruiniert. Kurz: Der Umsturz stand drohend vor der Tür.

In dieser Situation ging der König unter sein Volk. An der Seite seiner blutjungen Gemahlin warb er für das Vaterland, für Recht, Ordnung und für sein königliches Amt. Wo immer er seinen Landsleuten gegenübertrat, sie seinem offenen, verständnisvollen Blick begegneten, fand er Sympathie und Zustimmung. Ihm kam zustatten, daß er die Landessprache akzentfrei zu beherrschen gelernt hatte, was bis dahin von den griechischen Königen nicht in jedem Fall gesagt werden konnte. Er war von den Eltern sorgfältig auf seine zukünftigen Aufgaben vorbereitet, wußte von Jugend auf um seine Verantwortung für das ihm anvertraute Land. In seinem Vater hatte er hierin ein Vorbild, wie es sich vollkommener nicht denken läßt. An dem Tag seiner Volljährigkeit hatte ihm sein Vater während eines feierlichen Aktes in Gegenwart der Repräsentanten von Staat und Armee wie der ausländischen Diplomaten noch einmal die Grundsätze, nach denen er zu handeln hatte, in einer Ansprache vor Augen geführt. König Paul sagte:

»Ich bin zuversichtlich, daß Deine Liebe zum griechischen Volk, die ebenso tief ist wie meine, Dir ebensoviel Glück schenkt wie mir. Indem es den Preis seiner ruhmreichen Geschichte zahlte und die Folgen seines jahrhundertelangen Kampfes zur Verteidigung der Menschheit bis zum heutigen Tage auf sich nahm, hat das griechische Volk seine Fähigkeiten noch nicht bis zur vollen Blüte entwickelt und noch nicht jenen Wohlstand erreicht, der ihm rechtmäßig zukommt. Aus eben diesem Grund verdient es jeden Beweis der Achtung und der Liebe und jedes Opfer von Deiner Seite. Sei ein gerechter, gütiger und unermüdlicher Kämpfer für den Fortschritt und den Ruhm Griechenlands.«

Und: »Widme Dein Leben dem Glück des Landes. Es gibt keine

vornehmere oder wichtigere Aufgabe. Bedenke immer, daß eher der König leiden soll, als daß der Nation oder dem Land Leid zugefügt wird. Erwidere Beleidigungen durch Verzeihungen, Zwietracht durch Einigkeit, Irrtum durch Wahrheit, Zweifel durch Glauben.«

Der König hatte seinen Erben aber auch zu dem Grundsatz verpflichtet: »Unterstütze unermüdlich die demokratischen Grundprinzipien unserer staatlichen Einrichtungen und die verfassungsmäßigen Freiheiten unseres Volkes.« Dessen eingedenk ließ Konstantin Neuwahlen ausschreiben, um dem Volk die Möglichkeit zu geben, wieder ein regierungsfähiges Parlament einzusetzen. Das geschah im April 1967. Wenige Tage nach Erlaß des Dekrets ergriff eine Gruppe von Offizieren die Macht. Die Wahlen fanden nicht statt. Der König stand vor einem fait accompli. Über Nacht sah er sich zum Oberhaupt eines Staates gemacht, der von einer Junta diktatorisch regiert wurde. Nur wenige Monate wartete er zu, dann ging er, gestützt auf seinen Ministerpräsidenten und treue Offiziere, gegen die neuen Machthaber vor. Er erwartete eine breite Resonanz, als er sich vom nordgriechischen Larissa aus in einer Rundfunkansprache an sein Volk wandte. Doch seine Hoffnungen wurden enttäuscht. Sein Versuch, die Demokratie wieder einzuführen, schlug fehl. Er ging ins Exil. Die Junta erklärte ihn schließlich für abgesetzt. In einer Volksabstimmung wurde ihre Maßnahme mit einer Mehrheit von annähernd 80 Prozent gebilligt.

Die neue Herrschaft währte mehr als sechs Jahre. Dann wurde sie von Washington aufgegeben und mit einem Putsch der Armee beseitigt. Die Frage der Staatsform wurde wieder akut. Jetzt waren es annähernd 70 Prozent der Wähler, die sich gegen die Monarchie aussprachen. 1946, als mein Cousin Georg zum drittenmal auf den griechischen Thron gerufen wurde, hatten zwei Drittel der Bevölkerung für die Krone votiert. Auch 1920 und 1935 hatte das Volk mit dem Stimmzettel den Monarchen zurückgerufen. Meine Cousins Georg und Paul waren Persönlichkeiten von einer Integrität und Noblesse, die ihresgleichen suchten. Dem jungen Konstantin wurde nicht einmal die Chance gegeben zu zeigen, daß er aus dem gleichen Holz geschnitzt ist, und sein demokratisches Engagement wurde als qualité négligeable behandelt.

Der in seiner Wandelbarkeit extrem großzügige Umgang, den die Politik Griechenlands mit der Institution der Monarchie an den Tag gelegt hat, geht zweifellos auf die besonderen Verhältnisse in diesem an sich so liebenswerten Lande zurück. Gleichwohl sollte man auch die allgemeinen Gegebenheiten nicht außer acht lassen: Das Königtum der

Gegenwart hat ein anderes Fundament als das jener Zeiten, deren Ausklang zu erleben mir noch beschieden war. Die moderne Massengesellschaft hat keine Beziehung zu einem Königtum von Gottes Gnaden. Dort, wo die Monarchie in unseren Tagen besteht, beruht sie darauf, daß die Völker sich in der Institution und in dem Monarchen repräsentiert sehen. Solche Überzeugung hat ihre Wurzeln in der Tradition, wird aus dem Bereich der Ethik gespeist, entspringt der integrierenden Rolle der über den Parteien stehenden Krone, ist gelegentlich auch das Ergebnis utilitaristischen Kalküls. Immer aber, so glaube ich sagen zu können, ohne in den Verdacht zu geraten, Zensuren verteilen zu wollen, hat sie eine untadelige königliche Persönlichkeit zur Voraussetzung. Doch um es deutlich zu formulieren: Die moralische Disposition ist nur eine unter anderen Voraussetzungen. Wer die Ruinenlandschaft der europäischen Throne betrachtet, kann der Erkenntnis nicht ausweichen, daß die großen internationalen Konflikte mit ihren massiven brachialen oder subversiven Methoden der Machtausweitung ihre tiefen Spuren hinterlassen haben. Und mir will es scheinen, als stünden wir auf diesem Gebiet noch nicht auf dem Kulminationspunkt.

Der Gedanke hieran beschäftigte mich nach dem Tode von Staatschef Franco, als meine Enkeltochter Sophia Königin von Spanien wurde. Ich habe sie stets so besonders liebgehabt. Ich schätze ihre zurückhaltende, verständnisvolle und gütige Art, die mit einem offenen Blick für die Wirklichkeit und einem guten Schuß Humor gepaart ist. Sie gleicht darin sehr ihrem Vater. Der Gang der Erziehung, die die Eltern ihr gaben, entsprach diesen Charaktereigenschaften. Sie besuchte, wie auch ihre Schwester Irene, die Kurt-Hahn-Schule in Salem, deren Leiter damals mein Sohn Georg Wilhelm war, absolvierte anschließend eine Schwesternschule, tat nach dem Diplom längere Zeit Schwesterndienst, um dann mit aller Sorgfalt in die Aufgaben eingeführt zu werden, die auf eine Fürstin in einem regierenden Haus zukommen. Als sie im Sommer 1961 dem spanischen Prinzen Juan Carlos begegnete, entschied sich ihr Lebensweg. Wie sehr habe ich mich daran gefreut, daß Liebe und nicht Staatsraison die beiden zusammenführte.

Athen erlebte unter strahlendem königsblauen Himmel eine Märchenhochzeit; die Begeisterung der Hunderttausende, die als Zuschauer zusammengeströmt waren, schäumte über. Doch die beiden Königskinder selbst, denen der frenetische Jubel galt, waren sich bewußt, daß sie nicht in einem Märchenland wandelten und daß sie ein solches auch nicht erwarteten. Beide kannten bereits die Schattenseiten des Lebens.

Zu Sophias ersten Kindheitseindrücken gehörte die Flucht ihrer Familie aus Griechenland, die sie, ängstlich an der Hand der Mutter sich haltend, erlebt hatte, und auch ein schlammiger Splittergraben auf Kreta, in dem sie nur wie durch ein Wunder den Bombenhagel heranheulender Sturzkampfflieger überlebte, zählte hierzu. Mehrere Jahre hatte sie im fernen Südafrika und in Ägypten im Exil verbringen müssen. Juan Carlos wiederum war im Exil geboren, in Rom, wo zu dieser Zeit die spanische Familie lebte. Zwei Jahrhunderte hatte das bourbonische Haus, eine der ältesten europäischen Dynastien, die auf den einem rheinpfälzischen Grafengeschlecht entstammenden Hugo Capet zurückgeht, der 987 zum ersten König von Frankreich ausgerufen wurde, in Spanien regiert, als König Alfons XIII. 1931 den Thron verlor.

Nach dem Sturz der Monarchie kamen schreckliche Prüfungen über das Land. Das parlamentarische System versagte, die Republik ertrank im Chaos. Die Volksfront überzog das Land mit Terror, Streiks, Plünderungen und vielfachem Mord. Auch der Führer der Rechten in den Cortes, Calvo Sotelo, wurde von Polizei gemeuchelt. Ein Aufstand gegen das blutige Regime brach aus, und nach mehr als zwei Jahren erbitterten Bürgerkrieges war es niedergerungen. 1947 sah der spanische Staatschef, dem es gelungen war, sein Land aus dem Krieg herauszuhalten, den Zeitpunkt gekommen, die Frage der Staatsform zu entscheiden. Spanien wurde zur Monarchie erklärt. Mit einer Umsicht, wie man sie in der Geschichte nur selten antrifft, bereitete er sodann seine Nachfolge vor. Bei einer Begegnung mit dem Grafen von Barcelona, dem thronfolgeberechtigten Sohn des inzwischen verstorbenen letzten Königs, vereinbarte er, daß dessen zwei Söhne ihre Schulausbildung in der Heimat erhalten sollten. Nach dieser Schulzeit kam eine neue Übereinkunft zustande: Der älteste Sohn, der inzwischen siebzehnjährige Juan Carlos, sollte seine Ausbildung in Spanien fortsetzen und ihm damit die Möglichkeit gegeben werden, »in einer seiner Stellung in der Dynastie entsprechenden Weise dem Lande zu dienen«. Der Prinz erhielt eine militärische Erziehung auf der Akademie und in allen Wehrmachtsteilen. Ein nicht weniger gründliches Studium von Wirtschaft und Verwaltung schloß sich an.

Der nächste Schritt folgte 1969. Juan Carlos, der bisher nach der Tradition des Hauses den Titel eines Fürsten von Asturien geführt hatte, wurde zum Prinzen von Spanien ernannt. Zwei Jahre darauf erfolgte seine gesetzliche Nominierung zum Nachfolger Francos. Wenn der Caudillo für die Staatsführung eine Persönlichkeit suchte, die sich durch

Integrität, Befähigung und Verantwortungsgefühl auszeichnete — er hätte keine bessere Wahl treffen können. Ich bin Juanito, wie er in der Familie genannt wird, in der Zeit, da seine Thronbesteigung noch in der Ferne lag, einmal begegnet, als er zur Besichtigung einer industriellen Ausstellung nach Deutschland kam. Mir imponierte seine königliche Erscheinung. Ich war erstaunt über das Interesse, das er wirtschaftlichen und technischen Fragen entgegenbrachte, und mir wurde bewußt, daß er die Probleme moderner Staats- und Wirtschaftsführung genauso beherrscht wie die Steuerung von Düsenjägern, Panzern und Schiffen.

Ein moderner Monarch. Das klang auch aus den Worten seiner ersten Rede, mit der er sich nach der Thronbesteigung an seine Nation wandte. Er sagte:

»Ich bin mir vollauf der Tatsache bewußt, daß ein großes Volk wie das unsere, das sich auf einem Höhepunkt seiner kulturellen Entwicklung, des Generationswechsels und des materiellen Wachstums befindet, tiefgreifende Verbesserungen fordert.« Und: »Eine freie und moderne Gesellschaft fordert die Teilnahme aller an den Entscheidungszentren, an den Informationsmedien, an der Erziehung, an der Kontrolle des nationalen Reichtums. Es ist das Ziel der Gemeinden und der Regierung, diese Teilnahme jeden Tag in größerem Maße zu verwirklichen.«

Und weiter: »Ich möchte ein Mittler sein, ein Wächter der Verfassung und Wortführer der Gerechtigkeit. Niemand soll befürchten, daß seine Sache vergessen wird, niemand soll einen Vorteil oder Privilegien erwarten. Zusammen können wir alles erreichen, wenn jeder eine faire Chance erhält. Ich werde die Gesetze beachten und dafür sorgen, daß sie beachtet werden. Die Gerechtigkeit wird meine Richtschnur sein . . .«

Mit großer Anteilnahme verfolge ich, wie mutig und konsequent der König den von ihm vorgezeichneten Weg beschreitet. Ob die Spanier und ihr Monarch die Ziele des königlichen Manifests erreichen werden, wer vermag das zu sagen? Gibt es im Leben der europäischen Völker überhaupt noch eine Möglichkeit, in eigener, freier Entscheidung den Weg sozialen, wirtschaftlichen und staatlichen Friedens gehen zu können? Die Zeichen der Zeit sind nicht eben ermutigend. Die Propheten des Materialismus haben noch keiner Nation Glück und Wohlstand gebracht. Und seit unser Kontinent seinen einstigen Rang verloren hat, werden die Schicksale seiner Völker von den zwei konkurrierenden Weltmächten bestimmt.

Wann immer meine Gedanken nach Madrid in den Zarzuela-Palast wandern, nie geschieht es ohne ein Gebet, ein Gebet, in das ich all meine

Kinder und Enkelkinder einschließe. Unser Herrgott möge sie in seinen gnädigen Schutz nehmen! —

Ich kann den Rückblick auf mein Leben nicht schließen, ohne meiner geliebten Berge zu gedenken. Es war nicht leicht für mich, nach dem Tode meines Mannes den Entschluß zu finden, wieder in die schöne Bergwelt um Gmunden zu gehen. Doch dann zog es mich mit großer Sehnsucht an die Stätten, wo wir beide so glücklich gewesen waren. Ich stieg zum vertrauten Wallibach hinauf, das unser Lieblingsgebiet während der Jagdzeit gewesen war, ging die altbekannten Pirschwege, vorbei an den Ständen, von denen wir manch guten Hirsch beobachtet und auch zur Strecke gebracht hatten. Im Blümelplan setzte ich mich unter den Latschen nieder. Eine grenzenlose Traurigkeit überkam mich. Hatte es noch einen Sinn hierherzugehen, wenn der beste Kamerad fehlte? Tränen kamen. Ich habe mich ihrer nicht geschämt. Stunden vergingen. Mir war, als begännen die stillen Bergriesen mit mir zu sprechen. Sie waren doch auch seine Berge gewesen, und seine Augen hatten gleichzeitig mit meinen zu ihnen hinaufgeschaut. Es war, als wollten mir die Berge Trost bringen, als sagten sie: Komm zu uns, hier wirst Du stets neue Kraft finden, um das Leben meistern zu können. Ich hatte das Gefühl, als sprächen sie für meinen Mann mit mir. Ich schloß mit den geliebten Bergen einen Bund. Und ich bin nie enttäuscht worden. Langsam stieg ich nach Gmunden hinab. Von jedem Stand nahm ich einen kleinen Bruch mit. Ich wollte die Tannenzweige aus dem schönen Revier meines Mannes ihm an seine Ruhestätte in Herrenhausen bringen.

So hatte ich die Berge wiedergefunden. Im Sommer und Winter habe ich sie besucht. Die Bergführer Heiner Rathgeber und die Brüder Kienesberger haben mich sicher bei den Touren geleitet. Zunächst wählte ich den wunderschönen Saarstein, einen Bergrücken, der sich vom Pötschenpaß zum Ende des Hallstätter Sees hinüberzieht. Er ist nicht so schroff und hoch wie manch anderer Berg, den ich bestieg, aber in seiner Schönheit und mit seinem Ausblick sucht er seinesgleichen. Ich bemerkte, daß der überlegte und verantwortungsbewußte Max Kienesberger prüfen wollte, wie weit meine Bergtauglichkeit reichte. Ein herrliches Wetter begünstigte den Aufstieg. In klaren dunklen Farbtönen, wie sie nur die Gebirgswelt hervorzaubert, grüßten Alpenblumen an unserem Weg. Mein Herz schlug höher vor Freude über Gottes herrliche Natur. Oben auf dem Gipfel machten wir Rast im Angesicht des Hohen Dachsteins. Seine Gletscher kannte ich vom Skifahren, aber auf seinem 2996 m hohen Gipfel war ich noch nicht gewesen. Ein fragender Blick ging zu meinem Bergführer, ob er glaube, daß ich ihn schaffen würde. Er wußte, was ich meinte, und nickte mir zu.

Einige Tage später war es soweit. Wir fuhren zum Gosausee, und von dort ging es zur Adamekhütte am Gosaugletscher. In der Frühe des nächsten Morgens machten wir uns wieder auf. Das Wetter meinte es gut. Gleichwohl ging mir durch den Kopf, daß der Dachstein ein launischer Geselle ist. Er hat die Angewohnheit, sich dann und wann plötzlich in Nebel zu hüllen, und wenn bei einem Föhnsturm dichter Schnee herunterkommt, wird er unerfahrenen Bergsteigern leicht zum Verhängnis. Wir gingen über den Gosaugletscher bis zum Einstieg. Mein Bergführer legte mir das Seil an. Ich sah hinauf und dachte: Wirst du das schaffen? Ich erhielt die nötigen Anweisungen. Der Bergführer kletterte voraus. Ich kam gut voran. Der Fels wurde steiler. Schließlich war es geschafft. Wir standen auf dem schmalen Platz des Gipfels. Kienesberger schüttelte mir nach Bergsteigerart die Hand. Ich konnte mich gar nicht satt sehen an all der Schönheit der Alpenwelt.

Von da an hatten die Berge mich gefaßt. Sie ließen mich nicht mehr los. Oft bin ich seitdem in den Tauern gewesen, auf immer neuen Touren. Auch die südtiroler Berge habe ich aufgesucht, in den Regionen der Dreitausender, von Sulden aus, an der Tschenglisser Hochwand, dann auf dem Ortler, und vom Reschenpaß aus auf der Weißkugel. Ich war in den Dolomiten, auf der »Re-Alberto-Hütte« und auf dem Marmolatagletscher, erlebte die eigenartige bizarre Schönheit dieses Gebirges. Den höchsten Berg bestieg ich in einem Winter in der Schweiz bei Saas-Fee. Mit zwei Bergführern, den Brüdern Buhmann, konnte ich auf Skiern das 4029 m hohe Allalinhorn erreichen. »La duchesse la plus haute du monde« — »Die höchste Herzogin der Welt«, hieß es daraufhin in einem Schweizer Zeitungsbericht. Aber ich empfinde nicht die Lust, die Bergriesen zu erobern, sie zu bezwingen. Sie verlangen Ehrfurcht. Und ich habe nur den Wunsch, sie immer aufs neue erleben zu dürfen.

Jahr für Jahr suche ich wieder die geliebten Gmundener Berge auf, mit denen ich mich seit meiner Heirat so eng verbunden fühle. Hier, dem Alltag entrückt, kann ich Einkehr mit mir selbst halten. Dann wandern meine Gedanken wohl auch in die Zukunft, und ich frage mich, was sie mir noch bringen mag.

Mein Leben ist erfüllt. Es war ein an Ereignissen reiches Leben.

Ich hatte ein Elternhaus, wie man es sich schöner nicht wünschen kann. Ich fand einen Mann, den ich über alles geliebt und verehrt habe.

Und es war mir vergönnt, in guten und schlechten Zeiten in und mit unserem Volk das Schicksal Deutschlands zu teilen. Vom Herrgott erflehe ich die Gnade, daß er mir auch weiterhin die Kraft erhalten möge, meinen Aufgaben und Pflichten gerecht zu werden.

PERSONENREGISTER

386

391

Bitte beachten Sie
folgende Seiten

Stimmen zu nebenstehendem Titel

Eigenwillig setzt sich der Prinz mit den traditionellen Auffassungen seines Hauses auseinander, er schildert die Begegnung mit Staatsmännern, Politikern, Wissenschaftlern, Künstlern, analysiert gesellschaftliche Verhältnisse und entwickelt seine Vorstellungen zur gegenwärtigen Situation des geteilten Deutschland.

Hamburger Abendblatt

Auch wenn es sich nicht um den Enkel des letzten Kaisers handelte, würde sich die Lektüre lohnen, weil ja jemand aus der ihm zugedachten Rolle ausbricht und sein Leben in die Hand nimmt. Ob er in Berlin und Bonn die Universitäten besucht und das Doktorexamen macht, ob er in Detroit an den Fließbändern des Ford-Werks als Monteur arbeitet oder in die Dienste der Lufthansa tritt — immer erweist sich der jetzige Chef des Hauses Hohenzollern als ein unabhängiger und weltoffener Kopf. Darüber hinaus bietet das interessant illustrierte Buch lebendige Schilderungen des Kaiserhauses oder des kaiserlichen Exils und vielfältiger Begegnungen mit Menschen und Mächten, seien es Künstler, Diplomaten oder Staatsmänner bis hin zu dem amerikanischen Präsidenten Franklin D. Roosevelt.

Wie alle Angehörigen des Hochadels im Kriege von Hitler von der Armee und von seinem Vater, dem Kronprinzen, von einer führenden Rolle in der Widerstandsbewegung ferngehalten, gleichwohl der Offiziersverschwörung eng verbunden, ist es dem Prinzen verwehrt gewesen, Geschichte zu machen. Um so exemplarischer hat er bis hin zur Vertreibung aus den angestammten Besitzungen der Hohenzollern im Osten Deutschlands deutsche Geschichte erlitten. Dies unprätentiös und unpathetisch darzustellen, macht den Reiz dieser Memoiren aus.

Deutsche Welle

Louis Ferdinand
Prinz von Preußen

Im Strom
der Geschichte

Langen Müller

Stimmen zu vorstehendem Titel

Zweifellos hat Louis Ferdinand mit diesem Buch sich selber und seiner Familie, vor allem auch seiner 1967 verstorbenen Frau Kira, einer geborenen russischen Großfürstin, ein Denkmal gesetzt.

Wiesbadener Kurier

Georg Ludwig (1▌
Kurfürst v. Hann▌
⚭ Sophie Doro▌
v. Braunschweig-▌

Georg II. (1683–▌
⚭ Caroline v. A▌

Friedrich Ludwi▌
Prinz v. Wales
⚭ Augusta v. S▌

Georg III. (1738–▌
⚭ Charlotte So▌
v. Mecklenburg-▌

Georg IV. (1762–1830)	Wilhelm IV. (1765–1837)
⚭ Caroline	⚭ Adelheid
v. Braunschweig	v. Sachsen-Meiningen

Eduard VII.	Victoria,	Alice
(1841–1910)	Princess Royal	(1843–1878)
⚭ Alexandra	(1840–1901)	⚭ Ludwig IV.
v. Dänemark	⚭ Friedrich III.,	v. Hessen
(1847–1925)	Deutscher Kaiser	(1837–1892)
	(1831–1888)	

Louise	Arthur,	Leopold,
(1848–1939)	Herzog	Herzog
⚭ John	v. Connaught	v. Albany
Campbell,	(1850–1942)	(1853–1884)
Herzog	⚭ Luise	⚭ Helene
v. Argyll	Margarete	v. Waldeck
(1845–1914)	v. Preußen	(1861–1922)
	(1860–1917)	